中原智库丛书·学者系列

河南高质量发展论

STUDY ON HIGH QUALITY DEVELOPMENT OF
HENAN PROVINCE

完世伟 ◎ 编 著

社会科学文献出版社
SOCIAL SCIENCES ACADEMIC PRESS (CHINA)

前　言

　　党的十八大以来，我们对经济发展阶段性特征的认识不断深化。2013年，党中央作出判断，我国经济发展正处于增长速度换挡期、结构调整阵痛期和前期刺激政策消化期"三期叠加"。2014年，提出我国经济发展进入新常态，增长速度要从高速转向中高速，发展方式要从规模速度型转向质量效率型，经济结构调整要从以增量扩能为主转向调整存量、做优增量并举，发展动力要从主要依靠资源和低成本劳动力等要素投入转向创新驱动。这些变化，是我国经济向形态更高级、分工更优化、结构更合理的阶段演进的必经过程。2017年，党的十九大明确提出，我国经济已由高速增长阶段转向高质量发展阶段。2020年，党的十九届五中全会进一步强调，"十四五"时期经济社会发展要以推动高质量发展为主题，这是根据我国发展阶段、发展环境、发展条件变化作出的科学判断。高质量发展，就是能够很好地满足人民日益增长的美好生活需要的发展，是体现新发展理念的发展，是创新成为第一动力、协调成为内生特点、绿色成为普遍形态、开放成为必由之路、共享成为根本目的的发展。推动高质量发展，是保持经济持续健康发展的必然要求，是适应我国社会主要矛盾变化和全面建设社会主义现代化国家的必然要求，是遵循经济规律发展的必然要求，是确保高质量建设现代化河南、确保高水平实现现代化河南的必然要求。

　　近年来，面对错综复杂的外部环境、艰巨繁重的改革发展稳定任务，特别是新冠肺炎疫情的严重冲击，河南省委、省政府坚持以习近平新时代中国特色社会主义思想为指导，始终牢记习近平总书记殷殷嘱托，坚决贯彻党中央、国务院决策部署，在抓大事、谋长远中积势蓄势，在解难题、攻难关中砥砺奋进，高质量发展开创新局面，改革开放实现新突破，民主法治建设得到新加强，思想文化建设取得新进展，民生福祉达到新水平，生态保护治理迈上新台阶，中原更加出彩迈出坚实步伐。2021 年全省生产总值接近 6 万亿元，同比增长 6.3%；粮食产量 1308.8 亿斤，进出口总值突破 8000 亿元，同比增长 20%以上；社会消费品零售总额超过疫前水平，居民人均可支配收入同比增长 8.1%，有效应对了灾情疫情和复杂外部环境的叠加冲击，高质量发展显示出较强的韧性和潜力。但也要清醒看到，河南发展不平衡不充分的问题比较突出，不协调不适应的问题亟待解决。不平衡，主要表现在城乡差距、区域差距比较大，产业层次偏低，供需匹配度不高。不充分，主要表现在人均主要指标与全国平均水平有差距，创新能力还不强，社会事业发展存在短板，发展质量和效益不高。不协调，主要表现在协同推进经济社会发展与民生改善、资源能源利用与生态保护治理、发展与安全还有差距。不适应，主要表现在制约高质量发展的体制机制障碍仍比较多，治理体系和治理能力有待提升，一些干部观念视野、专业能力跟不上新形势、新要求。这些问题要在高质量发展中认真加以解决。

当今世界"两个大局"交汇加速演进，新一轮科技革命和产业变革深入发展，新冠肺炎疫情影响广泛深远，我国进入新发展阶段，新发展理念更加深入人心，新发展格局加快构建。河南进入高质量发展阶段，开启现代化建设新征程，到了由大到强、实现更大发展的重要关口，到了可以大有作为、为全国大局作出更大贡献的重要时期。河南面临着国家构建新发展格局、新时代中部地区高质量发展、推动黄河流域生态保护和高质量发展三大战略机遇，多领域战略平台融合联动的叠加效应持续显现，新一届省委以前瞻三十年的眼光谋划工作，锚定"两个确保"、实施"十大战略"，河南高质量发展已站在新的历史起点。河南面对"奋勇争先、更加出彩"的新使命、新征程，要准确识变、科学应变、主动求变，善于在危机中育先机、于变局中开新局，巩固提升优势，补齐发展短板，不断增强实力和竞争力，以更加坚定的战略自信推动高质量发展，奋力谱写新时代中原更加出彩的绚丽篇章。

本书围绕河南高质量发展问题，从理论和实践结合的角度全面系统地阐释了新时代河南高质量发展的生动实践。理论上，深刻阐释了高质量发展的丰富内涵、核心要义、基本特征、发展趋向、根本遵循、实践路径及判断标准和评价体系，并进一步明确了新发展阶段标注高质量发展新方位，新发展理念彰显高质量发展新指引，新发展格局凸显高质量发展新要求，新发展目标强化高质量发展新指向。实践上，全面系统地研究了河南高质量发展的重大意义、河南高质量发展的基础环境、河南高质量发展的"总基调"、河南高质量发展的"指挥棒"、河南高质量发展的2025、河南高质量发展的"牛鼻子"、河南高质量发展的"硬骨头"、河南高质量发展的"动力源"、河南高质量发展的"先手棋"、河南高质量发展的"压舱石"、河南高质量发展的"稳定器"、河南高质量发展的"强引擎"、河南高质量发展的"主色调"、河南高质量发展的"定盘星"，以及河南高质量发展的保障措施。本书的很多内容，已经以决策咨询报告的形式呈送省委、省政府有关部门，部分得到了河南省领导的批示，发挥了为决策提供咨询服务的作用。本研究成果也有助于读者全面理解高质量发展，把准高质量发展的实践要义，也必将为河南经济社会高质量发展提供理论支持和智力支撑。

本书系河南省宣传文化系统"四个一批"人才暨"中原英才计划"——中原文化名家资助项目的最终研究成果。高质量发展虽然是众多学者研究的对象，但是不同的学者研究的角度、方法不同，不同时期研究的问题也不尽相同。本研究尽管与其他学者的研究有相重合的部分，但不论是研究方法、研究思路还是研究内容都具有一定的新颖性和创新性。本书深化了对高质量发展一般规律的认识，进一步丰富和完善了高质量发展理论研究体系，能为区域高质量发展提供理论支持，具有较强的理论价值。高质量发展是当前和今后一个时期确定发展思路、制定经济政策、实施宏观调控的根本要求，是所有地区发展必须长期贯彻和坚持的要求，本书立足河南高质量发展实际，提出的对策建议具有较强的针对性、指导性和可操作性，对河南高质量发展具有重大的现实指导意义，对全国其他地区高质量发展也具有重要的参考价值。

　　出于种种原因，本书可能存在诸多不足，敬请同行专家和学界朋友对本书存在的不足甚至错误给予批评指正。在本书中对所有直接引用的参考资料都尽可能地一一注明出处，对所有参阅的文献在书中未逐一列出，如有遗漏，实非故意，谨请原作者谅解。在此对所有被引用和参阅的原作者表示诚挚的谢意。

完世伟

二〇二二年五月二十五日

于河南省社会科学院经济研究所

目 录

第一章
总论：迈上高质量发展新时代

高质量发展是一场涉及发展方式、经济结构、增长动力等诸多方面的系统性重大变革。实现高质量发展是我国经济社会发展历史、实践和理论的统一，是开启全面建设社会主义现代化国家新征程、实现第二个百年奋斗目标的根本路径。乘风破浪正当时，继往开来谱新篇。当前，全省已经开启全面建设社会主义现代化河南新征程，进入谱写新时代中原更加出彩绚丽篇章的关键期，需要不断提高把握新发展阶段、贯彻新发展理念、构建新发展格局的政治能力、战略眼光、工作水平，奋力走出适合河南实际的高质量发展之路。

第一节 新阶段：高质量发展的新方位

新发展阶段标注了我国发展新的历史方位。党的十八大以来，习近平总书记在多个场合多次强调，"正确认识党和人民事业所处的历史方位和发展阶段，是我们党明确阶段性中心任务、制定路线方针政策的根本依据"。从新中国成立之初的一穷二白，到取得全面建成小康社会伟大历史性成就，再到开启全面建设社会主义现代化国家新征程，中华民族迎来了从站起来、富起来到强起来的伟大飞跃。党的十九届五中全会提出的"全面建设社会主义现代化国家、向第二个百年奋斗目标进军"标志着我国进入新发展阶段，这是重大的战略判断，影响深远。从时代价值看，标定了中华民族进入"强起来"的伟大时代，意味着经过几十年积累，中华民族向着伟大复兴实现了又一个大跨越。从理论价值看，这是马克思主义关于社会发展和阶段划分理论与中国发展实践的历史性结合，体现了中国社会发展连续性与阶段性、量变与质变的辩证统一，彰显了马克思主义在中国不断焕发出强大生机活力，开辟了 21 世纪马克思主义中国化的新境界。从实践价值看，明确了新的历史条件下的新目标、新任务，即全面建设社会主义现代化国家，这为未来相当长时间内我们党擘画发展战略、制定大政方针、部署重大工作提供了根本依据。

高质量发展是新发展阶段的鲜明导向。新发展阶段是我们党从主客观现实条件出发得出的科学结论，与此同时，发展仍然是解决我国一切问题的基础和关键，并且发展中的矛盾和问题集中体现在发展质量上，要求我们必须坚持高质量发展。高质量发展是新阶段应对百年大变局的战略部署。世界正在经历百年未有之大变局，叠加百年疫情影响，国际格局中不确定、不稳定因素显著增强，做好外部环境变化的应对需要把工作重点放在高质量发展上，以此来推动中国经济"由大变强"，增强抵御外部风险的能力，来把握国际斗争的主动权。高质量发展是适应新发展阶段的现实选择。中国经济已经取得世人瞩目的辉煌成就，但是受思维惯性、路径依赖等影响，进一步发展中出现了需求收缩、供给冲击、预期减弱三重压力，背后是一些体制性、周期性、结构性矛盾和风险交织在一起，需要通过推动高质量发展来形成倒逼机制，突破和超越传统发展模式的积弊和短板，推动发展再上新台阶。高质量发展是解决新阶段社会主要矛盾的必然要求。我国社会主要矛盾已经发生了根本性变化，迫切需要解决发展不平衡不充分问题，其中就突出表现在区域、城乡之间的不平衡，以及生态环保、公共服务等领域短板比较突出，要求必须把发展质量和效益摆到更加突出的位置，才能不断满足人民群众对美好生活的需要。高质量发展是社会主义现代化强国建设的重要路径。对照现代化国家发展目标，以及发达国家现代化水平，中国经济"大而不强"的特征还较为突出，只有通过高质量发展把创新能力、生态环保、民生保障、社会治理、收入差距等短板补上去，才能为现代化强国建设奠定物质基础。

新发展阶段河南要力争高质量发展走在前列。立足新发展阶段，河南必须跳出河南、面向全国、放眼世界确立标杆，锚定"三个站位"谋划高质量发展，努力在高质量发展上走在全国前列，为全国发展大局贡献河南力量。一是站位"两个大局"谋划高质量发展。要统筹中华民族伟大复兴战略全局和世界百年未有之大变局，增强胸怀"两个大局"的自觉性、主动性，将河南高质量发展放在"两个大局"中去考量、去谋划，准确识变、科学应变、主动求变，在乘势借势、谋势蓄势中寻求更大发展。二是站位中央对河南的定位谋划高质量发展。要深入学习贯彻习近平总书记视察河南重要讲话和重要指示精神，牢记嘱托、不辱使命，把谱写新时代中原更加出彩的绚丽篇章作为工作指南和逻辑起点，深刻领悟出彩的"局"与"路"，强力执行定下的"策"与"事"，以更高站位、更宽视野、更大气魄破难题、增活力、蹚新路，在高质量发展中奋勇争先。三是站位发挥河南特色优势谋划高质量发展。特色是竞争力和突破口，优势是动力和潜能，特色优势是地方经济社会发展的重要引擎，要把握好、利用好河南"人、粮、位、绿、文、产、城"七大特色优势，保持战略定力、战略自信、战略耐心，把发挥河南特色优势这篇大文章做实、做活、做精彩，久久为功，形成竞争优势，助力河南直道冲刺、弯道超车、换道领跑，彰显更多河南作为，提升中原发展位势。

第二节　新理念：高质量发展的新指引

理念是行动的先导。习近平总书记指出，发展理念不是固定不变的，发展环境和条件变了，发展理念就自然要随之而变，如果刻舟求剑、守株待兔，发展理念就会失去引领性，甚至会对发展行动产生不利影响。经过长期高速发展，中国经济社会出现了新变化、新特征、新趋势。一是传统经济增长方式难以为继。由于资源环境承载能力逼近极限、国际贸易保护主义抬头，以往依靠大量投资、要素投入拉动经济增长的模式越来越不可持续。二是维持高速增长率难以持续。随着我国经济规模日益庞大，经济增长速度进入换挡期，增速开始放缓，这也是世界经济发展规律使然，为此，中央做出了中国经济进入"新常态"的判断。三是我国社会主要矛盾发生历史性变化。全面建成小康社会，发展站在了新的历史起点，人民群众不仅对物质文化生活提出了更高要求，围绕公平、正义、民主、法治、环境等领域的需求也越来越强烈，人民日益增长的美好生活需要和不平衡不充分的发展之间的矛盾成为社会主要矛盾。在这种时代背景下，实现什么样的发展、怎样实现发展成为摆在党和国家面前亟待解答的问题。2015 年 10 月，习近平总书记在党的十八届五中全会上创造性提出了创新、协调、绿色、开放、共享的发展理念；2017 年 10 月，党的十九大将"坚持新发展理念"列入"十四个坚持"，强调发展必须是科学发展，必须坚定不移贯彻创新、协调、绿色、开放、共享的发展理念；2017 年中央经济工作会议首提习近平新时代中国特色社会主义思想，并把新发展理念定位为这一重要思想的主要内容；等等。这是以习近平同志为核心的党中央在深刻总结国内外发展经验教训、深刻分析国内外发展大势的基础上形成的，回答了关于发展的目的、动力、方式、路径等一系列理论和实践问题，阐明了我们党关于发展的政治立场、价值导向、发展模式、发展道路等重大政治问题，标志着我们党对经济社会发展规律的认识达到了新的高度。

高质量发展是贯彻新发展理念的发展。正如习近平总书记所言，发展理念是管全局、管根本、管长远的导向，具有战略性、纲领性、引领性。创新发展是解决发展动力问题、协调发展是解决发展不平衡问题、绿色发展是解决人与自然和谐问题、开放发展解决发展内外联动问题、共享发展是解决社会公平正义问题，这与高质量发展是内在统一的。一是共同彰显了以人民为中心的发展思想。为人民谋幸福、为民族谋复兴，是我们党领导现代化建设的出发点和落脚点，也是新发展理念的"根"和"魂"，高质量发展的目的也是为了实现最大多数人的社会效用最大化。二是体现了发展的问题导向。发展理念要落地生根、变成普遍实践需要具体指向。新发展理念正面回应了破解制约高质量发展的突出问题，与高质量发展的主攻方向和着力点是高度一致的。三是凸显了居安思危的忧患意识。党领导中国人民已经取得了历史性成就，但发展依然面临前所未有的风险挑战，新发展理念蕴含着对未来发展的前瞻性思考、全局性谋划，包含了对风险挑战的清醒认知，为谋思路、定政策、干工作提供了前提，为实现高质量发展保驾护航。

以新发展理念为引领推动河南高质量发展。高质量发展，还看今朝。面对复杂多变的内外环境和艰巨繁重的发展任务，河南要把握发展的时与势，完整、准确、全面贯彻新发展理念，争做新发展理念的先行者、践行者、捍卫者，推动新发展理念在河南见行见效、开花结果。一是实现创新成为第一动力。把创新摆在发展的逻辑起点、现代化建设的核心位置，聚焦"六个一流"，加快形成国家战略科技力量，夯实创新根基，以创新驱动赢得发展主动，走好创新驱动高质量发展这个"华山一条路"。二是实现协调成为内生特点。主动顺应我国发展格局的深刻变化，以郑州都市圈建设支撑"一主两副、一圈四区"总体空间格局，健全城乡融合发展机制，构建协调发展的动力系统。三是实现绿色成为普遍形态。以"双碳"为牵引，深入践行"两山理论"和黄河战略，把完善"双控"和能源保供统一起来，深化污染防治，加强生态修复，倡导绿色生活，构建大河大山大平原生态格局。四是实现开放成为必由之路。坚持内外联动、量质并重、全域统筹，持续提升"四路协同"水平，优化营商环境，构建开放型经济新体制，深度融入"一带一路"和 RCEP，以高水平开放赢得高质量发展主动。五是实现共享成为根本目的。瞄准共同富裕目标，持续强化普惠性、基础性、兜底性民生建设，营造"人人参与、人人尽力、人人共享"的普遍受益环境，提升人民群众"自我实现发展"的能力，使获得感成色更足、幸福感更可持续、安全感更有保障。

第三节　新格局：高质量发展的新要求

"十四五"时期是我国全面建成小康社会后的第一个五年，也是我国开启社会主义现代化国家新征程的第一个五年。站位新时代，开启新征程，面对百年未有之大变局，在深刻把握我国发展环境变化趋势的前提下，党的十九届五中全会提出，"以推动高质量发展为主题"，"加快构建以国内大循环为主体、国内国际双循环相互促进的新发展格局"。这是以习近平同志为核心的党中央站在历史新高度、从战略全局出发作出的重大战略决策和战略部署。新发展格局为我国"十四五"期间甚至更长时期的经济高质量发展提出了新的更高的要求，为推动高质量发展提出了新的时代命题。

新发展格局是高质量发展的内在要求。新发展格局立足我国发展环境的深刻变化，在深度融入国际大循环的前提下，更加强调国内大循环在推动高质量发展进程中的主体作用，通过进一步释放内需潜力，推进国内国际两种资源更好利用，加速国内国际两个市场深度融合，为高质量发展提供更加可持续的发展动能，在此意义上，构建新发展格局是推动高质量发展的内在要求。一方面，新发展格局有利于促进供给侧与需求侧的相互匹配和相互适应，进而为高质量发展提供新支撑。"十三五"期间，我国通过深入推进供给侧结构性改革，经济供给侧的质量、效率和效益取得了重大进展和积极成效。进入新发展阶段，高质量的供给对需求侧提出了更高的要求，显然以畅通国民经济循环为导向、以释放内需潜力为手段构建新发展格局，必将进一步发挥我国巨大内需体系对供给侧结构性改革的支撑作用，进而推动高质量发展行稳致远。另一方面，新发展格局依托国际大循环有利于加快高水平开放，进而为高质量发展拓展新空间。高质量发展是以高水平开放为突出特征的发展，双循环新发展格局有利于进一步提升我国对外开放水平，打造制度型开放经济体系，推动我国经济更好地融入全球产业价值体系，进而为高质量发展拓展新空间。总之，新发展格局既是高质量发展的重要标志，更是高质量发展的内在要求，纵观"十四五"发展规划乃至2035年的远景目标，都需要我们立足新发展阶段，贯彻新发展理念，构建新发展格局，推动高质量发展。

新发展格局为河南高质量发展注入新动力。站在新起点，锚定"两个确保"，要发挥新发展格局对高质量发展的引领作用，在国内国际双循环的相互促进中推动河南高质量发展。首先，在不断扩大内需中推动河南高质量发展。立足 1 亿人口大市场所蕴含的巨大内需潜力，因时而动、聚势而上，扭住扩大内需战略基点，加快培育完整内需体系，加快消费全面升级，增强消费对经济发展的基础性作用，做强做优国内大循环战略枢纽，推动大通道、大路网、大枢纽建设提档升级，打通生产和消费高效连接的痛点、堵点，充分释放河南对双循环新格局的腹地支撑效应，以新发展格局引领河南高质量发展。其次，在高水平对外开放中推动河南高质量发展。立足河南交通区位优势，做大做实国内国际双循环战略连接，进一步提高对外开放水平，推动从以制造业为主体转向服务业和制造业并重，由商品和要素流动型开放转向规则等制度型开放，实施高能级开放平台行动，提升"四路协同""五区联动"水平，推动要素、产能、市场、规则等全面融入双循环新发展格局。最后，在全面深化改革中推动河南高质量发展。全面推动体制机制创新，深化营商环境改革，推进要素市场化配置改革，为双循环背景下扩大内需注入改革红利，以体制机制创新为契机，推动河南高质量发展。

第四节　新目标：高质量发展的新指向

党的十九大作出全面建设社会主义现代化国家分两个阶段来安排的战略决策。习近平总书记在"七一"重要讲话中作出了"五个庄严宣告"，第一个庄严宣告就是，我们实现了第一个百年奋斗目标，正在意气风发向着全面建成社会主义现代化强国的第二个百年奋斗目标迈进。在此背景下，河南省第十一次党代会，把河南放在全国大局中来谋划，放在实现"两个一百年"奋斗目标和实现中华民族伟大复兴中来定位，在更高的起点上谋求在服务全国现代化建设大局中肩负新使命，对河南今后一个时期的发展进行系统谋篇布局，提出了"确保高质量建设现代化河南，确保高水平实现现代化河南"的新目标，使河南高质量发展思路更加清晰，发展目标更加明确，为现代化河南建设描绘了新蓝图、赋予了新使命、明确了新指向。

"两个确保"明确了河南高质量发展的新目标。随着全面建成小康社会伟大目标的实现，河南到了可以大有作为的关键阶段，更有底气、更有勇气、更有锐气确立更高目标、实现更大突破。"两个确保"以新发展阶段、新发展理念、新发展格局为战略指引，基于对新发展阶段量变与质变的内在逻辑的深刻把握，坚持新发展理念在经济社会发展全过程和各领域的全面贯彻，抓住主动服务并深度融入新发展格局的战略机遇，明确提出以经济实力、科技实力、综合实力大幅跃升为标志推动现代化河南建设的新要求，确定了规模、总量、质量、效益相统一的发展目标，以"十大战略"为引领，明确了社会、经济、文化、生态等领域高质量建设现代化的具体路径，体现了"高"和"新"的时代内涵，统筹了"高"和"新"的目标要求，为河南擘画了现代化强省建设的新蓝图。"两个确保"把握时代大势，着眼发展大局，牢记领袖嘱托，肩负使命担当，立足河南实际，谋划未来发展，是我国现代化建设"两步走"战略安排在河南的具体化，是落实习近平总书记寄予河南"奋勇争先、更加出彩"殷殷嘱托的具体行动，具有鲜明的政治性、时代性、科学性、导向性，是开启全面建设现代化河南新征程的总目标和总纲领。

"两个确保"明确了建设现代化河南的着力点。"两个确保"立足河南人口多、底子薄、基础弱、人均水平低、发展不平衡的基本省情，锚定不平衡、不充分、不协调、不适应等突出问题，从国情、省情出发，顺应发展大势，从着力解决方向性、根本性、全局性问题入手，对河南今后一个时期的发展进行系统的谋篇布局，使河南的发展思路更加清晰，发展抓手更加明确。在战略谋划上，"两个确保"明确提出了实施"十大战略"，围绕扬优势、补短板、释潜能、激活力的关键领域，把准战略方向、突出战略重点、明晰战略路径，通过实施一大批变革性、牵引性、标志性举措来育先机、开新局。其中创新驱动、换道领跑等引领性战略，指明了未来河南现代化建设的动力和方向，优势再造、实施数字化转型、文旅文创融合、新型城镇化、乡村振兴、绿色低碳转型等支撑性战略，进一步明晰了全面建设现代化河南的战略重点和战略路径，制度型开放、全面深化改革等保彰性战略，通过优化制度供给，为建设现代化河南提供了坚实的制度保障。在推进方法上，"两个确保"明确提出要坚持系统观念，在现代化建设的多重任务、多重约束中寻求动态平衡，形成整体大于部分之和的系统效应。突出工作重点，坚持两点论与重点论的统一，实行非均衡发展，以重点突破带动全局整体跃升。保持战略定力，坚持结果导向，统筹当前长远，锁定目标，久久为功。尊重客观规律，紧跟发展前沿，洞察变革走向，在准确识变、应变、求变中高质量建设社会主义现代化河南。

第二章

使命担当：河南高质量发展的必然选择

在国内经济发展面临需求收缩、供给冲击、预期转弱三重压力的情况下，在世纪疫情冲击、百年变局加速演变、国际环境更趋复杂严峻的情形下，河南经济要保持长期平稳健康发展，实现高质量发展就显得尤为紧迫必要。推动河南经济高质量发展是遵循经济规律的必然要求，是应对主要矛盾变化的必然选择，是经济强省建设的内在要求，也是锚定"两个确保"的战略抉择。

第一节　遵循经济规律的必然要求

经过 40 多年的持续高速增长，河南经济同全国一样，正处于由高速增长阶段转向高质量发展阶段，具有从粗放型向集约型，从劳动密集型向资本、技术密集型发展转变的特征。推动河南经济高质量发展顺应了经济发展的内在规律。

一　符合粗放型向集约型经济发展方式转变规律

长期以来，河南经济增长呈现出"四高四低"特征，即"高投入、高消耗、高污染、高速"与"低产出、低效率、低效益、低科技含量"，现有的粗放型经济发展方式已难以持续，迫切需要改变原有粗放型经济发展方式，实现集约发展。首先，经济运行效率低下需要集约发展。河南资源利用效率较低，单位 GDP 能耗远远高于全国平均水平，土地利用率保持低水平，农业集约化、规模化生产水平较低，迫切需要实现集约发展，提高经济运行效率。其次，资源配置效率低下需要集约发展。河南经济发展在出现了煤炭、钢铁等传统行业产能严重过剩的同时，新兴产业也出现了生产能力的闲置，太阳能光伏电池等都出现了不同程度的过剩，因此，优化资源配置，走集约化之路是河南经济发展的内在要求。再次，产业结构不合理需要集约发展。河南经济发展总量已居全国第五，但产业结构不合理已是不争的事实，总体而言，产业结构呈矮化态势，处于产业链的低端，而高附加值产业是未来产业发展方向，因此，推动经济高质量发展，实现集约发展是其重要一环。可以说，由粗放型向集约型发展方式转变是现阶段河南经济发展的内在规律，推动经济高质量发展，正是顺应了粗放型向集约型经济发展方式转变内在规律的要求。

二 符合劳动密集型向资本、技术密集型发展转变规律

随着经济发展，不同要素密集度产业的发展和变化具有一定的规律。工业化初期，是以劳动密集型产业占主导地位；随着重化工业的进展，在工业化中期，资金、技术密集型产业逐渐上升为主导地位；进入工业化后期以后，技术密集型产业的比重快速上升，尤其是进入发达经济阶段，知识、技术密集型产业成为第一大产业。首先，劳动密集型经济向资本、技术密集型经济转型是我国经济发展的客观要求。经过 40 多年的改革开放，河南充分利用劳动力资源，有力地促进了经济的增长、人民生活水平的提高。但随着劳动力成本的不断上升、其他新兴经济体的快速发展，劳动密集型经济的发展空间受到了限制，需要转型升级，符合劳动密集型经济向资本密集型经济转变，资本密集型经济向技术密集型、知识密集型经济转变的规律。其次，劳动密集型经济向资本、技术密集型经济转型不会导致就业水平降低。河南是一个劳动力资源大省，近乎存在"劳动力无限供给"的省情。劳动密集型向资本密集型转变中，必然会伴随着资本有机构成的提高，出现机器排挤工人的问题。然而，大力发展资本、技术密集型经济，将会实现经济增长、经济总量扩大，利用经济总量的扩张解决劳动力就业绝对量的增加，从而在

经济增长方式转变中保障劳动力的就业。可见，人口大省也适应劳动密集型经济向资本、技术密集型经济转型的发展趋势。作为传统人口大省的河南，推动经济高质量发展符合劳动密集型向资本、技术密集型发展转变的发展要求。

第二节 主要矛盾变化的积极应对

随着中国特色社会主义进入新时代，我国社会主要矛盾已经转化为人民日益增长的美好生活需要和不平衡不充分的发展之间的矛盾。这一矛盾的转变主要源于传统依靠数量增长的供给结构不能适应人们对于更高质量要求的需求结构的变化，这就需要推动经济高质量发展，以经济高质量发展应对主要矛盾的变化。

一 新时代人民对美好生活新需求的积极应对

人民对美好生活新需求、新期待是中国特色社会主义进入新时代的主要变化，为应对新时代人民对美好生活新需求，迫切需要转变原有发展方式，推动经济高质量发展。一是公共需求全面增长需要经济高质量。经过 40 多年的改革开放，河南城乡居民私人产品需求总体得到满足，城乡居民的公共需求全面增长，尤其是对社会保障、医疗和养老、生态环境、教育公平、公共安全等问题的关注度不断提升，医疗、教育、社保等改革连续多年成为人民群众关注的热点问题。例如，随着人口老龄化进程的加快，河南居民对健康养老的需求快速增加。居民的公共需求全面增长不仅体现在对公共服务数量提升的要求上，还体现在对公共产品和公共服务供给的多样化、精准化提出更高要求，这就要求推动经济高质量发展，以经济高质量发展满足公共需求全面增长的需要。二是新型消费需求明显增多需要高质量发展。当前，河南开始进入"消费新时代"，突出表现在个性化、体验式等新型消费模式快速兴起，信息消费、数字消费等新的消费需求快速释放，"90 后""00 后"等更具消费意愿的消费主体逐渐成为消费的新主力。新型消费需求的形成与释放，将为建设现代化经济体系、跨越经济转型升级的关键节点、实现高质量发展提供重要动力。三是绿色发展需求日益增强需要高质量发展。进入新时代，人民对清新空气、干净水质、优美环境等绿色发展的需求日益增强，转向高质量发展，既要创造更多物质财富和精神财富以满足人民日益增长的美好生活需要，也要提供更多优质生态产品以满足人民日益增长的优美生态环境需要。

二 发展不平衡不充分的积极应对

发展不平衡是河南在发展过程中面临的突出问题，推动高质量发展，加快结构调整是解决发展不平衡问题的根本举措。首先，产业结构失衡需要经济高质量发展。从产业结构看，主要是三次产业发展不协调、农业基础薄弱、工业大而不强、服务业发展滞后、部分行业产能过剩等问题。可以说，产业结构不合理，加大了资源环境压力和就业压力，也制约着国民经济整体素质的提高和经济的可持续发展，迫切需要进行调整。其次，城乡和区域结构不合理需要经济高质量发展。从城乡和区域结构来看，河南城乡之间和区域之间生活条件和基本公共服务差距较大，城乡之间和区域之间发展不协调凸显。城乡和区域结构不合理问题，不仅关系到内需扩大和发展空间拓展，也关系到社会和谐稳定，需要加快调整。最后，要素投入结构不合理需要经济高质量发展。从要素投入结构看，主要是资源消耗偏高，环境压力加大，资源环境的约束日益突出。经济发展与资源环境的矛盾，是河南现代化建设中需要长期面对的重大挑战。因此，构建合理的要素投入结构是河南经济发展的重要一环。从上面的分析可以看到，结构性矛盾已成为现阶段河南发展的突出问题，这一突出问题是发展不平衡的表现，也是发展质量不高的表现，这就需要推动高质量发展，以高质量发展应对发展不平衡问题。

第三节 建设经济强省的内在需要

河南"十四五"规划纲要提出了到 2035 年将河南建设成为经济强省的

建设目标。经济强省建设标准和高质量发展特征与经济高质量发展特征一脉相承。

一 速度向质量跨越的内在要求

河南作为全国第一人口大省、第一农业大省、第一粮食生产大省、第一粮食转化加工大省和全国重要的工业大省、经济大省，区位优势明显，生产企业集中，既是大量产品的产地和集散地，又是一个巨大的市场。质量是企业的生命，也是市场的生命，质量是产业和企业的核心竞争力，是一个国家和地区经济实力、文明程度的综合反映。增强以质量为核心要素的区域竞争力，是解决经济发展中的结构性、素质性、资源性问题，加快产业升级，提升发展质量的迫切需要。推动河南速度向河南质量转变、跨越，既是全省经济社会提质增效升级的内在要求，又是促进中原更加出彩的必要支撑。在河南经济社会发展中，追求速度、忽视质量的现象时有发生，漂亮的经济数据背后往往隐藏着不少质量问题、生态问题。与人民群众的质量需求相比、与经济社会的科学发展要求相比，质量的提高速度远远滞后于经济的发展速度。要推动"河南速度"向"河南质量"跨越，就要推动经济高质量发展，通过经济高质量发展来书写"河南速度"向"河南质量"跨越的新篇章。

二 产品向品牌跨越的内在要求

品牌是一种无形资产，知名品牌是衡量一个国家、地区和企业竞争力的重要标志。对企业而言，品牌意味着信誉和市场；对国家和地区来讲，品牌意味着形象和影响力。品牌作为质量与创新的载体，是消费者对产品质量、技术、管理、服务和文化等因素的综合评价和认知，知名品牌的产品往往在激烈的市场竞争中独占鳌头。作为全国有重要影响的经济大省，未来河南经济由大到强，迫切需要大批知名品牌的支撑，实现由产品大省向品牌大省转变。近年来，河南品牌建设成效显著，涌现出了双汇、宇通、许继等上百个国际知名品牌，但同时亚细亚、春都火腿、矛盾洗衣粉等多个曾享誉全国的老品牌也消失了。总体而言，目前河南品牌建设基础还很薄弱，品牌大省建设任重道远。特别是河南同全国一道进入经济新常态，在经济下行压力下，行业不断分化，一部分品牌可能"出局"，真正有实力、有竞争力的品牌才会留下来，可以说河南品牌建设面临着严峻挑战，但是与此同时，当前，全球范围内正掀起新一轮技术革命和产业革命，借助技术的进步，涌现出越来越多的新业态、新模式，加上我国"中国制造2025""互联网+"等战略的实施，河南品牌建设迎来了较好的机遇。打造品牌的关键在于质量，品牌建设需要质量的重要支撑。只有通过向质量要效益，实现对市场的占有和控制，才能进一步塑造品牌。因此，河南必须摆脱资源和环境的束缚，把高质量发展作为经济发展的追求目标，才能形成推动河南产品向河南品牌跨越的强大引擎，打造更多的知名品牌，更有效地参与国际国内产业分工以及市场、资源的分配，实现"四个强省、一个高地、一个家园"的建设目标。

三　制造向创造跨越的内在要求

制造业的强盛与衰败，是一个国家发展的"晴雨表"，对于大国而言尤其如此。近年来，我国的经济总量已达世界第二，成为世界第一大贸易国，凭借低成本的劳动力资源，我国在世界制造业中处于主导地位，越来越多的"中国制造"走向海外市场。随着工业"4.0"时代的大幕开启，世界制造业开始重新布局。低端制造业在向低成本的东南亚地区转移，高端制造业在向技术实力雄厚的欧美国家转移，在"两头挤压"下，中国制造业的市场空间和竞争优势都有弱化的趋势。在这种时代背景下，作为一个地处内陆的新兴工业大省，实现从河南制造到河南创造转型任重道远。从制造到创造的演进规律看，加快高质量发展，实现创新驱动是向创造转型的主动力。因此河南必须推动高质量发展，强化创新驱动产业转型升级，把技术水平调高、把制造能力调强、把产业结构调优、把产业链条调长，扩大对研发创新、产品设计、系统集成、综合服务、品牌塑造等高附加值环节的产业性需求，以中间制造环节的优势和竞争力带动两端高附加值环节发展，才能以新技术、新产品引领市场，才能更好地推动"四个强省、一个高地、一个家园"建设。

第四节　中原更加出彩的必由之路

在实现"两个一百年"奋斗目标、实现中华民族伟大复兴中国梦的进程中让中原更加出彩，是习近平总书记对河南发展的殷切期望，也是河南发展的路线图和总目标。让中原更加出彩，应立足河南经济发展的阶段性特征，以经济高质量发展应对经济发展新常态。

一　实现科学发展的必由之路

伴随着世界经济在国际金融危机后的深度调整和我国"三期叠加"的复杂形势，中国经济进入"新常态"，增速放缓，下行压力加大。经济发展进入新常态，从表象上看是经济增长减速换挡，但从本质上说是发展动力的转换和重塑。过去40多年经济高速发展，在很大程度上依靠资本、劳动力等生产要素大规模投入驱动，而充足的要素供给是维系要素驱动发展模式的重要前提，随着生产要素供需形势的变化，低成本生产要素驱动经济发展的动力逐渐减弱，迫切需要摒弃仅仅依靠经济增长的传统发展方式，推动经济高质量发展，将经济发展动力从要素驱动切换到创新驱动上来。河南与全国一道，进入了经济新常态发展阶段，从河南的实际情况看，能源原材料工业支撑增长的传统资源优势开始减弱，土地、劳动力、资金等生产要素的成本优势开始减弱，内需不足的矛盾更为凸显，出口拉动效应减弱，以资源能源消耗以及靠数量扩张和低成本竞争支撑的低层次发展模式难以为继，实现高质量发展，寻找经济增长的新动能成为当务之急。这就要求河南把发展的基点放在提升全省经济发展的质量和效益上，形成新业态、新产业、新模式以及新的经济增长点，进一步适应、引领经济新常态，实现中原更加出彩。

二 实现转型发展的必由之路

河南正处于工业化中期向后期发展的过渡阶段、竞争优势从低成本向资本和技术转变的重要阶段，适应新常态、引领新常态，转方式、调结构、促转型，以经济发展高质量推动新旧动力加速转换比以往任何时候都更加刻不容缓。但全省新旧动力转换较为缓慢，2020年全省传统支柱产业同比增长2.5%，高耗能工业同比增长3.5%，战略性新兴产业同比增长2.6%。可见，全省以传统产业、高耗能产业为代表的传统动力依然很强大，而以新技术、新业态和新模式引导的新兴力量还亟待发展壮大，短期内新兴力量还难以对冲传统动力的下行力量，实现新旧动力平稳衔接、转换还需一个长期的过程。这就更加凸显了高质量发展的重要性。因此，河南迫切需要推动经济发展高质量，实现经济发展的动能转换，推动经济发展从过去的"要素驱动、投资拉动"向"创新驱动、内生增长"转变，为实现中原更加出彩提供强大动力。

三 实现绿色发展的必由之路

实现高质量发展包括在发展中让人民呼吸洁净的空气，饮用安全的水，食用放心食品。面对河南资源约束趋紧、环境污染严重、生态系统退化的严峻形势，推动高质量发展就是要树立尊重自然、顺应自然、保护自然的生态文明理念，把生态文明建设放在突出位置，融入经济发展的各个方面和全过程，努力建设美丽河南，实现中原更加出彩。

河南经济发展在过去的40多年里取得了可喜的成就，但随之带来的环境污染、资源消耗已成为亟待解决的关键问题，绿色低碳发展成为河南未来发展方向。推动高质量发展能够保证河南经济绿色低碳发展。首先，高质量发展有力推动绿色产业发展。从发达国家经验来看，节能减排、绿色建筑、新能源等绿色产业发展空间很大。高质量发展有效推动了河南绿色产业的发展，一方面，能源、食品、汽车、航空、建筑、化工、机电等制造业与绿色产业相关；另一方面，金融、贸易、物流、信息服务等服务业与绿色产业密不可分，使河南绿色产业有了发展空间。其次，高质量发展有利于传统产业转型升级。河南是一个传统制造业大省，能源消耗大、碳排放量大、落后产能多、绿色低碳发展压力大，迫切需要实现传统产业转型升级。高质量发展把改革的红利、内需的潜力、创新的活力叠加起来，形成的经济发展新动力，有效推动河南传统产业调整优化结构，依靠转型升级提高发展质量和效益，淘汰落后产能，实现技术升级，降低单位能耗，实现节能减排，为河南传统产业转型升级带来了机遇。最后，高质量发展有利于消费方式发生变革。河南城镇化步伐的加快、能源消耗的增长、雾霾天气的频发，在一定程度上降低了人们的生活品质，传统的高碳、粗放型的消费方式将逐渐被淘汰，迫切需要通过推动高质量发展，实现消费方式转变，推行低碳、集约型的新消费方式，从而推动低碳生活发展，提高生态文明水平，让中原更加出彩。

第五节　锚定"两个确保"的本质要求

河南省第十一次党代会明确提出了锚定"两个确保"的奋斗目标，即确保高质量建设现代化河南、确保高水平实现现代化河南的奋斗目标，这是河南胸怀"两个大局"、把握机遇、应时顺势的高远谋划，是主动担当作为、服务大局、开创新局的时代答卷，也是契合民生所需、未来所向、凝心聚力的行动指南。随着经济社会发展水平的全面提高，综合实力大幅提升，城镇化发展跨上新台阶，河南已经具备了锚定"两个确保"的基础条件。但不平衡、不充分、不协调、不适应等问题仍较为突出，这就需要持续推动高质量发展，以高质量发展破解发展难题，进而全面实现"两个确保"。

一　锚定"两个确保"的内在要求

随着全面建成小康社会伟大目标的实现，河南到了可以大有作为的关键阶段，更有底气、更有勇气、更有锐气确立更高目标、实现更大突破。

"两个确保"以新发展阶段、新发展理念、新发展格局为战略指引，基于对新发展阶段量变与质变内在逻辑的深刻把握，坚持新发展理念在经济社会发展全过程和各领域的全面贯彻，抓住主动服务并深度融入新发展格局的战略机遇，明确提出以经济实力、科技实力、综合实力大幅跃升为标志推动现代化河南建设的新要求，确定了规模、总量、质量、效益相统一的发展目标。以"十大战略"为引领，明确了社会、经济、文化、生态等领域高质量建设现代化的具体路径，体现了"高"和"新"的时代内涵，统筹了"高"和"新"的目标要求，为我们擘画了河南高质量发展的新方向。

二　锚定"两个确保"的战略要求

"两个确保"是从国情、省情出发，顺应发展大势，从着力解决方向性、根本性、全局性问题入手，对河南今后一个时期的发展进行系统的谋篇布局，使河南的发展思路更加清晰，发展抓手更加明确。在战略谋划上，"两个确保"明确提出了实施"十大战略"，围绕扬优势、补短板、释潜能、激活力的关键领域，把准战略方向、突出战略重点、明晰战略路径，通过实施一大批变革性、牵引性、标志性举措来育先机、开新局。其中创新驱动、换道领跑等引领性战略，指明了未来河南现代化建设的动力和方向；优势再造、实施数字化转型、文旅文创融合、新型城镇化、乡村振兴、绿色低碳转型等支撑性战略，进一步明晰了全面建设现代化河南的战略重点和战略路径；制度型开放、全面深化改革等保障性战略，通过优化制度供给，为建设现代化河南提供了坚实的制度保障。在推进方法上，"两个确保"明确提出要坚持系统观念，在现代化建设的多重任务、多重约束中寻求动态平衡，形成整体大于部分之和的系统效应。突出工作重点，坚持"两点论"与"重点论"的统一，实行非均衡发展，以重点突破带动全局整体跃升。保持战略定力，坚持结果导向，统筹当前和长远，锁定目标，久久为功。尊重客观规律，紧盯发展前沿，洞察变革走向，在准确识变、应变、求变中高质量建设社会主义现代化河南。可以说，无论是在战略实施还是推进方法上，都需要推动高质量发展，以高质量发展推动"十大战略"的实施，以高质量发展推动"两个确保"的实现。

三 补齐锚定"两个确保"短板的迫切要求

河南作为发展中的内陆大省，与沿海地区相比经济规模和发展质量还存在一定差距，特别是人均经济指标普遍低于全国平均水平，是实现"两个确保"的突出短板。2020年，全省人均GDP为5.5万元，居全国第17位、中部地区第5位，仅相当于全国平均水平的76.9%，北京和上海的1/3左右，江苏、福建和浙江的一半左右，广东的2/3左右，湖北、内蒙古和山东的3/4左右。全省人均一般公共预算收入为4182元，仅相当于广东、江苏、浙江的四成左右，山东的2/3左右。全省居民人均可支配收入24810元，仅相当于全国平均水平的77.1%，居全国第24位、中部第6位。要实现"两个确保"，必须努力保持一定的追赶速度，通过高质量发展加快缩小与全国平均水平和先进省份的差距。

作为农业大省、人口大省和传统产业大省，发展不平衡不充分问题更加凸显，经济转型升级任务繁重，是河南实现"两个确保"的突出制约。2020年，全省城镇化率仅为55.43%，比全国低8.46个百分点，仍有4428.7万人居住在农村，城镇居民人均可支配收入和人均消费支出分别是农村的2.16倍和1.69倍。农业大而不强、工业全而不优、服务业不大不强不优，尽管近年来河南省加快传统产业改造和新兴产业培育，但2020年规模以上工业增加值中战略性新兴产业、高技术制造业占比分别仅为22.4%、11.1%，传统产业和高耗能产业占比分别为46.2%、35.8%，传统产业比重仍然较大，新兴产业支撑明显不足，新经济、新业态、新模式发展相对滞后。发展含金量不高，2020年，全省一般公共预算收入与生产总值之比为7.56%，全国排名靠后，工业增加值尽管仍居全国第5位，但规模以上工业企业营业收入和利润总额由2016年的均为全国第4位，分别下降到2020年的第6位、第8位。要破解结构难题，就需要进一步加快高质量发展，着力发展壮大高成长性制造业，积极改造提升传统支柱产业，重点培育战略性新兴产业，挺起产业高质量发展的"脊梁"。

创新作为发展的逻辑起点、现代化建设全局的核心，也是河南实现"两个确保"的核心支撑，当前区域竞争呈现不进则退、慢进亦退、不创新必退，而河南创新驱动力不足的问题日益凸显，成为实现"两个确保"的关键制约。2019年，全省研发投入793亿元，列全国第9位，仅为广东的25.6%；研发投入强度为1.46%，居全国第18位、中部第5位，仅相当于全国的65.5%；一般公共预算支出中的科学技术支出占比2.1%，在经济总量前10位的省市中居第9位。2019年，全省发明专利授权量6991件，居全国第14位、中部地区第4位。2019年，全省高新技术企业4749家，排名全国第16位，不仅远远低于沿海地区，不到广东的1/10，而且在中部六省排第5位，仅为湖北的62%。"两院"院士、国家杰出青年科学基金获得者数量分别仅占全国总数的1.4%、0.03%。河南"国字号"的创新平台数量少，国家重点实验室、国家工程技术研究中心占全国总数的比重均低于3%。创新创业氛围不浓厚，创业型企业和企业家数量少，技术市场交易发展缓慢，2019年全省技术市场成交合同金额在经济总量前10位的省市中仅居第9位。破解创新难题，需要加快高质量发展，通过聚焦平台支撑、龙头带动、要素链接，凝练一流选题、搭建一流平台、引进一流团队、培育一流人才、出好一流成果，形成多层次网络化创新体系，助力新旧动能顺利转换。

第三章

质量至上：河南高质量发展的理论逻辑

当前，河南同中国一样进入了发展新时代，其基本特征就是由高速增长阶段转向高质量发展阶段。高质量发展是更加注重发展质量的发展，是有别于传统增长方式的发展。鉴于此，有必要厘清内涵、特征，弄清判断标准、根本遵循，明确变化、方向、关系，构建评价体系，为其研究奠定坚实基础。

第一节　高质量发展的丰富内涵

高质量发展这一概念是在中国建设和发展的具体实践中总结和提炼出来的，是对过去发展经验和教训的总结，也是迈入新时代后中国新的发展路径选择，具有多重维度的内涵特点。高质量发展是体现创新、协调、绿色、开放、共享新发展理念的发展，是从更多追求经济增长速度的粗放型发展向更着眼于结构、效益和生态的综合型、集约型增长转变；在效率表征上体现为要素投入少、产出效益好；在动力源泉上更多依赖创新和消费等内生因素；在主要方向上着眼于增强供给侧的产品与服务质量优势；其根本目的是更好地满足人民日益增长的美好生活需要。

一　高质量发展的本质是增长阶段转换和新增长平台的形成

国际经验表明，受到终端需求和重要工业品出现历史需求峰值、人口和劳动力总量与结构发生变化、资源环境约束边界等因素影响，一国经济在经历长期高速增长后，当人均 GDP 达到 1100 美元时，均转向中速增长。中国经济新常态和高质量发展，其本质是增长阶段的"转换再平衡"过程，即打好近期的防范化解重大风险、污染防治等攻坚战，逐步通过转变发展方式、优化经济结构、转换增长动力，为今后的可持续发展奠定坚实基础，最终跨越长远的经济转型关口。

二 高质量发展的基本动因是适应社会主要矛盾变化

高质量发展的根本目的是更好地满足人民日益增长的美好生活需要，解决经济社会体系中出现的不平衡、不充分问题，改变低水平、低质量产品和服务的同质化竞争及产能过剩，实现更高水平的供给与需求再平衡，促进经济的内生性、稳定性和持续性发展。与以往相比，高质量发展突出反映在"三个转变"上，即从自然资源和投资驱动型的"汗水经济"向创新驱动型的"智慧经济""智能经济"转变，从总量扩张向结构优化和效率优先转变，从"有没有""快不快"向"好不好""强不强"转变。通过高质量发展，实现产业体系更加完整、产业结构更加优化、生产组织方式更加智能。

三 高质量发展的主要内容是经济体系全面升级

高质量发展不是基于原有路径依赖的线性提升，而是通过经济系统的重构拉长板，实现结构性变革和能级跃升，促进生产、流通、分配、消费循环通畅，经济结构和空间布局合理，经济发展平稳，不出现大的起落。从供给看，要有与高技术条件相适应的高级生产要素的投入，集中表现为科技创新、现代金融、知识、信息和数据以及企业家才能等。从需求看，体现为人民群众个性化、多样化的消费需求不断升级，发展型、品质型、服务型消费快速增长，促进有效供给。从资源配置看，强调国民经济的投入要素最终必须落实到强壮实体经济上，改变人力资源与实体经济的结构性错配，想方设法把金融资源配置到富有活力的部门和企业中去，实现实体经济、科技创新、现代金融、人力资源协同发展。从分配看，实现合理的初次分配和公平的再分配，提升公共资源的配置效率，逐步解决土地、资金等要素价格不合理的问题，推动企业利润、居民收入、政府税收等稳定持续增长，并且充分反映各自按市场评价的贡献。

四 高质量发展的主攻方向是显著提高质量效率

从微观层面看，高质量发展是指提高产品和服务质量。适应居民收入水平提高和中等收入群体扩大的变化要求，推动生产能力升级，加快瞄准国际标准提高水平，大力填补产品品质、产品质量和服务品质的"质量缺口"。从中观层面看，高质量发展是提升产业价值链，实现生产要素从过剩领域向有市场需求领域、从低效领域向高效领域的转移，利用资金、市场、供应链的优势整合国际先进技术，促进产业迈向研发、设计、品牌等全球价值链中高端环节。从宏观层面看，高质量发展提高全要素生产率。推动经济发展效率变革，着力增强科技创新对经济增长的贡献，进一步提高劳动效率、资本效率、土地效率和资源效率。

第二节　高质量发展的基本特征

高质量发展是有别于高速度发展的一种新的发展模式，是更加注重发展质量的发展，是一种包容性、普惠式的发展，其基本特征表现在以下五个方面。

一 第三产业对于经济增长的贡献显著增加

随着经济的不断发展，产业呈现出从低级向中级、高级不断跃升的特征。从统计数据来看，2015 年以来，河南经济各项指标都呈现出转型升级的明显信号。据统计，2018 年河南第三产业增加值占地区生产总值的比重为 45.2%，对 GDP 增长的贡献率达到 50%。从未来趋势来看，随着产业分工的持续深化，与互联网的深度融合，河南服务业将进入快速发展期，对经济增长的贡献率持续提高。无论是从现有特点，还是未来趋势来看，第三产业对于河南经济高质量发展都具有重要意义，推动河南经济高质量发展亟待大力发展服务业。

二　创新对于经济增长的贡献显著增加

创新对于经济增长的贡献显著增加是经济高质量发展的又一重要特征。改革开放以来，河南依靠廉价劳动力资源、廉价土地资源、廉价能源资源等要素资源投入，粗放型发展方式实现了 40 多年的经济高速增长，但在经济高速增长的同时，也付出了环境、资源等方面的代价。推动经济高质量发展就是要改变传统经济增长方式，改变以要素驱动的增长方式实现创新驱动经济发展，通过深化科技体制改革，加强创新平台载体建设、壮大创新主体、加强人才队伍建设等，提高全要素生产率，逐步提升创新对于经济增长的贡献。

三　消费对于经济增长的贡献显著增加

消费对于经济增长的贡献显著增加是经济高质量发展的重要特征之一。改革开放以来，河南经济的快速增长主要依靠投资拉动。近年来，随着国内外经济环境日益复杂多变，投资对于经济的贡献逐渐下降，迫切需要寻求新的增长点。出口一直是河南经济发展的短板，短时间内通过出口拉动经济增长显然作用有限。40 多年经济持续高速增长，产生了一个庞大的中等收入群体，这一群体拥有强大的消费需求。据统计，2018 年消费对于经济增长的贡献率超过 50%，消费成为经济增长的最强引擎。因此，经济高质量发展应将消费放在重要位置，通过强化消费基础设施建设、营造良好的消费环境、完善支持消费的制度安排等，科学准确把握消费变革，着力释放内需潜力。

四　经济结构不断优化

经济结构不断优化是经济高质量发展的基本特征之一。改革开放以来，河南经济得到了快速发展，但随着经济持续发展，供需结构不平衡、产业结

构不合理、城乡发展不协调等结构不优问题日益凸显。经济高质量发展就是
要改变结构不优现状，通过实施供给侧结构性改革，动态调整供给与需求状
态，实现供给与需求之间的动态平衡；通过推动产业向价值链高端跃升，要
素自由合理流动，实现产业上、中、下游协同，价值链不断向上攀登；通过
实施乡村振兴战略，逐步缩小城市与农村间的差距，实现城乡一体、城乡融
合发展。

五　增长方式持续转变

增长方式持续转变是经济高质量发展的重要特征。党的十九大报告指
出，"中国特色社会主义进入新时代，我国社会主要矛盾已经转化为人民日
益增长的美好生活需要和不平衡不充分的发展之间的矛盾"。我们要在继续
推动发展的基础上，着力解决好发展不平衡不充分问题，大力提升发展质量
和效益，更好地满足人民在经济、政治、文化、社会、生态等方面日益增长
的需要，更好推动人的全面发展、社会全面进步。

第三节　高质量发展的基本趋向

高质量发展是我国经济未来长期的发展趋向，也是统领河南经济发展的
着力点。这就需要我们准确把握高质量发展的趋向，自觉遵守经济发展规
律，顺势而为、因势利导，确保河南经济沿着正确的轨道健康发展。

一　发展的中高速趋向

经济高质量发展首先意味着增长速度的转变，从高速增长转向中高速增
长。经济增长速度的转变是带有规律性的普遍现象，工业化早期表现为快
速增长阶段，但随着工业化进程的推进，经济增长速度将会向中高速转变。
经济增长速度的转变是经济发展的规律性特征，任何一个国家或地区在经济
现代化进程中都会经历从量的快速扩张到效率提升、结构优化、产业层次提
升等质的转变。改革开放以来，特别是进入 21 世纪以来，河南经济进入快

速增长阶段，2001～2012 年 GDP 均保持在 10% 以上的增长速度。随着工业化进程的快速推进，河南也迎来了经济增速放缓的阶段，2021 年 GDP 增速为 6.3%。这就需要我们正确认识经济增长速度的转变，对经济增速的波动持有更高的容忍度，顺应高质量发展的客观趋势。

二　发展的优质化趋向

经济高质量发展不但意味着增速的放缓，还意味着增长质量的提升，意味着产业结构、经济结构、社会结构的转型升级，意味着由河南制造向河南智造、河南创造转变。过去十年，河南同全国一样，经济增速由高速增长转向中高速增长的波动性下行，但近年来增速大都稳定在 7% 左右（2020 年除外），这说明经济增速过快下行的现象得到了控制，经济工作的重心可以更明确地放到加快提高经济质量和效益上来，这也是推进高质量发展的必然选择。

三　发展的科技化趋向

经济高质量发展的根本动力在于创新。经济要实现质量变革、效率变革、动力变革，都离不开创新驱动，可以说，没有创新驱动就没有经济高质量发展。经过多年努力，河南创新能力有了较大提升，科技部《中国区域科技创新评价报告 2020》显示，河南综合科技创新水平居全国第 17 位，比 2015 年提升 3 位；中科院《中国区域科技创新能力评价报告 2021》中，河南科技创新指数上升到第 14 位。但仍面临着原始创新能力不强、核心技术攻关能力不强、创新主体实力不强、科技创新投入不足等问题，创新逐渐成为制约河南高质量发展的主要因素。新发展阶段，迫切需要把创新放在核心位置，通过不断推进理论创新、制度创新、科技创新、文化创新、模式创新、机制创新等各方面创新，积蓄河南高质量发展新动能。

四　发展的金融化趋向

经济高质量发展离不开经济金融化。经济金融化是指产品进入市场化、资本化的过程。推动高质量发展，建立现代化经济体系，需要有成熟的金融市场作为支撑。经过多年努力，河南金融有了较大发展，初步建立了适应实体经济投融资发展需求的金融服务体系。但总体上仍是以传统金融业态发展为主，企业对银行贷款依存度依然较高，股权融资占比仍然较低，加快现代金融发展刻不容缓。此外，也应看到，过度金融化带来的风险挑战。这就要求河南在积极提升经济发展金融化水平的同时，也要注重防范金融风险，守牢不发生系统性重大金融风险的底线。

五 发展的包容化趋向

经济高质量发展是体现包容性的发展。所谓包容性发展是指以增进民生福祉为发展根本目的的发展，是"坚持在发展中保障和改善民生"的发展，"让改革发展成果更多更公平惠及全体人民，朝着实现全体人民共同富裕不断迈进"的发展。[1] 当前，河南经济发展的包容性问题仍较为突出，如收入分配差距较大、经济社会发展不平衡、城乡发展不平衡、区域发展不平衡、公共服务供给不充分等，迫切需要实现包容性发展，推动经济发展成果共创共享，社会各项事业协调互进。

第四节 高质量发展的根本遵循

党的十九大对我国经济发展做出了重要判断，认为我国经济已由高速增长阶段转向了高质量发展阶段。[2] 党的十九届五中全会进一步指出，"以推动高质量发展为主题，以深化供给侧结构性改革为主线""以高质量发展为统领，坚持以人民为中心"。[3] 这既表明了高质量发展的必要性，也为如何实现高质量发展提供了根本遵循。

---

① 《中国共产党第十九次全国代表大会文件汇编》，人民出版社，2017。
② 习近平：《决胜全面建成小康社会 夺取新时代中国特色社会主义伟大胜利——在中国共产党第十九次全国代表大会上的报告》，人民出版社，2017。
③ 《中华人民共和国国民经济和社会发展第十四个五年规划和 2035 年远景目标纲要》，2021 年 3 月 12 日。

一 高质量发展必须体现新发展理念

新发展理念对高质量发展的目的、方式、路径、着力点等问题作出了全面回应，为高质量发展提供了理论遵循。第一，高质量发展必须是创新的发展。当今世界正在经历百年未有之大变局，科技创新能力已经成为国际竞争的核心，并且不断推动国际格局和治理体系的重构，全球创新版图逐步向多中心发展，科技创新在全球治理中的重要性不断提升。与此同时，全球产业和科技革命进展迅速，科技研发的模式持续变革，科技创新所涉及的领域不断拓展，前沿领域不断交汇融合，创新的深度、精度不断提升，创新已成为经济社会发展的重要引擎。长久以来，河南经济保持快速发展的主要动力在于人口规模带来的劳动力优势、投资驱动，以及资源和环境高消耗。进入高质量发展阶段以后，尤其是在产能过剩、金融风险、新冠肺炎疫情等负面冲击的影响下，以往重投资、高资源消耗的模式已经难以为继，迫切需要转变发展方式，以创新驱动发展。第二，高质量发展必须是协调的发展。质效、城乡、区域协调发展是河南贯彻新发展理念、推动高质量发展的题中之义。应坚持以质量第一、效益优先为基本准则，实现更高质量和水平的供需动态平衡；应围绕按照乡村振兴总要求，全面推动城乡协调发展；应围绕河南"主副引领、四区协同、多点支撑"总体布局，实现区域协调发展。第三，高质量必须是绿色的发展。建设生态文明是中华民族永续发展的千年大计，也是河南高质发展的必然选择。在发展理念上，要树立"绿水青山就是金山银山"的理念，坚持尊重自然、顺应自然、保护自然，坚持以节约优先、保护优先、自然恢复为主。在生产方式上，要发展绿色生产，通过产业结构调整，大力发展以重大技术突破和重大发展需求为基础、对经济社会全局和长远发展具有重大引领带动作用的战略性新兴产业，为经济高质量发展注入强大的技术创新动力。在经济体系建设上，通过强化国家工程技术中心建设、实施严格的环境规制、绿色产品扶持政策、坚决扭转生活体系向不可持续方向演化的趋势等建立健全绿色低碳循环发展的经济体系。第四，高质量必须是开放的发展。40多年的成功经验表明，开放发展是河南经济取得巨大成就的重要法宝之一。河南在加快高质量发展过程中也要将开放进行到底，坚持"引进来"和"走出去"并重，通过进一步对接国际贸易和投资通行规则、构建稳定透明可预期的开放政策制度体系，全面提高河南开放型经济发展水平。第五，高质量必须是共享的发展。以人民为中心是我们发展的根本，河南在推动高质量发展过程中也应紧紧扭住这个中心不动摇。应更加重视收入分配、居民消费和社会保障等多个环节，使更多人享受发展红利，最终达到共同富裕总目标。

二 高质量发展必须全面深化供给侧改革

深化供给侧结构性改革、推动经济高质量发展，是以习近平同志为核心的党中央作出的具有开创性、全局性、长远性的重大决策部署，意义十分重大。同时，深化供给侧结构性改革对发展不平衡不充分问题作出了全面回应，为高质量发展提供了实践遵循。第一，高质量发展是产业结构持续优化的发展。农业大而不强、工业全而不优、服务业不大不强不优，尽管近年来河南努力加快传统产业改造和新兴产业培育，但 2020 年规模以上工业增加值中战略性新兴产业、高技术制造业占比仅分别为 22.4%、11.1%，传统产业和高耗能产业占比分别为 46.2%、35.8%，传统产业比重仍然较大，新兴产业支撑明显不足，新经济、新业态、新模式发展相对滞后。当前和今后一个时期，要解决产业结构不优问题，就要求我们坚持以供给侧结构性改革推动高质量发展，把供给侧结构性改革作为制定产业政策、实施产业调控的重要参考。第二，高质量发展是城乡结构持续优化的发展。2020 年，全省城镇化率仅为 55.43%，比全国低 8.46 个百分点，仍有 4428.7 万人居住在农村，城镇居民人均可支配收入和人均消费支出分别是农村的 2.16 倍和 1.69 倍。可见，河南城乡结构不优是不争的事实，这就要求我们把改善城乡供给结构作为主攻方向，不断缩小城乡差距，实现高质量发展。第三，高质量发展是质量效益优化的发展。2020 年，全省一般公共预算收入与生产总值之比为 7.56%，全国排名靠后，工业增加值尽管仍居全国第 5 位，但规模以上工业企业营业收入和利润总额由 2016 年的均为全国第 4 位，分别下降到

2020 年的第 6 位、第 8 位，提高质效任重道远。这就要求河南当前和今后一段时间，应将提高质量效益作为高质量发展的重点。第四，高质量发展是区域均衡的发展。当前，河南区域发展总体不均衡，市域、县域经济发展能级普遍不强，制约着高质量发展的基本盘。在市域发展上，2020 年，除郑州外，仅有洛阳生产总值超 5000 亿元，鹤壁、济源示范区生产总值不到千亿元，而江苏有 9 座城市生产总值超 5000 亿元；人均 GDP 5 万元以下的城市，河南有 10 个，比湖北、江西多 6 个，比安徽多 4 个；人均 GDP 5 万 ~ 10 万元的城市，河南比湖北少 3 个；河南目前还没有人均 GDP 10 万元以上的城市，而湖北、安徽分别有 2 个、湖南有 1 个；第七次全国人口普查显示，郑州常住人口 10 年间增量最大，达 397.4 万人；新乡、洛阳常住人口增量超 50 万人；而鹤壁、焦作、漯河、三门峡、驻马店、南阳人口负增长，特别是南阳减少 55 万人。在县域发展上，根据 2021 年赛迪发布的县域百强县名单，河南占 7 席，与湖北并列第 4 位，但缺乏 GDP 超千亿元的头部县域，而江苏、浙江分别有 16 个、9 个，湖南、江西也各有 3 个、1 个。2019 年，一般公共预算收入超过 20 亿元的县（市）只有 22 个，其中超过 50 亿元的只有 3 个，而 10 亿元以下的多达 33 个，实现区域均衡发展迫在眉睫。

三　高质量发展必须坚持以人民为中心

党的十九大报告指出，"新时代我国社会主要矛盾是人民日益增长的美好生活需要和不平衡不充分的发展之间的矛盾，必须坚持以人民为中心的发展思想，不断促进人的全面发展、全体人民共同富裕"。[1] 这一判断明确了高质量发展的根本遵循，即以人民为中心的发展。过去几年的汛情、疫情，集中暴露河南在人民美好生活需求上的短板、弱项，需要在补短强基，实现高质量发展。第一，高质量发展是以人民为中心的城市高质量。要积极发展宜居、创新、智慧、绿色、人文、韧性城市，打造满足人民美好生活要求的更高质

---

[1] 习近平：《决胜全面建成小康社会　夺取新时代中国特色社会主义伟大胜利——在中国共产党第十九次全国代表大会上的报告》，人民出版社，2017。

量、更加品质生活空间；要实施基础设施补短板、公共服务提升工程，改善公共供给质量，让城市生活更便利；要实施城市提质、住房保障行动，改善城市面貌、提升居住品质，让城市生活更美好；要实施城乡绿色发展、韧性城市建设行动，把安全理念贯穿城市规划、建设、管理全过程各环节，更加重视"里子工程""避险工程"，增强城市节能减排、绿色发展能力，强化重要设施、重点部位、重点场所等安全防护，超前布局城市生命线，全面提高防御灾害和抵御风险能力；要实施城市特色风貌塑造行动，不以行政级别高低决定城市建管标准，坚持一流水准，重在体现特色、体现内涵、体现品质，彰显美学元素，展现城市人文风貌；要实施城市"四化"行动，注重提升城市治理水平、提升市民文明素质，推动城市治理体系和治理能力现代化。第二，高质量是以人为中心的民生高质量。民之所盼，政之所向。河南推进高质量发展，应扎实推进共同富裕，聚焦和解决好人民群众最关心、最直接、最现实的"急难愁盼"问题，着力推动更加充分、更高质量就业水平，发展更加优质、更加均衡的教育，提供全方位、全周期健康服务和健全更加公平、更可持续的社会保障体系，让人民群众获得感成色更足、幸福感更可持续、安全感更有保障。

第五节　高质量发展的"三大变革"

质量变革、效率变革、动力变革是推动高质量发展的必然要求，质量变革是基础保障，效率变革是核心目标，动力变革是关键所在，三者相互促进、相互支撑。作为传统经济大省，河南应积极推进"三大变革"，以"三大变革"推动高质量发展，以"三大变革"促进结构优化、效率提升和动能转换。

一　质量变革是基础保障

高质量是经济高质量发展的基本追求。当前，河南经济仍面临着质量不高的挑战，特别是在产业发展质量、消费品质、县域发展质量等方面存在明显差距。这就要求在推动经济高质量发展过程中，把质量变革放在首要位置，以质量变革促进效率变革和动力变革。一是以传统产业提质发展推动高质量发展。应聚焦传统产业高端化、智能化、绿色化、服务化转型，进一步强化技术赋能、模式提质、链条重塑、空间扩展和品牌培育，加速传统产业通过高位嫁接，全面提升河南传统产业品质。二是以消费升级推动高质量发展。以国内大循环为主体，以高质量供给引领创造新需求，加快推进消费提质升级、下沉扩容，积极建设全国消费中心、全国商贸物流中心，全力打造国内大循环重要节点和国内国际双循环战略链接。三是以县域提质推动高质量发展。构建以县城为龙头、以中心镇为节点、以乡村为腹地的县域发展体系，打造一批产业先进、充满活力、城乡繁荣、生态优美、人民富裕的经济强县，培育一批特色突出、竞相发展的增长点，形成可复制、可推广的典型经验，引领带动全省县域经济高质量发展。

二 效率变革是核心目标

高效率是经济高质量发展的主攻方向之一。当前河南还面临着效率较低的困扰。这就要求在推动经济高质量发展过程中，把效率变革放在重要位置，以提高全要素生产率全面提升发展质量。一是从资源配置中求效率。重点推进土地、劳动力、资本、技术、数据五个要素领域改革。增强土地管理灵活性，允许新产业用地出让周期有一定的弹性，以"亩均论英雄"，推行工业用地"标准地+告知承诺制"改革，实现"拿地即开工"。深化户籍制度改革，健全以居住证为载体的城镇基本公共服务机制，引导劳动力要素合理有序流动；大力发展直接融资，推广"信易贷"，帮助中小微企业解决融资难、融资贵困难。健全职务科技成果产权制度，积极培育技术转移机构和技术经理人，激发技术供给活力。提升数据资源价值，制定数字经济促进条例，推动数字确权交易，加强个人隐私保护，实施数字经济新业态、新模式培育行动。积极推动省级要素市场化配置改革试点，为完善要素市场化配置提供制度创新经验。二是管理中求效率。围绕高质量发展中的难点、痛点、堵点，优化以"亩产效益"为导向的要素配置机制，畅通以"合作共赢"为核心的区域协同机制，健全以"科学评价"为目的的绩效考核机制等，强化机制系统集成、协同高效，持续增强发展动力和活力；对标对表高质量发展要求，把握一般标准，进一步明确高质量发展的参照系、坐标系。坚持分项对标，分行业、分领域对标一流、对标先进，确保学有目标、赶有方向。做好比较分析，加强与先进地区的对比研究，明晰发展方位，既坚定信心，也保持清醒，增强定力、耐力、毅力。

三 动力变革是关键所在

动力是经济高质量发展的不竭源泉。当前区域竞争呈现不进则退、慢进亦退、不创新必退的紧迫态势，而河南创新驱动力不足的问题日益凸显，已成为实现高质量发展的关键制约。一是做强创新平台。主动对接、深度嵌入国家战略科技力量体系，围绕河南重大战略需求，加快建设国家实验室、国家重点实验室、省实验室、省重点实验室以及技术创新中心、产业创新中心、制造业创新中心、中试基地、产业研究院、新型研发机构等创新平台，布局建设重大科技基础设施，优化完善创新平台体系。二是壮大创新主体。以提升各类创新主体创新能力为目标，梯次培育创新型企业，强化企业创新主体地位，建设创新联合体，推进规模以上工业企业研发活动全覆盖。加快培育高水平研究型大学，激发科研院所创新活力。三是集聚创新人才。坚持人才引领发展的战略地位，全方位培养、引进、用好人才，深化人才发展体制机制改革，营造识才、爱才、敬才、用才的环境。着力培育学科领军人才、产业领军人才、青年人才，努力培养造就一支规模宏大、结构合理、素质优良的创新型人才队伍。四优化创新生态。深化"放管服"改革和科技体制机制改革，加快转变政府职能，完善科技治理体系，提升科技治理能力。赋予科研单位更多自主权，赋予科学家更大的技术路线决定权、经费支配权、资源调度权。完善科技评价机制，优化科研组织范式，推动重点领域项目、基地、人才、资金一体化配置。

第六节　高质量发展的"四大关系"

高质量发展是一项系统性工程，涉及多个主体、多项目标、多对矛盾，这需要处理好供给与需求、投入与产出、政府与市场、公平与效率间的关系。

一　供给与需求的关系

供需关系是经济运行中的基本关系。党的十九大报告明确指出，中国特色社会主义进入新时代，我国社会主要矛盾已经转化为人民日益增长的美好生活需要和不平衡不充分的发展之间的矛盾。主要矛盾的变化就其本质而言是供需关系的变化。高质量发展的目的就是在更高水平上实现新的供需平衡。从需求端来看，随着人们生活水平的不断提高，人们对需求的层次、需求的内涵不断提升，更多关注个性化、多样化、多层次的需求，关注人的全面发展和社会的全面进步的需求。从供给端来看，当前河南的供给体系还是在传统供给思维即生产什么消费什么的框架下构建的，许多产品仍处于价值链低端，显然已不能满足新阶段人们新的消费需求。推动高质量发展，就是要推动供给侧结构性改革，不断满足人们日益多元、多样的消费需求，在更高水平上实现供需平衡。

二　投入与产出的关系

投入与产出的关系是判断经济是否高效运行的重要关系，以较少的投入实现较高水平的产出，是经济发展质量和效率的基本要求。新中国成立以来，河南同全国一样长期处于短缺经济状态，土地、劳动力等诸多生产要素处于闲置状态，依靠大量投入、形成规模效应是这一阶段采取的主要策略，粗放式的发展方式带来了经济的快速发展和腾飞。近年来，随着劳动力价格的不断上涨，土地、能源资源等要素日益短缺，传统依靠大量要素投入的粗放型发展方式难以为继，迫切需要转变发展方式，更多依靠技术进步和提升劳动者素质来推动经济高效、集约发展。经济高质量发展就是要处理好投入与产出的关系，通过提高投入效率提升产出质量，最终实现集约发展。

三 政府与市场的关系

政府与市场的关系是经济体制改革的核心问题，也是推动经济高质量发展面临的重大问题。新中国成立以来，河南同全国一样属于追赶型经济体，以模仿发达经济体的产业结构和技术路线为主攻方向，通过制度优势，政府主导，将分散资源集中起来，实现了跨越式发展。进入新的发展阶段，随着我国更多领域参与到国际竞争中去，更多技术达到世界领先位置，没有成熟的经验可参考、路线可跟随，传统跟随式发展战略在这一阶段显然难以为继，仅仅依靠政府的力量参与国际竞争是不够的，迫切需要正确处理政府与市场的关系，特别是在与世界经济融合度越来越高的现实情况下，更要充分发挥市场的作用，让市场在资源配置中起决定性作用，找到发展方向和路径，在国际化市场中赢得地位，在国际化竞争中赢得主动，在国际化规则制定中赢得话语权。

四 公平与效率的关系

正确处理好公平与效率的关系是人类社会发展孜孜不倦追求的目标，也是我国顺利跨越中等收入陷阱，实现高质量发展的关键环节。党的十九大报告强调，增进民生福祉是发展的根本目的。这就要求当前及今后较长的一段时间里，必须将增强人民福祉摆在突出发展位置，通过补齐民生短板、促进社会公平正义等多种途径，让全体人民在共建共享中拥有更多获得感和满足感。改革开放 40 多年来，我们的经济总量得到了迅速提升，但与此同时，收入差距、财富差距等分配差距愈发凸显，缩小贫富差距、兼顾公平与效益的关系是当前和今后一段时间我国经济社会发展要克服的突出难题，要在注重效益的同时，合理分配，通过不断扩大中等收入群体，全面提高社会稳定性，壮大市场规模，从而进一步提高全社会经济效益，实现良性互动。

第七节 高质量发展的评价体系

高质量发展是一个包容性很强的概念，涉及质量、效率、动力等方面的内容，是更加强调整体性和全局观的概念。高质量发展的评价体系除了单一反映经济发展速度的指标外，还需要增加反映产业、行业、地区等各方面结构协调性指标、质量效益指标和新动能发展指标，应在时间上反映高质量发展的趋势，空间上反映其发展结构，数量上反映其规模，层次上反映其水平。结合高质量发展的内涵和特征，高质量发展的评价体系应包含指标体系、政策体系、标准体系、统计体系、绩效评价体系、政绩考核体系等方面的内容。

一 高质量发展的指标体系

高质量发展的指标体系，是有别于传统的经济评价指标体系。传统经济指标体系主要包含速度指标体系、总量指标体系、财务指标体系等方面内容，更多体现发展数量的指标；高质量发展指标体系要客观、准确和全面反映高质量发展的基本要求和战略需要，是更加包容的指标体系，更多体现社会发展、人与自然和谐发展等方面内容的指标体系，是包含效率、质量、动力等多层次的指标体系，是体现长期与短期相连接、宏观与微观相衔接、总量与结构相结合、全局与局部相统一、经济发展与社会发展相衔接等多维度的指标体系。高质量发展的统计内涵，至少要体现为以下几个方面。其一，高质量发展必须是国民经济充满活力的持续发展，代表产出水平的 GDP 在保持稳定增长的同时，其内在构成不断优化，含金量不断提升。其二，高质量发展必须是以创新为基础的高效率发展，从投入产出角度看，经济效益不断提升，全要素生产率处于较高水平。其三，高质量发展必须是绿色发展，生态环境指标持续向好，综合生态环境监测质量高。其四，高质量发展必须是人民生活质量不断提高的发展，实际人均 GDP 和实际人均可支配收入达到较高水平并持续稳定增长。其五，高质量发展必须是人的素养不断提升的发展，受教育程度较高，科学文化素养和道德水平不断上升。所有这些，构成了构建高质量发展评价指标体系的基本依据。

二 高质量发展的政策体系

经济高质量发展离不开强有力的政策体系做支撑。高质量发展的政策体系是尊重市场、尊重规律、尊重趋势的政策体系，是体现短期政策与长期政策相结合、正向引导与负向约束相结合、数量型政策与质量型政策相结合的政策体系，是包含宏观政策、微观政策、产业政策、金融政策等多维度的政策体系。宏观政策旨在把握经济发展趋势和方向，其政策更多体现在重视人才、重视创新等有利于质量型发展上；微观政策旨在加强对企业的激励，提升企业综合竞争力，其政策更多体现在企业品质提升上；产业政策旨在推动战略性新兴产业发展和传统产业转型升级，其政策更多体现在重视新产业、新模式、新技术等有利于产业发展上，体现产业结构的高级化；金融政策旨在支持高成长性、绿色生态型产业发展，把握产业发展方向，其政策更多体现在解决融资难、融资贵上。

三　高质量发展的标准体系

高质量发展的标准体系是高质量发展评价体系的重要组成部分。高质量发展是在宏观、中观、微观层面均有所表现的发展，是在各层面具有一定评价标准的发展。宏观层面，高质量发展的标准体系表现为维持经济持续健康发展的合理的经济增长速度，更多体现发展质量、发展效率以及发展动力的指标，为经济持续健康发展提供重要保障。中观层面，高质量发展的标准体系表现为结构合理的产业体系和梯度合理的地区差异体系，更多体现生产要素的合理流动、资源的合理配置，为发展平衡、协调提供重要支撑。微观层面，高质量发展的标准体系表现为产品质量的系统化和品牌的系统化，更多体现品牌效益、品牌价值，为培育出具有知名度和影响力的大品牌提供重要支持。

四　高质量发展的统计体系

高质量发展的有效评价需要科学、客观的高质量发展统计体系。从统计内容上看，高质量发展是体现质量变革、效率变革、动力变革的发展，需要建立一套系统化的统计体系，动态监测经济社会发展的中不平衡、不充分、不合理、不协调等诸多问题。从统计方法上看，要充分应用大数据、云计

算、VR 虚拟现实等新一代信息技术，实现统计方法多元化，提高统计决策
效率和水平。从统计对象上看，传统经济增长的统计指标主要以企业为统计
对象，而高质量发展统计则应更多强调就业、消费行为、生态环境保护、城
市公共服务水平等方面的内容，应以人为统计对象。从统计部门来看，传统
经济增长的统计主要由单个部门对其进行统计，缺乏部门间的沟通和交流，
容易形成信息孤岛，导致信息不对称；而高质量发展的统计需要各部门协
作，有利于实现统计体系的共建共享。

五 高质量发展的绩效评价体系

高质量发展的评价体系还应包括绩效评价体系，从高质量发展内涵来
看，主要包括对经济增长速度的评价、对经济结构合理性的评价、对创新成
果质量的评价以及对经济可持续性的评价。在对经济增长速度的评价方面，
将更多关注对发展效率的评价，如对资本产出效率的评价、对劳动生产率的
评价、对全要素生产率的评价等，通过对经济增长速度的评价把握经济发展
的主要方向；在对经济结构合理性的评价方面，将更多关注知识密集型、技
术密集型产业，通过对经济结构的评价把握我国在国际分工中的地位；在对
创新成果质量的评价方面，将更多关注创新能力、创新水平的评价，如三方
专利所占比重、国际论文引用数等，通过对创新成果质量的评价把握我国的
创新能力和实力；在对经济可持续性的评价方面，将更多关注生态环境、可
持续发展问题，如对单位 GDP 能耗的评价、污染物排放量的评价、PM2.5
的评价、城市优良空气比率的评价等，通过对经济可持续性的评价把握经济
发展的长远利益。

六 高质量发展的政绩考核体系

高质量发展的政绩考核体系是高质量发展评价体系的重要组成部分。高
质量发展的政绩考核指标要求我们弱化速度指标，坚持质量第一、效益优先。
在考核内容上，切实破除唯 GDP 论，完善干部考核评价体系，把质量提高、
民生改善、社会进步、生态效益等指标和实绩作为重要考核内容。在考核方

式上，实现差异化考核方式，如对于限制开发区域，应更加注重可持续发展的考核，不再一味地考核地区生产总值；对于经济发达地区，应更加注重发展质量、发展效率、发展公平的考核，不再唯 GDP 论；对于高速发展的地区，应在注重发展速度的同时注重发展效率和质量，提升整体发展实力。

第四章

乘势而上：河南高质量发展的基础环境

当前，"两个大局"交汇演进，新一轮科技革命和产业变革深入发展，新冠肺炎疫情影响广泛深远，我国进入新发展阶段，新发展理念更加深入人心，新发展格局加快构建。河南进入高质量发展阶段，开启现代化建设新征程，到了由大到强、实现更大发展的重要关口，到了可以大有作为、为全国大局作出更大贡献的重要时期。河南面临着国家构建新发展格局、新时代中部地区高质量发展、推动黄河流域生态保护和高质量发展三大战略机遇，多领域战略平台融合联动的叠加效应持续显现，新一届省委以前瞻三十年的眼光谋划工作，锚定"两个确保"、实施"十大战略"，河南高质量发展面临着前所未有的机遇和环境。

第一节　河南高质量发展的现实基础

近年来，面对错综复杂的外部环境、艰巨繁重的改革发展稳定任务，特别是新冠肺炎疫情严重冲击，在以习近平同志为核心的党中央坚强领导下，省委、省政府坚持以习近平新时代中国特色社会主义思想为指导，始终牢记习近平总书记殷殷嘱托，团结带领全省人民在抓大事、谋长远中积势蓄势，在解难题、攻难关中砥砺奋进，全面建成小康社会取得伟大历史成果，中原更加出彩宏伟事业向前迈进了一大步。特别是国家构建新发展格局、新时代中部地区高质量发展、推动黄河流域生态保护和高质量发展三大战略机遇叠加，河南在全国大局中的地位和作用更加凸显，高质量发展站在了新的历史起点上。

一　河南高质量发展的基础和优势

1. 大省腹地优势突出

河南是中国的经济大省、工业大省、农业大省和人口大省，同时，河南地处中部地区，四条"丝路"联通国内外，综合交通枢纽地位突出。处在"两个大局"历史交汇的时期，河南在经济体量、人口和市场规模、产业基础、粮食生产、贯通循环等方面对于服务构建"双循环"新发展格局、统筹发展和安全有着重要的作用。经济总量上，2021年河南地区生产总值为58887亿元，连续18年居全国第五位，占全国经济总量的5.15%。人口和市场规模上，根据第七次全国人口普查数据，河南省常住人口9937万人，位列全国第三，2010~2020年常住人口增加534万人，增长规模位居全国第五，河南巨大的人口总量孕育着庞大的消费市场空间。同时，近年来，河南省加快推动"人口数量红利"向"人口质量红利"转变，为高质量发展提供有力的人力资源支撑。产业基础上，河南高度重视实体经济发展，走出了一条不以牺牲农业和粮食、生态和环境为代价的新型工业化路子，工业规模居全国第五位、中西部第一位，工业门类齐全、体系完整，产业配套能力强，对于支撑全国产业链、供应链安全，畅通"双循环"有着重要作用。粮食生产上，河南素有"中原粮仓"之称，所谓"中原熟，天下足"。2021年，河南粮食产量达到1308.8亿斤，约用全国1/16的耕地生产出了全国1/10的粮食。河南是我国小麦和玉米的主产地，产量分别居全国第一位和第五位，尤其是小麦产量，达到了全国产量的1/4；从育种能力来看，河南不仅是粮食大省，同时也是种业大省，小麦、花生种子的生产量分别占全国的38%、30%，河南省在保障国家粮食安全方面有着极其重要的地位和作用。贯通循环上，河南位于京广、陇海兰新两大经济带主轴的交会区域，以郑州为中心的"米"字形高铁网和"米+井"综合运输通道基本形成，郑州—卢森堡"空中丝绸之路"获习近平总书记点赞，郑州新郑国际机场货运量在全国民航机场中从 2010 年的第 21 位提升到 2021 年的第 6 位，河南能够为实现"连接东西、贯通南北"提供重要支撑。同时，地理位置和交通条件决定，河南对于"东—中—西"产业梯度转移、"西—中—东"资源能源保障都有重要作用。不仅如此，河南是中华文明的根和源，历史文化资源丰富，中国最早的文字、城市、科技发明都出现在河南。中国前 100 姓氏中 78 个来源于河南，拥有龙门石窟、安阳殷墟等多项世界文化遗产，以黄河文化、中原文化、红色文化、根亲文化、功夫文化等为代表的中原文化底蕴厚重，以焦裕禄精神、红旗渠精神、大别山精神等为代表的红色精神历久弥新，能够汇聚起新时代中原更出彩的磅礴力量，为河南高质量发展提供不竭动力。

2. 经济持续稳步发展

党的十八大以来，河南省深入贯彻落实习近平总书记关于河南工作的重要讲话重要指示，坚持贯彻新发展理念，推动高质量发展，把发展重点放在国家重大战略中去谋划，在乘势借势、谋势蓄势中实现了大发展，河南经济保持稳步健康发展，河南持续由经济大省向经济强省迈进。2021 年，河南省地方生产总值达到 58887.4 亿元，较上年增长 6.3%，与 2012 年相比增长 93.0%；人均生产总值达到 59410 元，较上年增长 8.6%，与 2012 年相比增长 94.8%；居民人均可支配收入达到 26811 元，较上年增长 8.1%，与 2012 年相比增长 109.9%；财政一般预算收入达到 4347.38 亿元，较上年增长 4.3%，与 2012 年相比增长 113.1%；社会消费品零售总额达到 24381.7 亿元，较上年增长 8.3%，与 2012 年相比增长 123.4%；外贸进出口总额达到 8208.07 亿元，较上年增长 22.9%，与 2012 年相比增长 5.82 倍。2021 年，河南省三次产业结构为 9.5∶41.3∶49.1，与 2012 年的 12.7∶56.3∶31 相比，产业结构实现由"二三一"到"三二一"的历史性转变，其中，制造业加快转型升级，"三大改造"全面实施，培育出装备制造、食品制造两个万亿（元）级产业集群和电子信息、生物医药、现代轻纺、现代化工等 19 个千亿（元）级特色优势产业集群，装备制造、食品制造产业加快跃向万亿（元）级。2021 年末，河南省上市公司数量达到 147 家，比 2012 年增加 44 家；A 股上市公司总市值达到 11959.48 亿元，接近 2012 年的 5 倍。2021 年，河南省粮食产量 1309 亿斤，连续 4 年稳定在 1300 亿斤以上。近年来，河南省科技创新能力持续提升，郑洛新国家自主创新示范区引领作用不断增强，国家生物育种产业创新中心、国家农机装备创新中心、国家超级计算郑州中心等重大平台获批建设，《中国区域创新能力评价报告 2021》中，河南省排在全国 31 个省区市的第 14 位，比 2012 年上升 4 位。"十三五"时期，青电入豫工程投用，电力总装机容量突破 1 亿千瓦、可再生能源装机容量占比超过 28%，管道天然气网络覆盖 90% 以上的县城，出山店水库、前坪水库下闸蓄水，引江济淮、小浪底南北岸灌区等十大水利工程加快推进，郑州国家级互联网骨干直联点扩容提速，县城及以上城区实现第五代移动通信（5G）网络全覆盖，新型基础设施建设突飞猛进，为转型发展提供有力支撑。

3. 战略叠加优势凸显

近十多年来，国家粮食生产核心区、中原经济区、郑州航空港经济综合实验区、郑洛新国家自主创新示范区、中国（河南）自由贸易试验区、中国（郑州）跨境电子商务综合试验区、中原城市群等 10 余项国家级战略密集落地河南，郑州获批建设国家中心城市，这些战略机遇为河南高质量发展带来了前所未有的综合红利。尤其是进入新发展阶段以来，中央着力推进区域协调发展，2019 年 9 月，习近平总书记到河南调研指导工作，在郑州召开座谈会，提出黄河流域生态保护和高质量发展重大战略。2019 年 5 月，习近平总书记提出新时代中部地区高质量发展战略；党的十九届五中全会上提出构建以国内大循环为主体、国内国际双循环相互促进的新发展格局。河南迎来了构建新发展格局、新时代中部地区高质量发展、黄河流域生态保护和高质量发展三大国家战略的交汇，"国字号"战略方阵被赋予了更加丰富的时代内涵，彰显着河南在新发展格局中肩负的无可替代的历史使命与国家责任。可以说，每一个"国字号"战略都是实现国家区域协调发展战略的重要支撑，满足了国家需要、体现了河南担当，同时也标志着河南在新时期实现高质量发展、服务全国发展大局的重要着力点。多重国家战略既各有侧重、功能不同，又紧密联系、相辅相成，抓住了事关河南发展的重大问题，在改革、开放、创新等方面都有了引领带动和有力支撑，在新时代高质量发展大局中河南省的战略地位更加凸显、战略格局更加完善。河南省将迎来国家战略叠加红利释放和收获期，进一步促进由过去的人口红利、要素红利向国家战略叠加红利转变，这必将为河南带来创新开放、产业结构优化升级、新型城镇化建设等方面的利好政策，为河南省实现"直道冲刺、弯道超车、换道领跑"提供难得的战略环境。当前，河南正处于国家战略叠加的重大机遇期，要加快推进高质量发展，为全国高质量发展大局作出新的贡献。

4. 创新驱动增塑优势

近年来，河南省深入贯彻实施创新驱动发展战略，创新对经济社会高质量发展的支撑引领作用日渐凸显。2020 年，河南省全社会研发经费投入达到 901.3 亿元，比 2012 年增长约 1.8 倍；研发经费投入强度为 1.64%，比 2012 年提高 0.55 个百分点。2020 年，河南省财政一般预算对科学技术支出 254.28 亿元，比 2012 年增长 2.65 倍。2021 年，河南省技术合同成交额 608.89 亿元，是 2012 年的 15 倍以上。"十三五"期间，郑洛新国家自主创新示范区成功获批并加快建设，国家超算郑州中心成功创建并投入运营，国家农机装备创新中心、国家生物育种产业创新中心、食管癌防治国家重点实验室、作物逆境适应与改良国家重点实验室等国家级创新平台获批建设。2020 年，河南省有"两院"院士 24 人、国家杰青 20 人、"中原学者"73 人。国家级创新载体达到 179 家，新建省级以上科技企业孵化器等双创载体 684 家。"十三五"期间，河南省获国家科技奖励 98 项。大型盾构机、新能源客车、光通信芯片、超硬材料等产业的技术水平和市场占有率均居全国首位，以"Huanghe"本土品牌为引领的鲲鹏计算产业初具规模，战略性新兴产业增加值占规模以上工业比重超过 20%，高新技术产业增加值占规模以上工业增加值比重由 33.3% 提高到 43.4%。农业科技整体实力稳居全国第一方阵，小麦、玉米、花生、芝麻等品种选育水平全国领先。科技创新为打赢疫情防控阻击战、脱贫攻坚战、污染防治攻坚战提供了有力保障。"十三五"期间，河南省与世界上50多个国家建立了科技合作关系，成功举办中国·河南开放创新暨跨国技术转移大会，创新创业活力日益增强。尤其是进入"十四五"时期，河南省实施"十大战略"并将创新驱动、科教兴省、人才强省战略作为首位战略，大力谋划建设中原科技城、郑开科创走廊，重建重振河南省科学院，建设嵩山、神农、黄河三大实验室，重组省级实验室体系，加快推动数字化转型，数字经济、大数据、人工智能、区块链、5G等先导产业以及新一代互联网、智慧城市、智慧政务等领域加快发展，为高质量发展塑造新优势、新动能。

5. 绿色发展成效显著

河南地处淮河、汉江、海河、黄河等重要河流中上游，有太行山、伏牛山、大别山、桐柏山等重要山脉，是南水北调中线工程的水源地和主干线，在黄河流域生态保护和高质量发展中具有极为重要的战略地位。从国家生态安全战略格局来看，河南位于黄土高原—川滇生态屏障、北方防沙带中间区域；从全国重要生态系统保护和修复重大工程布局来看，河南位于黄河重点生态区内；从现实情况来看，河南生态环境总体上比较脆弱，部分区域产业布局不合理，高能耗、高污染行业和能源原材料行业占比偏高，能源资源利用效率偏低，碳排放总量大，实现碳达峰、碳中和愿景目标任务艰巨。近年来，河南深入贯彻习近平生态文明思想，坚持"绿水青山就是金山银山"，生态文明建设取得显著成就，环境质量明显改善，生态功能持续提升，生态经济稳步发展。"十三五"期间，单位地区生产总值能耗、二氧化碳排放量、用水量分别累计降低25%、28%、25.5%，能源资源利用效率进一步提升，绿色转型加快推进。2021年，城市空气质量优良天数比例为70.1%，PM10平均浓度为77微克/米^3，PM2.5平均浓度为45微克/米^3，环境空气质量达到近年来最好水平。2021年，国家考核河流监测断面中，水质符合Ⅰ~Ⅲ类标准的比例79.9%，水质为劣Ⅴ类的比例为零，南水北调中线水质持续稳定达到Ⅱ类，确保了"一泓清水永续北送"。土壤环境质量总体保持稳定，污染防治成效显著。"十三五"期间，河南省森林覆盖率从23.6%提高至 25.1%，新增水土流失治理面积 5554 平方公里，生态保护持续加强。健全"党政同责、一岗双责"领导机制，建立生态环境分区管控体系，健全环境监测监控网络，生态治理能力不断提升。2020 年 9 月，习近平主席在联合国大会上向世界宣告中国"碳中和、碳达峰"目标以来，河南省贯彻中央要求，将碳达峰、碳中和纳入生态文明建设整体布局，加快绿色低碳转型，为统筹经济高质量发展和生态环境高水平保护提供新动能。

6. 协调发展深入推进

进入新发展阶段，我国社会的基本矛盾转变为人民日益增长的美好生活需要和不平衡不充分的发展之间的矛盾。河南省针对这一基本矛盾，着力推动推进区域协调发展、城乡一体发展，协调发展不断取得新成果。2016 年，中原城市群规划获批，覆盖河南全省和周边省份的 30 个市共同构成中原城市群，郑州作为中原城市群的中心城市获批建设国家中心城市。2018 年，河南省顺应城镇化发展的趋势，提出由郑州、焦作、新乡、开封、许昌构成的"1+4"都市圈；2021 年，河南省提出将郑州都市圈扩容为"1+8"，洛阳、平顶山、漯河、济源被纳入郑州都市圈。2019 年以来，河南省贯彻中央战略部署，将构建新发展格局、新时代中部地区高质量发展、黄河流域生态保护和高质量发展三大国家战略作为发展的统领，全面融入全国高质量发展大局，深入推动区域协调发展。"十三五"末，以郑州为中心的"米"字形高铁网基本建成，高速公路通达所有县城，淮河、沙颖河水运通江达海，"米+井"综合运输通道和多层次枢纽体系基本形成。百城建设提质工程成效突出，县域治理"三起来"示范效应显现。乡村振兴开局良好，农业农村改革稳步推进，农村生产生活条件和人居环境显著改善，城乡融合发展体制机制创新探索走在全国前列。20 世纪 90 年代以来，河南省委、省政府实施中心城市带动战略，推动农业人口向城镇转移。党的十八大以来，坚持以人为核心的新型城镇化，积极推进农业转移人口市民化，2021 年，河南省常住人口城镇化率达到 56.4%，与 1978 年的 13.6% 相比，年均提高约 1 个百分点；与 2012 年的 42.4% 相比，年均提高超过 1.5 个百分点，河南省整体上实现了由乡村型社会向城市型社会的历史性转变。随着城乡人口结构的历史性转变，城乡收入差距不断缩小，2021年，河南省城镇居民人均可支配收入 37095 元，农村居民人均可支配收入 17533 元，同比分别增长 6.7%、8.8%，2010 年以来农村居民人均收入增长持续快于城市。

7. 改革开放全面发力

进入高质量发展阶段，河南省贯彻中央要求，不断将全面深化改革推向深入，始终紧跟时代步伐，坚持开放带动战略，着力巩固区位交通优势、培育枢纽经济优势，打造内陆对外开放新高地，不断为高质量发展释放新动能、新红利。"十三五"期间，河南省持续深化"放管服"改革，政务服务事项网上可办率超过 98%，营商环境不断优化，社会信用体系建设走在全国前列。国企改革三年攻坚任务如期完成，科技、金融、医药卫生、生态文明、税收征管、价格、公共资源交易等领域改革取得新进展。河南依托区位交通优势，陆上、空中、网上、海上四条"丝绸之路"联通世界，中国（河南）自由贸易试验区试点任务基本完成，跨境电子商务网购保税模式不断完善，铁海、河海联运扩容加密，内陆开放高地加快形成，多层次开放平台体系日趋完善，开放型经济发展呈现良好态势，成为新时代中部地区高质量发展的新亮点。2020 年，河南进出口总值 6654.8 亿元，同比增长 16.4%，进出口总值保持中部第 1 位，进出口增速居全国第 3 位，在新冠肺炎疫情背景下有力地保障了国内外物资运输。2021 年全省货物进出口总值 8208.07 亿元，比 2012 年增长 1.5 倍以上。2020 年，中欧班列（郑州）全年累计开行 1126 班，在全国 63 个中欧班列开行城市中，市场化程度、可持续发展能力保持领先，综合运营能力处于全国"第一方阵"。2020 年，郑州新郑国际机场旅客吞吐量 2140.7 万人次，居全国民航机场第 11 位；货邮吞吐量 64 万吨，居全国民航机场第 6 位，客运、货运在全国民航机场的排名较 2012 年分别提高 7 个位次和 9 个位次。2021 年，河南省实际利用外商直接投资 210.73 亿美元，实际到位省外资金 10654.9 亿元，较 2012 年分别增长 73.9% 和 112.0%。河南省持续不断地谋势蓄势，将得天独厚的区位交通优势转化为后发赶超优势，比较优势越发凸显，为河南推进高质量发展、融入构建"双循环"新发展格局打下了坚实的基础。

8. 共享发展成就斐然

"十三五"期间，河南省和全国一道实现了全面建成小康社会的宏伟目标，城乡居民人均收入比 2010 年翻一番，718.6 万建档立卡的农村贫困人口顺利实现全部脱贫，53 个贫困县、9536 个贫困村全部如期"摘帽"，"三山一滩"区域性整体贫困得到解决，人民群众生活水平得到极大改善，新时代脱贫攻坚目标任务如期完成。"十三五"期间，河南省坚持每年高质量办好一批重点民生实事，财政民生支出累计 3.5 万亿元，占一般公共预算支出比例稳定在 76% 以上，社会保障体系更趋完善。城镇新增就业累计超过680 万人，超额完成规划目标。城乡居民基本养老保险、基本医疗保险实现制度和人群全覆盖。累计救助城乡低保对象 1718 万人次、特困人员超过250 万人次，累计实施棚户区改造 197 万套和城镇老旧小区改造 116.6 万户，居全国前列。义务教育由基本均衡迈向优质均衡，郑州大学、河南大学"双一流"建设成效显著，职业教育发展水平持续提升。2020 年，河南省人均预期寿命为 77.7 岁，比全国平均水平高 0.4 岁。劳动年龄人口平均受教育年限为 10.5 年，比 2015 年增加 0.4 年。国家区域医疗中心建设取得突破性进展，公共卫生体系补短板全面提速，新冠肺炎疫情防控取得重大战略成果，居民主要健康指标优于全国平均水平。覆盖城乡的公共文化服务设施网络基本建成，二里头夏都遗址博物馆等项目建成投用，殷墟、甲骨文等文化遗产保护和研究成效明显，第十一届全国少数民族传统体育运动会等重大活动成功举办，焦裕禄同志的"三股劲"持续弘扬，黄河文化影响力和凝聚力显著增强，争做出彩河南人成为全省上下的自觉行动。管党治党取得重大成果，民主法治建设扎实推进，平安河南、法治河南建设取得重要成效，扫黑除恶专项斗争取得全面胜利，社会大局和谐稳定。金融、地方政府债务等风险有效化解，守住了不发生系统性、区域性风险的底线。

二　河南高质量发展的问题和瓶颈

看到河南省高质量发展基础优势的同时，也必须清醒认识到当前河南正处于调整转型的攻坚期、风险挑战的凸显期，在发展基础、发展动力、发展环境等方面还存在不充分、不平衡、不协调等突出制约和短板。

一是人均发展水平低。2020 年，全省人均 GDP 为 5.5 万元，居全国第 17 位、中部地区第 5 位，仅相当于全国平均水平的 76.9%，北京和上海的 1/3 左右。全省人均一般公共预算收入为 4182 元，仅相当于广东、江苏、浙江的四成左右。全省居民人均可支配收入 24810 元，仅相当于全国平均水平的 77.1%，居全国第 24 位、中部第 6 位。

二是经济结构不优。2020 年，河南省城镇化率仅为 55.43%，比全国低 8.46 个百分点，城镇居民人均可支配收入和人均消费支出分别是农村的 2.16 倍和 1.69 倍。产业上，农业大而不强、工业全而不优、服务业不大不强不优，规模以上工业增加值中战略性新兴产业、高技术制造业占比分别仅为 22.4%、11.1%，传统产业和高耗能产业占比分别为 46.2%、35.8%，传统产业比重仍然较大，新兴产业支撑明显不足。此外，全省一般公共预算收入与生产总值之比为 7.56%，全国排名靠后，工业增加值尽管仍居全国第 5 位，但规模以上工业企业营业收入和利润总额由 2016 年的均为全国第 4 位，分别下降到 2020 年的第 6 位、第 8 位。

三是创新发展能力偏弱。研发投入方面，2020 年，全省研发投入 901.3 亿元，列全国第 9 位，仅为当年全国研发投入第一名广东省的 25.9%；研发投入强度为 1.64%，居全国第 19 位、中部第 5 位，相当于全国的 68.3%，仅为研发投入强度第一名北京市的 25.5%；一般公共预算支出中的科学技术支出占比 2.3%，在经济总量前 10 位的省市中居第 9 位。创新成果方面，2020 年，全省发明专利授权量 9183 件，居全国第 13 位、中部地区第 4 位；技术市场成交合同额 384.50 亿元，全国排名仅为第 16，在中部六省排名第 4，均与其全国第五经济大省的地位不相符。产业方面，在关键共性技术研究方面与先进省份相比、与先进制造业高质量发展的要求相比还存在不小差距。2020 年，全省高新技术企业 6324 家，不到广东的 1/10，排名全国第 16 位，在中部六省中排第 5 位。人才上，河南省"两院"院士、国家杰出青年科学基金获得者数量分别仅占全国总数的 1.4%、0.03%。创新平台方面，河南省没有"985"高校，"国字号"的创新平台数量少，国家重点实验室、国家工程技术研究中心占全国总数的比重均低于 3%。此外，河南在人才评价机制、知识产权保护、产学研协同创新等方面还存在一些制约创新发展的障碍性因素，不同程度地影响创新主体积极性、主动性和创造性的发挥。

四是区域发展不平衡。作为省会城市，郑州近年来战略地位日益提升，但首位度与国家中心城市地位不相称，2020 年，郑州市经济总量占全省的21.8%，在全国 27 个省会城市中居倒数第 6，在中部居倒数第 1；2020 年郑州常住人口占全省的 12.7%，在全国 27 个省会城市中居倒数第 3，在中部居倒数第 1。除郑州外，2020 年，仅有洛阳生产总值超 5000 亿元，鹤壁、济源示范区生产总值不到千亿元。2020 年，河南省人均生产总值超 10 万元的地市为 0，人均生产总值 5 万元以下的地市有 10 个。产业发展上，豫北、豫西资源型城市转型"阵痛"明显，动能转换压力巨大。黄淮 4 市工业化、城镇化发展滞后，第一产业比重仍在 15% 以上，产业发展亟待突破。

五是人民群众急切盼望领域问题有待解决。近年来，河南经济社会快速发展，人民群众对美好生活的需求日益增长，但群众关心的"岗位、学位、床位"等"急难愁盼"问题仍然突出。高等教育资源与其他省份相比有明显差距，全省只有两所"双一流"高校。基层医疗机构和医务人员数量不足，难以满足全省人民群众的基本医疗卫生需求。生态环境存在突出短板。《2020 年生态环境状况公报》数据显示，在 168 个城市环境空气质量排名中，河南 3 个城市位列倒数前 10。2021 年郑州"7·20"暴雨暴露出在城市建设、防灾减灾、应急管理等方面的诸多安全漏洞。

此外，制约河南省高质量发展的体制机制障碍较多，服务经济社会的能力和有效化解各种风险挑战的能力有待加强，一些干部观念视野、专业能力、工作作风跟不上新形势的要求。管党治党任务依然繁重，一些地方形式主义、官僚主义还不同程度地存在。

第二节　河南高质量发展的综合评价

高质量发展是新时代中国经济发展的新要求，是全面建设社会主义现代化国家的现实需要。经过改革开放 40 多年的快速发展，中国经济在增长动力方面发生了重大变化，传统人口红利逐渐消退，投资驱动的经济发展难以为继，与此同时，资源环境约束日益趋紧，金融风险不断积累，区域间、城乡间发展不平衡等问题日益凸显。因此，党的十九大上提出了中国经济已经从高速增长阶段转向高质量发展阶段的重要论断。2020 年，中央应对国际环境变化、新冠肺炎疫情等多方面风险挑战，在党的十九届五中全会上进一步提出了构建"双循环"新发展格局，为高质量发展提出了新的方向。总体来看，高质量发展具有以人民为中心，创新驱动，绿色发展，市场化、国际化、法治化，更加稳定、更加安全等方面的特点和要求，是中国进入新发展阶段的重大选择，需要加快构建新发展格局、以深化供给侧结构性改革为主线、坚持改革开放、坚持"两个毫不动摇"。①

一 高质量发展评价的研究现状

由于高质量发展具有十分丰富的内涵，对于区域经济高质量发展的评价成为一个比较复杂的多目标评价问题，需要构建全面、科学、系统的评价体系。国内许多学者对于高质量发展的评价进行了研究，总体来看，这些研究的思路主要包括以下几个方面。

第一，经济增长动力转换的视角。习近平总书记在党的十九大报告中指出："我国……正处在转变发展方式、优化经济结构、转换增长动力的攻关期，……推动经济发展质量变革、效率变革、动力变革，提高全要素生产率。"② 一些学者从经济增长的驱动因素、经济结构、发展效益等方面构建了经济高质量发展的指标体系。例如，李强构建了一个由 27 个统计指标构成的经济高质量发展评价体系，指标共分为经济发展能力和经济发展效益两个维度，其中，经济发展能力包括经济结构、要素增长效应、基础设施、经

---

① 刘鹤：《必须高质量发展（学习贯彻党的十九届六中全会精神）》，《人民日报》2021 年 11 月 24 日。

② 习近平：《决胜全面建成小康社会　夺取新时代中国特色社会主义伟大胜利——在中国共产党第十九次全国代表大会上的报告》，人民出版社，2017。

济增长稳定性四个方面；经济发展效益包括市场完善程度、技术创新能力、收入能力、绿色发展能力四个方面。① 韩永辉、韦东明从发展方式转变、经济结构优化、增长动力转换三个方面构建了中国省域高质量发展评价体系。② 然而，有一些不同意见指出，经济发展高质量发展所要求的内涵比经济增长高质量更加丰富，包括经济、社会、资源、环境等更多方面。③

第二，五大发展理念的视角。2015 年 10 月，党的十八届五中全会上通过的《中共中央关于制定国民经济和社会发展第十三个五年规划的建议》提出创新、协调、绿色、开放、共享五大发展理念。习近平在建议说明中指出："发展理念是发展行动的先导，是管全局、管根本、管方向、管长远的东西，是发展思路、发展方向、发展着力点的集中体现。"④ 所以，一些学者基于五大发展理念构建经济高质量发展的评价体系。例如，魏修建、杨镒泽、吴刚针对中国省际高质量发展评价构建了基于五大发展理念的 5 个维度、23 个基础指标的评价体系。⑤

第三，高质量发展的内涵、特点的视角。这类研究视角注重于高质量发展在创新驱动、环境保护、资源投入、就业收入、社会保障、教育医疗、文化发展、居住条件、社会治理等方面的表现。例如，李金昌、史龙梅、徐蔼婷通过对于高质量发展内涵的分析，提出了包括经济活力、创新效率、绿色发展、人民生活、社会和谐 5 个部分、27 项统计指标的高质量发展评价指标体系。⑥ 张侠、许启发从经济动力、效率创新、绿色发展、美好生活、和谐社会 5 个角度设计了省域经济高质量发展评价指标体系。⑦

第四，从微观、中观到宏观的视角。例如，张丽伟、田应奎主要从推动

① 李强：《经济高质量发展评价指标体系构建与测度》，《统计与决策》2021 年第 15 期。
② 韩永辉、韦东明：《中国省域高质量发展评价研究》，《财贸研究》2021 年第 1 期。
③ 杨耀武、张平：《中国经济高质量发展的逻辑、测度与治理》，《经济研究》2021 年第 1 期；任保平：《新时代中国经济从高速增长转向高质量发展：理论阐释与实践取向》，《学术月刊》2018 年第 3 期。
④ 习近平：《关于〈中共中央关于制定国民经济和社会发展第十三个五年规划的建议〉的说明》，2015 年 11 月 3 日。
⑤ 魏修建、杨镒泽、吴刚：《中国省际高质量发展的测度与评价》，《统计与决策》2020 年第 13 期。
⑥ 李金昌、史龙梅、徐蔼婷：《高质量发展评价指标体系探讨》，《统计与决策》2019 年第 1 期。
⑦ 张侠、许启发：《新时代中国省域经济高质量发展测度分析》，《经济问题》2021 年第 3 期。

中国经济高质量发展的角度入手，从微观、中观、宏观三个层面构建了包含 80 个统计指标的高质量发展评价指标体系。其中，微观层面包括了产品、企业、市场、创新 4 个维度；中观层面包括了产业、城乡、区域、国际 4 个维度；宏观层面包含了宏观均衡、国民分配、绿色发展、调控能力 4 个维度。[①]

另外一些学者结合上述几方面视角，构建出高质量发展的评价指标体系。例如，张震、刘雪梦针对我国 15 个副省级城市构建了 7 个维度的评价体系，并对城市经济高质量发展进行了评价分析，其中，7 个维度即经济发展动力、新型产业结构、交通信息基础设施、经济发展开放性、经济发展协调性、绿色发展、经济发展共享性。[②] 黄云平、孙敏、温亚昌、杨丹从综合质量效益、创新、协调、开放、绿色、共享 6 个方面构建了云南经济高质量发展的评价指标体系。[③]

总的来看，上述视角虽然有所不同，但是，学者们都尽可能地体现高质量发展的新特点、新要求。与此同时，这些评价指标体系也存在一些局限和问题，例如多目标的评价方法本身存在局限，统计数据来源存在局限，对高质量发展方面实践的指导意义不强等。

二　河南高质量发展的分项指标评价

进入"十四五"时期，我国已经实现全面建成小康社会的第一个百年奋斗目标，开启全面建设社会主义现代化国家的第二个百年奋斗目标的新征程，党的十九届五中全会以及《中华人民共和国国民经济和社会发展第十四个五年规划和 2035 年远景目标纲要》对"十四五"乃至中长期发展提出了新判断、新要求，擘画了新蓝图。因此，采用国家"十四五"规划和 2035 年远景目标纲要中"十四五"时期经济社会发展主要指标（见表 4-1）作为指标对河南省高质量发展的水平进行评价，该指标体系从经济发展、创

---

① 张丽伟、田应奎：《经济高质量发展的多维评价指标体系构建》，《中国统计》2019 年第 6 期。

② 张震、刘雪梦：《新时代我国 15 个副省级城市经济高质量发展评价体系构建与测度》，《经济问题探索》2019 年第 6 期。

③ 黄云平、孙敏、温亚昌、杨丹：《新时代云南高质量跨越式发展：现实评价与未来构想》，《经济问题探索》2020 年第 8 期。

新驱动、民生福祉、绿色生态、安全保障五个方面对全国的高质量发展提出新目标、新指引，是当前推动高质量发展需要考量的重要指标。

1. 经济发展指标

（1）地区生产总值方面。2020 年，河南省地区生产总值为 54997.1 亿元，在我国 31 个省、自治区、直辖市中排在第 5 位，仅次于广东省、江苏省、山东省和浙江省。2020 年，我国国内生产总值为 1015986.2 亿元，河南省占全国国内生产总值的 5.41%。2020 年，全国人均国内生产总值为 72000 元，河南省人均地区生产总值为 55435 元，河南省人均生产总值为全国水平的 77.0%，在我国 31 个省、自治区、直辖市中排在第 20 位。"十三五"期间，我国国内生产总值增长 47.5%，河南省地区生产总值增长 48.6%，河南省经济增长速度快于全国水平。从生产总值的产业构成来讲，2020 年，我国三次产业占GDP 比例为 7.7∶37.8∶54.5，而河南为 9.7∶41.6∶48.7。

表 4-1 "十四五"时期我国经济社会发展主要指标

类别	指标
经济发展	（1）国内生产总值（GDP） （2）全员劳动生产率 （3）常住人口城镇化率
创新驱动	（4）全社会研发经费投入 （5）每万人口高价值发明专利拥有量 （6）数字经济核心产业增加值占 GDP 比重
民生福祉	（7）居民人均可支配收入 （8）城镇调查失业率 （9）劳动年龄人口平均受教育年限 （10）每千人口拥有执业（助理）医师数 （11）基本养老保险参保率 （12）每千人口拥有 3 岁以下婴幼儿托位数 （13）人均预期寿命
绿色生态	（14）单位 GDP 能源消耗降低 （15）单位 GDP 二氧化碳排放降低 （16）地级及以上城市空气质量优良天数比例 （17）地表水达到或好于Ⅲ类水体比例 （18）森林覆盖率
安全保障	（19）粮食综合生产能力 （20）能源综合生产能力

（2）全员劳动生产率。按照 2020 年地区生产总值和就业人员数计算，河南省全员劳动生产率为 11.26 万元/人，中国全员劳动生产率为 13.53 万元/人，河南省全员劳动生产率为全国平均水平的 83.2%。全员劳动生产率较高的是北京市、上海市、天津市，分别已经达到 31.02 万元/人、28.17 万元/人、21.77 万元/人。

（3）常住人口城镇化率。2020 年，全国常住人口城镇化率为 63.89%，河南省常住人口城镇化率为 55.43%，河南省常住人口城镇化率低于全国平均水平 8.46 个百分点。

从经济发展指标来看，河南省属于我国经济大省，经济规模位居全国前列，"十三五"期间经济增速快于全国，但是人均生产总值、全员劳动生产率等人均发展水平与全国人均水平存在明显差距，而且，工业化、城镇化进程落后于全国平均水平。

2. 创新驱动指标

（4）全社会研发经费投入。根据国家统计局、科技部、财政部联合发布的《2020 年全国科技经费投入统计公报》，2020 年，全国共投入研发经费 24393.1 亿元，研发经费投入强度为 2.40%，河南省投入研发经费 901.3 亿元，研发经费投入强度为 1.64%。在我国 31 个省、自治区、直辖市中，河南省研发经费投入总额排在第 9 位，研发经费投入强度排在第 18 位。

（5）每万人口高价值发明专利拥有量。根据国家知识产权局的 2020 年知识产权统计年报，2020 年，河南省拥有有效发明专利数量为 43547 件，排在 31 个省、自治区、直辖市的第 14 位，每万人有效发明专利数为 4.38 件；全国共计有效发明专利数为 2279123 件，每万人有效发明专利数为 16.14 件。每万人有效发明专利数最高的是北京市、上海市，分别为 153.28 件和 58.54 件。

（6）数字经济核心产业增加值占 GDP 比重。该指标缺少权威部门数据，因此，选用信息传输、软件和信息技术服务业增加值占 GDP 比重作为参考。2019 年，我国信息传输、软件和信息技术服务业增加值 33391.8 亿元，占 GDP 比重为 3.38%。2019 年，河南省信息传输、软件和信息技术服务业增加值 1050.1 亿元，占地区生产总值比重为 1.95%。

从创新驱动指标来看，河南省在研发经费投入总额、有效发明专利数等方面排在全国中游，但是与经济总量排名第 5 位相比，仍显落后。研发经费投入强度、每万人有效发明专利数以及信息传输、软件和信息技术服务业增加值占 GDP 比重指标方面，均显著低于全国平均水平。由此可见，在创新驱动方面，河南省无论是投入、产出，还是数字化水平，总体处于相对落后的位置。

3. 民生福祉指标

（7）居民人均可支配收入增长。2020 年，河南省居民人均可支配收入 24810.1 元，全国居民人均可支配收入 32188.8 元。河南省人均可支配收入相当于全国平均水平的 77.1%，在 31 个省、自治区、直辖市中排在第 24 位。

（8）城镇调查失业率。统计部门在统计年鉴中主要公布城镇登记失业率数据。2020 年，河南省城镇登记失业率为 3.2%，在全国 31 个省、自治区、直辖市中排在第 13 位，全国城镇登记失业率为 4.2%。

（9）劳动年龄人口平均受教育年限。根据河南省和国家"十四五"规划和 2035 年远景目标纲要，2020 年，河南省劳动年龄人口平均受教育年限为 10.5 年，全国劳动年龄人口平均受教育年限为 10.8 年。

（10）每千人口拥有执业（助理）医师数。2020 年，河南省每千人口拥有执业（助理）医师数为 2.8 人，在 31 个省、自治区、直辖市中排在第 18 位，全国每千人口拥有执业（助理）医师数为 2.9 人。

（11）基本养老保险参保率。根据河南省和国家"十四五"规划和 2035 年远景目标纲要，2020 年，河南省基本养老保险参保率为 94.72%，全国基本养老保险参保率为 91%。

（12）每千人口拥有 3 岁以下婴幼儿托位数。根据河南省和国家"十四五"规划和 2035 年远景目标纲要，2020 年，河南省每千人口拥有 3 岁以下婴幼儿托位数为 1.13 个，全国每千人口拥有 3 岁以下婴幼儿托位数 1.8 个。

（13）人均预期寿命。2020 年，河南省人均预期寿命为 77.7 岁，全国人均预期寿命为 77.3 岁。

从民生福祉指标来看，河南省居民人均可支配收入、每千人口拥有 3 岁以下婴幼儿托位数明显低于全国平均水平，城镇登记失业率、基本养老保险参保率优于全国平均水平，劳动年龄人口平均受教育年限、每千人口拥有执业（助理）医师数、人均预期寿命与全国平均水平接近。由此可见，河南省民生福祉发展与全国水平基本相当，居民人均收入水平低于全国平均水平是经济发展水平偏低体现。

4. 绿色生态指标

（14）单位 GDP 能源消耗降低。根据国家统计局、国家发改委和国家能源局联合公布的《2020 年分省（区、市）万元地区生产总值能耗降低等指标公报》，2020 年，河南省万元地区生产总值能源消耗上升 0.76%，排在全国 31 个省、自治区、直辖市中的第 24 位。

（15）单位 GDP 二氧化碳排放降低。根据中国碳核算数据库（CEADs）的测算，2019 年，河南省二氧化碳排放总量为 4.61 亿吨，每万元生产总值二氧化碳排放 0.86 吨，我国二氧化碳排放总量为 104.35 亿吨，每万元生产总值二氧化碳排放 1.06 吨。

（16）地级及以上城市空气质量优良天数比例。根据河南省和国家"十四五"规划和 2035 年远景目标纲要，2020 年，河南省地级以上城市空气优良天数比例为 68%，我国地级以上城市空气优良天数比例为 87%。

（17）地表水达到或好于Ⅲ类水体比例。根据河南省和国家"十四五"规划和 2035 年远景目标纲要，2020 年，河南省地表水达到或好于Ⅲ类水体比例为 76.6%，我国地表水达到或好于Ⅲ类水体比例为 83.4%。

（18）森林覆盖率。2020 年，河南省森林覆盖率为 24.14%，全国森林覆盖率为 22.96%，河南省在 31 个省、自治区、直辖市中排在第 20 位。

从绿色生态指标来看，河南省在森林覆盖率、碳排放方面优于全国平均水平，但是，在能耗水平、空气质量、水质等方面指标落后于全国平均水平。

5. 安全保障指标

（19）粮食综合生产能力。2020 年，河南省粮食总产量为 6825.8 万吨，全国粮食总产量为 66949.2 万吨，河南粮食总产量占全国的 10.2%，在 31 个省、自治区、直辖市中排在第 2 位。

（20）能源综合生产能力。2020年，河南省一次能源生产总量为1.1亿吨标准煤，全国一次能源生产总量为40.8亿吨标准煤，河南一次能源生产总量占全国的2.7%。

从安全保障指标来看，河南省在保障全国粮食安全方面发挥了重要作用，符合粮食主产区的定位和作用。

三　河南高质量发展的总体评价

综合经济发展、创新驱动、民生福祉、绿色生态、安全保障5方面指标来看，河南省在高质量发展方面的突出优势是经济大省的规模、腹地优势，以及保障全国粮食安全的作用；主要短板是人均经济发展水平和居民收入偏低，创新驱动发展水平滞后；民生福祉方面，河南省发展水平与全国平均水平总体相当；绿色生态方面，河南省森林覆盖率、低碳发展方面与全国平均水平相当，但空气质量、地表水质方面仍需提升。

第三节　河南高质量发展的战略环境

当今世界正经历百年未有之大变局，我国发展仍然处于重要战略机遇期，但机遇和挑战都有新的发展变化。从国内外形势看，国际力量对比深刻调整，新一轮科技革命和产业变革深入发展，新冠肺炎疫情影响广泛深远，世界进入动荡变革期。我国进入新发展阶段，新发展理念更加深入人心，新发展格局加快构建，大力推进创新驱动发展、区域协调发展、乡村振兴等重大战略。河南省发展到了由大到强、实现更大发展的重要关口，并不断呈现新的阶段性特征，高质量发展中机遇和挑战并存。

一　河南高质量发展面临的机遇

1. 新科技革命和产业革命加速演进

21世纪以来，人类社会进入又一个前所未有的创新活跃期，以新一代信息技术为引领，生物技术、新能源技术、新材料技术等多领域技术相互渗透、交叉融合，重大颠覆性创新不时出现。以人工智能、量子信息以及生命科学等为代表的前沿技术呈现多点突破态势，正在形成多技术领域相互支撑、齐头并进的链式变革。科技创新的范式革命正在兴起，颠覆性技术呈现几何级渗透扩散，以革命性方式对传统产业产生"归零效应"。世界科技发展呈现几个方面趋势：一是移动互联网、智能终端、大数据、云计算、高端芯片等新一代信息技术发展将带动众多产业变革和创新；二是新能源、新材料、绿色经济、低碳技术等新兴产业蓬勃兴起，并快速进行迭代；三是生命科学、生物技术带动形成庞大的健康、现代农业、生物能源、生物制造、环保等产业；四是围绕空间、海洋、气候变化等领域的技术创新更加密集。新一代信息技术的快速发展使得基础研究、应用研究、技术开发和产业化的边界日益模糊，不仅科学研究到技术开发的转化速度在加快，技术成果向产业化应用转化的速度也在加快，技术更新和成果转化更加快捷，产业更新换代不断加快。

新一轮科技革命和产业变革不仅推动了科学技术、产业领域的快速发展，也不仅仅局限在某一个领域或者某几个行业，而且渗透到了经济、社会、文化等方方面面，涵盖了包括生产、分配、交换、消费在内的所有环节。前沿性、颠覆性高新科技将从根本上改变人类的生产方式，使生产力呈几何级数增长，也将引发生产关系大变革。与此同时，电子商务、社交网络、互联网通信技术快速发展，虚拟现实技术以及随之而来的相关产业逐步走向成熟，在人与模拟现实的虚拟场景交互中，人们工作、学习、生活等活动越来越突破现实空间的局限，人类的感知体验不断被拓展。在新一轮科技革命和产业革命快速发展的浪潮下，一大批新技术、新产业、新业态、新模式不断涌现，为河南省在创新发展、产业升级中实现"弯道超车、换道领跑"带来机遇。

2. 全球格局深度调整带来发展机遇

世界百年未有之大变局进入加速演变期。国际格局和国际体系正在发生深刻调整，全球治理体系正在发生深刻变革，国际力量对比正在发生近代以来最具革命性的变化，发达国家和发展中国家在国际分工体系中的地位角色发生重大转变。伴随新兴经济体和发展中大国地位上升，全球经济治理体系由西方国家主导向西方国家与新兴经济体共治转变。进入 21 世纪以来，全球科技创新进入空前密集活跃的时期，新一轮科技革命和产业变革正在重构全球创新版图、重塑全球经济结构。部分研发和创新活动逐渐向新兴经济体转移。中国、巴西、印度、土耳其等新兴经济体研发投入快速增长，在全球的研发份额逐年上升。

特别是自 2020 年开始新冠肺炎疫情在全球大流行，成为世界百年未有之大变局的新变量、催化剂，推动大变局不断向纵深发展。中华民族伟大复兴的战略全局与世界百年未有之大变局交汇演进，中国在世界舞台上的地位越来越重要，在参与经济全球化、全球治理体系、国际秩序和国际规则制定等方面拥有越来越多的话语权和影响力。全球产业链、供应链和价值链正面临着重要的结构调整和重组。中美贸易摩擦和新冠肺炎疫情无疑会加重对全球价值链重构的影响，全球产业链呈现本土化、区域化和智能化的特征。例如，绿色低碳转型正在深刻重塑全球经济的运行轨迹。2020 年以来，以中国提出"碳达峰、碳中和"目标、美国重返《巴黎协定》为重要标志，全球携手开展绿色低碳转型。从行业结构来看，太阳能、风电、水电、核能等低碳能源的投资正在大幅增加，传统的煤炭、石油、天然气等高碳能源的开发将逐步削减，节能技术、绿色建筑、电动车、绿色农业等新兴低能耗行业正在快速增长，将对全球经济的供求结构、产业结构、区域结构和发展模式产生巨大影响。同时，新冠肺炎疫情加速了数字化生产、生活和消费模式的广泛运用，并推动整个世界经济与社会的转型。在整个疫情期间，世界各国在人员流动"封锁"状态下，不得不将许多经济活动从线下转到线上，由此催生了一系列新的经济形态，在线办公、在线零售、在线娱乐和在线教育等业态得到快速发展。2020 年，中国数字经济核心产业增加值占 GDP 比重达到 7.8%，数字经济总量跃居世界第二。未来，人类社会可能与新冠病毒、极端气候及其他类似自然灾害等长期共存，数字化转型发展正在成为全球经济发展的重要方向。时代的变革中孕育着发展的新机，河南省贯彻中央要求，在危机中育新机、在变局中开新局，坚持不懈地在变革中推动高质量发展。

3. 新时代我国进入高质量发展阶段

党的十九大报告中提出，中国经济进入高质量发展阶段，由于基本矛盾、发展阶段的变化，原有的经济发展模式已经难以为继。中国经济会呈现出经济增速从高速向中高速换挡、发展动能从资源资本环境消耗型向创新驱动型转换、经济结构不断优化调整等特点。在党的十九届五中全会上，中央进一步将创新驱动发展放在"十四五"规划和中长期发展的首要位置。进入新时代以来，中央对关于践行创新、协调、绿色、开放、共享的新发展理念做出了一系列重大的战略部署。中央的重大部署给河南省的高质量发展带来了良好环境、重大机遇。全面深化改革持续推进，河南省贯彻落实中央要求，以供给侧结构性改革为主线，围绕更加注重全面激发市场主体活力、重构市场信心，市场化、法治化、国际化的营商环境逐步建立，城乡一体发展、国有资本监管、财税体制等领域改革不断取得突破，为高质量发展释放源源不断的红利。围绕创新驱动发展，中央持续加大投入、锐意改革，我国科技实力大幅提升，创新活力得到激发，科技管理体制不断完善，科技成果市场化、产业化步伐加快，科技创新领域进入跃升期，这为河南高质量发展带来了新的动力。习近平总书记提出"一带一路"倡议，更大范围、更宽领域、更深层次的对外开放格局加快形成，河南推进陆地、空中、海上、网上四条"丝路"协同，建设内陆开放高地进展迅速。中央着力破解发展不平衡不充分问题，推进区域协调发展，实施乡村振兴战略，提出实施新时代中部地区高质量发展战略、黄河流域生态保护和高质量发展战略，河南作为农业大省、农村人口大省、黄河流域和中部地区大省，发展进入重要机遇期。中央提出"绿水青山就是金山银山"，向全世界宣告"碳中和、碳达峰"目标，并部署时间表、路线图和一系列政策举措，为农业、资源型行业占比较高的河南实施绿色低碳转型提出了新的要求。总的来看，进入新发展阶段以后，河南省高质量发展迫在眉睫，并且面临着良好的发展环境、战略环境，河南高质量发展迎来重大历史机遇。

4. 新发展格局下河南迎来重大机遇

近年来，全球经济持续低迷，国际单边主义、贸易保护主义、经济全球化的逆流越来越强，尤其是新冠肺炎疫情在全球蔓延以来，世界各国的生产、生活和贸易都出现困难。党中央应对国内外环境的重大变化，统筹

"两个大局"，提出加快形成以国内大循环为主体、国内国际双循环相互促进的新发展格局。加快构建"双循环"新发展格局是事关全局的系统性深层次变革，同时也为河南省推动高质量发展带来重大机遇。构建新发展格局强调发挥强大内需市场的作用，我国拥有 14 亿多人口的大市场，中等收入群体超过 4 亿人，巨大的内需市场是构建新发展格局的底气。河南省作为拥有 1 亿人口的大省，随着居民收入提高、新型城镇化和乡村振兴战略的持续推进，河南省在构建新发展格局的过程中将能够更加有力地发挥大腹地、大市场的作用。构建新发展格局要加快畅通经济循环，河南省在我国版图上处于衔接东西部、联通南北方的核心位置，以郑州为中心的"米"字形高速铁路网基本建成，"米+井"综合运输通道和多层次枢纽体系基本形成，郑州机场货运吞吐量跻身全国前六，郑州成为全国 20 个国际性综合交通枢纽城市之一。尤其是，近年来河南依托区位交通优势，打通了陆上、空中、网上、海上四条"丝绸之路"，内陆开放高地加快形成，多层次开放平台体系日趋完善，必定在促进经济循环畅通、实行高水平对外开放等领域发挥重要作用。构建新发展格局要统筹发展和安全，河南省是我国的农业大省、重要的粮食生产基地，同时是工业大省，实体经济基础扎实，工业门类齐全、体系完整，拥有 41 个工业行业大类中的 40 个、207 个种类中的 199 个，是国内很多产业循环的发起点、支撑点、结合点。进入"十四五"时期，河南省加快自主创新步伐，实施创新驱动、科教兴省、人才强省战略，提升农业科技创新水平和基础供给能力，推动产业转型升级，推动优势再造、数字化转型、换道领跑，在构建新发展格局的过程中有力地保卫国家粮食安全、产业链供应链安全，在高质量发展的进程中不断迈上新的台阶。

5. 重大战略交汇叠加提升发展势能

2019 年 9 月，习近平总书记在河南考察黄河，将黄河流域生态保护和高质量发展正式上升为重大国家战略，提出了"积极探索富有地域特色的高质量发展新路子"的要求。河南在黄河流域中居于承东启西的战略枢纽位置，可以在黄河流域生态保护和高质量发展中发挥重要作用。作为黄河流域的经济大省、人口大省，河南主动会同流域各省共抓生态大保护，共建流域重大基础设施，共推产业合作，共谋郑洛西高质量发展合作带、豫鲁毗邻地区黄河流域高质量发展示范区等区域合作，在贯彻落实重大国家战略中走在全流域前列，发挥示范带动作用。2019 年 5 月，习近平总书记在江西南昌召开会议，提出实施新时代推动中部地区高质量发展战略，战略要求中部六省主动融入区域重大战略，推动省际协作和交界地区协同发展，为增强区域发展协同性、推动中部地区加快崛起指明了方向、提供了遵循，也将为河南发展带来更多政策优惠和溢出效应。尤其是，"十四五"时期，中央出于产业安全、畅通循环、发挥腹地优势等方面的考虑，明确提出要在中部地区布局制造业。中央的部署将有利于河南省加快补齐短板，打通区域合作"筋脉"，提升自我发展能力，加快建成引领中部地区崛起的主引擎。同时，随着我国加快构建新发展格局，全国统一开放竞争有序的商品和要素市场正在加快形成，将有力吸引资本、知识、技术、管理、数据等强流动性的生产要素从发达地区溢出，河南省将发挥交通枢纽、市场规模、产业基础、劳动力、土地、资源等方面优势，逐步成为国内要素集聚新高地，加快构建高质量发展动力系统和现代化经济体系，进一步推动创新高地建设、产业转型升级、综合交通枢纽和开放高地建设。总的来看，河南面临构建新发展格局、新时代推动中部地区高质量发展、黄河流域生态保护和高质量发展的三个重大战略机遇，河南将把三大国家战略交汇叠加与河南的坐标、方位、使命有机结合起来，强优势、补短板，进一步塑造竞争新优势，蓄积前行新动能，推动高质量发展走向深入。

二　河南高质量发展面临的挑战

1. 全球发展环境不确定性增加

国际格局和国际体系正在发生深刻调整，全球治理体系正在发生深刻变革，中国在世界舞台上的地位越来越重要，在参与经济全球化、全球治理体系、国际秩序和国际规则制定等方面拥有越来越多的话语权和影响力。西方主要国家民粹主义盛行、贸易保护主义抬头，经济全球化遭遇逆流，国际大循环的矛盾和挑战更加凸显。美国等国家推行保护主义、单边主义、霸权主义，国际大循环面临日趋复杂而严峻的环境，中美贸易摩擦已升级至贸易、科技、金融、外交、地缘政治、国际舆论、国际规则等多个领域。与此同时，全球范围内"黑天鹅""灰犀牛"事件迭出，国际投资贸易格局、科技创新格局、金融货币格局等都面临前所未有的大变革，世界经济不确定性和风险显著增强。人类面对的共同性问题也开始出现新的变化，发展鸿沟日益扩大，恐怖主义、传染病、气候变化等非传统安全威胁持续蔓延，局部冲突时有发生，冷战思维和强权政治阴魂不散。自 2020 年以来，新冠肺炎疫情在全球大流行，新冠肺炎疫情的全球肆虐使本就羸弱的世界经济雪上加霜。由于各国疫情防控治理差异，全球性的疫情蔓延情况还将持续相当长一段时间，这无疑会造成深远的社会经济影响。新冠肺炎疫情直接阻断了全球贸易和经济的往来，商品和要素流通受阻，外部需求断崖式下跌，对国际航空、国际旅游、商贸往来等造成严重冲击，世界经济低迷、全球市场萎缩，在很大程度上影响了国际大循环的良性发展。此外，全球疫情危机还通过投资疲软、人力资本流失、全球贸易和产业链中断等问题对世界经济造成消极影响。

2. 风险矛盾交织加剧下行风险

我国经济正由高速增长阶段转向高质量发展阶段，增长模式转换、增长速度换挡过程中一些问题逐渐凸显，长期积累的矛盾与新问题、新挑战交织，加剧了我国经济下行的风险。在我国从高速增长阶段向高质量发展转型的过程中，传统的以高资源消耗、高投资驱动的发展方式无以为继，在创新驱动发展和供给侧结构性改革的过程中，发展转型出现一些阵痛，一批传统产业面临被淘汰的风险。在新型城镇化的快速推进过程中，我国城市规模快速发展，然而，许多作为城市建设主导者的地方政府和国企积累了大量地方隐性债务，在城镇化趋于饱和、中央提出"房住不炒"原则以及新冠肺炎疫情、经济下行等多重因素影响下，地方政府财政收支失衡现象逐渐突出，叠加金融市场风险频发、点多面广，地方隐性债务风险亟待化解。尤其是2020 年新冠肺炎疫情暴发后，虽然我国有效遏制了新冠肺炎疫情，但新冠病毒依然在全球范围蔓延，而且新冠病毒不断变异升级，新冠疫苗和特效药研发仍在进行，因此，局部疫情仍在我国时而发生，全球范围内的生产、生活、贸易、运输等都受到明显影响，产业链、供应链受到严重冲击，实体经济受挫，部分行业、企业特别是传统服务业盈利水平持续下降，整体经济效益呈现低迷，市场预期和信心受到影响，进而导致居民收入减少、就业率降低、储蓄意识增强等。这些风险因素加大了经济下行风险，对未来一段时期河南高质量发展提出挑战。

3. 区域发展竞争不断加剧

新发展格局下区域发展态势深刻变化，产业升级速度加快促进了我国区域发展的变革，区域发展优势正在快速转换，区域竞争位势此消彼长，外需市场扩张速度放慢，内需市场份额相对提高，区域间发展的竞争日趋激烈。近年来，我国区域间发展差距呈现扩大态势，省域经济发展日益分化，并突出表现在创新型产业集聚、数字化转型方面，我国南北经济分化和"南升北降"的态势趋于明显。与此同时，一些地区积极探索适合自身发展的高质量发展道路，并取得显著成效，例如，贵州依托得天独厚的优势和条件发展大数据产业；山西加快能源转型，积极驱动山西省绿色低碳转型，发展新能源产业，走出特色转型之路；安徽省发挥政府投资作用，以企业为主体推动自主创新，形成自主创新的"安徽现象"。在此背景下，河南虽然长期保持经济总量全国第五的位次，但面临的区域竞争压力持续增大。如果发展速度缓慢，就会面临位次下降的严峻挑战。此外，国内产业要素日益向增长极集聚，城市群和大都市圈的地位愈发重要。京津冀、长三角、粤港澳大湾区、成渝双城经济圈"四极"支撑了中国经济增长的"半壁江山"，财政收入占到全国的近六成。未来，河南发展还需要应对来自全国增长极的"虹吸效应"。与此同时，新发展格局下区域竞争日趋激烈，从新发展格局、科技创新到未来产业、空间格局发展等，各地机遇性、竞争性、重塑性变革都在加速推进。面对不创新就倒退的竞争性态势，各地均把科技自立自强作为跨越式发展的战略支撑，不断强化创新在现代化建设全局中的核心地位。东南沿海发达省份作为全国创新驱动发展的先行地区，普遍提出要在全球视野下建设科技创新中心，积极抢占未来发展的战略先机、发展的制高点，纷纷开展前瞻布局，培育发展具有颠覆性、变革性的战略性新兴产业和未来产业，河南省高质量发展面临的竞争环境日益严峻。

4. 各类资源环境约束日益趋紧

近年来，河南省新型城镇化持续推进，城市人口不断增加，城市发展的用地空间日趋紧缺。随着招商引资和承接产业转移工作的深入开展，一大批产业发展、基础设施建设等方面的项目落地，需要大量适宜建设的土地。然而，作为我国粮食主产区之一，河南省稳粮保粮的责任重大，农业用地保障不能放松，建设土地资源紧张，项目承载能力较弱，对于推进新兴产业发展、基础设施建设等方面产生了明显的制约。河南发展还存在人才需求缺口的问题。随着近年来我国区域发展的分化，河南作为后发省份、农村人口大省，人口外流情况日益突出。此外，长期以来河南省缺少以重点大学为代表的高端科教资源，而河南省高成长性制造业和高技术产业发展较快，因此专业技术人员和技术工人短缺，高层次技术人才尤其缺乏。由于新冠肺炎疫情冲击、经济下行压力加大等因素影响，企业面临产品价格下降、用工成本提高等多重压力，企业招工难、用工贵等现象比较突出。资源、环境承载力明显不足也是河南高质量发展的制约。长期以来，河南省高耗能、高污染的钢铁、化工、有色金属等产业占比较高，投资强度大、资源消耗多、污染排放强度大。进入高质量发展阶段以后，绿色生态发展是中央和人民群众的一致要求。河南省每年节能减排的目标不断提高，将会对河南省经济增长造成一定压力。尤其是，2020年，习近平总书记代表中国向世界宣布了"碳达峰、碳中和"的目标，并制定出了明确的时间表，钢铁、化工、炼油等高能耗行业将有序退出，河南省推进低碳转型的需求日益迫切。

第五章

稳中求进：河南高质量发展的"总基调"

"稳中求进"就是在保持宏观经济政策基本稳定、保持经济平稳较快发展、保持物价总水平基本稳定、保持社会大局稳定的同时，在转变经济发展方式上取得新进展，在深化改革开放上取得新突破，在改善民生上取得新成效。"稳中求进"是高质量发展的内在要求，是河南高质量发展的"总基调"，在锚定"两个确保"，实施"十大战略"，全面开启现代化河南建设新征程的背景下，要在坚持稳中求进中认识和把握若干重要关系，着力聚焦"六稳"，围绕河南经济关键领域"求进"，确保总基调落地生根，推动河南经济高质量发展。

第一节　稳中求进工作总基调是高质量
发展的内在要求

稳中求进总基调通过科学处理和把握"稳"与"进"的关系，为统筹处理改革、开放、发展、稳定之间的平衡指明了根本遵循。高质量发展作为新时代河南社会经济发展的根本性目标，其与稳中求进总基调在内在逻辑上存在高度统一，坚持稳中求进的工作总基调，是河南在经济高质量发展下的必然选择，对推动河南经济高质量发展具有极其重要的指导意义。

一　科学认识稳中求进工作总基调的基本内涵

党的十九大以来，党中央把"稳中求进"作为做好经济工作的总基调，不断加强和改善对经济工作的领导，以新发展理念引领中国经济新发展，用发展的办法不断解决发展中的问题，开辟了中国经济稳中向好、稳中有进的新局面。以习近平同志为核心的党中央关于稳中求进的工作总基调，是在对我国经济发展规律进行正确研判的基础上逐步形成的，是在领导开展经济工作的具体实践中不断总结概括出来的。这是经济发展新常态下应对新问题、新挑战的总体原则和要求，也是做好经济工作的重要方法论。

稳中求进首先是在经济工作中要有稳有进，其中"稳"是大局、是主基调。只有经济社会平稳，才能为深化改革开放和经济结构调整创造稳定的宏观环境。稳与进是有机统一、相互促进的辩证关系，其中稳的重点要放在稳住经济运行上，进的重点是深化改革开放和调整结构。坚持稳中求进，就是要在稳的前提下在关键领域有所进取，在把握好度的情况下在重点环节有所作为。具体而言，在稳中求进中，"稳"是大局，"稳"的重点要放在稳住经济运行上；"进"是在"稳"的前提下，在关键领域有所进取，重点是深化改革开放和调整结构。"稳"和"进"辩证统一、相互促进。经济社会发展平稳，才能为深化改革打下坚实基础，推动经济迈向高质量发展阶段。

此外，稳中求进的"稳"，不仅指保持宏观经济政策基本稳定、保持经济平稳较快发展、保持物价总水平基本稳定，而且指维护社会大局稳定；稳中求进的"进"，也不仅指在转变经济发展方式上取得新进展、在深化改革开放上取得新突破，而且指在改善民生上取得新成效。总之，只有通过稳中求进，实现经济社会平稳发展，才能守住资源、环境和生态底线，守住保障和改善民生的底线，守住防范系统性风险的底线，也才能够正确处理好改革、发展、稳定之间的关系。

二　稳中求进总基调与高质量发展的内在逻辑

高质量发展是新时期我国经济发展的根本路径和目标，稳中求进总基调是新时期做好经济工作的重要方法论，稳中求进总基调与高质量发展在内在逻辑上是统一的关系。一方面，稳中求进总基调体现了高质量发展中"量"与"质"统一。当前，随着中国特色社会主义进入新时代，河南经济也进入新时代，基本特征就是河南经济已由高速增长阶段转向高质量发展阶段。推动高质量发展更成为当前和今后一个时期河南经济健康发展的根本要求。在此背景下，河南坚持稳中求进总基调，贯彻新理念，坚决端正发展观念、转变发展方式，从"数量追求"向"质量追求"转变，不断提升发展质量和效益，在本质上体现了高质量发展过程中"量"与"质"的统一。另一方面，稳中求进总基调体现了高质量发展中"稳"与"进"的统一。高质量发展在本质上需要处理好经济稳定发展与结构调整、深化改革之间的关系，而稳中求进工作总基调正是将"稳"与"进"的内在关系作为一个有机整体来把握，坚持问题导向，保持宏观政策的稳定性和连续性，让经济发展"稳"有定力，持续深化改革，让经济发展"进"有秩序，促进经济在合理区间平稳运行、持续发展，体现了高质量发展中"稳"与"进"的统一。

三　稳中求进总基调对高质量发展的重大意义

坚持稳中求进的工作总基调，是我国在经济高质量发展下的必然选择。当前，世界正处于百年未有之大变局，世界经济不稳定不确定因素进一步增加，在新冠肺炎疫情叠加下，复苏动力不足。与此同时，我国经济面临需求收缩、供给冲击、预期减弱"三重压力"，经济增长速度正从高速增长转向中高速增长，经济发展方式正从规模速度型粗放增长转向质量效益型集约增长，经济结构正从以增量扩能为主转向调整存量、做优增量并存的深度调整，经济发展动力正从传统增长点转向新的增长点。在此背景下，党中央采取的战略方针，突出体现为以提高经济发展质量和效益为中心的稳中求进。

当前，河南必须准确把握这种发展条件和发展要求的变化，更加自觉地坚持以提高经济发展质量和效益为中心，在稳中求进中大力推进经济结构战略性调整，这是河南经济进入更高级发展阶段必须越过的坎。因此，在坚持稳中求进总基调，推动河南经济高质量发展过程中，经济活动既要看发展，又要看基础；既要看显绩，又要看潜绩；既要注重 GDP 增长，又要注重民生改善、社会进步、生态效益提高。在经济高质量发展背景下，既要增强攻坚克难的勇气，也要保持强大战略定力；既要有忧患意识，也要有历史耐心；既要坚持底线思维，做好风险管控，又要深化改革扩大开放，推动发展更好地惠及全体人民、全体市场主体。总之，坚持稳中求进的工作总基调，对于推动河南经济保持中高速增长、改革开放向纵深迈进、民生持续改善、社会大局总体稳定，进而促进河南经济高质量发展具有极其重要的指导意义。

第二节　在坚持稳中求进中认识和把握若干重要关系

坚持稳中求进工作总基调，推动河南经济高质量发展进程中，政府与市场、短期与长期、减法与加法、补短板与扬优势等重要关系直接决定和影响着河南经济"稳"与"进"的底色和成效，需要科学认识和把握好上述关系，为稳步有序推动河南经济高质量发展奠定基础。

一　处理好政府与市场的关系

政府与市场的关系是坚持稳中求进总基调，推动河南经济高质量发展必须要处理好的根本性关系。在坚持稳中求进总基调前提下，要充分认识到市场和政府各有比较优势，市场作用和政府作用是相辅相成、相互促进、互为补充的，要特别注重发挥市场和政府各自的比较优势，形成二者的合力，推动河南经济高质量发展过程中"稳"与"进"的协同。一方面，要坚持市场在资源配置中起决定性作用。在生产、流通、消费等经济活动各个环节，通过形成完善的生产要素市场和产品市场，以要素的相对稀缺性和产品的供求关系决定价格，形成对投资者、创业者、生产者、流通者和消费者的引导信号，依此配置资源、平衡供给、鼓励竞争，进而达到提高资源配置效率和激励经济活动的目的。另一方面，要更好地发挥政府作用，就不能靠简单下达行政命令，而要在尊重市场规律的基础上，用改革激发市场活力，用政策引导市场预期，用规划明确投资方向，用法治规范市场行为。坚持以人为本的发展，确保在发展中保障和改善民生，促进社会公平正义；实施积极有效的宏观调控，对市场进行逆周期调节；在产业领域，产业政策应更加突出普惠性，坚持竞争中性原则，政府对待市场主体要一视同仁，无论所有制类型、无论规模大小、无论中企或外资，坚持实行竞争中性原则和准入前国民待遇加负面清单原则，为各类企业创造公平的竞争环境。

二 短期与长期的关系

坚持稳中求进总基调推动河南经济高质量发展，需要在把握河南省情和发展阶段的前提下，立足当前、着眼长远，从河南社会主要矛盾和矛盾的主要方面入手，从构建长效体制机制、重塑中长期经济增长动力着眼，既在战略上打好持久战，又在战术上打好歼灭战，将短期重点任务和长期战略任务有机统一于高质量发展的全过程。从短期和长期两个方面加强设计，从短期看要顶住压力，善于周旋博弈、进退有度。从长期看要强身健体，加快补齐短板、强化自主创新。一方面，在长期战略上要坚持稳中求进，围绕践行新发展理念、推动供给侧结构性改革、构建现代经济体系、全面深化改革等中长期重点任务，充分发挥顶层设计的作用，做好各类重点工作之间的统筹与衔接，把控工作推进的节奏和力度，以久久为功的心态持续推进河南在高质量发展之路上行稳致远。另一方面，在短期战术上要抓落实干实事，聚焦促进经济平稳增长、激发消费潜力、大力支持实体经济发展、推进制造业高质量发展、加快生产性服务业发展、提升科技支撑能力、坚决打好打赢三大攻坚战、提升新型城镇化水平等关键领域，围绕脱贫攻坚、打造内陆开放高地、推动创新驱动发展、抓民生补短板、全面小康等核心任务，注重实效，步步为营，一仗接着一仗打，将稳中求进总基调贯彻到具体工作中，推动河南高质量发展在短期尺度上显成效、出亮点。

三 减法与加法的关系

河南在坚持稳中求进总基调推动经济高质量发展进程中，应以供给侧结构性改革为主线，处理好减法与加法的关系。一方面要以"三去一降一补"为重点，做好经济领域的"减法"，也即通过去产能、去库存、去杠杆，围绕冶金、建材、化工、轻纺、能源等传统产业，着力减少低端供给和无效供给，推动经济领域无效产能和低端产能加快出清，从根本上推动经济资源在某些产业中的配置效率升级，为经济发展开辟新空间、挖掘新潜力。另一方面要以扩大有效供给和中高端供给为导向，着力做好经济领域的"加法"，围绕教育、医疗、养老、环保等领域，加大投资力度，着力补短板、惠民生；围绕数字经济、大数据、人工智能、区块链、智慧城市、5G 等先导产业加快发展新技术、新产业、新产品，为经济增长培育新动力。同时，需要把握好"做减法"和"做加法"的节奏和力度，坚持系统思维和底线思维，秉承问题导向，在经济工作中，无论"做减法"还是"做加法"，都要把握症结、用力得当，突出定向、精准、有度。一方面，做减法不能"一刀切"，要减得准、不误伤。另一方面，做加法不要一拥而上，避免强刺激和"撒胡椒面"，避免形成新的重复建设。特别是面临稳增长的压力，要通过精准的宏观调控，避免出现两个极端，特别是要防止"大水漫灌"，坚持底线思维，把握好"做减法"和"做加法"过程中的系统性风险，进而推动河南经济高质量发展。

四 补短板与扬优势的关系

把握稳中求进总基调，需要客观审视河南面临的短板和优势，处理好补短板与扬优势的关系，通过补齐发展短板激发新动能，通过构建新优势激发新动力，进而推动河南经济高质量发展。一方面，要着力补齐各类短板，坚持新发展理念，坚持推动高质量发展，坚持以供给侧结构性改革为主线，树牢抓项目、抓落实的明确导向，围绕脱贫攻坚、交通、水利、能源、城镇基础设施、社会民生等重点领域和薄弱环节，促进市场和政府协同发力，实行分类施策，大力谋划实施补短板重大项目，积极发挥政府投资引领带动作用，合理保障正常融资需求，充分调动民间投资积极性，进一步深化投资项目审批制度改革，进一步完善基础设施和公共服务，积极防范化解地方政府隐性债务风险和金融风险，更好发挥有效投资对优化供给侧结构的关键性作用，保持经济平稳健康发展。另一方面，要充分发挥河南在人力资源、区位交通、产业基础、开放创新、国家战略等层面的优势，在坚持稳中求进总基调推动经济高质量发展进程中，以"耦合协同"为途径，发挥各类优势之间的协同效应，实施"优势再造"战略，着力打造现代综合交通枢纽，加快形成对外开放新优势；推动产业要素与创新要素深度融合，构筑开放式创新优势；推进国家战略平台联动协同发展，构筑政策红利叠加优势。

第三节　着力聚焦"六稳"推动经济高质量发展

在推动经济高质量发展的目标导向下，坚持稳中求进工作总基调，需要着力聚焦稳就业、稳金融、稳外贸、稳外资、稳投资、稳预期，扎实推进河南"六稳"工作，为经济高质量发展夯实基础。

一　稳就业

就业是经济发展最基本的支撑，也是最大的民生工程和民心工程，坚持稳中求进总基调，要将稳就业放在第一位，千方百计做好就业工作，确保经济运行平稳，推动高质量发展。

一是加大援企稳岗支持力度。针对疫情冲击，深入开展"万人助万企"活动，支持企业稳定岗位，实施援企稳岗护航行动，进一步减轻企业负担，鼓励和支持企业稳定就业岗位。支持小微企业发展，扶持个体工商户转型升级为小微企业，提高市场主体竞争力和抗风险能力。充分发挥政府性融资担保机构作用和政银合作优势，将转型企业作为重点对象推送至合作银行予以金融信贷扶持，引导更多金融资源支持创业就业。落实高新技术企业减负按15%税率征收企业所得税，对企业研发费用加计扣除政策，为科技型中小企业创新发展"松绑加力"。

二是优化就业创业环境。加大创业担保贷款贴息及奖补政策支持力度，各地可适当放宽创业担保贷款申请条件，调整符合条件的个人和小微企业创业担保贷款额度，由此产生的贴息资金由当地财政承担。对按时足额还款、带动就业能力强的创业者，可发放个人自付利息的创业担保贷款。加强创业载体建设，持续推进综合性创业孵化平台建设，提升为企业创新创业服务水平。打造"双创"升级版，支持创新创业特色载体提升可持续发展能力，拓展孵化服务功能和辐射范围。鼓励各地在产业集聚区、高新技术产业开发区等原有各类园区，以及利用老旧商业设施、仓储设施、闲置楼宇、过剩商业地产等建设创业孵化基地、众创空间、科技企业孵化器和大学科技园，为创业者提供低成本场地支持、指导服务和政策扶持。支持稳定就业压力较大的地方为失业人员自主创业免费提供经营场地。鼓励高校及社会机构建设一批大学生创新创业实践示范基地。扩大就业见习补贴范围，完善落实就业见习制度，推动各地建设一批高质量就业见习基地。

三是积极开展职业培训。支持困难企业开展职工在岗培训，对去产能分流安置人员、建档立卡贫困家庭劳动力，可采取整建制购买培训项目、直接补贴培训机构等方式开展集中培训。继续实施特别职业培训计划，指导困难企业开展技能提升培训、转业转岗培训和自主评价技能鉴定服务；开展失业人员就业创业培训，支持各类职业院校（含技工院校）、普通高校、职业培训机构和符合条件的企业承担失业人员就业技能培训或创业培训，对培训合格的按规定给予培训补贴。

四是及时开展精准帮扶。实行失业登记常住地服务。失业人员可在常住地公共就业服务机构办理失业登记，申请享受当地就业创业服务、就业扶持政策、重点群体创业就业税收优惠政策。保障困难人员基本生活，密切关注困难地区、困难企业和困难职工，妥善化解去产能职工安置中的矛盾和风险。对通过市场渠道确实难以就业的大龄困难人员和零就业家庭成员，可利用新增及腾退的公益性岗位优先安置。

二 稳金融

金融是经济的血液，稳定的金融环境是经济平稳运行的保障。坚持稳中求进工作总基调，推动河南高质量发展，需要以稳金融为导向，打好打赢防范金融风险攻坚战，进一步加大金融对实体经济发展的支持力度，促进实体经济转型升级和高质量发展。

一是大力发展应收账款融资。组织开展应收账款融资宣传推广活动，建立供应链核心企业名单制，大力推动核心企业加入应收账款融资服务平台并主动确认应付账款信息。对加入应收账款融资服务平台的核心企业、小微企业，各地财政部门、经信部门应优先列为扶持对象，给予政策、资金、技术等方面的支持。积极推进"银税互动"，省、市、县三级应建立税务、银监部门和银行业金融机构银税合作联席会议制度，畅通"银税互动"工作沟通渠道，切实保证银税合作机制有效运行。加大"银税互动"金融产品创新力度，推广"纳税信用贷""出口退税贷""云税贷"等金融服务产品，优化完善信贷审批流程，健全完善信贷产品风险管理机制，提升金融服务效率。

二是降低小微企业融资成本。用好中国人民银行支小再贷款资金，引导金融机构扩大小微企业信贷投放。督导银行业金融机构制订切实可行的信贷计划，向小微企业倾斜信贷资源。鼓励发行小微贷款资产支持证券，盘活信贷资源。合理确定普惠型小微贷款价格，降低融资中间环节费用，严格落实收费减免政策，有效降低小微企业贷款利率。加大金融科技等产品服务创新力度，运用互联网、大数据、云计算等信息技术，提高小微企业信贷服务效率和便利化程度。健全普惠金融组织体系，下沉经营管理和服务重心，完善支持小微企业的专营机构建设，向基层延伸普惠金融服务专营机构。考核评估金融机构执行小微企业信贷政策情况。落实金融机构服务小微企业税收优惠政策。

三是加快政府性融资担保体系建设。积极对接国家融资担保基金，争取对河南省担保机构的支持，通过建立省级再担保代偿补偿机制增强其持续发展能力。继续支持市县担保机构发展，鼓励市县建立与小微企业贷款需求相适应的政府性融资担保机构资金持续补充机制，逐步建立风险分担资金池。支持在条件成熟地区开展知识产权质押融资试点，探索建立"专利权质押贷款+保险保障+财政风险补偿"的专利权质押融资模式，健全科技贷款风险补偿机制。

四是大力推进企业在境内外上市融资。实施上市公司倍增计划，建立市、县二级上市后备企业资源库，深入实施上市后备企业储备计划。推动后备企业分层培育，支持主业突出、盈利水平高、市场前景好的龙头企业到主板、中小板上市；支持科技含量高、成长性强的中小企业到创业板上市；支持符合国家战略、掌握核心技术、市场认可度高且达到相当规模的创新企业在境内发行股票或存托凭证；鼓励外向型企业赴境外上市或发行债券。

三　稳外贸

外贸对河南消费升级、结构调整、产业转型等方面均具有积极的拉动作用，做好"稳外贸"工作，既是稳中求进工作总基调的具体要求，也是河南加快建设贸易强省，打造内陆开放高地，实现全省经济高质量发展的客观需要。

一是提升外贸规模和质量。培育引进市场主体，强化扶持措施，打造一批有一定进出口规模、较强国际化经营能力的龙头进出口贸易公司和工贸一体企业，培育一大批小而专、小而精、小而特的中小外贸主体。打造特色外贸产业基地，各地要结合主导产业，研究制定外贸转型升级基地发展规划，培育一批市、县级外贸转型升级基地。认定一批区域特色鲜明、配套体系完善、辐射带动能力强的省级基地，支持省级基地创建国家级基地。着力打造自主品牌，鼓励企业通过自主创建、参股、换股、并购、授权使用等形式推进品牌建设。组织认定河南省国际知名品牌，利用重大展会、主流媒体平台宣传推介，开展"中原品牌"海外推广系列活动，提高自主品牌国际化程度。创新发展服务贸易，提高保险、金融、信息服务、知识产权使用费等知识密集型服务贸易占比，推动服务贸易由劳动力密集型向知识密集型发展。

二是积极发展外贸新业态。做大做强跨境电子商务，持续推进中国（郑州）跨境电子商务综合试验区建设，重点支持 EWTO（电子世界贸易组织）核心功能集聚区发展，加快培育跨境电子商务产业园区、培训孵化基地。支持外贸综合服务企业发展。引进与培育相结合，孵化培育本土外贸综合服务企业，打造外贸服务生态圈。争取开展市场采购贸易试点。支持具备一定规模及外向度的专业市场和特色产业基地加快发展，着力打造线上线下互动商贸中心，积极培育外贸商户，重点引进大型贸易代理商、采购商，实现内贸向内外贸结合转变。

三是大力发展出口贸易。促进市场多元化发展，深度开发欧美、日韩等发达国家细分市场，争取更多商品进入中高端市场、大型商家供应链体系，稳定传统市场进出口增速。大力拓展"一带一路"沿线国家和地区以及金砖四国、非洲、拉美、中东欧等新兴市场，提升河南省产品在当地市场的占有率。推动外贸外经联动，积极参与"一带一路"建设和国际产能合作，引导企业开展对外投资和对外工程承包，带动成套设备、原材料、技术、标准、品牌和服务出口。推动企业建立境外营销网络，组织企业开展境外考察和贸易洽谈活动，支持企业在境外设立商品展示、品牌推广、仓储物流、批发零售和售后服务等国际营销服务网络。做大做强中国（河南）国际投资贸易洽谈会进出口商品展，探索在境外自办展会。

四是推动进口贸易发展。打造进口载体，扩大进口汽车整车、肉类、水果、冰鲜水产品、活牛等指定口岸业务规模。发挥河南多式联运体系优势，打造中部地区乃至全国具有影响力的水果、肉类、冰鲜水产品、消费品等进口商品交易集散分拨中心。扩大进口规模。在国家鼓励进口技术和产品目录的基础上，继续对未享受国家贴息支持的河南省部分重点进口商品给予贴息，扩大先进技术、关键设备及零部件进口，稳定能源、矿产、粮食等大宗商品进口。积极参与进口博览会，充分利用进口博览会溢出效应，结合实际组织形式多样的招商推介、贸易促进活动，主动对接境外客商，宣传推介河南优势，开展投资贸易洽谈，推动开放型经济发展。

四 稳外资

外资在河南经济发展中发挥了独特而重要的作用，推动高质量发展、推进现代化建设必须始终高度重视利用外资。当前，需要以激发市场活力、提振投资信心为出发点，以保障外商投资企业国民待遇为重点，以打造公开、透明、可预期的外商投资环境为着力点，持续深化"放管服"改革，进而稳定外资规模、优化外资结构。

一是扩大外资准入领域。全面实施准入前国民待遇加负面清单管理制度，按照国家统一部署，在全省范围内推行已在自贸试验区试行过的外商投资负面清单，进一步提高投资环境的开放度、透明度、规范性。积极落实国家扩大开放政策措施，贯彻执行国家相关政策法规，持续扩大专用车和新能源汽车制造、支线和通用飞机维修、铁路旅客运输、加油站、银行证券保险、现代物流、信息服务、文化旅游、健康养老、服务外包、教育培训等领域对外开放，研究制定配套措施，积极谋划招商项目，推动开放政策落地实施。

二是加大财税支持力度。完善资金支持政策，贯彻落实《河南省省级招商引资专项资金管理办法》，对符合河南省产业发展方向的重大外资项目、新设立的跨国公司地区总部和功能性机构、新型招商模式等进行适当奖励。鼓励采取"一事一议"方式支持利用外资工作。促进利用外资与对外投资相结合，鼓励河南省上市公司积极利用深港通、沪港通吸引境外投资。统一内外资企业外债管理，提高外资企业境外融资能力和便利度。支持重点引资平台基础设施和重大项目建设，鼓励市、县级政府合理使用地方政府债券支持郑州航空港经济综合实验区、中国（河南）自由贸易试验区、郑洛新国家自主创新示范区和国家级开发区等重点引资平台基础设施建设。发挥外资对优化服务贸易结构的积极作用，鼓励外资投向高技术、高附加值服务业。鼓励境外投资者持续扩大在豫投资，对外商投资企业重大增资扩股项目在项目核准、备案、用地、环评等环节开辟"绿色通道"，由所在地政府采取"一事一议"方式予以支持。

三是增强招商引资实效。发挥招商引资品牌活动作用，打造中国（河南）国际投资贸易洽谈会、豫籍香港企业家春茗活动、中国（郑州）产业转移系列对接活动等招商引资品牌，增强活动的影响力和实效性。充分利用厦洽会、中博会、东盟博览会、博鳌亚洲论坛等境内外展会活动进行招商推介洽谈，推动"引进来"和"走出去"相结合、投资和贸易相结合。鼓励外资参与河南省企业优化重组，支持外资以兼并收购、设立投资性公司、融资租赁、股权出资、股东对外借款等形式参与河南省企业改组改造，加快推进外资参与河南省国有企业混合所有制改革。提升开发区利用外资水平，支持国家级开发区开展相对集中的行政许可权改革试点，创新审批体制、优化审批流程、理顺权责关系、强化监督管理。推动开发区围绕主导产业引进能够带动产业结构优化升级、增强发展后劲的外资企业和项目，支持外资参与"百千万"亿级优势产业集群培育工程。

四是优化外资营商环境。优化外商投资管理体制，建立完善外商投资管理信息平台和外商投资信息报告制度，加强事中、事后监管。积极推进"互联网+政务服务"，简化外商投资项目管理程序，进一步减少外商投资企业设立和变更工作环节，推进工商登记与商务备案"一窗一表"改革试点工作。创新便利外商投资企业举措，进一步缩短外商投资企业登记办理时间。保持外资政策稳定性、连续性，认真履行在招商引资等活动中依法签订的各类合同，严格兑现向投资者及外商投资企业依法做出的政策承诺。充分发挥中国（河南）自由贸易试验区、郑州航空港经济综合实验区、郑洛新国家自主创新示范区等国家战略平台和服务业"两区"（商务中心区、特色商业区）、专业园区等服务开放平台利用外资功能，支持各地利用政策叠加优势，构建多元化开放平台。制定完善中国（河南）自由贸易试验区招商引资、招才引智优惠政策，面向世界 500 强企业、跨国公司、行业龙头企业开展专题推介招商，大力引进总部基地、研发机构等。明确招商重点，面向全球开展精准招商、产业链招商，争取引进一批具有引领性、突破性的重大项目落户自贸试验区。加快跨境电商综合试验区建设，优化、规范和创新跨境电商通关和监管，探索开展全国跨境电商综合监管改革试点，提升跨境电商服务管理水平。

五　稳投资

在高质量发展背景下，河南稳投资需要瞄准投资结构、投资效率、投资信心、投资环境等领域的短板和问题，围绕"四个着力"，推动河南投资规模和效率持续向好，助力河南经济高质量发展。

一是着力优化投资结构。加快优化固定资产投资在一、二、三产业间的布局，以工业投资和基础设施建设投资为重点，以培育新的经济增长点为导向，加大对电子信息、装备制造、汽车及零部件等高成长性产业的投资；以技术升级改造为重点，加大对冶金、建材、化工、轻纺、能源等传统产业的投资；以百城提质工程为核心，加大对城乡基础设施改造领域投资；适度控制房地产领域投资，推动投资回归实体经济，化解经济"脱实向虚"风险。着力优化基础设施投资的空间结构。在基础设施投资领域，紧扣河南省城镇化领域的弱项和短板，以加强郑州大都市区基础设施互联互通为重点，加大对全省城镇化薄弱领域的基础设施投资。着力提升固定资产投资的集聚度。以遍布全省的180多个产业集聚区为依托，发挥固定资产投资的集聚效应，提升工业投资集聚水平，推动工业经济高质量发展。以黄河流域生态保护治理为重点，加大对沿黄区域生态治理的投资，产生河南沿黄区域生态环保投资集聚效应，为黄河流域高质量发展奠定基础。

二是着力提升投资效率。突出补短板，发挥投资的拉动效应。长期以来，河南在涉及民生领域的教育、医疗、养老、环保等领域存在较大的投资缺口，由于有效投资的不足，这些领域成为制约社会经济发展的突出短板，未来应着力强化对民生领域的有效投资，补齐高质量发展的短板，发挥投资的拉动效应，推动社会经济高质量发展。突出抢先机，发挥先导产业的头雁效应。数字经济、大数据、人工智能、区块链、智慧城市、5G 等先导产业是新兴的经济发展驱动力量，对该领域的投资具有较高的投资回报和投资效率，未来应充分发挥河南省"国家级大数据综合试验区"的先行先试优势，加大对新一代互联网、智慧城市、智慧政务等领域的投资力度，发挥先导产业的头雁效应，助力河南经济高质量发展。突出夯基础，发挥创新驱动的引领效应，积极培育支撑未来经济增长的新动能。强化创新体系建设投资，实施开放式创新，构建现代创新体系；加大对创新型企业的投资力度，增强企业技术创新的源头作用。以智能制造为导向，加大制造业智能化投资，推动信息技术与制造业融合；加大传统产业技术升级投资，提升制造业信息化、智能化水平。

三是着力提振民间投资信心。民间投资是河南固定资产投资的重要力量，要改变民间投资增速下滑趋势，需着力破解影响民间投资信心的若干不利因素。着力改善企业融资服务。深入开展小微企业应收账款融资三年专项行动，扩大小微企业风险补偿资金、应急转贷资金池覆盖范围。推广政府采购合同融资模式。扩大专项企业债发债规模，对符合要求的按规定放宽发债条件，简化审核程序。推动创业投资和产业投资基金扩大企业股权投资，加快建设郑州龙子湖智慧岛私募基金集聚区。探索发展科技金融、绿色金融，深入开展科技金融深度融合专项行动计划，创新和推广绿色债券、绿色发展基金、环境污染强制责任险等绿色金融产品。着力激发民间有效投资活力。坚决消除对非公有制经济主体感情上、政策上和服务上的歧视，坚决打破针对民间投资的"玻璃门""弹簧门""旋转门"等隐性门槛，全面实施市场准入负面清单制度。落实关于优化营商环境激发民间有效投资活力的实施意见，在融资协调、要素保障、项目建设等方面制定更实更细的激励政策。谋划筛选一批经济社会效益显著、非公有制企业参与意愿强烈的示范项目，向民间资本公开推介。

四是着力改善投资环境。持续改善政商关系，创新政商互动机制，建立健全党委、政府与企业、商会常态化联系沟通机制，完善企业家正向激励机制，全面降低政商沟通协调成本。切实降低企业税费负担，依法查处各类涉企违法违规收费，持续清理规范涉企保证金和行业协会商会收费。健全政府性基金、行政事业性收费、经营服务性收费目录清单制度，积极推进电子退库、更正、免抵调业务，开展新办纳税人"套餐"式办税。加大产权保护力度，严厉打击各类侵害产权和欺行霸市、商业贿赂、制假售假等严重扰乱市场秩序的行为，建立定期专项检查制度。在招商引资、政企合作等活动中严格兑现政府承诺，坚决杜绝政务失信。大力弘扬企业家精神，持续落实支持企业家发展政策措施，进一步激发企业家创新活力和创造潜能，对有突出贡献的优秀企业家，积极宣传典型事迹，按程序以适当方式予以表彰。对企业家合法经营中出现的失误失败给予更多理解、宽容、帮助，营造鼓励创新、宽容失败的文化和社会氛围。

六　稳预期

紧扣稳定经济发展预期、投资者预期、社会民众预期，回应社会关切，释放积极信号，引导社会各界看主流、看长远、看本质，确保经济社会发展主要目标全面实现。

一是稳定经济发展预期。加强经济运行监测分析，加强经济形势调研，定期召开经济形势分析调度会，精准把握经济运行形势、态势和趋势，精准查找突出矛盾问题，精准采取应对之策，确保确定的各项指标预期目标全面实现。广泛征集和回应企业、民众对经济社会发展问题的关切，落实落细相关政策举措。加大基础设施等重点领域补短板力度，完善消费体制机制，着力稳住外贸外资，夯实经济增长支撑条件。

二是稳定投资者预期。深入推进营商环境改革，全面落实民间投资平等市场主体待遇，依法平等保护各类产权。深化"放管服"改革，启动实施市场准入负面清单制度，实施"双随机一公开"监管全覆盖。深化商事制度改革，探索便利化登记服务。出台进一步促进民间投资的实施意见。

三是稳定社会民众预期。加强对重点行业、重点企业、重点人群就业形势监测，多措并举、综合施策，坚决守住就业底线。加强对民生商品价格走势监测，依法查处捏造散布涨价信息、恶意囤积、哄抬价格等违法行为，确保物价总体平稳。加强房地产市场监管，贯彻落实"房子是用来住的，不是用来炒的"定位精神，结合实际，采取加快土地供应节奏、加大住房供应力度、强化信贷调节作用等举措，切实稳定住房价格。加大民生领域政策支持力度和投入力度，按时足额兑现基本社会保障待遇，及时调整城乡低保、最低工资标准，做好各项民生保障工作。

第四节　关键领域"求进"确保总基调落地生根

坚持稳中求进总基调，在保持"六稳"的同时，应在区域协调、创新驱动、产业升级、县城经济、城镇化等关键领域积极"求进"，多措并举推动区域协调实现新突破，创新驱动迈向新台阶，产业升级进入新阶段，县域经济呈现新面貌，城镇化构建新格局，确保总基调在河南落地生根，促进高质量发展。

一　推动区域协调实现新突破

坚持新发展理念，按照高质量发展要求，围绕实现基本公共服务均等化、基础设施通达程度比较均衡、人民基本生活保障水平大体相当的目标，以创新区域协调发展体制机制为核心，着力推动基础设施互联互通、要素资源有序流动、产业发展集聚融合、城乡区域互动协调、公共服务共建共享，努力构建统筹有力、竞争有序、绿色协调、共享共赢的区域协调发展新机制，加快形成以郑州为中心，以"1+8"郑州都市圈为引领，推动中原城市群一体化发展的区域协调发展新格局。

一是建立区域战略统筹机制。深化中原城市群一体化发展，支持郑州建设国家中心城市，提升产业实力、增强承载能力、彰显文化魅力，增强"三中心一枢纽一门户"功能，加快"1+8"郑州都市圈建设，打造创新活力、生态宜居、魅力人文的现代化都市圈。支持洛阳中原城市群副中心城市建设，加快南阳省域副中心城市建设。加快商丘、安阳、南阳等区域中心城市建设。推进国家战略平台联动发展，以功能、政策、贸易、监管协同为重点，加强顶层设计，推动国家战略平台联动发展，形成优势叠加效应。促进国家战略规划高效衔接，全面实施粮食生产核心区等国家重大区域规划。大力实施乡村振兴战略，围绕产业、人才、文化、生态、组织"五个振兴"，加快建立城乡融合发展体制机制和政策体系。

二是健全市场一体化发展机制。促进城乡区域要素自由流动，推动郑州市放宽落户条件，其他城市全面取消落户限制。推动建立城乡统一的建设用地市场，引导科技资源按照市场需求优化空间配置，促进创新要素充分流动。打造公平竞争市场环境，持续深化"放管服"改革，构建新型"互联网+政务服务"。完善区域交易平台和制度，建立健全用水权、排污权、碳排放权、用能权初始分配与交易制度，培育各类产权交易平台，完善自然资源资产有偿使用制度。

三是深化区域合作机制。加强国际区域合作，推进空中、陆上、网上、海上丝绸之路"四路"协同发展，加快落实"空中丝绸之路南南合作伙伴联盟"，建立互利共赢的国际区域合作新机制。充分发挥"一带一路"国际合作、中欧区域政策合作等区域合作机制作用，探索建立中部中欧区域经济合作中心，研究制定国际产能和装备制造合作长效机制。推动流域上下游协同发展，加快实施淮河、汉江生态经济带发展规划，完善流域内相关政府协商合作机制，加强生态环境共建共治、产业优势互补。

四是健全利益补偿机制。实行多元化生态补偿，完善水环境质量生态补偿机制，森林、湿地生态效益补偿制度及监测体系，强化矿山环境治理和生态恢复责任制。开展与粮食主销区产销合作，支持粮食主销区在河南省粮食主产市、县建设加工园区、建立优质商品粮基地、开展代收代储等，建立产销协作机制。推进资源市场化配置，坚持市场导向与政府调控相结合，加快完善有利于集约节约利用和可持续发展的资源价格机制，加快建立支持资源型经济转型长效机制。

二　推动创新驱动迈向新台阶

坚持把科技创新摆在发展的逻辑起点、摆在现代化建设全局中的核心地位，确立河南科技创新和一流创新生态建设的发展目标和重点任务，深入实施创新驱动、科教兴省、人才强省战略，全力打造国家创新高地，为国家高水平科技自立自强做出河南新贡献。

一是建设一流创新平台。主动对接、深度嵌入国家战略科技力量体系，围绕河南省重大战略需求，加快建设国家实验室、国家重点实验室、省实验室、省重点实验室以及技术创新中心、产业创新中心、制造业创新中心、中试基地、产业研究院、新型研发机构等创新平台，布局建设重大科技基础设施，优化完善创新平台体系。

二是凝练一流创新课题。坚持"项目为王"，统筹资源配置，围绕前沿领域前瞻部署战略性技术研发、加强关键核心技术和共性技术需求攻关、强化基础研究和原始创新,大力开展一流创新课题,推动传统产业高位嫁接,支撑优势产业未来化,引领未来技术产业化,提升原始创新能力,进一步增强科技创新对经济社会和产业发展的引领作用。

三是培育一流创新主体。以提升各类创新主体创新能力为目标,梯次培育创新型企业,强化企业创新主体地位,建设创新联合体,推进规模以上工业企业研发活动全覆盖。加快培育高水平研究型大学,激发科研院所创新活力。

四是集聚一流创新团队。坚持人才引领发展的战略地位,全方位培养、引进、用好人才,深化人才发展体制机制改革,营造识才、爱才、敬才、用才的环境。着力培育学科领军人才、产业领军人才、青年人才,努力培养造就规模宏大、结构合理、素质优良的创新型人才队伍。围绕人才培养、引进、评价、待遇、使用、激励等关键环节,构建一流政策体系,充分发挥人才第一资源的作用,加快建设人才强省,努力打造人才汇聚新高地、人才创业优选地、人才活力迸发地。

五是创设一流创新制度。深入落实"四抓"要求,深化"放管服"改革和科技体制机制改革,加快转变政府职能,完善科技治理体系,提升科技治理能力。赋予科研单位更多自主权,赋予科学家更大技术路线决定权、更大经费支配权、更大资源调度权。完善科技评价机制,优化科研组织范式,推动重点领域项目、基地、人才、资金一体化配置。

六是加快科技成果转移转化。完善科技成果转移转化机制,加快推进国家技术转移郑州中心建设运营,促进技术市场繁荣发展,形成体系完备、协同联动、运行高效的科技成果转移转化体系,争创国家科技成果转移转化示范区。加快重大技术成果推广应用,选择具有重大价值和市场前景的新技术和新产品,完善产学研用协同推进机制,推动科技成果向现实生产力转化。

三 推动产业升级进入新阶段

落实稳中求进工作总基调,推动高质量发展,要把制造业高质量发展作为主攻方向,深化供给侧结构性改革,强化创新引领,按照传统产业转型升级、新兴产业发展壮大、未来产业前瞻布局、产业生态丰满完善的总体要求，推动河南产业升级，提升产业基础能力和产业链现代化水平，打造现代产业体系，建设制造强省。

一是培育壮大新兴产业。加快实施十大新兴产业发展行动，在人工智能、新能源及网联汽车等领域实施一批重大项目，大力发展数字经济，加快建设鲲鹏生态创新中心和黄河牌鲲鹏服务器基地，支持鲲鹏软件小镇建设，吸引集聚一批"旗舰型"骨干企业。

二是做强做优主导产业。持续巩固提升装备、食品、新型材料、汽车、电子信息五大制造业主导产业优势地位，稳定产业链基础，提升产业链水平。持续推进豫烟豫酒转型攻坚，加快电子级新材料、化工新材料、尼龙新材料等基地建设，推进格力智能制造、通用电气风电设备制造基地、双汇倍增工程等重大项目建设。

三是改造提升传统产业。深入推进钢铁、铝工业、水泥、煤化工、煤电等传统产业减量、延长链条、提质发展，完善淘汰落后生产工艺目录，分类处置年产 30 万吨以下煤炭落后产能，支持有条件的区域实施钢铁、炼焦装备大型化改造。加快建筑业转型，大力发展绿色建筑和装配式建筑。持续推进以智能制造为引领的"三大改造"，开展制造业数字化转型行动，示范推广智能工厂、智能车间，培育一批有影响力的工业行业互联网平台。

四是前瞻布局未来产业。加强跨周期战略谋划，争创国家未来产业先导示范区。在氢能与储能、量子信息领域，加强前沿技术多路径探索和交叉融合，培育具有引领作用的龙头企业。推动类脑智能产业孵化和应用，积极建立未来网络技术研发、生产制造、应用服务体系，超前部署生命健康科学、前沿新材料，力争在关键领域、细分领域抢占发展先机。

五是加快服务业发展。建设生产性服务业公共服务平台，推动信息服务、研发设计、现代物流等生产性服务业向专业化和价值链高端延伸。加快发展法律、商务、咨询等专业服务业。推进先进制造业和现代服务业深度融合，支持制造业企业向生产性服务业和服务型制造领域延伸链条，开展定向开发、系统集成、运维管理等一揽子服务，培育一批服务型制造示范企业。

六是加快推进数字化转型。以国家大数据综合试验区建设为牵引，充分发挥海量数据和丰富应用场景优势，推动数字产业化、产业数字化、数字化治理、数据价值化互促共进。大力发展数字经济核心产业，做强电子信息制造业、软件和信息技术服务业。利用互联网、大数据、云计算、人工智能、区块链技术对传统产业进行全方位、全链条改造，开展"上云用数赋智"行动，全面推进制造业、服务业、农业数字化。

四　推动县域经济呈现新面貌

夯实县域经济支撑，持续落实习近平总书记关于县域治理"三起来"的重要指示精神，以富民强县为主题，以改革、开放、创新为动力，以供给侧结构性改革、实施乡村振兴战略为契机，建立健全体制机制，调整完善政策体系，加快推进县域经济健康发展、转型发展，打造新时期县域经济竞相出彩的生动局面。

一是深化县域改革开放。深化行政体制改革，按照中央部署，积极推进县（市、区）机构改革，允许县（市、区）根据经济社会发展实际，在规定限额内因地制宜设置机构和配置职能，加大党政机关合并设立或合署办公力度，构建简约高效的基层管理体制。深化经济体制改革，深化农村产权制度改革，完善农村土地所有权、承包权、经营权"三权分置"制度，建立健全农村产权流转交易市场体系。进一步完善财政省直管县改革试点政策，强化县级财政基本保障和调控能力。深化"放管服"改革，扩大县域经济社会管理权限，进一步下放审批权限，除法律法规规章等明确规定必须由设区的市及以上行使的行政许可事项外，其他原则上均下放到县级。深化"双向"开放，鼓励县域主动参与"一带一路"建设，积极对接京津冀协同发展、长江经济带等战略，形成协同发展新格局。

二是加快县域动能转换。调整优化产业结构，探索建立市场自动出清长效机制，化解过剩产能，拓展动能转换空间。按照国家部署，推动化解钢铁、煤炭、电解铝、火电、建材等行业过剩产能，加快淘汰工艺装备落后，产品质量不合格，能耗、安全和污染物排放不达标的项目。对资不抵债、重组无望的企业，引导其市场化、规范化、法治化退出。加大县域主导产业、关键领域投入力度，鼓励和支持县域在化解过剩产能、培育新动能等方面以更加积极、开放的姿态加快新旧动能转换。扶持特色主导产业，开展县域特色产业集群转型升级行动，各县域重点确定1~2个特色主导产业，打造优势明显、布局合理、配套完备的产业集群发展格局。推进优势产业统筹培育，引导产业有序转移，积极融入中心城市产业分工体系。发挥财政资金引导示范作用，支持开展产业集群转型升级示范工作，对重点支持培育的支柱、主导和特色产业集群给予奖励。实现园区提档升级，加强产业园区分类指导，研究制定园区提升专项行动方案，合理确定发展重点，强化园区功能优势，引导优势产业向县域拓展，形成产业升级、动能转换的典型样板和引领示范。支持品牌高端化，建立县域质量品牌综合推进工作机制，采取以奖代补等方式，加大对品牌战略实施主体的财政支持力度。

三是振兴县域乡村经济。促进乡村产业融合，强化典型示范带动作用，深入实施农村产业融合发展试点示范工程，鼓励有条件的县（市、区）创建国家级和省级农村产业融合发展示范园、先导区，以县域为支撑，促进产业链相加、价值链相乘、供应链相通"三链重构"，形成全环节提升、全链条增值、全产业融合的农业发展格局。构建现代农业经营体系，实施新型农业经营主体提升工程，加快培育现代农业发展主力军，发展多种形式的适度规模经营。建立覆盖各类涉农资金的"任务清单"管理模式，支持县级政府将各级各类涉农资金向乡村振兴战略聚集聚焦。创新农村电商模式，推进农产品电商物流配送和综合服务网络建设，支持新型农业经营主体对接电商平台，培育一批农产品电商平台企业和农村电商服务企业。鼓励发展乡村旅游，抓住旅游业进入全域旅游、大众旅游、优质旅游发展新时代的契机，深化旅游业供给侧结构性改革。实施休闲农业、乡村旅游精品工程和创业创新创客工程，打造相对集中、业态丰富、功能完善、特色鲜明的乡村旅游集群片区，推进乡村旅游规模化发展。

四是优化县域要素配置。推进资源要素配置市场化，完善差别化的资源性产品价格形成机制，整合用能权、技术、信息等各类要素，建立区域性交易平台，促进资源要素市场化配置。探索建立以单位土地面积实际产出效益及单位工业增加值排放量等为主要内容的企业分类综合评价机制，对规模以上企业实行分类分档、年度测评、动态管理，根据测评结果确定资源要素配置方案和差别化价格，限制低效产业的土地、能源等要素供应，加快落后产能淘汰和低效企业改造提升。完善用地政策，各市政府确保建设用地年度指标及时、足额落实到县域。规范推进城乡建设用地增减挂钩节余指标流转使用，支持省级脱贫攻坚、黄河滩区脱贫迁建。加大金融倾斜力度，深入推进县域金融创新发展试点，支持金融机构下沉服务重心，积极探索适合县域经济发展的信贷模式、金融产品，加快推进农村金融产品和服务方式创新，稳妥有序开展农村承包土地经营权、农民住房财产抵押贷款试点，建立完善市场化的抵押物处置机制。加大县域财政支持力度，健全完善县级基本财力保障机制，省财政重点加大对财政困难县和省财政直管县财政支持力度，建立对基层转移支付稳定增长机制，不断提高基层财政保障能力。

五 推动城镇化构建新格局

推动稳中求进工作总基调落地生根，需要着力于补齐河南城镇化短板，加快完善现代城镇体系，推进中原城市群一体化发展，充分释放新型城镇化蕴藏的巨大内需潜力，充分发挥城镇化建设作为供给侧结构性改革的重要平台作用，为河南经济高质量发展提供持久强劲动力。

一是抓融合，以"三个融合"为抓手推动城镇化提质增效。遵循规律，因势利导，以新型城镇化提质增效为导向，积极推进产业融合、产城融合、城乡融合，是补齐河南城镇化短板，推动城镇化高质量发展的关键。以数字经济为重点推动产业融合，为城镇化高质量发展夯实新基础。发挥郑州、洛阳在数字经济领域的优势，加快数字经济与传统产业融合，激发河南数字经济的规模效应、集聚效应和扩散效应，为新型城镇化助力赋能。以产业集聚区为重点推动产城融合，为城镇化高质量发展注入新动力。以产业集聚区为抓手，坚持以产兴城、依城促产，逐步培育形成分工合理、优势突出、特色鲜明、吸纳就业能力强的城镇产业体系，形成产业集聚、就业增加、人口转移、产城融合发展的新格局，为城镇化高质量发展注入新动力。以县域经济为重点推动城乡融合，为城镇化高质量发展激发新活力。处理好城镇化与乡村振兴的关系，以县域经济为抓手，统筹城乡产业、基础设施、公共服务、资源能源、生态环境等布局，促进城乡空间融合、社会融合、要素融合，为城镇化高质量发展激发新活力。

二是抓体系，以"均衡发展"为目标优化城镇化层次体系。以提高中心城市辐射带动力为导向，以提升中小城市产业、人口集聚吸纳力为支撑，以大中小城市"均衡发展"为目标，着力优化城镇化层次体系，推动形成以中原城市群为主体形态、大中小城市和小城镇协调发展的现代城镇体系。提升中原城市群一体化发展水平。推动中原城市群发展，构建以郑州为中心的半小时核心圈、1小时紧密圈，促进人才、科技等要素高效配置和合理流动，打造支撑中部崛起的核心增长区域和带动全国发展的新空间。加快郑州大都市区建设。围绕郑州国家中心城市建设，重点推进枢纽体系、物流体系、产业支撑体系和开放体系建设，推动郑州与周边毗邻城市融合发展，打造中原城市群核心增长极。提高区域中心城市发展水平。以强化产业支撑和提升综合服务功能为重点，推进区域中心城市产业结构和空间布局优化调整，增强要素集聚、科技创新、高端服务能力，壮大综合实力。培育壮大新兴中小城市。以全面提升基础设施和公共服务保障能力为基础，以县域经济为支撑，着力增强县级中小城市综合承载能力，形成全省城镇化新的战略支点。

三是抓基础，以强化"硬支撑"为核心提升城镇化承载力。以全面推进人的现代化为导向，着力强化基础设施、公共服务和生态环境的"硬支撑"，提升城镇的支撑力、吸引力和承载力，推动城镇化高质量发展。着力夯实城市基础设施支撑力。着力加强市政公用设施建设，以提升城市基础设施能力水平为目标，构建安全、高效、便捷的生活服务和市政公用设施网络，提升基础设施对城镇化的支撑能力。着力提高城市公共服务吸引力。优质的公共服务是驱动农村人口市民化的重要因素。着力增加城镇基础教育资源供给，提升卫生综合服务能力，构建多层次养老服务体系，提高城市公共服务吸引力，推动城镇化高质量发展。着力提升城市绿色发展承载力。良好的生态环境是最普惠的民生福祉。以改善城市生态空间为导向，合理划定生态保护红线，科学规划生态功能区，着力改善城市人居环境，提升城市绿色发展承载力，推动以人为本的城镇化高质量发展。

四是抓生态，以优化"软环境"为重点提升城镇化软实力。以深化体制机制改革为动力，加快构建政策生态；以创新驱动发展为导向，完善双创生态；以优化营商环境为契机，改善社会生态，着力构建支撑城镇化高质量发展的"软环境"。优化城镇化高质量发展的制度生态，深化重点领域和关键环节改革，不断破解人口管理、土地管理、资金保障等体制机制难题，形成有利于城镇化健康发展的制度环境。打造城镇化高质量发展的"双创"生态，深化"双创"体制机制改革，推动孵化功能、加速功能、融资功能、创新功能、人才功能叠加，加快信息服务、技术服务、创新服务、人才服务、融资服务融合，构建便利化的"双创"生态，推动城镇化高质量发展。构建城镇化高质量发展的社会生态，以优化营商环境为抓手，全面实施市场准入负面清单和公平竞争审查制度，持续深化"放管服"改革，构建清新的政商关系，打造公平竞争的市场环境。

第六章

八字方针：河南高质量发展的"指挥棒"

随着河南经济由高速增长阶段转向高质量发展阶段，特别是在河南省第十一次党代会提出"两个确保"的战略背景下，河南实现经济高质量发展的根本途径就是要坚持推进供给侧结构性改革，促进供给侧的质量变革、效率变革、动力变革，提升全要素生产率，促进产业向全球价值链高端迈进。供给侧结构性改革是河南实现高质量发展的必由之路，"巩固、增强、提升、畅通"八字方针，是河南高质量发展的"指挥棒"，对于进一步深化供给侧结构性改革、推动经济高质量发展意义重大。

第一节　供给侧结构性改革是高质量发展的关键所在

高质量发展是追求效率更高、供给更有效、结构更高端、更绿色可持续以及更和谐的经济发展。供给侧结构性改革既强调供给，又关注需求；既突出发展生产力，又注重完善生产关系；既发挥市场在资源配置中的决定性作用，又更好发挥政府作用，可以说供给侧结构性改革是高质量发展的关键所在，其突出简政放权、市场作用、国企改革、创新驱动等重点领域，为高质量发展不断提供新动力、激发新动能。

一　供给侧改革突出简政放权为高质量发展提供新潜力

改革开放以来，特别是党的十八大以来，我国不断进行行政体制的改革，不断调整政府、企业与市场的关系，简政放权改革取得了显著成绩，但一些地方政府在某种程度上的越位、缺位和错位问题依然存在。当前深入推进供给侧结构性改革，深化简政放权、放管结合、优化服务改革，既是解放生产力、发展生产力，进一步激发市场经济活力的重要举措，也是将更多的行政资源用于民生事业，推动我国社会保障和环境治理体系建设的重要抓手。新时代处理好政府与市场的关系，通过对政府治理体制进行改革，降低企业、市场经济运行成本，激发市场、企业活力是推动高质量发展的重要基础，而供给侧结构性改革对于厘清市场与政府的边界，进一步减少不必要的审批许可，改进政府管理方式，提高监管和服务水平具有重大意义，因此供给侧结构性改革通过简政放权，释放出更多的红利，提供巨大潜力，有助于推进经济持续高质量发展。

二 供给侧改革强化市场作用为高质量发展激发新活力

所有经济活动最根本的问题，就是如何最有效地配置资源。市场经济是资源配置最有效率的体制，也是发展生产力和实现现代化的最优途径。市场决定资源配置的优势在于可以引导资源配置符合价值规律以最小投入（费用）取得最大产出（效益）的要求。供给侧结构性改革着重通过要素价格等改革，进而发挥市场在资源配置中的决定性作用。总体而言，供给侧结构性改革强化市场作用，依据市场规则、市场价格、市场竞争进行资源配置，有利于最大限度激发各类市场主体的创业、创新活力。供给侧结构性改革突出市场在资源配置中起决定性作用，是加快转变经济发展方式，推动经济更有效率、更加公平、更可持续发展的关键举措，有利于加快我国经济转型升级；有利于大幅度减少政府对资源的直接配置，是抑制和消除腐败现象的治本之策，有利于建设高效廉洁的服务型政府；适应了新一轮国际贸易投资自由化形势的要求，有利于构建开放型经济新体制，推动我国更高质量、更高水平的对外开放，在广度和深度上进一步融入经济全球化。

三 供给侧改革强调国企改革为高质量发展培育新动力

深化国有企业改革是推动我国经济持续健康发展的客观要求，供给侧改革强调国企改革为经济高质量发展注入了新动力。当前在高质量发展背景下，我国经济呈现新的阶段性特征，经济发展速度、结构、动力呈现新的特点。国有企业是我国先进生产力、国家综合实力和国际竞争力的代表，行业产业的影响力强，在适应把握引领经济发展新常态、推进供给侧结构性改革中发挥着重要带动作用。党的十八大以来，国有企业牢牢把握稳中求进工作总基调，坚持突出主业，大力发展实体经济，落实"三去一降一补"五大任务，深入开展"瘦身健体"、提质增效，大力进行重组整合，积极发展战略性新兴产业，化解过剩产能、处置"僵尸企业"，有力促进了国民经济转型升级，为我国经济持续健康发展作出了积极贡献。在新的发展阶段，深入推进供给侧结构性改革，进一步深化国有企业改革，推动国有经济、国有资本和国有企业布局优化、结构调整和战略性重组，实现质量更高、效益更好、结构更优的发展，有效发挥其主导作用，对推动我国经济实现中高速增长、迈向中高端水平具有重要的意义。

四 供给侧改革聚焦创新驱动为高质量发展注入新动能

从国际经验看，每次科技和产业革命都会带来生产力大幅提升，供给侧一旦出现革命性创新，市场需求就会排浪式增长。推进供给侧结构性改革，只有通过实施创新驱动改造提升传统产业，支持各类市场主体加快新技术、新产品、新业态、新模式等方面的发展，以创新供给带动需求扩展，以扩大需求倒逼供给升级，才能真正扩大有效和中高端供给。实施创新驱动发展是推进供给侧结构性改革的关键和核心。在高质量发展背景下，供给侧结构性改革的主旨就是释放新需求，创造新供给。实施创新驱动发展战略，就是要以推动科技创新为核心，以加快产业转型升级为主线，以破除体制机制障碍为重要任务，充分激发全社会的创新活力，从而解决经济的发展动力问题，这正是供给侧结构性改革的核心要义。因此，推进供给侧结构性改革，深入实施创新驱动发展战略，深化科技体制改革，增强企业供给对需求变化的适应性和灵活性，将经济发展切换到依靠内生性技术进步、人力资本提升和有效需求驱动的轨道上来，能够为高质量发展注入新动能。

第二节　"八字方针"为供给侧结构性改革定向指航

针对我国经济高质量发展过程中面临的突出问题，供给侧结构性改革"巩固、增强、提升、畅通"的八字方针，具有鲜明的问题导向，其中巩固"去降补"成果是高质量发展的前提，增强微观主体活力是高质量发展的基础，提升产业链水平是高质量发展的关键，畅通经济循环是高质量发展的重要支撑，八字方针环环相扣，有助于高质量发展过程中化解新问题、迎接新挑战、激发新活力，为经济高质量发展提出了新要求、指明了新方向。

一　巩固"去降补"成果是高质量发展的前提

八字方针提出的"巩固"，即要巩固"三去一降一补"的成果，这是经济持续健康高质量发展的前提条件。高质量发展背景下，持续推进供给侧结构性改革，只有继续处置"僵尸企业"，推动产能过剩行业加快出清；加快优化制度供给，引导生产要素从效率低的地方流向效率高的地方，促进新技术、新业态、新动能的形成；加速降低全社会各类经营成本，有效减轻企业负担，"降"出企业更好效益；加快基础设施建设等领域补短板的力度，"补"出经济发展的整体效应和老百姓更大的获得感，才能守住"稳"的大局，实现以"稳"促"进"。

当前，必须在巩固"三去一降一补"的基础上，针对新形势、新情况、新问题，完善政策措施，为高质量发展夯实基础。一方面，要坚定淘汰落后产能，继续推进重点行业化解过剩产能工作，创造条件推动企业开展兼并重组，运用市场规则和法治化手段扶优去劣；要稳定房地产市场，坚持"房子是用来住的，不是用来炒的"定位，综合运用金融、土地、财政等政策，探索建立符合省情、适应市场规律的基础性制度和长效机制。另一方面，要努力降低企业负债水平，把降低企业杠杆作为去杠杆的重中之重，积极稳妥降低企业负债水平；要继续下大力气降低企业成本，切实解决中小企业融资难、融资贵的问题。

二 增强微观主体活力是高质量发展的基础

八字方针提出的"增强"，即增强微观主体活力，这是经济持续健康高质量发展的基础。高质量发展背景下，需要持续激发微观主体的活力，其关键在于激发企业家创业创新精神，这种精神的形成有赖于建立公平、开放、透明的市场规则和法治营商环境，健全完善的科技成果转化体制机制，破除阻碍要素流动的壁垒和阻碍市场在要素配置中起决定性作用的体制机制弊端，因此，要推动高质量发展，必须持续推进供给侧结构性改革，着力增强微观企业活力，形成"投资有回报，产品有市场，企业有利润，员工有收入，政府有税收，环境有改善"的微观环境，进而激发市场主体新动能，为高质量发展背景下稳中求进，提供"进"的动力，以"进"夯实"稳"的基础。

当前要增强微观主体活力，必须要真心将民营企业和企业家当作"自己人"，构建亲清新型政商关系，营造重商、亲商、安商、富商的良好环境，着力在营商环境建设上实现新突破；要着力解决企业发展中存在的突出问题，聚焦企业痛点、难点、堵点，完善为企业办实事、解难事的机制，把握好政策执行的节奏和力度，善于用好市场"无形之手"和政府"有形之手"，让市场在资源配置中起决定性作用，更好地发挥政府作用，推动各类企业和企业家发挥聪明才智。

三 提升产业链水平是高质量发展的关键

八字方针提出的"提升"，即提升产业链水平，这是在经济持续高质量发展背景下，巩固原有产业体系和规模优势，培育新竞争优势的关键。改革开放以来，河南形成了较为完备的产业体系，但是要将产业体系完整和规模优势转化为全球范围内的竞争优势，还要加大自主创新的力度，着力解决一些产业关键核心技术"卡脖子"的问题，如此才能真正提升产业链水平，推动产业实现质量变革、效率变革、动力变革。

因此，在高质量发展背景下，深入推进供给侧结构性改革，提升产业链水平，必须加大自主创新力度。应坚持"创新是引领发展的第一动力"，抓住新一代信息技术与制造业融合发展的最佳时机，培育新业态、新模式、新产品、新产业，鼓励优势制造企业利用智能化改造过程中积累的先进经验，转型成为智能化改造方案提供商，为行业内中小微企业智能升级提供有针对性的服务，加快智能制造、绿色制造、高端制造的发展，坚定不移推进河南制造业高质量发展；要围绕制造业和服务业深度融合需求，依托现有产业集群和国家级开发区，聚焦集群内产业关联度低、制造业与服务业融合不够等瓶颈问题，努力提高集群内制造业与服务业的相互协同、配套服务水平，打造一批制造业和服务业融合的平台载体，使集群成为集成制造与服务功能的产业链集合，不断提升全产业价值链竞争力。

四　畅通经济循环是高质量发展的重要支撑

八字方针提出的"畅通"，即畅通国民经济循环，这是疏通经济运行"经络"的关键，是经济持续健康高质量发展的重要支撑。当前，深入推进供给侧结构性改革，亟须打通经济运行中的"梗阻"，加强经济发展的协调性、整体性，畅通经济循环。切实解决目前河南经济循环中存在的市场供需脱节、人力资源与产业需求脱节、金融与实体经济脱节等问题，是河南经济实现高质量发展的基础。加快传统产业转型升级，做大做强战略性新兴产业，提高供给体系的质量和效率；加快畅通商品流通渠道，尤其是进一步完善支持现代供应链发展的政策体系，打造现代供应链龙头领军企业，促进现代供应链市场创造、需求创造和绩效创造等方面优势的发挥；加大对外开放力度，积极融入"一带一路"建设，助推中部强大市场的形成。要加大城乡区域协调发展力度，促进城乡区域间基本公共服务逐步均等、基础设施通达程度比较均衡、人民生活水平大体相当，以城乡区域的协调发展促进全民创业，以创业促进就业，增强经济增长与就业的协同性。要加快畅通金融为实体经济服务的渠道，将更多的金融资源配置到新产业、新动能上去，助推高质量发展区域和产业战略布局的形成。

第三节 以供给侧结构性改革"八字方针"推动高质量发展

落实"八字方针"，需要围绕巩固"去降补"成果、增强微观主体活力、提升产业链水平、畅通经济循环等重点工作，着力优化资源配置，突出创新驱动和开放引领，着力补齐民生福祉、生态环保、基础设施、区域协调、城乡协调等领域的短板，深入推动供给侧结构性改革，助力河南经济高质量发展。

一 突出坚定方向，以改革之"准"促高质量发展之"稳"

近年来，随着供给侧结构性改革的深入推进，河南在去产能、去库存、去杠杆、降成本、补短板等领域持续发力，"三去一降一补"阶段性成效显著，经济新动能持续增强，为经济高质量发展注入了新活力。但是，河南经济运行面临的结构性问题尚未得到根本性解决，供给侧结构性改革确定的质量变革、效率变革、动力变革，提升全要素生产率，促进产业向全球价值链高端迈进等目标尚未完全实现，因此，必须始终坚定供给侧结构性改革的主攻方向，处理好供给与需求、投入与产出、传统与新兴、政府与市场四对重大关系，构建平台、政策、科技、人才四大支撑体系，坚持问题导向，精准落实"八字方针"，以改革之"准"促高质量发展之"稳"。一是精准巩固"去降补"成果，保障经济稳步高质量发展。立足钢铁、煤炭等行业去产能基础，精准聚焦推动煤电、电解铝、水泥、玻璃等行业过剩产能出清；以处置"僵尸企业"为重点，通过破除体制机制障碍，促进要素向优质企业流动，加大培育新动能力度；以优化营商环境为重点，着力提升企业运行的外部环境，精准降低经济领域运行中的交易成本等各类非经济性成本；以落实减税降费和解决企业融资问题为重点，切实降低企业税费及融资负担。二是精准增强微观主体活力，激发经济高质量发展的新活力。加快建立公平、开放、透明的市场规则和法治化营商环境，破除以所有制为标签对企业在市场准入、获得要素等方面实施的歧视性做法，构建以公平竞争、优胜劣汰为主导和正向激励机制，增强微观主体活力。三是精准提升产业链水平，激发经济高质量发展的新动能。充分发挥河南人口和市场规模优势，推动创新资源与产业要素融合，加快形成以信息、技术、知识、人才等新要素为支撑的产业链新优势，培育以"四新"为代表的产业集群，促进河南省产业向价值链高端迈进。四是精准畅通经济循环，推动经济高质量发展的效率提升。要坚决打破地区保护，破除要素流动壁垒，加快建设统一开放、竞争有序的现代市场体系。深化金融体制改革，调整优化金融体系供给结构。完善城镇化发展体制机制，破除妨碍劳动力、人才自由流动的体制束缚。

二 突出持续突破，以改革之"进"夯高质量发展之"基"

改革是做好经济社会发展各项工作的重要遵循，是激发高质量发展活力的根本路径。落实"八字方针"，需要协同推进国企改革、要素市场化改革、"放管服"改革、农村改革、生态文明体制改革等一系列关键领域的改革，着力解决影响经济持续健康发展的突出问题，推动改革向纵深发展，开创更有活力、更富品质的发展新境界，激发高质量发展活力。一要继续深化国有企业改革。以规范完善现代企业制度为重点，持续深化企业产权结构、组织结构、治理结构改革，加快推进集体层面混合所有制改革，做强做优做大国有资本；鼓励民营企业参与国有企业改革，支持民营企业发展壮大。二要稳步推动要素市场化改革。建立健全要素市场准入、监管、退出制度，对包括民营企业、外资企业在内的各类所有制企业平等对待；加快土地、资本、劳动力、自然资源、科技成果等市场化改革，打破行政垄断，防止市场垄断，尽快消除扭曲现象，实现要素自由流动、价格反应灵活、竞争公平有序。三要继续加强"放管服"改革。在加大"放"的力度、完善"管"的体系、提升"服"的质效上下功夫，打破信息孤岛，再造工作流程，加快"互联网＋政务服务"建设，纵深推进"一网通办"前提下的"最多跑一次"改革。四要持续推进农村改革。继续推动农村土地"三权分置"改革，探索"三权分置"多种实现形式，全面完成农村"三块地"和集体产权制度改革试点任务，探索农村集体经济新的实现形式和运行机制，多途径发展壮大集体经济。五要深化生态文明体制改革。着力服务黄河流域生态保护和高质量发展这一重大国家战略，以深化生态文明体制改革为抓手，把水资源作为最大的刚性约束，秉承生态优先、以水定城、以水定地、以水定人、以水定产、集约发展的原则，统筹全省生态保护、资源开发、产业发展、城乡协调"四个格局"，健全自然资源产权制度、建立健全污染全联防联控机制、建立生态保护补偿机制，坚决打赢环境治理三大攻坚战，激发生态文明活力，夯高质量发展之"基"。

三 突出优化配置，以改革之"深"增高质量发展之"效"

长期以来，地方保护、行业垄断、行政干预、准入限制、所有制歧视等诸多因素导致经济循环"不畅通"，造成要素流动梗阻、交易成本增加、全要素生产率低下。落实供给侧结构性改革"八字方针"，需要在优化资源配置上下功夫，瞄准畅通经济循环这个关键，着力构筑统一开放、竞争有序的现代市场体系，清理经济循环障碍，让市场在资源配置中发挥决定性作用，推动各种要素顺畅流动，增高质量发展之"效"。一是畅通实体经济与虚拟经济循环，推动资源在经济形态间优化配置。实体经济是财富创造的根本源泉，以金融为代表的虚拟经济是经济运行的血液。需正确处理虚拟经济和实体经济的关系，把握实体经济和虚拟经济的结构特征，充分发挥资本市场功能，提高直接融资比重，着力破解"脱实向虚"问题，推动资源向实体经济集聚，促进实体经济和虚拟经济的良性互动。二是畅通城乡经济循环，促进资源在城乡间优化配置。城乡经济循环不畅，城乡融合不足，城乡资源要素配置不合理，是河南省经济高质量发展面临的制约之一。应以推动城乡融合为导向，引导生产要素向城乡合理配置。一方面要发挥政府"有形之手"

的作用，着力破除影响城乡一体化发展的制度性障碍，通过深化农村土地制度改革，引导资本、人才、科技等要素更多流向农村；另一方面，发挥市场"无形之手"的作用，通过市场作用的发挥，提升农村土地价值，实现城乡之间资源高效率配置，为高质量发展提供持续的内生动力。三是畅通公有制经济和非公有制经济循环，推动资源在不同所有制间优化配置。当前，公有制经济和非公有制经济之间依然存在"隐性壁垒"，不少行业存在民营企业不可逾越的"隔离墙"，有的领域则直接"屏蔽"民间投资。公有制经济和非公有制经济循环不畅通，意味着资源难以实现更大范围的配置，必然会导致效率损失。应着力落实鼓励民营经济发展的相关政策，破除不同所有制间的市场准入屏障，激发民营经济动力和信心，为高质量发展注入活力。

四 突出创新驱动，以改革之"强"激高质量发展之"力"

创新是引领发展的第一动力，随着以大数据、人工智能等为代表的新一轮技术革命的高速发展，创新在经济发展中的作用日益突出。落实"八字方针"，需要强化创新引领作用，坚持创新在现代化建设全局中的核心地位，把科技创新作为全省发展的战略支撑，持续深入实施创新驱动、科教兴省、人才强省战略，进一步完善河南区域创新体系，积极探索开放式创新模式，推动创新要素与产业要素深度融合，加快形成以创新驱动为基础动力的高质量发展动力体系，全面塑造发展新优势。一是增强创新平台和载体支撑。实施科技强省行动，强化要素集聚、资源共享、载体联动，以郑洛新国家自主创新示范区为主载体、以郑开科创走廊为先导、以高新区为节点，建设沿黄科技创新带，努力形成国家区域科技创新中心。二是强化企业创新主体地位。完善企业创新引导促进和梯次培育机制，加快生产组织创新、技术创新和市场创新，促进各类创新要素向企业集聚，形成以创新龙头企业为引领、以高新技术企业为支撑、以科技型中小企业为基础的创新型企业集群。三是推动产业链、创新链深度融合。坚持市场导向、精准对接，协同部署产业链和创新链，畅通价值链跃升的关键环节，提高创新链整体效能。聚焦新一代信息技术、智能终端、高端装备、物联网、新能源汽车等领域，围绕产业链部署创新链，围绕创新链完善资金链，提升产业发展效能，加快形成三次产业协调、创新驱动主导、绿色低碳发展的产业新格局。四是加快建设人才强省。坚持尊重劳动、尊重知识、尊重人才、尊重创造，深化人才发展体制机制改革，全方位培养、引进、用好人才，努力打造人才汇聚新高地、人才创业优选地、人才活力迸发地。五是构建良好创新生态。深化科技体制改革，完善科技治理体系，强化开放创新合作，营造崇尚创新、鼓励探索、宽容失败的社会氛围。不断深化科技人才评价、科研成果转化、知识产权保护、科技管理"放管服"等方面的改革，打造公平竞争的创新环境，在全社会营造敢于创新、宽容失败的创新氛围，充分保护和激发创新主体的积极性、主动性、创造性。

五 突出开放带动，以改革之"实"强高质量发展之"势"

对外开放是保持经济持续稳定发展的必然选择。在国家以全方位开放推动经济高质量发展的大背景下，河南要继续坚持以大开放引领大发展，以构建国内国际双循环的战略链接为导向，坚持内外联动、量质并重、全域统筹，提高在高质量共建"一带一路"中的参与度、链接度和影响力，推进开放通道和平台融合聚合，发展壮大开放型经济，塑造国际合作和竞争新优势。长期以来，良好的区位交通优势一直是河南实施开放带动战略的基础。应着力推动河南区位交通优势与产业优势协同，以打造现代综合交通枢纽为契机，强化联动，以融合聚合推动形成对外开放新优势，铸就高质量发展之"势"。一是不断拓展对外开放通道。立足河南空中、陆上、网上、海上四条"丝绸之路"协同并进的良好态势，积极打造对外开放通道新优势，以卢森堡为战略支点，全面加强与全球重要枢纽机场的联动合作，不断提升"空中丝绸之路"的辐射力和影响力，提高"陆上丝绸之路""网上丝绸之路""海上丝绸之路"的带动力，大力发展枢纽经济、口岸经济，以大枢纽带动大物流、以大物流带动大产业发展。二是继续优化对外开放平台。统筹推进中国（河南）自由贸易试验区、郑州航空港经济综合实验区、郑洛新国家自主创新示范区、中国（郑州）跨境电子商务综合试验区和国家大数据（河南）综合试验区建设，充分发挥战略叠加优势，通过政策、体制、管理、服务等创新，吸引人才、技术、资金等生产要素加速集聚。三是推动各类开放载体协同发展。强化"四路协同"，"陆上丝路"既要扩量又要提质，"空中丝路"要增强辐射力和影响力，"网上丝路"要继续在创新上求突破，"海上丝路"要推进无缝衔接，把"四路"建设作为有机整体，统筹推进、市场运作，强化政策互通、设施联通、信息共享、服务联动，形成优势互补、携手并进的良好态势。着力推动郑州航空港经济综合实验区、中国（河南）自由贸易试验区、郑洛新国家自主创新示范区、中国（郑州）跨境电子商务综合试验区、国家大数据（河南）综合试验区等国家战略平台联动发展，激发对外开放的政策红利。四是着力深化开放交流合作。加强国际区域合作，积极搭建各类对外交流合作平台，推进空中、陆上、网上、海上"丝绸之路""四路"协同发展，加快落实"空中丝绸之路南南合作伙伴联盟"，建立互利共赢的国际区域合作新机制；加强与"一带一路"沿线国家和地区的广泛合作，积极落实出入境便利措施；加强与更多国际组织的联系，促进科技、金融、产业、贸易、教育、文化、体育、旅游等方面国际交流与合作，全面提升对外开放层次与水平。深化省际区域合作，主动融入京津冀协同发展，推动建立交通一体化、产业协同协作和污染联防联控合作机制。加强豫京、豫沪、豫鄂、沿淮等省际战略合作，健全产业、技术、资本合作机制，强化省际交界地区城市间交流合作。

六 突出形成合力，以改革之"全"补高质量发展之"短"

民生福祉、生态环保、基础设施、区域协调、城乡协调等领域的短板，是制约河南高质量发展的关键，需要深化供给侧结构性改革，多策并举形成合力，补齐高质量发展之"短"。一是着力民生福祉短板。发展为了人民、发展依靠人民，发展成果由人民共享是科学发展的根本目的，也是推进高质量发展的目标要求和应有之义。要把稳就业摆在突出位置，高度关注经济下行压力加大对就业的影响，多策并举，确保就业总体稳定。着力破解教育、医疗、住房等领域的突出问题，大力推进社会事业发展；健全社会保障体系，严格落实社保政策，努力扩大社会保险覆盖面，使人民共享经济社会发展成果。二是着力补齐生态环保短板。深入践行习近平生态文明思想，牢固树立"绿水青山就是金山银山"理念，锚定碳达峰、碳中和"双碳"目标，推进生态保护系统化、环境治理精细化、资源利用高效化，着力打造黄河流域生态保护示范区，构建大河大山大平原生态格局，深入打好污染防治攻坚战，积极践行绿色发展方式，促进经济社会发展全面绿色转型。三是着力补齐基础设施短板。聚焦百城提质工程、生态环境建设、交通基础设施、农村水利工程、新一代信息网络等重点领域和薄弱环节，加大投资力度，加快重点项目建设进度，补齐基础设施短板。四是着力补齐区域协调短板。坚持以人为核心推进新型城镇化，充分发挥中心城市辐射带动作用，夯实县域经济基石，以中原城市群为主体推动大中小城市和小城镇协调发展，健全区域协调发展体制机制，构建主副引领、两圈带动、三区协同、多点支撑的高质量发展动力系统和空间格局，带动整个省域板块区域协调发展。五是着力补齐城乡协调短板。处理好城镇化与乡村振兴的关系，坚持城乡一体设计、多规合一、功能互补，统筹城乡产业、基础设施、公共服务、资源能源、生态环境等布局，以规划一体化促进城乡空间融合；根据城乡产业发展规律和各自比较优势，增强城乡三次产业、同次产业之间的内在联系，以产业链重组再造促进城乡产业融合；着眼补齐农村公共服务短板，着力化解城市内部"二元结构"，健全全民覆盖、普惠共享、城乡一体的基本公共服务体系，以基本公共服务普惠共享促进城乡社会融合；深化重点领域和关键环节改革，推动人才、土地、资金等要素双向流动和均衡合理配置，以体制机制创新促进城乡要素融合。

第七章

历史关口：河南高质量发展的2025

"十四五"时期是河南高质量发展进入新阶段，开启现代化建设新征程的关键时期，是推动由大到强、实现更大发展的转型攻坚期。站在新起点，面对2025年这一从量变到质变的历史关口，对标高质量发展所需，河南应有更多主动作为、乘势而上的实际行动，打牢基础、分解任务、稳步推进，以更新的姿态、更稳的步伐拥抱高质量发展的明天。能否顺利跨越这个关口，决定着河南高质量发展的前景。

第一节　2025：高质量发展的时间窗口

在全面建成小康社会取得伟大历史性成就后，我国转向高质量发展阶段，"十四五"时期的发展主题正是推动高质量发展。从"转向"高质量发展到"实现"高质量发展，需要经历一个艰难的过程，现在已到了紧要关头。2025年是一个重要的时间节点，是经济转型升级的时间窗口，是利益结构调整的时间窗口，是理顺政府和市场关系的时间窗口。如果错失2025年这个重要的时间窗口，河南经济发展就会被动。谋划好、把握好2025年这个时间窗口，就能奠定河南由"转向"高质量发展到"实现"高质量发展的坚实基础。

一 经济转型升级的窗口期

2025 年是河南经济转型升级的历史窗口期，持续多年的经济增长模式已渐式微，以新经济为代表的新动能在经济增长中发挥着重要的拉动作用，40 多年的高速发展已经为转型提供了丰厚的物质条件，只有抓住这个重要的历史机遇，河南才能实现"弯道超车"。

（一）高质量发展需要完成的三个转型

1. 要从数量追赶转向质量追赶

改革开放以来，河南经济发展取得了辉煌成就，地区生产总值多年来稳居全国第五位。但这一阶段的经济增长主要依靠生产要素的粗放式投入，利用规模效应，实现量的快速扩张，填补"数量的缺口"。如今，河南的制造业长期处于价值链的中低端，低端产能过剩与高端产品有效供给不足并存成为制约河南高质量发展的主要短板。在经济进入发展新阶段，实现高质量发展，就必须填补"质量的缺口"，必须依靠生产率提升和体制机制创新，更好地依靠技术进步和劳动者素质提高，将经济发展的战略重心从注重速度、规模、总量，转向注重质量、效率、效益，实现投入少、产出多、效益好的发展模式。

2. 从规模扩张转向结构升级

高质量发展要求下，结构调整、转型升级是大势所趋，是必须进行的一场变革。当前河南快速工业化进程总体已步入工业化后期，产业结构正面临着从资本密集型主导向技术密集型主导的转变，加之在新一轮工业革命的背景下世界各国都在加速竞争高端产业的主导权，无论是从河南自身的现代化进程还是复杂多变的国内外环境出发，都要求河南从注重外延扩张、规模扩大，转向注重内涵提升、集约高效，从依靠规模扩张，转向产业价值链和产品附加值的提升。在这个阶段，河南需要推动高端要素在行业内、企业间的自由流动，提高资源要素配置效率，推动形成全新的生产制造和服务体系，推动产业链延伸和价值链拓展，进而带动产业向高端迈进。

3. 从要素驱动转向创新驱动

从经济发展规律来看，经济发展是一个由不平衡到平衡、由低水平平衡到高水平平衡的发展过程。解决经济社会体系出现的新的不平衡、不充分，本身就是培育增长新动力、提高发展质量的过程。当前，支撑河南经济增长的因素和条件正在经历重要变化，过去一度依赖劳动力、资本、资源和外部市场扩张支撑的增长方式面临拐点，知识、技术、信息等创新要素成为促进经济发展的动力源，经济增长从注重生产要素数量增加转向更多地依赖劳动者素质提高、技术进步和全要素生产率改进。在这个阶段，河南要积极适应科技的新变化、人民的新需要，提高科技创新在制造业中的贡献份额，积极发展新产业、新产品、新业态、新模式，推动河南经济迈向形态更高级、分工更复杂、结构更合理、更可持续发展的新阶段。

（二）推进结构性改革的历史窗口

供给侧结构性改革是改善供给结构、提高发展质量和效益的治本之策。"十三五"时期河南坚持深化供给侧结构性改革，在坚持优化存量和扩大增量并重的基础上实现经济结构升级，取得了重要的阶段性成果。"十四五"时期经济运行的主要矛盾仍然是供给侧结构性的，"十四五"规划提出必须坚持深化供给侧结构性改革，以创新驱动、高质量供给引领和创造新需求，提升供给体系的韧性和对国内需求的适配性，这就仍需要在"巩固、增强、提升、畅通"上下功夫，并且将供给侧结构性改革的侧重点由"破旧"转向"立新"，巩固"三去一降一补"成果，这是供给侧结构性改革再出发的立足点。

（三）抓住2025年转型升级的历史窗口期

1. 2025：转变发展方式的时间窗口

当前我国进入新发展阶段，河南的发展必须统筹中华民族伟大复兴战略全局和世界百年未有之大变局，深刻认识我国社会主要矛盾变化带来的新特征、新要求，深刻认识错综复杂的国际环境带来的新矛盾、新挑战，积极转变发展方式，贯彻新发展理念，立足河南省"两个确保"目标和"十大战略"抓手，以推动高质量发展为主题，以深化供给侧结构性改革为主线，以改革创新为根本动力，以满足人民日益增长的美好生活需要为根本目的，到2025年在质量效益明显提升的基础上实现经济持续健康发展。"十四五"时期，稳中向好的经济形势将为河南转变发展方式，实现高质量发展打开时间窗口，可以突破长期制约河南经济发展的瓶颈，在保持可争取的增长速度的同时，把提高经济增长质量和效益的挑战转换为新的发展机遇。

2. 2025：优化经济结构的时间窗口

"十四五"期间，河南传统优势产业迭代升级依然是重头戏，河南"十四五"规划提出要把制造业高质量发展作为主攻方向，通过推进产业基础高级化、巩固提升战略支柱产业链、培育发展战略新兴产业链、推动制造企业加能提效等路径建设先进制造业强省，通过推动生产性服务业专业化、高端化发展，推动生活性服务业高品质多样化升级，推动现代服务业和先进制造业深度融合等路径建设现代服务业强省，通过全面推进产业集聚区"二次创业"、加快服务业"两区"转型发展等渠道建设高能级产业载体，这将进一步提升产业核心竞争力，实现有速度、有效益、有质量、高水平的发展。

3. 2025：转换增长动力的时间窗口

科技创新是推动经济发展实现质量变革的关键，河南省"十四五"发展规划将"贯彻创新发展理念，激发经济内生动力"作为重点任务之一，把创新摆在发展的逻辑起点、现代化河南建设的核心位置，提出要把科技创新作为全省发展的战略支撑，以科技创新为核心带动全面创新。这将加速发展动能转换，以科技创新赢得发展先机，到2025年中西部创新高地建设实现更大跃升，全力塑造高质量发展新优势，打造河南经济高质量发展新的增长点和新引擎。

二 利益结构调整的窗口期

党的十九大报告指出，必须坚持和完善中国特色社会主义制度，不断推进国家治理体系和治理能力现代化，坚决破除一切不合时宜的思想观念和体制机制弊端，突破利益固化的樊篱，吸收人类文明有益成果，构建系统完备、科学规范、运行有效的制度体系，充分发挥我国社会主义制度优越性。"十四五"时期，河南全面深化改革进入新阶段，经济社会发展面临一系列风险挑战，有许多难题需要破解，有许多的目标等待实现，改革的复杂性、敏感性、艰巨性更加突出，必将进一步触及深层次利益格局的调整。

（一）高质量发展面临利益固化的挑战

1. 经济体制重大而深刻的变革

当前，河南正处在深化体制改革、加大经济结构调整的关键时期，改革发展的复杂性、艰巨性日益突出。河南的经济体制改革正在由传统的二元经济结构向现代经济结构转变，经济增长方式正在由规模数量型向质量效益型转变。这些转变都具有基础性、长期性和根本性，所触及的面积之广、规模之大、影响之深，是前所未有的，必然会触及深层次的利益调整。例如，国企在改革中承担了很大的成本，收益却很低，而民营企业、外资企业却在承担了很低社会成本的基础上得到很大的收益。

2. 社会结构重大而深刻的变革

河南在解决了短缺经济等问题，经济发展进入新阶段后，由于经验不足，没有及时对户籍、人事、社保等体制进行改革，以改善民生为重点的社会建设投入不足，导致社会结构严重滞后于经济结构，上学难、看病难、住房难、养老难问题突出，出现社会利益格局定型化。随着全面深化改革，社会结构和经济结构不协调的深层次矛盾将被突破，社会结构将会发生深刻的变化，社会利益主体日益多元化。

（二）利益格局将发生重大而深刻的调整

改革开放总设计师邓小平提出"摸着石头过河"，既然是"摸石头"，就无现成模式可用，无实践经验可期。在经过40多年的"摸索"之后，中国的改革开放积累了许多宝贵的经验，同时也对改革的问题和难点有了更深刻的体会。随着改革进入深水区和攻坚期，要确保高质量建设现代化河南，确保高水平实现现代化河南，改革必须从人民群众反映最强烈的问题入手、从社会发展最凸显的矛盾入手，通过改革使所有人都能通过自己的努力获得应有的利益，让人民过上更美好的生活。这就需要对社会财富按照"公平"

的原则进行重新分配，这必然会涉及利益关系的重新调整，势必触及部分既得利益者已经取得的利益和预期得到的利益，削弱一部分人获取利益的权利和机会。利益关系调整，涉及部门利益、行业利益，也涉及地区利益、群体利益。不同的部门、行业、地区和群体，利益诉求必然存在差异，对深化改革的态度自然也各不相同。这是当前深化改革面临的最大难点，也是改革的最大阻碍。

（三）抓住"十四五"利益调整的历史窗口期

1. 2025：构建高水平社会主义市场经济体制的时间窗口

河南正处于风险挑战的凸显期，也处于蓄势跃升的突破期，面对复杂多变的内外部环境，"十四五"时期河南将深化国有企业混合所有制改革、推进要素市场化配置改革、深化金融供给侧结构性改革，重点领域和关键环节改革将向更深层次推进，构建高水平社会主义市场经济体制。比如，河南将持续深化价格机制改革，强化价格监测预警和市场预期引导，通过持续深化电价改革、深化水资源价格改革、完善公益性服务价格政策、健全公用事业价格机制等，到2025年基本建立适应高质量发展要求的价格政策体系。

2. 2025：破解结构性矛盾的时间窗口

全面建成小康社会不是终点，而是新生活、新奋斗的起点。"十四五"时期河南仍然肩负着发展转型的艰巨任务，要在破解结构性矛盾上聚焦发力，始终把人民利益摆在至高无上的地位，在保障和改善民生上有所作为，全面迈上高质量发展轨道，推动发展成果更多更公平惠及全体人民，确保2025年河南的民生福祉将实现更大改善，实现更加充分更高质量就业，分配结构明显改善，城乡居民生活水平差距逐步缩小，脱贫攻坚成果巩固拓展，基本公共服务均等化水平明显提升，教育强省建设深入推进，健康中原建设迈向更高水平，多层次社会保障体系更加健全，人民生活品质明显提高。

三　理顺政府和市场关系的窗口期

政府和市场的关系是经济体制改革的核心问题，也是关系实现高质量发展的重大问题。进一步处理好政府和市场的关系，实际上就是处理好在资源配置中市场起决定性作用还是政府起决定性作用这个问题。[①] 党的十九大报告强调，"使市场在资源配置中起决定性作用"，"更好发挥政府作用"，这是解决发展不平衡不充分问题，推动高质量发展的关键所在。

（一）政府和市场的关系决定高质量发展

1. 理顺政府和市场的关系是应对环境变化的迫切需要

改革开放 40 多年以来，我国不断探索经济体制改革，社会主义市场经济体制初步建立并不断发展，探索出了适应不同阶段的政府和市场的关系。经济进入新时代，我国社会主要矛盾已经转化为人民日益增长的美好生活需要和不平衡不充分的发展之间的矛盾，要加快完善社会主义市场经济体制，需要进一步处理好政府和市场的关系，树立关于政府和市场关系的正确观念，继续在社会主义基本制度与市场经济的结合上下功夫，既要"有效的市场"，实现经济的高效率和高效益发展；也要"有为的政府"，推动实现更加平衡更加充分的发展。

2. 理顺政府和市场的关系是培育新动能的关键所在

在高速增长阶段，我们可以模仿发达经济体成熟、成型的技术路线和产业结构，这个阶段中，发挥政府集中力量办大事的制度优势，可以充分调动社会分散、闲置的资源实现跨越式发展。当经济进入高质量发展阶段，我国许多领域已经进入或接近世界技术前沿，同时土地、环境、人力、技术等要素都已经发生变化，产业升级和技术进步更需要创新，需要更充分地发挥市场在资源配置中的决定性作用，找到技术进步的路径和方向，需要政府努力创造比较好的营商环境，吸引和集聚各种创新要素，这直接关系着高质量发展的成效。

3. 理顺政府和市场的关系是实现高质量发展的必然选择

坚持市场在资源配置中起决定性作用，减少政府对资源的直接配置和对

---

① 习近平：《关于〈中共中央关于全面深化改革若干重大问题的决定〉的说明》，《人民日报》2013 年 11 月 16 日。

微观经济活动的直接干预，可以切实提高对市场规律的认识和驾驭能力，推动资源配置效益最大化、效率最优化，从而推动经济高质量发展。在市场发挥作用的过程中，政府需要有所为、有所不为，在尊重市场规律的基础上，用改革激发市场活力，用法治规范市场行为，增加公共产品和服务供给，加强市场监管促进公平竞争、优胜劣汰，推动宏观经济可持续、稳定发展，促进共同富裕。

（二）处理好政府和市场关系的重点

1. 切实发挥市场在资源配置中的决定性作用

加快完善产权制度，实现产权有效激励。现代产权制度是社会主义市场经济体制的基石。完善的产权制度需要拥有完善的市场准入和退出机制，打破行业垄断和地区封锁，在坚持公有制为主体、多种所有制经济共同发展的基本经济制度的基础上，鼓励、支持、引导非公有制经济发展，确保各种所有制经济公平参与市场竞争，其产权同等受到法律保护并接受监督管理。

推进要素市场化配置，实现要素自由流动。在高质量发展背景下，主要依靠要素数量投入来驱动的格局越来越难以维持，河南必须实现从供给要素数量驱动到供给要素质量驱动的转变。目前，同商品市场、服务市场相比，河南要素市场建设相对滞后，成为制约劳动力、土地、资金、技术、信息等要素自由流动的主要障碍之一。深化劳动力市场改革，以深化户籍制度改革为突破口，以完善劳动就业法律制度为抓手，实现劳动力在城乡之间自由流动。深化土地市场改革，建设城乡统一的建设用地市场，实现农村土地与城市建设用地同等入市、同权同价。深化资本市场改革，把为实体经济服务作为出发点和落脚点，促进多层次资本市场健康发展。

完善主要由市场决定价格的机制，实现价格反应灵活。价格是具有高度灵敏性和灵活性的市场调节手段。合理、有效、灵敏的价格可以有效地促进市场供求动态平衡，促进资源向更有效率的领域集中，实现资源配置的结构优化和效率提高。多年来，河南经济结构不合理，发展方式粗放，价格扭曲是重要原因之一。在高质量发展大背景下，要进一步理顺重大价格关系，深化水、石油、天然气、电力、交通、电信等资源性产品、垄断行业领域价格改革，破除城乡二元要素结构与不同所有制企业之间的二元要素结构，疏导多年积累的价格矛盾，统筹兼顾国内与国际、中央与地方、产区与销区、农民与消费者等多重因素和利益关系，通过更加合理、有效、灵活的价格杠杆，优化全社会资源配置，促进经济发展方式转变和经济结构调整。

营造公平的竞争环境，激发市场主体活力。公平竞争是市场机制发挥作用的必要前提。高质量发展需要激发微观主体创新、创业活力，最关键在于为包含国有企业、民营企业、外资企业在内的各类市场主体营造稳定公平透明、法治化、可预期的营商环境。要以全面实施负面清单制度为突破口，继续深化"放管服"改革，推进服务型政府建设。在推进商事制度改革向深度、广度扩展上取得新突破，促进市场主体活跃发展。在加强事中、事后监管上取得新突破，着力维护市场公平竞争，为供给侧结构性改革创造良好市场环境。构建亲清新型政商关系，激发和保护企业家精神，鼓励更多社会主体投身创新创业。

确立各类企业的市场主体地位，实现企业优胜劣汰。市场主体有活力，高质量发展才有源头活水。需要从体制机制上确保各类市场主体充分发挥自主决策、自主经营的积极性、主动性与创造性。坚持现代企业制度改革方向，推动国有企业结构调整与重组，推动国有资本做强做优做大，放大国有资本影响力。支持民营企业发展，着重减轻企业税费负担，解决民营企业融资难、融资贵问题，打破各种各样的"卷帘门""玻璃门""旋转门"，促进民营经济高质量发展。

2. 更好发挥政府作用

进一步推进简政放权，提高资源配置效率和公平性。简政放权改革是从理念到体制的深刻变革，可以促进解放和发展社会生产力，增强社会公平正义，推动经济平稳增长。处理好政府和市场的关系，就要牢牢抓住简政放权这个"牛鼻子"，由过去以审批为主向以监管和服务为主转变，减少微观管理事务和具体审批事项，最大限度减少政府对市场资源的直接配置，最大限度减少政府对市场活动的直接干预，用政府的减权限权不断激发市场主体活力和社会创新活力，让各类市场主体有更多活力和更大空间去发展经济、创造财富，实现资源配置效益最大化和效率最优化。

进一步深化行政体制改革，实现治理能力现代化。行政体制改革的核心是转变政府职能。在高质量发展背景下，政府要更好地发挥作用，就要按照创造良好发展环境、提供优质公共服务、维护社会公平正义的总方向，健全财政、货币、产业、区域等经济政策协调机制，运用经济、法律、技术标准等手段引导调节经济社会活动。创新行政管理方式，善于利用互联网、大数据等手段促进治理能力现代化，加快政府信息系统互联互通，提高政府办事效率，提升透明度和可预期性，提高行政效率和服务质量。

进一步健全监督机制，赢得人民的满意和信任。政府要主动接受社会公众和新闻舆论的监督，摒除制约企业和群众办事创业的体制机制障碍，通过更充分的政务公开让人民群众更好地监督政府依法行政。进一步规范政府行为，完善绩效管理制度，把创造良好发展环境、提供优质公共服务、维护社会公平正义等内容纳入考核指标体系，加强对重大决策部署落实、依法履职尽责和实际效果等方面的考核评估，坚决扭转政府职能错位、越位、缺位现象，充分调动广大党员干部积极性来提高政府公信力和执行力。

（三）抓住未来理顺政府和市场关系的历史窗口期

1. 2025：市场监管现代化的时间窗口

市场监管现代化作为我国社会主义现代化的重要组成部分，是河南"十四五"时期的重要任务之一。未来几年，河南将围绕持续优化营商环境、强化竞争市场主体活力、加强市场综合治理、加强市场安全监管、深化质量强省建设、构建现代化市场监管体系等开展工作，到2025年，河南市场监管能力现代化水平将明显提升，基本建成统一开放、竞争有序、诚信守法、监管有力的现代市场体系，实现河南营商环境持续优化改善、市场竞争更加充分公平、市场秩序更加规范有序、市场安全形势稳中向好、高质量发展支撑更加有力、市场监管效能不断提高等发展目标，现代市场体系将在推动高质量发展中发挥重要的支撑作用。

2. 2025：优化营商环境的时间窗口

优化营商环境是服务河南"十四五"发展大局的必然要求。未来几年，河南将继续实施好《河南省优化营商环境条例》，持续优化市场化、法治化、国际化营商环境，推行"首席服务官"制度等，到 2025 年河南将以高水平推进以"一网通办"为牵引的"放管服"改革，深化营商环境对标提升、以评促改和信用河南建设，开展办理建筑许可、办理破产、获得信贷、知识产权创造保护与运用、包容普惠创新等重点领域攻坚，创造公平竞争的市场环境，不断增强经济的吸引力、创造力、竞争力。

第二节 2025：高质量发展的目标任务

锚定 2035 年远景目标，聚焦高质量发展，河南要在识变、应变、求变中育先机、开新局，到 2025 年确保全国新增长极培育实现更大跨越，国家创新高地建设实现更大跃升，融入新发展格局实现更大作为，乡村振兴实现更大突破，确保现代化河南建设开好局、起好步。

一 全国新增长极培育实现更大跨越

1. 经济强省建设迈出重大步伐

持续推进制造业强省建设，坚持做大总量和调优结构并重、改造提升传统产业和积极培育战略性新兴产业并举，推进河南信息技术与制造业深度融合，促进河南制造业向集群化、智能化、绿色化、服务化转型升级。快速推进现代服务业强省建设，充分利用区位交通优势、旅游资源优势等多种优势，坚持扬优势、补短板，有效推动现代物流业、现代金融业等高成长性服务业快速发展，商贸、餐饮、旅游等传统服务业提档升级，实现生产性服务业向专业化转变、向价值链高端转变，生活性服务业向精细化、个性化、品质化发展。有效推进现代农业强省建设，围绕国家粮食生产核心区战略建设，按照乡村振兴战略部署安排，通过大力实施高标准良田工程、农业产业化集群工程、农民收入提升工程等，有效推动农业一二三产业融合发展，提高农业现代化水平，提升农民收入。不断推进网络经济强省建设，深入实施"互联网+"行动计划，围绕国家大数据综合试验区、国家级互联网骨干直联点、中国（郑州）跨境电子商务综合试验区等建设，提升信息基础设施条件，推动分享经济、体验经济等新兴经济发展，实现商业、服务、管理等模式创新。

2. 现代化经济体系建设取得重大进展

建设现代化经济体系是全面建设社会主义现代化国家的重大任务。建设创新引领、协同发展的产业体系，把经济发展的着力点放在实体经济上，把科技、资本、高素质劳动力和人才等生产要素组合起来，协同投入实体经济，全面提高供给体系质量和效益，以创新引领，推动全省产业层次向中高端迈进，产业基础高级化、产业链现代化水平明显提升，这是河南建设现代化经济体系最紧迫的任务。建设彰显优势、协调联动的城乡区域发展体系，以人的城镇化为核心，以城市群为主体构建大中小城市和小城镇协调发展的城镇格局，加快农业转移人口市民化，扬长补短，增强城乡区域发展的协调性，这是优化高质量发展的空间布局，也是建设现代化经济体系的必由之路。建设多元平衡、安全高效的全面开放体系，以更大力度融入"一带一路"建设，全面提升开放通道优势，高质量建设中国（河南）自由贸易试验区、郑州航空港经济综合实验区、中国（郑州）跨境电子商务综合试验区等开放合作平台，优化政务环境、法治环境、社会环境等营商环境，在新一轮以高质量发展为导向的区域竞争中占据主动、领先发展、跨越发展。构建充分发挥市场作用、更好发挥政府作用的经济体制，以处理好政府与市场关系为核心，以提高经济运行效率为目标，着力推进国企改革、产权保护、财税金融、乡村振兴、社会保障、开放型经济、生态文明等关键领域改革，从体制机制上为建设现代化经济体系注入强大动力。

3. 城镇化水平和质量显著提升

顺应城乡融合发展趋势，以人为核心推进新型城镇化，让更多人"留得下""过得好"，为高质量发展构筑动力源。提升城镇化质量，以百城建设提质工程为主要抓手，统筹推进户籍制度改革和城镇基本公共服务常住人口全覆盖，推动农业转移人口全面融入城市，加快县级城市建设和完善城市功能，全面增强县级中小城市综合承载能力，着力推进特色小镇建设，打造出一批有实力、有影响力的特色小镇，真正使城镇成为具有较高品质的宜居宜业之地。加快中原城市群建设，以建设郑州国家中心城市和郑州大都市区为目标，提升郑州在交通、经济、商贸、科技等方面的中心地位，推进郑汴一体化深度发展，加快郑新、郑许、郑焦融合发展，提升郑州对全省发展的辐射带动能力；加快洛阳副中心城市建设，发挥洛阳高端制造业、特色文旅业辐射带动功能，提升洛阳对全省经济社会发展的带动作用，通过中原城市群带动城镇化。推动大中小城市并举发展，一方面要强化一体化发展，增强整体竞争力，实现劳动力、资本、人才、信息、资源乃至服务等生产要素跨区域流动；另一方面要结合当地实际找准发展方向，坚持走大中小城市并举的城镇化道路，形成错位发展、特色发展、竞相发展的良好局面。

二　全国创新高地建设实现更大跃升

1. 做强创新引擎

在推动高质量发展的过程中，要加快构建一流的创新生态，构建创新平台、要素、资源与产业发展关键技术节点交互映射的发展环境，在既有优势中孕育或催发新的优势，为河南产业发展提供丰沛的创新资源和坚实的科技力量。摆脱依赖投资拉动的发展模式，在提高土地、原料、装备、资金等实体性要素效率的基础上，更加注重提高人力资本、科技创新等渗透性要素效率，实现全要素生产率的提高。加快郑洛新国家自主创新示范区和中原科技城建设，聚焦高层级创新平台的引进和培育，积极争取国家级实验室、大科学装置等在郑州落地布局，吸引更多有高科技含量的企业入驻，将更多创新资源、人才智力汇聚河南。推进科创中心建设，培育以产业技术研究院为龙头、服务全省产业发展的产业技术研发中心、技术转移转化中心、创新创业基地等综合性平台，从全省高度出发规划产业发展方向，着力解决河南产业发展的共性技术问题，帮助企业与科研机构建立紧密的合作关系。引进和培育专业性高水平科技创新平台，针对不同产业的需求展开"一对一"对接，提供专业的服务。例如，针对未来产业，创新平台要加大对未来产业发展环境的宣传推广力度，促进项目、资金、人才集聚河南，助力河南现有产业未来化和未来技术产业化；针对传统产业，围绕高端化、智能化、绿色化、服务化改造，为传统产业提供与前沿技术、跨界创新、颠覆模式对接链接的专业化服务。

2. 突出人才支撑

做大创新主体需要营造好人才成长环境，把人才作为实现现代化河南的第一要素，为现代化河南建设提供人才支撑。营造敬才爱才的社会环境，广开进贤之路，在全社会大力倡导见贤思齐、求贤若渴的良好风尚，将人才优先发展放在更重要的位置来抓，把各方面优秀人才吸引过来，集聚起来。营造有利于人才发展的政策环境，贯彻实施人才强省战略，加大高层次专业技术人才支持培养力度，创新柔性引才方式，鼓励高校、科研院所建立"人才驿站"，建立未来产业、战略新兴产业等专业的人才库和专家库。营造鼓励创新的环境，倡导体现鼓励创新、宽容失败的科研精神，引导社会舆论，引导积极、宽容的民众心态和社会氛围，充分信任、大胆使用人才，加强对知识产权、创新成果转化收益等创新创业成果的保护。营造人才集聚的工作环境，积极建造干事创业人才需要的科研实验平台、技术攻关平台、成果转化平台等载体，加快郑洛新国家自主创新示范区、中国（河南）自由贸易试验区、中国（郑州）跨境电子商务综合试验区等园区的建设，为人才干事创业提供舞台。营造良好服务环境，建立健全人才创新创业综合配套服务体系，及时有效地提供投融资服务、人才资源服务等，为高层次人才提供创业扶持、社保医疗、配偶就业、子女入学等配套服务。

三　融入新发展格局实现更大作为

1. 持续优化营商环境

营商环境的好坏直接影响着市场主体的兴衰、生产要素的聚散、发展动力的强弱，持续优化营商环境就是进一步解放生产力、提升竞争力。将优化营商环境贯穿全面建设现代化河南的全过程，不断增强河南的吸引力和凝聚力。加快构建有利于市场主体健康发展的制度环境，推动《河南省优化营商环境条例》有效实施，全力营造宽松便捷的准入环境、公平竞争的市场环境、高效优质的政务环境、规范透明的监管环境，形成开放、公平、有序的投资市场环境。持续深化"放管服"改革，加大"放"的力度，简化办事流程，提高审批效率，推动政务服务从传统审批向智能服务转变，着力解决"玻璃门"问题；健全"管"的机制，建立以综合监管为基础、以专业监管为支撑的监管体系，增强监管的有效性和针对性；提高"服"的质量，打造便捷高效的政务环境，为企业和项目提供"专班式""管家式""保姆式"服务，不断提高办事效率和行政效能。降低实体经济企业生产要素成本，瞄准用电、用气、用地，用足用好减税降费各项措施；减轻企业税费负担，实施好降低增值税税率、扩大享受税收优惠小微企业范围等政策，让企业真正享受政策红利；强化金融支持，降低企业融资成本，加强银政企融资对接，鼓励银行合理让利，有效解决中小企业融资难、融资贵问题。

2. 内陆开放高地优势更加凸显

开放是时代的主旋律，进入新时代，要实施制度型开放战略，打造高水平开放的大通道、大载体、大平台，促进先进地区高端要素与河南优势资源对接融合，以高水平开放推动高质量发展。持续发挥好自贸试验区改革创新"试验田"作用，围绕"两体系一枢纽"的战略定位，高水平建设自贸试验区 2.0 版，持续开展首创性、集成式、差异化改革创新，推动河南自贸区的功能和布局更加优化，主导产业、新业态、新模式和外向型经济快速发展，郑州、开封、洛阳片区立足发展定位、资源禀赋、产业基础，把片区的产业做实、做出特色，全力打造国内国际双循环战略重要支点。持续拓展开放合作空间，充分发挥郑州国家中心城市、洛阳中原城市群副中心城市和南阳副中心城市的开放带动作用，充分发挥"一带一路"国际合作、中欧区域政策合作等区域合作机制作用，探索建立中部中欧区域经济合作中心，研究制定国际产能和装备制造合作长效机制，构建北部对接京津冀、南部对接长三角、中部融入"一带一路"的大框架。持续推进招商引资高质量创新发展，坚持项目为王，坚持培育、引进"两手抓、两手硬"，构建市场化、一体化招商机制，围绕产业优势，通过以商招商、产业链招商、"云"招商等一系列硬招实招，引进建设一批投入产出大、市场前景好、辐射带动强的龙头项目及关键配套项目，带动更多的上下游企业形成集聚倍增效应，实施全产业链系统化开放。

四　乡村振兴实现更大突破

1. 进一步巩固脱贫攻坚成果

站在历史的新起点，实现高质量发展就要巩固拓展脱贫攻坚成果，守住规模性返贫底线，逐步实现由集中资源支持脱贫攻坚向全面推进乡村振兴平稳过渡。守住不发生规模性返贫的底线，健全防止返贫动态监测机制，建立贫困人口帮扶联系人制度，建设防贫监测大数据信息平台，通过相关部门的数据共享，对于脱贫不稳定户、边缘易致贫户和突发严重困难户动态监测，发现易返贫、致贫人口及时进行干预和帮扶，真正落实帮扶任务、帮扶措施，从制度上预防和解决返贫。进一步激发产业作用，发挥产业扶持脱贫的"造血"功能和基础性作用，以发展集中连片特色优势产业为依托，建立市场主体与贫困户利益联盟机制，开创一条具有河南特色的产业扶贫之路，牵引已脱贫地区和群众不断夯实自我发展的基础，促进内生可持续发展。加强脱贫攻坚与乡村振兴政策有效衔接，将巩固拓展脱贫攻坚成果纳入乡村振兴实绩考核内容，完善和出台巩固拓展脱贫攻坚成果同乡村振兴有效衔接的相关意见与配套政策，动员社会力量参与脱贫地区巩固拓展成果、推进乡村振兴，持续推进"万企兴万村"行动，实现机制、政策、队伍及工作无缝衔接，让农村低收入人口和欠发达地区在现代化进程中不掉队、赶上来。

2. 深入推进乡村振兴

深入推进产业振兴，按照中央关于"推进农业供给侧结构性改革""抓住粮食这个核心竞争力，延伸粮食产业链、提升价值链、打造供应链"的要求，积极推进粮食供给侧结构性改革，在保障国家粮食安全的前提下，以"做强一产、做优二产、做大三产"为目标，着力优化农村产业结构、经济结构、产品结构。深入推进人才振兴，建立"下得去、留得住、干得好、流得动"的长效机制，健全新型职业农民培训机构，吸引更多优秀人才愿意来农村，在人才的数量、结构和质量等全方面满足乡村振兴的需要。深入推进文化振兴，尊重农民的文化主体地位，引导农民树立文化自信与文化自觉，在保护传承的基础上创造性转化、创新性发展优秀传统文化，发挥好先进文化的引领作用，让乡风文明更具时代性、更富生命力。深入推进生态振兴，树立和践行"绿水青山就是金山银山"的理念，落实节约优先、保护优先、自然恢复为主的方针，按照宜耕则耕、宜林则林、宜园则园、宜水则水的原则，加强乡村生态保护与修复。深入推进组织振兴，建立一个更加有效、多元共治、充满活力的乡村治理新型机制，培养造就一批坚强的农村基层党组织和优秀的农村基层党组织书记，确保乡村社会充满活力、安定有序。

第三节　2025：高质量发展的行动路线

推动高质量发展是河南做好当前和今后一个时期经济工作的"纲"。河南要推动高质量发展，不是不要速度、不要规模、不要量的增长，而是要下更大气力推动经济发展质量变革、效率变革、动力变革，通过全面深化改革提高全要素生产率，切实完成好结构指标、效益指标、民生指标，确保高质量发展实现历史跃升。

一　处理好五大关系

1. 处理好当前与长远的关系

从当前来看，河南经济运行总体平稳，社会大局保持稳定，疫情防控和灾后重建取得阶段性成效，但也肩负着发展和转型的双重任务；从长远来看，河南产业基础雄厚，市场空间广阔，国家战略叠加，枢纽支撑有力，推动高质量发展具备强大实力保障。河南站上新的历史起点，要在拉高标杆中争先进位，在加压奋进中开创新局，就必须胸怀全局、瞻望大势、看清方向、把握机遇，既要统筹长远利益，也要兼顾当前利益，以当前目标的完成为长远目标的实现创造条件。一是立足当前，解决发展突出问题。在坚决打赢疫情防控、灾后重建两场硬仗的同时，瞄准提质和增速的双重目标，全力抓好发展第一要务，突出供给与需求双协同、创新与产业双驱动、改革与开放双推动、要素与环境双保障、发展与安全双提升、就业与民生双促进，以重点突破带动全局整体跃升。二是着眼长远，做好时代"答卷人"。要胸怀"两个大局"，围绕夯实根基、提升优势、弥补短板、强化保障全面实施"十大战略"，稳住传统产业基本盘，聚焦战略重点壮大新兴产业，跨周期谋划未来产业，增强经济社会发展的可持续性，确保高质量建设现代化河南，确保高水平实现现代化河南。

2. 处理好发展与安全的关系

当前和今后一个时期是各类矛盾和风险易发期，各种可以预见和难以预见的风险因素明显增多，推动高质量发展需要统筹好发展和安全两件大事，做到两手抓、两手都要硬，实现高质量发展和高水平安全的良性互动。一是正确认识安全对于发展的重要性。树牢人民至上、生命至上理念，坚持底线思维、辩证思维，将安全发展贯穿发展各领域和全过程，不断提高防范化解重大风险的能力，有效防范"黑天鹅""灰犀牛""蝴蝶效应"等影响现代化进程的各种风险，为"两个确保"筑牢平安稳定的基石。二是以发展夯实安全基底。在新发展格局中找准自身的角色定位，以畅通经济循环为核心，以扩大内需为战略基点，以科技创新为发展关键，以改革开放为动力，在全面融入新发展格局中塑造河南发展新优势，以高质量发展保障高水平安全。三是统筹发展和安全需要科技支撑。加大科技创新投入，着力解决"卡脖子"技术等重大基础科学难题，保障产业发展安全稳定；加强安全生产领域科技供给，为全省安全生产提供科技支撑和技术保障；提升应急管理能力，利用大数据技术进行科学决策、精准施策、精准治理，有效应对疫情、洪水等突发事件，有效发挥科技创新在统筹发展与安全上的关键作用。

3. 处理好速度与效益的关系

速度和效益是对立统一的矛盾，河南作为一个追赶型经济体，要实现"两个确保"必须通过经济高速增长实现"经济腾飞"，但仅有经济增长速度追赶或超越是远远不够的，还必须着力提高发展质量与效益，在高质量发展过程中找到"以质促量"的有效途径。一是主动作为、克难攻坚。河南要补齐人才、技术、创新等短板，通过转变发展方式、优化产业结构、转换发展动力，谋求区域经济新的增长，不断缩小与先发地区的发展差距，积极扮演好"追赶者"的角色，确保主要经济指标在全国稳居前列、不断前移。二是干在实处、换道领跑。要以提高发展质量和效益为中心，紧跟国际科技发展前沿和产业变革趋势，以新基建、新技术、新材料、新装备、新产品、新业态的突破发展为重要举措，在未来产业上前瞻布局，在新兴产业上抢滩占先，在传统产业上高位嫁接，在生态圈层上培土奠基，着力补链、固链、强链、延链，奋力在新兴产业和未来产业上换道领跑、抢占先机，既要发展速度快于全国，也要发展质量优于全国，为"后来居上"赢得机会。

4. 处理好效率与公平的关系

中国式现代化建设是全体人民共同富裕的现代化，体现了效率与公平的统一。在全面建成小康社会，奋力开启现代化河南建设新征程过程中，要实现高质量发展需要正确处理效率和公平的关系，在做大"蛋糕"的基础上分好"蛋糕"。一是不断把"蛋糕"做大。河南仍处于工业化城镇化快速推进阶段，多重国家战略叠加，1亿人口大市场蕴含着巨大的内需拉动，要毫不动摇地坚持发展是硬道理、发展应该是科学发展和高质量发展的战略思想，坚持新发展理念，推动传统产业改造升级、新兴产业重点培育、未来产业谋篇布局，加快向创新型、开放型、数字型、生态型经济转变。二是把不断做大的"蛋糕"分好。要在不断发展的基础上把促进社会公平正义的事情做好，切实做好巩固拓展脱贫攻坚成果同乡村振兴有效衔接各项工作，把解决好"三农"问题作为全党工作重中之重，主动解决地区差距、城乡差距、收入差距等问题，更好发挥三次分配对于促进共同富裕的作用，将实现全体人民共同富裕在广大人民现实生活中更加充分地展示出来。

5. 处理好物质与精神的关系

中国式现代化是物质文明和精神文明相协调的现代化，不仅是物质财富的积累，更是精神文明的发展。河南是经济大省，也是历史文化大省，实现"两个确保"需要把改善人民物质生活和精神生活结合起来，把满足需求与提高素质统一起来，推动物质文明和精神文明相互促进、协调发展。一是深入挖掘红色资源中蕴含的精神脉络、文化基因。在深挖、用活、凝练上下功夫，形成新时代河南独特的红色文化地标和精神标识，用红色基因"补钙壮骨"，铸造中原更加出彩的精神内核，凝聚起建设现代化河南的强大正能量。二是继续探索传统文化的创造性转化。通过创新表达和技术赋能，实现中华优秀传统文化的活化和当代转化，在传承创新中弘扬优秀传统文化，让河南传统文化持续"出圈"。三是打造以黄河文化为核心的文化精品工程。充分挖掘黄河文化的时代价值，引导文艺工作者聚焦新时代、大题材创作更多精品力作，丰富文化产品供给，打造一批思想深刻、艺术精湛、人民喜闻乐见的文艺精品，讲好黄河故事、河南故事。

二　在三大变革中提升发展质量

在这三大重要变革中，质量变革是主体，效率变革是主线，动力变革是基础。在我国传统动力减弱的背景下重新培植经济发展新动力、新优势，将传统要素驱动力转变为创新驱动力。三者相互依托，是有机联系的整体，必须系统推进。推进三大变革的根本目的是提高全要素生产率，推动高质量发展，不断增强我国经济的创新力和竞争力。

1. 以质量变革提升高质量发展成色

质量变革是主体，既包括提高产品和服务质量，也包括提高国民经济各领域、各层面素质。推动质量变革，要坚持问题导向，围绕产业链布局创新链，补齐主要行业的质量短板，在关键领域有针对性地进行科技攻关，在质量变革中寻求发展机遇，通过技术创新推动传统产业转型升级和新兴产业发展壮大，推动产业向价值链中高端跃升。把提高供给体系质量作为主攻方向，大力破除无效供给、大力降低实体经济成本，在"破""立""降"上下功夫，扩大有效和中高端供给。完善促进消费的体制机制，引导新型消费与消费大市场相融合，增强消费对经济发展的基础性作用，并且以消费结构升级为导向推进投资转型，进而实现供给结构调整和发展质量提升，提升人们的获得感、安全感和体验感。重视城乡融合发展，促进乡村振兴与城乡融合互为条件、相互促进，破解城乡发展不平衡、农业农村发展不充分的矛盾，为高质量发展注入巨大动能。

2. 以效率变革增强高质量发展活力

效率变革是主线，也是提升河南经济竞争力的关键和实现高质量发展的支撑。市场竞争，归根结底是投入产出比较的竞争、效率高低的竞争。实现效率转换，就要摆脱依赖投资拉动的发展模式，更加注重提高人力资本、科技创新等渗透性要素效率，实现全要素生产率的提高，为高质量发展奠定稳定的基础。把效率变革作为主线贯穿，以供给侧结构性改革为基本视角，坚持创新驱动发展，坚持生产与市场两条主线，破除制约效率提升的各种体制机制障碍，拓展效率视野、提升效率层次。深化行政性垄断问题依然突出领域的改革，重点在石油天然气、电力、铁路、电信、金融等行业引入和加强竞争，全面降低实体经济运营的能源、物流、通信、融资等成本，提高发展实体经济特别是制造业的吸引力、竞争力。坚持市场化的改革导向，完善市场准入和退出机制，使高效要素进得去，低效要素退得出，通过生产要素的合理流动和优化组合、企业兼并重组、产业转型升级，提高经济的投入产出效率和全要素生产率。加强金融服务实体经济的能力，防范化解金融风险，着力解决河南实体经济面临的融资、成本、盈利、转型等现实问题。推进政府"放管服"改革和简政放权，优化创业创新环境。

3. 以动力变革强化高质量发展引擎

动力变革是基础，就是实现从传统要素驱动向创新驱动转变，在推动高质量发展的同时走内涵式发展道路。站在新时代的起点上，面对发展格局的重新调整和深刻变革，资本、劳动力、土地等生产要素已经不再适用于新一轮的区域竞争，知识、技术、信息等创新要素成为促进经济发展的动力源，谁把握得好，谁就有可能占据主动、赢得先机。河南要以郑洛新国家自主创新示范区建设为突破口，推动创新要素高度聚集和创新资源优化配置，培育壮大经济发展新动能。壮大创新主体，强化企业在创新决策、研发投入、成果转化等方面的创新主体地位，增强源头创新，充分发挥高校、科研院所作用，将创新由外部驱动转化为内生驱动。建设人才强省，健全更加灵活高效的人才管理体制，构建更具竞争力的人才集聚机制，以更具吸引力的人才引进措施实施"金融豫军"人才集聚工程，全方位提升人才服务保障水平。加大平台建设力度，充分发挥高校、科研院所作用，打造国家创新体系的基础平台、原始创新的重要策源地，以"高精尖缺"为导向，加强院士工作站、博士后流动站（工作站）、海外高层次人才创新园和郑州航空港引智试验区等平台建设，打造国内一流人才高地。

三　在全面深化改革中提升发展质量

1. 以全面深化改革提高质量效益

"十四五"时期是河南开启全面建设社会主义现代化河南新征程、谱写新时代中原更加出彩绚丽篇章的关键时期，改革已经不再是初期大刀阔斧、革故鼎新的开局状态，而是动辄牵一发而动全身，既错综复杂又敏感脆弱，这就需要更高质量、更高水平的改革。以全面改革创新把握河南高质量发展的前进方向，集中力量在供给侧结构性改革、"放管服"改革、体制机制改革等重大改革上寻求突破，激发全社会创新创业热情，以问题倒逼改革，以改革激发创新，以创新促进发展，才能确保河南的高质量发展方向不跑偏、路径不走样、措施不落空、成效不打折。以全面改革创新构建河南高质量发展的供给体系，突出改革对高质量发展的支撑作用，创新对高质量发展的引领作用，大幅增加高质量科技供给，使得河南的传统优势产业焕发生机和活力，战略性新兴产业跃上国际先进水平，全面提高供给体系质量。以全面改革创新拓展河南高质量发展的开放空间，主动融入"一带一路"建设，加快河南自贸区和郑州航空港经济综合实验区建设，积极引进国际高端人才，培育外贸新的竞争优势，与海内外创新资源更好地融合，就可以共享全球的科技成果，开展更高层次的国际合作，全面融入全球创新体系，创造出更大的发展空间，实现互利共赢。

2. 以全面深化改革破解结构性矛盾

在新的历史条件下，推进供给侧结构性改革是大势所趋、形势使然，是正确认识经济形势后选择的经济治理"药方"，也是问题倒逼的必经关口，是保障新常态下的经济社会"质量升级式"发展的根本之道。深化供给侧结构性改革，继续抓好"三去一降一补"，着重强调"破""立""降"，在坚持优化存量和扩大增量并重的基础上实现经济结构升级。具体而言，"补短板"要着重补齐农村基础设施短板，建立全域覆盖、普惠共享、城乡一体的基础设施服务网络，补齐资本市场短板，构建助推高新技术产业发展的多层次资本市场；"去产能"要着重在破除无效供给，加快拆除已实施置换的低效钢铁设备，积极化解水泥、电解铝等过剩产能，将更多利用市场化、法治化手段规范推进，推动传统行业实现平稳健康发展；"降成本"要着重加大减税降费力度，降低民营企业和小微企业融资成本，进一步降低企业用能成本、用地成本、物流成本，激发企业活力；"去杠杆"要着力发展股权融资，鼓励保险机构举牌省内优质上市公司，确保宏观杠杆率基本稳定；"去库存"着重长效机制建设，进一步打通商品住房与保障房通道。

3. 以全面深化改革解决经济发展中的失衡问题

持续推进国有企业改革，持续推进企业产权、组织、治理结构改革，推动国有资本优化配置，向重点行业、关键领域和优势企业集中，推进国有企业横向联合、纵向整合和专业化重组，集中到服务于国家发展战略的领域，确保国有资本做强做优做大，大力发展混合所有制经济；持续推进产权制度改革和要素市场改革，以保护产权、维护契约、统一市场、平等交换、公平竞争为基本导向，完善相关法律法规，并明确要求依法严肃处理各种侵权行为，依法甄别纠正产权纠纷申诉案件；持续深化金融体制改革，提高直接融资比重，推广农村"两权"抵押贷款和农村土地流转收益保证贷款试点经验，建立符合现代金融特点、统筹协调监管、有力有效的现代金融监管制度；深化科技体制改革，建立以企业为主体、以市场为导向、产学研深度融合的技术创新体系，让创新要素、资源和人才在科研机构和企业间自由流动；深化教育综合改革，破解制约教育发展的体制机制障碍，实现基本公共教育服务均等化，基本实现教育现代化。

第八章

转型升级：河南高质量发展的"牛鼻子"

所谓转型升级，是指从速度型效益转向质量型效益，从而保障经济运行的质量和效益基本稳定。加快转型升级，是破解当前河南经济发展面临的困境和难题、推动实现全省高质量发展的重要举措。加快转型升级，要向结构调整和创新驱动要动力，实现新旧发展动能接续转换，着力优化生产要素配置，促进经济增长由主要依靠扩大生产规模、增加物质资源消耗和污染环境，向主要依靠科技进步、劳动者素质提高、管理创新转变，不断提升发展的质量和效益，真正走出一条活力迸发的高质量发展之路。

第一节　经济转型升级决定高质量发展前景

当前河南经济发展正在发生深刻变化，旧有的发展方式难以为继，必须通过转型升级，实现增长方式的转变、经济体制的更新、经济结构的提升、支柱产业的替换，如此才能不断增强经济发展的内在动力和可持续性，保持经济快速稳定发展的势头，使经济步入持续健康发展的新阶段。

一　经济转型升级决定经济增长

"转型升级"是一个永无止境的过程，发展阶段的转变，要求经济的转型升级，而经济的转型升级又促进经济持续增长，推动发展从较低的阶段跃升到较高的阶段。从经济增长的动力来看，可以说动力的转换推动实现了经济的转型升级。一是需求拉动呈现新特点。传统领域的投资需求出现相对饱和状态，与此同时，新型基础设施和新技术、新业态、新模式等领域的投资机会不断涌现；消费需求更多地追求个性化、多元化、品质化，对消费产品的品质性和创新性提出更高要求，必须通过不断细分市场和创新供给来激活消费需求；外部需求总体疲弱，不能为经济增长提供持续的推动力，经济增长需要依靠"外需"与"内需"同步推进。二是创新驱动成为增长新引擎。随着人口老龄化不断加剧以及资源、环境等生产要素的制约日益趋紧，要素对经济增长的驱动力日趋减弱，经济增长将更多依赖于科技进步和人力资本质量，创新对经济增长的作用不断增强，成为发展的新引擎。三是资源配置动力内生化。不仅不同部门之间、地区之间资源转移带来资源配置效率的提高，更多来自部门内、区域内的资源转移也促进了资源配置效率和效益的提高。由此可见，推动经济转型升级，意味着将释放出新的动力促进经济的增长，具体来说就是价值链要从中低端迈向中高端，附加值要从中低端迈向中高端，技术水平要从中低端迈向中高端，竞争力要从中低端迈向中高端。未来几年的转型升级，将不断释放新的动力，不仅对经济的中长期增长有着决定性作用，而且也是推动实现高质量发展的重要因素。

二 经济转型升级决定全要素生产率的提高

所谓全要素生产率，由美国经济学家罗伯特·索洛最早提出，是衡量单位总投入的总产量的生产率指标，即总产量与全部要素投入量之比，这些要素包括人力、物力、财力，是一个重要的经济增长效率指标。总体来说，全部要素有机加总后的生产率越高，那么这个经济体的增长速度越快，并且越可持续。经济发展的一般规律表明，当一个国家或地区经济发展处于起步阶段，其经济增长大部分依赖于土地、劳动力、资本等"有形要素"驱动，这时的全要素生产率对经济增长的贡献率相对较低。经济发展初始阶段增长主要依靠"有形要素"驱动，既是经济发展的内在规律，也是经济发展初始阶段的必然选择。与此同时，当一个国家或地区成功跨越经济起飞阶段进入跨越"中等收入陷阱"的冲刺阶段之际，土地、劳动力、资本等有形要素对经济增长的贡献率逐渐降低，而技术进步、科学管理、体制优化等无形要素对经济增长的贡献率不断提高，全要素生产率不断提升。而经济转型升级所带来的技术进步和产业布局调整，以节俭、约束、高效为价值取向，可以有效达到降低成本、提高生产效率进而实现经济增长的目标。因此，我们必须因势而谋、顺势而为，不失时机地深化供给侧结构性改革，促推增长动力的转换，加快实现经济转型升级，尽快从劳动、资本、土地等有形生产要素投入的增长，转向更多依靠提高全要素生产率的轨道上。

三 以经济转型升级破解高质量发展的突出矛盾

推动实现高质量发展，是当前和今后一个时期我国确定发展思路、制定经济政策、实施宏观调控的根本要求。而进入高质量发展阶段，意味着发展方式、经济结构、增长动力的多重转向，意味着我们将迎来一场深层次、全方位的变革升级。当前，推动实现高质量发展还存在许多突出矛盾和问题。一是结构性矛盾突出，具体是存量结构存在问题。长期以来我们的发展模式更多注重速度和产量，而忽视了质量和效益，使得低效率和低水平的产能过剩，大量挤压了新产业、新业态的发展空间，不利于发展动能的转换。二是要素供给约束趋紧，如随着发展阶段的转变，资源、环境约束持续增强，过去粗放式的发展方式已难以为继；人口结构不断变化使得人力资源成本特别是普通劳动力成本不断提高，进一步压制了经济发展的空间和活力；而金融资源配置效率不高、金融结构不完善则使得企业融资难、融资贵问题突出，阻碍了经济效率的提高。三是区域、城乡、产业间发展的不平衡不充分问题，这些问题的存在割裂了发展的整体性、协同性，使经济各个领域之间、各种环节之间，不能形成良性的互动，进而阻碍了高质量发展的加速推进。总体来说，以上矛盾和问题是经济发展过程中长期积累和形成的，要有效破解这些错综复杂的矛盾和问题，必须加快转型升级，调整优化产业结构，着力培育新的强大动能，实现速度、结构、质量和效益相统一，增强长期发展后劲，这样才能实现持续健康发展。

第二节 以结构战略性调整引领高质量发展

结构调整和优化始终是经济向前发展的原动力，结构优则效益优。以结构战略性调整引领高质量发展，要切实把握结构调整重点，在产业结构、城乡结构和区域结构上加码加力，打好结构调整"组合拳"，做到统筹全局、整体推进，让经济结构更加合理完善，加快动能转换，在经济高质量发展上实现新突破。

一 加快推进产业结构优化升级

习近平总书记在党的十九大报告中作出了"我国经济已由高速增长阶段转向高质量发展阶段，正处在转变发展方式、优化经济结构、转换增长动力的攻关期"这一重大判断。高质量发展是体现新发展理念的发展，在高质量发展阶段，GDP 不再是衡量经济的唯一指标，其重点在于以人民为中心，满足人民群众日益增长的美好生活需要，是实现质量变革、效率变革、动力变革的发展。改革开放以来，我国经济长期保持高速增长态势，取得了举世瞩目的成绩，但经济发展模式是粗放的，经济结构失衡、资源能源消耗高、生态环境污染严重等问题严重，特别是近年来随着工业化、城镇化进程的不断加快，土地、劳动力、资源等支撑经济高速增长的传统要素价格不断上涨，原有的资源优势逐步减弱，资源环境约束增强，对经济的持续健康发展形成制约。河南作为全国重要的经济大省，这一问题也较为突出。长期以来河南产业结构偏"重"，资源、能源型产业在全省规模以上工业中的比重曾经达到 70% 左右，形成了以能源、原材料为主的产业结构，而高新技术产业占比较小。虽然经过近些年的持续调整有所好转，但总体来说产业效益差、约束紧、难持续的问题越来越突出，不符合高质量发展的要求，也难以满足人民日益增长的美好生活需要。

加快实现河南高质量发展，必须大力推进产业结构优化升级。产业结构优化升级与经济增长互相作用、密不可分，特别是在以技术进步为主要推动力的现代经济增长中，产业结构优化升级与经济发展之间的关系更为紧密。产业结构优化升级的根本动力是科技创新，通过科技创新促进产业结构不断地合理化、高度化，进而推动实现经济的增长。由此可见，产业结构的优化升级能够为高质量发展提供动力，是高质量发展过程中必不可少的关键一环，能够加速高质量发展进程。历史实践也告诉我们，一国或地区经济发展态势主要受到产业结构演变、变动能力强弱、速度快慢、效率高低的内在制约。当前，河南正处于解决各种深层次复杂矛盾的攻坚克难时期，加快推进产业结构优化升级，建设现代化经济体系是跨越艰难攻关期的迫切需求，也是实现高质量发展的必然要求和关键一环。我们必须围绕深化供给侧结构性改革，坚持优化存量和扩大增量并重，把握趋势、抢抓机遇，积极发展新业态、新模式，增强发展新动能。

二　大力推动乡村振兴和城乡融合发展

高质量发展是体现新发展理念的发展，"创新、协调、绿色、开放、共享"的新发展理念贯穿于高质量发展的始终，也是推动实现高质量发展的根本遵循。其中协调发展注重的是解决高质量发展中的不平衡问题，并且成为经济社会发展的内在要求。当前，在诸多发展不平衡的关系中，城乡发展不平衡是最重大、涉及面最广的发展不平衡问题。党的十八大以来，我国大力推动城乡融合发展，习近平总书记在党的十九大报告中提出乡村振兴战略，加快完善促进城乡融合发展的体制机制和政策体系。经过一系列政策调整，当前河南省城乡融合发展的体制机制已见雏形，但受城市偏向政策等因素特别是户籍政策和土地产权制度结构的影响，城乡生产要素的互动及城乡融合发展受到多重因素制约，如何促进城乡要素合理流动、缩小城乡基本公共服务差距等问题仍亟待解决，农业与农村发展依然是河南实现高质量发展的薄弱环节。

加快实现河南高质量发展，必须大力推动乡村振兴和城乡融合发展，不断促进城乡结构优化升级，可以为高质量发展奠定坚实的基础。要不断推进乡村振兴战略。充分调动和发挥农村各类资源和要素的优势，对土地、人力和资金等各类资源要素进行有效整合，形成合力，积极探索管理、技术、数据等新要素的价值实现形式，不断拓展发展空间、增强发展后劲；深入推进农村集体产权制度改革，促进农村集体经济发展壮大，依托当地优势着力发展特色乡村产业，以乡村产业振兴为引领促进乡村人才、文化、生态和组织振兴。要深入实施以人为核心的新型城镇化战略。加快推动中心城市"起高峰"，县域经济"成高原"，构建大中小城市协调发展的城镇化新格局，加快形成"一主两副""四区协同""多点支撑"的发展格局；遵循城市发展规律，高标准规划、高起点建设、高水平管理，加快推动以县城为重要载体的城镇化建设，提升县城公共设施和服务能力，加快补齐县城突出短板，不断提升县城综合承载能力。要全方位、多角度促进城乡融合。就农村地区来说，主要是利用城镇要素向农村流动，促进农村一二三产业融合发展和新型社区建设，实现就地就近城镇化或农业农村现代化；就城镇地区来说，要重点解决农业转移人口市民化，深入推进人口城镇化，提高城镇化质量；要分层级、分区域推进城乡政策一体化，把城镇和乡村贯通起来，形成城乡融合发展的良好局面。

三 深入实施区域协调发展战略

促进区域协调发展是促进结构转型升级的关键环节，也是推动实现高质量发展的内在要求。近年来，河南区域经济发展呈现平稳较快发展的良好态势。"十三五"时期，河南提出了建设郑州国家中心城市、洛阳副中心城市，推动区域中心城市竞相发展，加快大别山革命老区振兴发展，推动县域经济高质量发展等区域发展战略，这些区域发展战略的持续推进促进了全省区域发展协调性的提升，区域发展的活力和主动性显著提高，河南在全国发展大局中的地位不断增强。但与此同时，河南区域间发展不平衡不充分的问题依然突出，促进区域协调发展的任务依然繁重，特别是进入新发展阶段，更应当立足服务于新发展格局促进全省区域协调发展，以区域协调发展引领实现全省高质量发展。

深入实施区域协调发展战略，要着力优化新型城镇化发展格局，强化郑州国家中心城市龙头作用，聚焦"当好国家队、提升国际化"，强化枢纽开放、科技创新、教育文化、金融服务等功能，打造现代化郑州都市圈；培育壮大副中心城市，增强洛阳和南阳副中心城市辐射带动能力，依据区位交通、产业基础、发展潜力，以优化城市形态、提升现代服务功能为重点，有序推进新城区建设和老城区改造，推动中心城区产业高端化和功能现代化，培育壮大若干区域中心城市、门户城市，形成各具特色的发展引擎，强化新型城镇化发展的多极支撑。要强化城镇产业支撑，进一步优化产业发展规划，立足现有资源，紧盯关键产业，加大产业链、价值链和供应链的延链、补链、强链力度，培育壮大主导产业、支柱产业，做大产业集群规模；坚持企业（项目）集中布局、资源集约利用、功能集合构建，持续加大招商力度、改进招商方式，引进更多优质项目和龙头企业，着力构建规模大、竞争力强、成长性好、关联度高的产业集群。要实行差别化区域政策，立足国家重大战略规划和省发展规划、专项规划、空间规划等需要，加强区域经济布局、区域协调发展和跨区域规划研究，完善分类指导政策措施，聚焦重点开发区、农产品主产区、重点生态功能区功能定位及特点，增强产业、土地、环保、人才等政策的精准性和有效性，创新革命老区、贫困地区土地和人才激励保障政策措施。要完善区域合作机制，推动郑州都市圈、洛阳都市圈、西安都市圈、晋陕豫黄河金三角区域协同发展，促进形成全国高质量发展新的增长极；以共建淮河生态经济带为纽带，创新河南与长三角地区跨省域对接合作机制，推动沿线城市提升承接产业转移能力，积极融入长三角地区产业链、供应链，以更加开放的眼光、务实的行动，在区域合作中寻机遇、建载体。

第三节 以产业转型升级推动高质量发展

推动产业转型升级是加快转变经济发展方式、实现高质量发展的关键举措。当前和未来一个时期，河南要统筹推进先进制造业、现代服务业、现代农业高质量发展，强化数字经济赋能产业转型升级，以产业结构的转型升级推动实现全省高质量发展。

一　持续推动制造业高质量发展

加快提升产业发展能级。贯彻落实国家及河南相关规划部署，围绕实施"换道领跑"战略，统筹推进传统产业改造升级、新兴产业重点培育和未来产业谋篇布局。立足河南的基础和优势产业，聚焦装备制造、电子制造、新型建材、绿色食品、先进金属材料、现代轻纺等产业固链、强链，加强细分领域产业链合力布局、分工协作和融合拓展，积极发展一批具有竞争力的万亿（元）级、千亿（元）级产业集群。强化新技术应用赋能，改造提升传统支柱产业，重点支持"机器换人"项目、技改示范项目、头雁企业重点技改项目、制造业创新中心等转型升级项目建设，为产业转型升级提供"新赛道"，塑造传统产业竞争新优势；大力实施质量工程、品牌战略，加强新技术、新材料、新创意等对河南传统支柱产业的渗透作用；以产业链延伸为主线，把靠近终端消费和技术前沿作为延伸的主要方向，着力推动传统支柱产业向设计、研发、销售渠道掌控、售后服务、系统解决方案等高端延伸。实施战略性新兴产业跨越发展工程，重点是推动具有较好基础的现代生物和生命健康产业、环保装备和服务产业、尼龙新材料产业、智能装备产业、新能源及网联汽车等产业迅速壮大规模，抢抓机遇形成竞争新优势；加快对具有一定基础的新型显示和智能终端产业、汽车电子产业、智能传感器等产业龙头企业的培育引进，快速占领市场做大规模；强化整体处于起步阶段的新一代人工智能、5G 等产业市场应用示范，抢占发展先机，打造发展热点地区。

深化制造业数字化转型。加快数智赋能制造业，依托和发挥河南制造业大省和互联网大省比较优势，以激发制造企业创新活力、发展潜力和转型动力为主线，推动制造业与互联网融合，加快形成叠加效应、聚合效应、倍增效应。围绕制造业与互联网融合关键环节，夯实融合发展基础，积极培育新模式、新业态，营造融合发展新生态。组织实施制造企业互联网载体平台建设工程，谋划建设一批制造业与互联网融合载体平台，支持新一代信息技术融合应用新模式示范项目，以及包含矿山、焦化、石油化工、有色金属等在内的工业互联网平台建设，加快信息技术与制造业融合创新。推动互联网企业构建与制造业融合发展的服务体系，努力开创大中小企业线上线下联动发展的新局面。支持制造企业与互联网企业跨界融合，共育新型经营主体，共建技术体系、标准规范、商业模式和竞争规则，营造共赢融合新格局。鼓励制造企业灵活运用互联网开展个性定制服务、在线增值服务，推动其从制造向"制造+服务"转型升级。实施融合发展系统解决方案能力提升工程，围绕提升服务能力开展相应试点，着力培育一批能够提供专业化、标准化系统解决方案的供应商，加快培养一批支撑融合发展的高层次人才队伍。

持续提升制造业产品和服务质量。以建设先进制造业强省、质量强省为统揽，以提高制造业产品和服务质量水平为目标，着力培育制造业竞争新优势，促进河南产业向全球价值链中高端迈进。夯实制造业提质产业基础，聚焦重点行业基础零部件、基础材料、基础工艺，分类建设产业技术基础公共服务平台，推进科技含量高、市场前景广、带动作用强的关键基础材料产业化，补齐制造业发展的基础短板；强化技术支撑作用，推动企业建立以数字化、网络化、智能化为基础的全过程质量管理体系。实施提升制造业产品和服务质量的技术改造专项行动，主要包括高端化改造提升专项、智能化改造提升专项、绿色化改造提升专项以及服务化改造提升专项，重点围绕技术改造项目、新产品推广、平台建设、试点示范四类增强政策支持作用，加快企业新一轮大规模技术改造，建设一批示范应用基地和联盟，加快创新产品的迭代研发，促进创新产品的规模应用。加强行业标准体系建设，推动建立覆盖全产业链和产品全生命周期的标准群，以行业标准促进质量的提升；发挥品牌促进作用，以品牌培育推动企业从"质量合格"向追求"用户满意"跃升。优化制造业提质发展环境，倡导优质优价，强化完善企业的质量主体责任，健全质量责任体系，引导企业在生产经营过程中设立质量安全控制关键岗位，完善对于产品的全生命周期质量追溯机制，提高质量安全风险防控能力；加强质量诚信体系建设，依法打击各类质量违法失信行为。

创新培育共享制造新模式、新业态。围绕制造能力共享，着力提升创新共享、服务共享能力，重点培育和发展产能对接、协同生产、共享工厂等共享制造新模式、新业态，不断挖掘和激发创新动力、发展潜力，形成促进制造业高质量发展的动力、合力。重点促进加工制造能力共享的提升与创新，积极建设包括生产设备、专用工具、生产线等制造资源的共享平台，促进多工厂协同的共享制造、汇聚共性制造需求的共享工厂以及设备共享等共享服务的发展。聚焦中小企业、创业企业的创新需求着力提升创新能力共享，依托社会多元化智力资源探索发展产品设计与开发能力共享，不断扩大科研仪器设备、实验能力共享等的覆盖面。围绕产品检测、设备维护、物流仓储供应链管理、数据存储与分析等广泛存在的企业共性需求，加强海量社会服务资源的开发与整合，构建智能化、个性化、集约化的服务体系，促进服务能力共享的发展提升。依托产业集群发展共享制造，积极培育发展一批共享制造平台。加强引导与宣传，提高共享制造模式认可度，制订计划分批次、分步骤推动共享制造在不同区域、不同行业以及生产经营过程中各个环节的推广应用。

二　加快推动现代服务业高质量发展

现代服务业发展程度是衡量经济现代化水平的重要标志。推动实现河南高质量发展，必须加快发展现代服务业，推动生产性服务业向专业化和价值链高端延伸，推动生活性服务业向高品质和多样化升级，推进服务业专业化、标准化、品牌化、数字化建设，积极培育新业态、新模式、新载体，持续增强服务产业转型升级的支撑能力和促进高质量发展的推动能力。

持续优化现代服务业产业结构。推动现代服务业高质量发展，不能只看重比例数据，更要注重优化结构，推动产业发展提质增效。以服务制造业高质量发展为导向，加快发展现代物流、现代金融、信息服务、研发设计等生产性服务业，推动研发设计、创业孵化、科技咨询等服务机构集聚发展，探索构建覆盖创新全链条的科技服务体系，推进生产性服务业向专业化和价值链高端延伸。以便民为导向，着力培育科技服务、商务服务、会展服务、服务外包、居民家庭服务等新兴产业，加快形成一批新兴产业集群和服务业发展新增长点，加快生活性服务业品质化升级。扩大发展型消费服务供给，培育壮大家政、育幼、物业、教育培训、体育休闲等服务业，开发个性化、多元化、智慧化、体验式的服务产品和模式，更多更好满足多层次、多样化服务需求。推广应用先进理念、现代技术和新型商业模式，持续提升商贸流通等传统产业，巩固或重塑传统服务业竞争优势。

大力推动服务业创新融合发展。广泛运用物联网、大数据、云计算、移动互联网等新一代信息技术，对传统服务业的管理、产品、业态和发展模式进行全方位改造提升，再造重组服务流程，深化细化服务业分工，创新生产服务模式，积极发展平台经济、众包经济、创客经济、跨界经济、分享经济，全面提升发展质量和效益。顺应产业融合发展以及居民生活需求多元化的趋势，立足产业链各环节之间的关系和内在要求，加快推动服务业与农业、制造业，以及服务业内部各行业之间的融合发展，探索服务业发展新领域，拓展服务业发展新空间，将其打造为新的经济增长点。推动制造主导或服务主导型企业向"制造+服务"企业转型，创新培育发展乡村旅游、健康养老、科普教育、文化创意、农村电商等农村服务业态，推动农业"接二连三"，推动"物流+""文化+""旅游+""电子商务+""养老+"等服务业内部跨界融合发展，横向拓展产业链、价值链。推动服务业在更大范围、更宽领域、更深层次扩大开放，统筹促进河南自贸区、郑洛新国家自主创新示范区、郑州航空港经济综合实验区、中国（郑州）跨境电子商务综合试验区、郑欧班列及各类口岸等开放载体平台功能集合和联动发展，打造服务业开放合作新高地。坚持"引进来"和"走出去"相结合，扩大具有中原特色的功夫演艺、工艺美术、中医药、餐饮等服务出口，推动有条件的服务业企业"走出去"。

着力打造现代服务业专业特色品牌。立足抢占现代服务业竞争制高点，聚焦现代服务业领域企业和龙头企业、前沿创新机构以及专业高端人才等重点环节，采取有效措施加大引进力度，促进先进的发展模式和理念的推广应用；围绕现代物流、信息服务、金融、文化、旅游、健康、养老等重点领域，集中培育一批综合实力强、发展前景好、带动作用显著的现代服务业龙头企业、领军企业；鼓励龙头骨干企业通过兼并、重组、上市等方式进行资本运作，加快业态、模式创新和跨界融合，增强企业核心竞争力。加大对中小企业的扶持力度，引导中小服务业企业着力增强核心业务能力，提高专业化、特色化、精细化的服务水平，提升产品和服务的美誉度、性价比和品质，培育形成一批充满创新活力的中小企业集群；支持高端制造业企业依托自身生产经营特点，使生产经营过程不断向服务业环节延伸，增强优质的专业化服务能力。实施服务品牌塑造工程，研究建立服务品牌培育和评价标准体系，健全品牌营运管理体系，放大品牌增值效应。加强质量监管，引导服务业企业采用先进质量管理模式方法，建立方法统一、结果可比的服务质量监测和评价体系，推动服务供给标准化、高质量，加大服务品牌宣传和保护力度。

不断优化现代服务业发展环境。提升政府服务效能，强化政策系统集成和制度创新，营造鼓励和支持服务业发展的法治环境、诚信环境、政策环境和市场环境，建立公开、平等、规范的行业准入制度，激发社会资本积极参与现代服务业发展，充分释放服务业发展潜能。加快推进政务服务数字化改革，深化商事制度改革，进一步减少服务业前置审批和资质认定事项，实施审慎包容监管执法和容错扶持机制，规范服务业市场准入程序和名录。进一步明确服务业行业协会职能定位，完善协会与企业多元合作机制，充分发挥行业协会桥梁纽带作用。增强现代服务业发展的要素支撑，加大财税精准投入力度，用足用好各类专项资金和政府引导基金，落实好小微企业普惠性税收减免政策，切实减轻服务业企业的税费负担，支持发展服务业关键领域、重点行业和新兴产业；拓宽服务业融资渠道，鼓励金融机构开发适合服务业特点的金融产品和服务，支持具备条件的服务业企业通过资本市场开展股权融资，可以围绕主板、中小板、创业板、科创板、"新三板"等进行直接融资；优化用地结构，创新完善土地供应调控机制，遵循土地的集约节约利用原则，创新用地供给方式，优先保障对经济、民生有重大带动作用的科技、信息、金融、物流等重大服务业功能性载体和重大项目建设用地；鼓励旧工业区、旧工业厂房改造为现代服务业项目的用地、用房；强化人才支撑，培养一批一流的管理人才和高端的技术人才，提升服务企业的核心竞争力。

三 不断推动现代农业高质量发展

农业是国民经济的基础，不断加快现代农业高质量发展，是推动实现河南高质量发展的重要基础和保障。要进一步深化农业供给侧结构性改革，落实"培优、做强、升级、提质"四大举措，不断延伸产业链、提升价值链、打造供应链，加快构建现代农业产业体系、生产体系、经营体系，不断提高农业质量效益和竞争力。

着力调整农业生产的品种结构。要保障粮食安全，严守耕地保护红线，严格管制耕地用途，持续推进高标准农田建设，大力发展现代设施农业。要积极发展优势特色农业产业，立足当地资源禀赋和市场需求，发展一批成长空间大、有竞争力的特色农业、农产品加工业、乡村休闲旅游等产业；以调整结构、优化品种、提升品质为重点加快建设优质专用小麦、花生、草畜、林果、蔬菜、花木、茶叶、食用菌、中药材、水产品十大优势特色农产品生产基地，围绕品种培优、品质提升、品牌打造、标准化生产等重点环节积极创建国家级特色农产品优势区；深入实施高效种养业发展行动，围绕做大做强做优生猪产业、牛羊产业、家禽产业加快构建现代养殖体系，健全完善疫病防控体系及流通体系，加快畜牧业转型升级和高质量发展进程。要加强种质资源保护开发与创新发展，聚焦小麦、玉米、花生、食用菌等优势农作物以及发展设施农业、花卉、林果、畜牧等急需的优良品种加快种子选育，坚持企业在技术创新中的主体地位，推动育种人才、技术、资源等创新要素依法向种子企业流动，在育种核心技术等关键领域鼓励创新产学研联合攻关模式，激发科研人员积极性，加速科技成果转化。

加快打造现代农业全产业链。按照"粮头食尾""农头工尾"要求，坚持以推进农产品加工向产地下沉、农产品加工与销区对接、农产品加工向园区集中为路径，把农业生产与农产品加工、流通和农业休闲旅游融合起来发展，优化产地、销区和园区空间布局，有效降低生产、运输、营销等成本，更好推动产业集聚发展、链式发展，促进产镇融合、产村融合，形成生产与加工、产品与市场、企业与农户协调发展的良性局面。实施农业产业化集群培育工程，在政策、资金和技术等方面加大服务力度，全面推行"公司+基地+农户+市场"的运行模式，引导农产品加工业及配套企业集群发展，形成一批优势产业集群，加快农村产业融合发展。提升农业综合效益。推动鼓励大型农产品加工流通企业开展托管服务、专项服务、连锁服务、个性化服务等综合配套服务，积极发展定制服务、体验服务、智慧服务、共享服务、绿色服务等新形态；推动乡村产业业态创新融合，发展中央厨房、创意农业、功能农业、数字农业、智慧农业等新型业态。

持续优化农业生产经营组织方式。着力培育一批发展效益好、技术含量高、带动能力强的新型经营主体，持续开展农民专业合作组织发展创新试点，支持和引导农业企业、合作社、家庭农场等经营主体与农村集体经济组织、农户通过股份合作形式组建经营实体，鼓励和引导农户依法采用出租、互换、转让及入股等方式流转承包地，有序推动土地承包经营权向新型农业经营主体流转，加强对家庭农场和农民专业合作社的规范化指导，充分发挥示范合作社、家庭农场的带动作用。大力培养有文化、懂技术、会经营的职业农民，建立健全农民作为种养主体的利益联结机制，完善创新"龙头企业+合作社+农户"组织方式，充分激发农业生产经营活动中作为主体的农民的积极性、主动性和创造性，推动农民收入持续提高。引导和支持更多社会资本投资农业农村，落实各项优惠政策措施，强化农业合作社的组织联结功能，推动合作社规范运行、提质增效。实施农业生产全程社会化服务试点，完善现代农业技术体系和农业科技推广服务体系，提高农业物质技术装备水平。

统筹推动乡村振兴各项重点任务落实。立足切实巩固拓展脱贫攻坚成果，深入开展大排查，持续加强监测帮扶，抓好保障回头看、易地扶贫搬迁后续扶持、就业帮扶等，动态帮扶、动态整改，确保脱贫成果经得起检验。坚持品牌发展策略，积极推动乡村特色产业向富民产业转变，实行品牌创建、宣传及规范管理，创响一批区域公用品牌、企业品牌、产品品牌等乡村特色知名品牌，让农民在发展特色产业中持续增收、安居乐业。深入推进农村人居环境整治提升，统筹推进农村厕所革命、村容村貌提升，抓好乡村基础设施、基本公共服务建设，推进"全光网河南"全面升级，不断提升农业农村基础设施信息化水平。要全面加强乡风文明建设，抓好农村精神文明建设，加强乡村传统文化传承保护，广泛开展农村移风易俗活动，不断提升乡村治理水平。要持续推动农业农村改革，聚焦农村宅基地管理、金融支持等重点领域不断探索创新，用改革进一步激发活力、激活动力。

第四节　以消费转型升级拉动高质量发展

推动消费转型升级是促进经济社会协调发展的内在要求，也是实现高质量发展的重要举措。要牢牢把握扩大内需这个战略基点，增强消费对经济发展的基础性作用，发挥河南省在区位交通、市场腹地、人力资源等方面的优势，加快推动消费提质转型升级进程，为河南推动实现高质量发展提供重要支撑。

一　提升传统消费能级

在如今消费升级的趋势下，社会网络消费已日益普及，消费者追求的不仅仅是产品质量和档次的提升，更重要的是满足其新出现的需求，在产品之外给予其更多超预期的体验。因此，必须顺应消费升级的趋势，不断挖掘传统消费潜力，提升传统消费能级。要持续促进实物消费提档升级。充分挖掘家电家具、汽车、餐饮等行业的消费潜力，加大电子产品、汽车等消费促进力度，严格落实国家新能源汽车购置补贴和免征车辆购置税政策，推动汽车由购买管理向使用管理转变，特别是扩大二手车流通，促进消费的梯次消费、循环消费；大力促进住房消费，加大改善型住房供给力度，积极发展住房租赁市场；鼓励有条件的地区家电家具循环利用、以旧换新；扩大餐饮消费规模，积极发展大众化餐饮，科学布局中高端餐饮网点，支持餐饮业创新经营模式，完善餐饮行业人员、流程的标准化管理，提高餐饮行业便捷性、安全性水平，促进餐饮行业做大做强；合理布局城镇商业设施，围绕商业社会改造提升重点建设一批高品质智慧商圈和特色商业街区，促进连锁便利店智能化、品牌化发展，支持零售业创新经营模式，不断丰富商业业态；支持老字号的传承创新、品牌消费，引导鼓励"新国潮"消费。要构建便民消费圈，以"互联网+社区"公共服务平台建设为重点提升社区便民服务设施建设水平，新建和改造一批社区生活服务中心；积极打造多元化、全方位消费场景，大力发展早市、"跳蚤"市场、夜间商业和市场。要着力提升居民消费能力，持续开展促消费活动，优化完善包括实物消费和服务消费在内的消费券发放政策，充分挖掘、释放被抑制的消费需求；鼓励省内行业协会和大型商贸企业积极参与省、市主办的大型促消费活动，围绕重点景区门票减免、高速公路通行费减免等科学制定系列文旅消费优惠活动和措施。

二 加快培育新型消费

近年来，以网络化、数字化和智能化为特征的网络购物、线上订餐、到家服务等新型消费快速发展，在促进消费提档升级、满足人民群众美好生活需要方面发挥了重要作用。特别是 2020 年初新冠肺炎疫情的突发，新型消费业态逆势快速发展，迎来井喷式爆发。从本质上来说，新型消费是在经济发展到一定程度之后，居民消费升级引发的新现象，是消费升级的体现，而新冠肺炎疫情的突发与防控更是加速了这一进程。在当前全国疫情呈现多点发生、局部暴发态势的环境下，为有效推动河南高质量发展进程，必须加快发展新型消费业态，为经济高质量发展提供新动能和新动力。要完善新型消费的引导政策，面对消费新趋势顺势而为、主动作为，从更高的视角、更宽的领域来审视消费发展、看待消费转型，深入分析消费升级给河南带来的新机遇和新挑战，进一步细分消费市场、拓展市场，放宽市场准入，营造有序环境，加大税费减免和金融支持力度，健全服务标准体系，培育新型消费增长点。要继续推动新型消费扩容体制，加快培育"云购物""云旅游""云娱乐""云教育""云医疗"等新型消费模式，大力发展"网红带货""直播购物""智慧商店""无接触配送"等新业态、新模式，并针对行业中的乱象，如直播带货中的商品质量不过关、消费者维权困难等加大监管力度。要引导传统企业加强数字化、信息化等新技术的应用推广，进行智慧化改造，持续打造沉浸式、体验式、互动式消费场景，涌现出更多智慧商店、智慧餐厅、情景式消费等新业态，鼓励实体商业通过直播电子商务、社交营销开启"云逛街"等新模式，进一步推动消费供给的优化、消费体验的提升，助力消费回暖。要加快新型消费基础设施建设，新型消费离不开互联网、物联网、大数据、人工智能等新技术的有效应用以及与新商贸、新消费相关的信息网络基础设施建设，对网络的大容量、低时延、高速度、超清晰等有较高要求，因此在大力发展数字经济与人工智能的过程中，应结合新型消费趋势特点，重点布局一批与 5G、大数据等相关的新基建项目，为企业创新和新型消费模式应用创造良好的硬件环境。

三 大力发展服务消费

随着经济社会的发展及人民生活水平的提高，居民消费需求由"基本物质文化消费需要"逐渐转向"美好生活消费需要"，服务消费比重已经超过商品消费，成为扩大消费的主战场。推动实现消费转型升级，必须提升服务供给质量，持续推进供给侧结构性改革，以服务供给结构优化引领和创造需求，提高服务供给体系与居民消费需求的适配性，不断激发服务消费"新"动能。要实施服务消费供给侧改革，围绕教育、健康、养老、托幼等领域的需求，坚持补短板、强弱项，增强基础性、兜底性、普惠性民生工程建设，继续创新教育、文化、体育健身等领域的服务供给方式，在满足群众服务消费需求的基础上不断提升群众的体验感、获得感和满意度；支持和引导社会资本投资教育、养老、医疗等领域，完善扶持政策，加快打造高质量、多层次的服务供给体系，提升服务质量，切实满足群众多元化、多样化的需求。要积极培育新型服务消费，在疫情防控常态化的趋势下，基于互联网的线上教育、线上医疗、远程办公、娱乐等新型服务消费展现出蓬勃前景并日益成为支撑经济持续健康发展的新动能，要优化相关政策，支持更多社会资本投资线上教育、线上医疗、远程办公、文化旅游、体育健身等新型消费领域，创新服务内容，提升服务品质；鼓励和引导传统服务企业主动融入服务消费发展新趋势，加快线上线下融合发展，加快信息网络基础设施建设和优化升级，推动消费品工业和服务业融合发展，积极发展共享消费、定制消费、体验消费和"智能+"服务消费，以新业态、新模式为引领加快促进新型服务消费发展。要加快服务消费提档升级，当前消费产品和服务已经从早前的压缩成本、比拼价格、渠道为王，更多转向了以质量为王、重视消费者体验以及提升产品价值感。因此，应在服务消费领域积极推行高端品质认证，实施品牌化带动战略，鼓励企业向规模化、连锁化、品牌化发展，加大高品质服务产品供给力度，加快推动优势服务消费提档升级。

四　持续开拓农村消费市场

农村消费是消费市场的重要组成部分，随着近年来农民收入不断增加、农村消费补贴政策的实施，农村消费市场进一步活跃，正在释放出巨大的消费潜力。推动消费结构转型升级，必须充分挖掘农村消费市场潜力，着力消除制约消费潜力释放的各种因素，优化农村消费供给，打通农产品上行通道，着力唤醒农村海量消费需求，持续激发农村高涨的消费热情。要健全完善县域商业体系，统筹推动商贸中心、购物中心、大型连锁超市等业态协调发展，促进县、乡、村商业网络连锁化，加快县域商业设施的提升改造，扩大商业覆盖面，提高县域商业的综合服务能力及水平。支持有条件的乡镇建设购物、娱乐、休闲等业态融合的商贸中心，发挥乡镇商业辐射作用；发展新型乡村便利店，加强商户规范经营意识，引导乡镇大集等商贸经营活动健康有序发展，持续优化消费环境。提升乡村农产品商品化处理能力，加快建设一批农产品加工园区，支持农产品产后初加工基础设施升级改造，提高乡村农产品商品化处理能力；着力提升农产品流通效率，顺应数字技术发展趋势，加快农产品流通基础设施的数字化转型升级，支持农产品批发市场、农贸市场、菜市场设施的升级改造，聚焦金融服务、电子结算、检验检测和安全监控等重点环节，加快数字化、规范化、标准化建设，加强农产品仓储保鲜设施等冷链物流设施建设，加强农产品流通与主要消费城市的对接，建立健全产销对接长效稳定机制。要持续扩大农村电商覆盖面，优化提升县级电子商务公共服务中心的服务协调能力，为电商企业、家庭农场、农民合作社等各类主体提供市场开拓、资源对接等服务，增强电商服务农产品上行能力；建立健全农村电商物流配送体系，加快农村电商物流设施的数字化改造、智能化升级，促进物流设施共建共享。要加强农村消费市场监管，提升农村商品质量及加强农村消费市场行政监督，加强农村食品安全监管，严厉打击各类侵权假冒行为，加大力度惩治不法商家，切实保护农村消费者的切身利益，打造放心消费、安全消费的良好环境。

五　营造良好消费环境

消费既是拉动经济增长的重要动力，又是保障和改善民生的重要内容，而良好的消费环境是提升消费吸引力、推动消费转型升级的关键一环，优化消费环境、规范市场秩序是使消费者更放心消费、更愿意消费的重要举措，能够让消费持续释放出更为蓬勃强劲的发展动力。要推动消费基础设施改造升级，重点围绕"两新一重"建设促进消费与投资的有效结合，使激发消费新需求与产业转型升级相互促进、协同发展；要优化完善乡村地区水电路气等建设，推动网络信息基础设施数字化升级，建立健全农村现代商贸流通体系，为现代消费向农村普及、充分挖掘农村消费潜力奠定基础。要不断提升居民消费能力，继续扩大中等收入群体，实施重点群体增收计划，对科研人员、技能性人才、新型职业农民等可以实行差别化的收入分配激励政策，对进城务工人员这一群体要通过政策创新保障其住房、医疗、教育等基本需求，从而充分挖掘收入增长潜力，增强居民消费能力，让居民更有获得感。要采取多种措施提高居民财产性收入，引导金融机构不断创新和丰富居民投资理财产品，在满足居民多样化、多层次的投资理财需求的同时，有效增加居民财产性收入，从而进一步促进消费能力的提高。要深入挖掘居民消费潜力，支持金融机构持续完善、创新消费信贷金融产品，依据个人消费者征信评估和消费能力的不同，在消费信贷利率、消费贷款额度、还款期限以及信用卡免息还款期限等方面采取差别化信贷政策，进一步促进消费增长。要推进服务标准化建设，建立健全健康、养老、托幼等重点领域的服务标准体系和行业规范，督促服务企业加强标准化管理，不断提高服务消费的供给水平。要加强消费者权益保护，建立健全商业信用体系，引导企业诚信经营，强化消费者权益保护，在消费维权工作中牢固树立消费者至上的理念，围绕与民生密切相关的商品和服务开展重点领域消费维权，确保市场主体提供安全放心的吃穿用消费品；强化市场运行监测，建立健全重要消费品和重要生产资料的市场预测预警体系，健全应急调控反应机制，有效应对突发事件，保障市场平稳运行。

第五节　以企业转型升级助推高质量发展

企业作为经济的基本细胞，其转型升级的速度与质量决定着整个经济结构优化升级的进程和水平，是经济社会高质量发展不可忽视的重要一环。要强化科技创新，推进企业向数字化、智能化、绿色化转型升级，提高数字化运营能力，在数字化变革中持续激发企业活力，不断提升企业竞争力，助推全省经济社会高质量发展。

一　强化企业科技创新

强化企业科技创新，构建以市场为主导、以企业为主体、产学研用相结合的技术创新体系，是加快企业转型升级、推动实现高质量发展的关键所在。要积极支持和鼓励企业提升技术研发能力，实施企业研发能力提升工程，通过政策创新和公共研发平台建设，引导企业积极建设工程（技术）研究中心和重点（工程）实验室等创新载体，引导科技创新资源和要素向高成长性企业集聚；鼓励和扶持有条件的企业通过技术转让、合作入股、共同开发等形式，就产业重大关键技术与国内外企业开展联合研究创新；积极推进科研项目管理体制，建立健全以市场为导向、以企业技术创新为需求的科技计划项目立项机制，鼓励和支持在豫企业积极承担各类科技计划项目，促进科技成果应用转化。要提高高校、科研院所的服务创新水平，支持河南高等学校、科研院所与企业联合围绕产业技术创新关键点，组建基于知识服务平台的技术研发平台和产业技术创新战略联盟，开展核心关键技术研发，联合培养人才，共享科研成果，协力推进科技成果转化；鼓励依托高等学校和科研院所的科技创新平台向社会开放，为企业服务，提高科技资源利用率，加快科技创新步伐。要完善科技市场服务体系，形成综合性的技术与产权交易平台，大力发展技术研发设计、技术交易咨询、知识产权咨询、科技金融等科技服务业，实施科技服务业示范项目、企业和基地计划，培育集聚一批社会化投资、专业化服务的科技服务机构，为科技创新提供服务保障。要通过科技创新不断提高企业管理水平，建立健全激励机制，引导和鼓励员工在技术攻关、成本控制、经营方法、资本运作等方面积极进行创新，形成全员创新、企业创新的浓郁氛围；通过细化管理，开源节流不断优化经营结构，加强经营管理，为企业转型升级提供长久动力。要扩大科技交流与合作，鼓励外资企业、中央企业和外省市企业来河南设立研发中心，加强与河南产业关联度高、专业特色强和国内重点高校、科研院所的全面合作，鼓励高校、科研院所科技成果向河南省转移和产业化；加大科技招商力度，鼓励企业、高校科研院所开展国际科技合作，对推动科技创新能力较强的产业化研究项目予以积极支持。

二 推动企业绿色发展

当前，传统企业的发展面临着较大的资源和环境压力，有限的资源已难以支撑原有的粗放型增长方式，推动实现河南高质量发展，必须改变企业原先的增长方式和发展模式，走出一条科技含量高、经济效益好、资源消耗低、环境污染少的绿色发展新路，加速企业转型升级。要围绕供给侧结构性改革调整优化产品结构和业务布局，统筹推进低效产能的淘汰和新增产能的严控，做好产能置换工作的落实；要加快淘汰落后设备和工艺，不断促进生产工艺流程的改造升级，努力打造上下游紧密结合的循环经济产业链，形成绿色低碳发展模式。要加快绿色低碳技术创新和推广应用，进一步加大绿色科技创新研发的投入规模，聚焦基础性和应用性的关键技术加大科研和攻关力度，支持公共知识资本为民营企业的绿色转型服务，持续推动全社会绿色创新能力的整体提升；加快搭建绿色发展信息数据库，围绕绿色低碳相关的新产品、新工艺、新模式、新技术等，充实完善数据库资源，为民营企业的绿色转型发展提供信息服务；建立健全绿色低碳标准体系，引导具备条件的企业牵头建立行业低碳创新联盟，聚焦行业内带动性强、辐射面广的关键绿色低碳技术，形成研究合力并重点突破。要强化数字化、智能化应用，运用新一代信息通信技术对整个工艺流程进行建模仿真，减少工序、提升工效，直接降低能耗及碳排放强度；进一步优化人员管理、运营管理模式和流程，有效降低人为因素导致的冗余能耗和碳排放。要构建绿色绩效考评体系，明确量化指标体系和评价标准，定期对企业绿色生产经营状况进行检查，并在社会发展评价和政府考核体系中把企业绿色发展等相关指标作为重要参数纳入综合评价体系；完善企业经济绿色发展奖惩机制，对于积极转变发展模式，加快淘汰和改造落后产能的企业，在税收减免，用地、用水、用电的优先权等方面设置相应的奖励制度，而对于绿色转型滞后、不遵循绿色发展要求的企业要给予相应的惩罚措施，同时大力开展绿色企业的典范宣传，以此调动其他企业参与绿色发展的积极性，营造企业绿色发展到良好氛围。

三　完善企业人才体系

人才是企业在整个经营发展过程之中至关重要的角色，是企业实现快速发展的重要支撑和保证，吸引、培养高端人才和骨干人才，并且留住人才、用好人才，是企业持续保持和提升企业竞争力的保障，也是推动企业转型升级、实现高质量发展的根本。要加速集聚高层次创新人才，实施高端人才引进计划，采取有效措施加大对海外高层次人才、创新创业人才和高端创业创新团队的引进力度，支持具备相关条件和资质的企业设立院士工作站和博士后科研流动（工作）站，依托河南各类工程（技术）中心、研发中心，加速领军型科技创新人才向新兴产业和优势企业集聚。要加强中高端人才培养和引进，完善人才培养的相关政策，鼓励企业在自主培养人才方面多下功夫，支持根据企业自身的发展和需要制定人才培养的中短期规划，把人才培养作为企业发展的第一要素，系统地制订人才培训计划，针对新员工着力做好入职培训、岗位技能培训等，针对在岗职工不断加强管理知识培训、技能和学历提升培训等，建立后备干部储存，避免人才的"断档"；依据人才自身的特点及优势，结合岗位需求，详细规划人才的职业生涯，构建公开透明、科学合理的晋升通道，增强人才的获得感、幸福感和成就感，提高他们对于企业的归属感，做到事业留人；建立工作数据平台，完善人才引进政策体系，定期安排企业与高校应届毕业生之间的对接招聘，积极与全国各大知名高校联动；加强校企产学合作，打造校企联盟和积极开展校企产业试点工作，使得人才和项目在企业产生社会效果。要不断完善人才使用政策体系，在鼓励企业引进、培养人才的同时，促进企业在人才使用上落细落实；健全科技人才流动机制，完善科技人才评价办法，建立科研院所、高等学校和企业创新人才的双向交流机制，完善以市场需求为指引，以科技创新能力、创新成果转化能力、创新成果质量和贡献为导向的科技人才动态评价机制。要持续优化人才服务保障体系，围绕配偶就业、子女就读、住房保障等普遍关注的问题加强沟通，简化办事流程，细化保障措施，切实解决好人才工作生活中的实际困难，解除他们的后顾之忧，真正让各类人才引得进、留得住、用得好。

四 优化企业发展环境

加快推进企业转型升级需要以一定的制度和政策环境做保证。转型升级既是一个需要物质和技术力量给予支持的过程，更是一个需要制度和政策环境给予保证的过程。因此，推动企业转型升级，一方面需要企业苦练"内功"，提升自主创新能力，提高企业管理水平；另一方面也迫切需要政策的支持和环境的优化，真正以更优的营商环境支撑市场主体转型及竞争力的提升。要完善企业转型升级的技术支撑体系，加快建设一批集研发、中试、小批量生产和测试于一体的技术平台、测试平台、信息平台，聚焦行业内企业转型升级的关键技术和共性需求问题提供信息资源和支撑；强化问题导向，加强关键共性技术攻关，加快突破数字领域的技术瓶颈，加强对底层操作系统、基础工业软件等基础技术、关键共性技术的研发创新支持，推动新一代数字技术的产业化及其在企业的应用。要持续深化相关领域改革，树立鲜明的改革导向，围绕纳税、信贷、跨境贸易、办理破产、产权保护、信用体系建设等重点领域和关键环节持续推进改革纵深发展，充分调动各级各部门抓改革的积极性。要打造便捷高效的政务环境，持续深化"放管服"改革，以"互联网+政务服务"的完善和发展为重点不断促进政务管理和服务方法的创新，切实提高政府办事效率，进一步增强政府和相关部门对经济社会发展的管理能力和服务能力；注重解决市场主体面临的突发情况和问题，增强民众的体验感和满意度，不断完善个性化、差别化服务，努力从行政管理机构向服务机构、服务型政府转型；进一步降低企业税费负担，切实用足政策，加强宣传引导和政策辅导，按照国家、省、市的有关规定真正减轻企业负担，加大对企业设备投资和技术创新的优惠力度。要构建公平公正的体制环境，以加强保护民营经济的产权和知识产权为重点不断完善产权保护制度，落实市场准入负面清单制度，严格实行"非禁即入"，充分激发市场活力，完善法律体系，强化法律意识，为营商环境的进一步优化奠定体制基础。

第九章

三大攻坚：河南高质量发展的"硬骨头"

打好打赢防范化解重大风险、精准脱贫、污染防治三大攻坚战是决胜全面小康的三大关键战役，为建成高质量的小康社会，开启全面建设社会主义现代化河南新征程奠定了牢固的基础。在新发展阶段，要持续打好打赢三大攻坚战，坚持补短板、堵漏洞、强弱项，不断增进民生福祉，在高质量发展轨道上行稳致远，这关系到全面建设社会主义现代化的成色和质量，对于开创现代化河南建设新局面，谱写新时代中原更加出彩绚丽篇章具有重大的意义。

第一节　持续打好三大攻坚战事关高质量发展全局

持续打好防范化解重大风险攻坚战，可以让经济发展更稳健；持续巩固好脱贫攻坚成果，可以让经济发展更均衡、更充分；持续打好污染防治攻坚战，可以让经济发展更可持续。三大攻坚战目标各有侧重，但内涵紧密相连，有机统一于推进高质量建设现代化河南、高水平实现现代化河南的伟大实践中，体现了不断增强人民群众获得感、幸福感、安全感的有机统一。

一　持续打好防范化解重大风险攻坚战是推动高质量发展的重要基础

防范化解重大风险攻坚战，事关经济社会大局稳定，是"三大攻坚战"

的首要之战。尤其当前我国经济工作稳字当头、稳中求进，对重大风险的认识是否到位直接影响宏观经济大盘稳定，这是实现高质量发展必须跨越的重大关口，对于稳定市场预期、推动经济高质量发展具有基础性意义。

1. 统筹发展与安全的战略举措

发展是安全的基础，安全是发展的条件。站在"两个一百年"奋斗目标历史交汇点，统筹发展和安全，防范和化解影响我国现代化进程的各种风险是以习近平同志为核心的党中央统筹中华民族伟大复兴的战略全局和世界百年未有之大变局作出的重大战略安排，是贯彻总体国家安全观的重要要求，为我国防范化解重大安全风险、推进国家安全实践指明了方向。党的十九届五中全会将统筹发展和安全提到了前所未有的高度，二者互为条件，彼此支撑，只有在发展和安全两个方面同时发力，在更广范围、更深层次上实现高质量发展与高水平安全协同而行，才能将构建新发展格局的战略部署落到实处，这就对打好防范化解重大风险攻坚战提出了更高的要求，需要切实增强风险意识、强化底线思维，着力防范化解各类风险挑战，为推动高质量发展、构建新发展格局提供有力的服务和保障。

2. 全面建设现代化河南的重要保障

迈入新征程，站上新起点，锚定确保高质量建设现代化河南、确保高水平实现现代化河南的奋斗目标，河南既有充分条件，也面临着巨大的挑战，更多的是要积极防范风险隐患。当前和今后一段时期是各类矛盾和风险易发期，部分领域长期积累的深层次结构性矛盾不确定性增加，环境变化和体制变革相互影响，国内矛盾和外部冲击相互作用，经济风险集聚释放与经济增速下降、经济再平衡和高杠杆等各种矛盾相互交织和"碰头"，进入各类风险易发高发的窗口期，如果处理不当，很有可能演化为重大风险。全面建设现代化河南必须保持高度警觉，必须将防范化解重大风险提上首位，防止外部风险演化为内部风险，防止经济金融风险演化为政治社会风险，防止个体风险演化为系统性风险，这既是高质量建设现代化河南的一大难点，也是高水平实现现代化河南的坚实保障。

3. 实现高质量发展的必由之路

高质量发展是一场"耐力战"，从高速发展向高质量发展转变正是向形态更加高级、分工更加复杂、结构更加合理的发展阶段"惊险一跃"，过程注定不会一帆风顺，越是在转变发展方式、优化经济结构、转变增长动力的攻关期，越是需要有如履薄冰的谨慎，需要有居安思危的忧患，需要保持经济社会大局稳定。这就要求必须守住不发生系统性风险的底线，防范地方金融风险、政府债务风险、社会领域风险、房地产市场风险等突出问题不能回避，切实提升各级党组织和广大党员干部防范化解各种重大风险的自觉性和忧患意识，高度关注经济社会转型发展中的焦点、难点，既时刻警惕"黑天鹅"事件，又积极防范"灰犀牛"事件，有效规避风险集中释放对经济社会发展造成的冲击，为河南高质量发展，实现中原崛起、河南振兴创造有利条件。

二 持续巩固脱贫攻坚成果是高质量发展的底线目标和标志性指标

消除贫困、改善民生、实现共同富裕，是社会主义的本质要求。经过 8 年持续奋斗，2020 年河南已经如期完成了脱贫攻坚目标任务。脱贫摘帽不是终点，站在历史的新起点，解决"三农"问题仍然是社会主义现代化建设最艰巨、最繁重的任务，实现高质量发展就要巩固拓展脱贫攻坚成果，守住规模性返贫底线，逐步实现由集中资源支持脱贫攻坚向全面推进乡村振兴平稳过渡。

1. 持续巩固脱贫攻坚成果事关增进高质量发展成色

党的十八大以来，党中央从全面建成小康社会的要求出发，把扶贫开发工作纳入"五位一体"总体布局、"四个全面"战略布局，其作为实现第一个百年奋斗目标的重点任务，是"十三五"期间的头等大事和第一民生工程，攻坚力度之大、规模之广、影响之深前所未有。2020 年我国已经完成了消除绝对贫困的艰巨任务，对全球减贫贡献率超过了 70%，河南 53 个贫困县全部实现脱贫摘帽，718.6 万建档立卡贫困人口全部脱贫，9536 个贫困村退出，贫困发生率降到 0.41%，与全国一道同步实现了全面小康，河南由此进入了再无贫困县的新的发展阶段。持续巩固脱贫攻坚成果，加强脱贫不稳定户、边缘易致贫户监测和帮扶，将进一步解决河南发展不平衡不充分的矛盾，为高质量发展注入强劲动力。

2. 持续巩固脱贫攻坚成果事关巩固党的执政基础

中国共产党从成立之日起就确定了为天下劳苦人民谋幸福的目标，始终践行以人民为中心的发展思想，坚持为人民服务的根本宗旨，创造了举世瞩目的脱贫攻坚伟大成就，人民的生活水平大幅度提升，党的执政基础坚不可摧。打赢脱贫攻坚战充分展现了我们党领导亿万人民坚持和发展中国特色社会主义创造的伟大奇迹，进一步证明了我们党强大的组织能力和治理能力。持续巩固脱贫攻坚成果是中国共产党的执政宗旨、政治优势和制度优势的充分彰显，党员干部深入基层，以精准扶贫新理念进一步巩固拓展脱贫攻坚成果，增强贫困人民在参与中的主体感、获得感，不断提高脱贫质量，这正是全心全意为人民服务根本宗旨的充分体现，必然使党群关系、干群关系更加密切，这将进一步巩固党的执政基础。

3. 持续巩固脱贫攻坚成果事关国家长治久安

习近平总书记指出，贫穷不是社会主义，如果贫困地区长期贫困，面貌长期得不到改变，群众生活长期得不到明显提高，那就不能体现我国社会主义制度的优越性，那也不是社会主义。改革开放以来，我国扶贫开发取得了举世瞩目的成就，极大地改变了贫困地区人民群众的生产生活状态和精神风貌，贫困人口生活水平不断提高，教育、医疗、文化等公共服务水平也跟上了全面小康的步伐，对促进社会进步、民族团结和谐、国家长治久安发挥了重要作用，也展示和证明中国共产党领导和中国特色社会主义制度的优越性。只有继续坚定不移地推进精准脱贫攻坚战，才能不断增强贫困群众的获得感和幸福感，只有让全体人民安居乐业，社会才能和谐稳定，国家才能长治久安。

三 持续打好污染防治攻坚战是补齐高质量发展短板的重要保障

党的十八大以来，河南聚焦打好蓝天、碧水、净土保卫战，生态环境治理明显加强，环境状况得到重大改善。进入新时代，要实现高质量发展，污染防治和环境治理是需要跨越的一道重要关口，必须保持加强生态环境保护建设的定力，统筹好经济发展和生态环境保护建设的关系，探索以生态优先、绿色发展为导向的高质量发展新路子。

1. 持续打好污染防治攻坚战是确保中华文明传承的重要提前

习近平总书记多次就人与自然的关系发表重要论述，强调人与自然是生命共同体，人类必须尊重自然、顺应自然、保护自然，强调生态兴则文明兴，生态文明建设是关系中华民族永续发展的根本大计。在世界历史上，很多伟大文明的衰退和消亡实际上都与环境条件的恶化有关。从中国特色社会主义实践的发展历程看，几十年的快速发展伴随着资源约束趋紧、环境污染严重、生态系统退化等形势日趋严重，要解决历史交汇期的生态环境问题，需要着力解决人和自然界之间、人和人之间的矛盾，持续打好污染防治攻坚战，建立起生态文化、生态经济、生态责任、生态制度、生态安全耦合互动、相辅相成的综合性生态文明体系，构建人与自然和谐发展的现代化建设新格局，实现生产、生活、生态的和谐统一，这是对马克思主义关于人与自然关系思想的创新性发展，对中华文明的永续传承和发展也具有重要的现实和历史意义。

2. 持续打好污染防治攻坚战是转变发展方式的必然要求

习近平总书记用"金山银山"和"绿水青山"来比喻经济发展与生态环境保护的关系，阐明了二者的辩证统一关系。党的十八大以来，我国打破了简单把发展与保护对立起来的思维束缚，把生态文明建设作为统筹推进"五位一体"总体布局和协调推进"四个全面"战略布局的重要内容，把推动形成绿色发展方式和生活方式融入经济建设、政治建设、文化建设、社会建设各方面和全面建成小康社会全过程，实现了经济社会发展和生态环境保护协同共进。新发展阶段的发展主题是实现高质量发展，这就要求推动形成绿色发展方式和生活方式，将绿色发展和生态环境内在化为经济社会持续健康发展的增长点、支撑点、发力点，实现发展和保护内在统一、相互促进和协调共生，这是转变发展方式、实现高质量发展的内在要求。

3. 持续打好污染防治攻坚战是解决社会主要矛盾的重要保障

良好的生态环境是最公平的公共产品，是最普惠的民生福祉。随着人民群众迈向全面小康，社会结构、消费结构、生产和生活方式正在发生深刻变化，让家园空气清新、山清水秀、鸟语花香在群众生活幸福指数中的分量不断加重，已成为民生问题中越来越重要的问题。在解决当前社会主要矛盾的过程中，既需要创造更多的物质财富和精神财富以满足人民日益增长的美好生活需要，也需要提供更多优质生态产品以满足人民日益增长的优美生态环境需要，必须以改善环境质量为核心，持续打好污染防治攻坚战，补齐生态环境短板，扩大优质生态产品供给，让人民群众在良好的生态环境中生产生活，不断增强群众获得感和幸福感，只有这样才能更好地实现社会公平正义。

第二节　牢牢把握三大攻坚战的着力点

站在新的历史起点，持续深入打好防范化解重大风险攻坚战、精准脱贫攻坚战、污染防治攻坚战具有新特点、新目标，必须结合新形势、新任务再审视、再深化，牢牢把握三大攻坚战的着力点，巩固三大攻坚战的成果。

一　持续打好防范化解重大风险攻坚战的着力点

围绕政治、经济、社会、生态环保、党的建设等领域存在的重大风险隐患，要以主动防范为先强化防范化解重大风险意识，以守住底线为本把握防范化解重大风险规律，以标本兼治为要提高防范化解重大风险能力，以系统应对为主健全防范化解重大风险机制，以责任担当为重抓好防范化解重大风险落实，持续打好防范化解重大风险攻坚战，为推动高质量发展提供坚强保障。

1. 以主动防范为先强化防范化解重大风险意识

经济社会发展风险的形成是一个从萌芽积累到最终释放的演进过程，如果能够及时主动应对风险，把握住风险化解的时间窗口，就会显著降低风险对经济社会发展造成的负面冲击。随着我国现代化建设的全面开启和高质量发展的进一步推进，必须按照"稳字当头，稳中求进"的经济工作总基调，坚持稳定大局、统筹协调、分类施策、精准拆弹的方针，主动出击、把握先机，在发展中打好防范化解重大风险攻坚战。主动防范，就是要坚持稳字当头、稳中求进的工作总基调，准确把握发展环境新变化、新挑战，积极面对国内需求收缩、供给冲击、预期转弱的三重压力，主动应对国际环境的复杂严峻和不确定性；就是要加强风险防范的顶层设计、系统规划、稳步推进，建立风险预警机制，制定系统的防范和化解风险的实施方案，将"集中力量办大事"与"市场机制效率"有机结合起来；就是要时刻绷紧防范风险这根弦，加强对各类风险的评估，继续强化稳就业、稳金融、稳外贸、稳外资、稳投资、稳预期，全面落实保居民就业、保基本民生、保市场主体、保粮食能源安全、保产业链供应链稳定、保基层运转任务，进一步巩固经济稳中向好、长期向好的基本趋势，确保国家安全和社会大局稳定。

2. 以守住底线为本把握防范化解重大风险规律

经济转型过程往往也是风险集聚释放的过程。当前我国经济形势总体是好的，但经济发展面临的国际环境和国内条件都在发生深刻而复杂的变化，必然导致各种风险的生成与叠加，如果我们对风险积累缺乏警觉，风险就会不断集聚，积累到一定水平，就会集中释放，酿成系统性风险和经济金融危机，影响甚至威胁新发展阶段的稳定性与健康性。守住底线，就是要增强风险防控意识，对可能出现的最坏情形有充分的预见和准备，用"显微镜"来发现风险，用"放大镜"来评估后果，精准研判、妥善应对各领域风险，就是要立足防范在先、发现在早、处理在小，增强忧患意识，常怀忧患之思，常怀自警之心，始终绷紧防范化解重大风险挑战这根弦，就是要发挥制度优势，健全重大风险防范化解机制，制定完善化解风险的政策，强化制度执行和监督，打好防范化解重大风险主动仗，力争把风险化解在源头，就是要把防范化解重大风险工作纳入重要议事日程，将安全发展贯穿发展各领域和全过程，有效防范"黑天鹅""灰犀牛""蝴蝶效应"等影响现代化进程的各种风险，为高质量发展筑牢平安稳定基石。

3. 以标本兼治为要提高防范化解重大风险能力

风险在表面来看，大多是迫在眉睫的当前问题，但从本质上看，在很大程度上是经济失衡和资源错配的外在反映，其根本原因是结构性改革滞后和体制机制扭曲。当前我国发展面临的内外部环境比历史上任何时候都要复杂，时空领域比历史上任何时候都要宽广，其给发展既带来一系列新挑战，也带来一系列新机遇，是危机并存、危中有机、危可转机。防范化解重大风险就要标本兼治，切实提高防范化解重大风险的能力。标本兼治，是既要全面了解各种风险源、各类风险点，把握不同阶段风险防控的重点和主要任务，也要抓住源头、抓住要害，明确经济转型期风险形成机理和传导机制，从根本上解决风险背后的深层次问题，既要从全局上科学掌握化解应对风险的方法，以"组合拳""一盘棋"的思维整合力量、排兵布阵，也要打好根除隐患的战略主动仗，从结构性改革中找出路，共同构筑重大风险"防火墙"，既要以最小代价将矛盾消解于未然，也要以防风险倒逼转型升级，以提高发展质量和效益为中心，补上重点领域供给短板，解决技术"卡脖子"问题，在危机中育先机、于变局中开新局，筑牢新发展格局基石。

4. 以系统应对为主健全防范化解重大风险机制

市场经济条件下，风险的复杂性和严重性主要体现在其传染性，即不同类型、不同领域的风险相互交叉传染，形成共振，导致风险在短时间内由点向面扩散。特别是当前国际形势的不稳定性、不确定性增加，国际经济、科技、安全、政治等格局都在发生深刻复杂的变化，国内经济已经转入高质量发展阶段，正处于转变发展方式、优化经济结构、转换增长动力的攻关期，风险蕴含于经济转型之中，并且各领域风险不是孤立的，不能依靠碎片化的局部性措施来应对，而必须用系统性思维防范和应对风险。系统应对，就是要将防范化解风险作为一个系统性工程，从事前、事中、事后的整体视角进行设计，以系统性和网络化思维加强风险预判和防范能力，就是要统筹协调，以稳健的宏观政策、积极的财政政策和灵活适度的货币政策加大对市场的支持力度，就是要把安全发展原则贯穿于新发展阶段的全过程，处理好各种关系、解决好各种矛盾，实现政治安全、人民安全、国家利益至上的有机统一，就是要统筹国内国际两个大局，既重视外部安全，又重视内部安全，既聚焦重点，又统揽全局，利用好国际国内两个市场、两种资源，有效防范各类风险连锁联动，为高质量发展营造更加有利的国内国际环境。

5. 以责任担当为重抓好防范化解重大风险落实

习近平总书记多次强调，防范化解重大风险是各级党委、政府和领导干部的政治职责，要增强责任感和自觉性，把自己职责范围内的风险防控好，要增强忧患意识、未雨绸缪、抓紧工作，下好"先手棋"，打好主动仗，要把防范化解重大风险工作做实做细做好。责任担当，就是要清醒认识风险挑战的艰巨性、复杂性、长期性，在重大风险面前主动出击而决不逃避退缩，坚定信心、提高能力，就是要始终绷紧"防风险"这根弦，切实把思想和行动统一到总书记关于重大风险的科学判断和工作要求上来，用工作体现忠诚，用发展体现担当；就是要把风险防控渗透到日常工作中，把防范化解重大风险工作落细、落小、落具体，稳妥有序推进风险防控工作，努力把矛盾消解于未然、风险化解于无形；就是要加强系统谋划部署，建立健全风险研判、决策风险评估、风险防控协同及应急响应处置等机制，提升防范化解风险能力水平，组织协调各方面力量，推动防范化解重大风险各项工作落到实处。

二　巩固脱贫攻坚成果的着力点

巩固脱贫攻坚成果要健全防止返贫监测帮扶机制，持续巩固提升"两不愁三保障"成果，进一步做好困难群众兜底保障工作，切实守住不发生规模性返贫的底线；要加大产业就业支持力度，做好易地扶贫搬迁后续扶持工作，持续补齐基础设施短板，切实巩固拓展脱贫攻坚成果；要确保发展理念衔接、资源配置衔接、政策机制衔接、政府职能衔接、产业发展衔接，切实做好巩固脱贫攻坚成果与乡村振兴有效衔接工作，提升群众的获得感和幸福感。

1. 守住不发生规模性返贫的底线

健全防止返贫监测帮扶机制。在巩固拓展脱贫攻坚成果的过渡期，为切实推动扶贫资源真正向需要得到帮助的对象倾斜，聚焦重点人群，建设防贫监测大数据信息平台，将返贫风险较高的"脱贫不稳定户"和"边缘户"及时全部纳入监测范围，通过相关部门的数据共享，对于脱贫不稳定户、边缘易致贫户和突发严重困难户进行动态监测，既看贫困群众的收入、住房等"硬指标"，也看吃饭穿衣、教育医疗等"软条件"，做到"静态"与"动态"相结合。根据监测对象风险类别和帮扶需求，及时落实产业就业帮扶、医保社保综合保障、教育专项救助等措施，把返贫致贫风险消灭在萌芽状态，始终将有限的资源落实到最需要帮扶的群体和对象上，对易返贫致贫和突发严重困难农户做到早发现、早干预、早帮扶，确保摘帽不摘责任、摘帽不摘政策、摘帽不摘帮扶、摘帽不摘监管，坚决守住防止规模性返贫的底线，实现脱真贫、真脱贫、精准稳定可持续脱贫。

持续巩固提升"两不愁三保障"成果。在过渡期内保持"三保障"和饮水安全主要帮扶政策总体稳定和调整优化的基础上，围绕重点领域、重点区域、重点人群，梳理可能导致规模性返贫的主要风险点，建立健全长效排查和限时解决的机制。巩固教育保障成果，严格落实控辍保学责任，及时足额发放教育资助资金，义务教育阶段脱贫家庭辍学学生数量继续保持动态清零；巩固基本医疗保障成果，做好脱贫户、监测户参保政策宣传和资助参保工作，全面落实基本医疗保障政策，确保群众有地方看病、有医生看病、看得起病；巩固住房安全保障成果，建立农村住房安全动态监测机制，在实现安全住房全覆盖的基础上，进一步提升乡村宜居水平；巩固饮水安全成果，加强对农村供水水源和水质的监督管理，实施饮水安全巩固提升工程，保障水质达标。

进一步做好困难群众兜底保障工作。深化社会救助制度改革，健全低保等救助标准制定和动态调整机制，鼓励各地借鉴南阳市"四集中"、太康县"五养"等做法，因地制宜探索兜底保障模式，形成覆盖全面、分层分类、综合高效的社会救助格局；精准实施社会救助兜底保障政策，健全低收入人口主动发现、动态监测、救助帮扶等机制，持续做好扶贫、人社、医保数据人工信息比对及摸排监测，及时给予基本生活救助、专项社会救助、急难社会救助等；积极推进城乡低保专项治理和社保领域专项整治工作，将丧失劳动能力的脱贫人口和低收入人口及时纳入现有社保体系，筑牢织密社会救助兜底保障网，及时有效保障困难群众基本生活，不断提高困难群众获得感、幸福感、安全感。

2. 巩固拓展脱贫攻坚成果

加大产业就业支持力度。打造特色产业融合带贫，围绕各地市主导产业布局和产业发展需求，支持脱贫地区培育绿色食品、有机农产品、地理标志农产品，丰富全产业链条业态，涵盖现代化种养殖业、农产品加工业、农业休闲观光业等多种业态，实现"农业+"的一二三产业融合发展，全面打开贫困户致富增收的多个切入口；切实把稳就业作为第一要务，现代农业产业园、科技园、产业融合发展示范园继续优先支持脱贫县，有针对性地选派素质高、业务精、能力强、作风实的产业发展指导员、科技特派员、致富带头人担任农业服务顾问，推广"龙头企业+合作社+基地+脱贫户（监测对象）+金融"等有效模式，夯实产业扶贫基础；完善利益联结机制，通过分片组建产业发展示范队、产业技术服务队等，对脱贫户进行技术帮扶和科学指导，帮助脱贫户解决生产、经营和发展中的实际问题，巩固"嵌入式"产业发展成果，提高贫困群众抵御市场风险的能力，继续开展消费帮扶，带动贫困户稳定增收。

做好易地扶贫搬迁后续扶持工作。按照有利于搬迁群众生产生活、就近就业、稳定脱贫的原则集中安置点，设立专项资金，稳定易地搬迁配套设施的投资，集中布局学校、医院等公共基础设施，确保搬迁群众和所在地居民享有一体化、均等化的基础设施和基本公共服务；对具备农业产业发展条件的搬迁户和安置点落实产业扶持政策，通过支持发展特色产业、开展劳动技能培训、加大就业支持力度、组织劳务输出、引导自主创业等，多渠道促进搬迁劳动力稳定就业，强化社会管理，促进社会融入；持续加强易地扶贫搬迁后续帮扶政策措施的落实，坚持主体建设与配套建设一起抓、质量保障与进度保障一起抓、生活改善与环境改善一起抓、公共服务与生活服务一起抓，着力推动后续帮扶及产业支撑，确保搬迁村民真正实现"搬得出、稳得住、能致富、生活好",稳妥解决搬迁群众"两头住""两头跑"问题。

持续补齐基础设施短板。围绕打造现代立体交通体系、现代物流体系和服务"一带一路"建设的现代综合交通枢纽的目标,在脱贫地区重点谋划建设一批高速公路、客货共线铁路、水利、电力、信息通信网络等基础设施建设工程,打造立体高效、内捷外畅的综合交通网络,进一步巩固放大河南的交通区位优势,吸引各类高端要素在河南集聚;大力实施农村环境整治行动,紧盯贫困人口补齐脱贫短板,强化农村环境保护,以建设"干净、整洁、生态、宜居"家园为目标,加大村庄整治力度,深入推进"厕所革命",解决农村污水难题,整治提升村容村貌,为农民群众带来更多实实在在的幸福感,让美丽乡村成为出彩中原的亮丽底色;加快完善农村基本公共服务行动,着眼改善农村生产生活环境,加强交通、信息、水利、能源、生态环境等支撑能力建设,争取重大交通项目、重大水利工程、山洪和地质灾害防治体系建设、光伏扶贫工程、宽带网络等基础设施在河南脱贫地区的建设,积蓄发展后劲,推动局部优势、单一优势向综合竞争优势转化。

3. 做好巩固脱贫攻坚成果与乡村振兴有效衔接工作

发展理念衔接。强化战略规划有机结合,将巩固脱贫成果和新的减贫战略纳入"十四五"时期农业农村现代化规划和2022年后的乡村振兴战略后续规划,做好时序和内容衔接,在区域总体发展规划、土地使用总体规划等框架下,充分体现遵循乡村发展规律、发展实际和发展趋势,统筹脱贫攻坚、乡村振兴的目标任务,科学编制衔接期发展规划、专项方案、行动计划等;强化短期发展与长远发展有机结合,充分统筹发展实际和未来需要,一体规划一体推进乡村设施改造、服务提升、乡风塑造、治理创新等,牢固树立绿色发展理念,加强生态系统保护与建设,推动农业农村绿色发展;强化乡村发展与县域治理创新有机结合,发挥县域作为脱贫攻坚和乡村振兴主战场的功能,坚持乡村发展与县域治理一盘棋统筹谋划和一体化推进实施,积极优化县域产业链空间布局,持续拓展脱贫攻坚与乡村振兴有机衔接的战略空间。

资源配置衔接。推动乡村人才振兴,加快培育新型农业经营主体,打造一支强大的乡村振兴人才队伍和"三农"工作队伍，广泛举贤、颂贤、用贤，激励新乡贤等各类人才在农村广阔天地大施所能、大展才华、大显身手；探索乡村振兴的用地保障机制，深化农村土地制度改革，完善设施农业、乡村旅游等用地管理政策，优化城乡建设用地和乡村建设用地布局，探索盘活农村闲置宅基地和闲置农房的有效途径，用足用活新增耕地指标和城乡建设用地增减挂钩节余指标跨省域、市域、县域调节机制；强化投入保障，推广贫困县试点经验，改革财政支农投入机制，完善涉农资金统筹整合长效机制，加快农村金融创新，促进金融支持由特惠性向普惠性的过渡，推动农村金融机构回归本源，把更多金融资源配置到乡村振兴的重点领域和薄弱环节，创新返乡下乡支持和激励机制，积极优化营商环境，让城市居民和工商资本愿意下乡投资，激发社会资本参与乡村振兴的积极性；推动乡村文化振兴，大力培育文明乡风、良好家风、淳朴民风，突出乡村特色，传承乡土文化，留住乡愁记忆，防止大拆大建。

政策机制衔接。完善和出台巩固拓展脱贫攻坚成果同乡村振兴有效衔接的相关意见与配套政策，逐步构建起过渡期"1+N"政策体系，保持主要帮扶政策总体稳定，确保政策衔接不空档。过渡期内保持财政支持政策不变，合理安排财政投入规模，逐步提高用于产业发展的比例；保持金融政策不变，现有再贷款帮扶政策在展期期间保持不变，加大支小再贷款、支农再贷款对乡村振兴领域的信贷支持力度；保持土地政策不变，按照应保尽保原则，新增建设用地计划指标优先保障巩固脱贫攻坚成果和乡村振兴用地需要，保持人才政策不变，继续实施脱贫地区人才支持计划，助推人才下沉、科技下乡；保持兜底救助类政策不变，落实好教育、医疗、住房、饮水等民生保障普惠性政策，并根据脱贫人口实际困难给予适度倾斜。

政府职能衔接。加强组织保障，推动脱贫攻坚领导小组及其办公室向乡村振兴领导小组及其办公室的过渡，过渡期间可"两办"合署；完善工作机制，持续完善"五级书记"齐抓共管机制，落实主体责任，强化政治担当，坚持动真碰硬攻坚克难；持续完善第一书记工作机制，在前期贫困村、软弱涣散村派驻第一书记的基础上，向集体经济薄弱村全覆盖；借鉴行业扶贫、专项扶贫、社会扶贫"三位一体"的经验，构建多元参与、通力合作的乡村振兴大协作大推进格局；推动脱贫攻坚一整套有效机制办法与乡村振兴有机衔接，完善决策议事机制、统筹协调机制、项目推进机制、事项跟踪办理机制、绩效考核评估机制等；持续提升基层干事创业积极性和创造性，加强政治培训和业务指导，引导扎根基层、勇担使命、锐意创新、服务人民，进一步提高乡村干部待遇，落实职级并行政策，探索村干部职业化；将巩固拓展脱贫攻坚成果纳入乡村振兴实绩考核内容，将考核结果作为干部选拔任用、评先奖优、追责问责的重要参考，压紧压实各级党委和政府巩固脱贫攻坚成果责任，确保衔接过程起步稳、脱贫成果守得住。

产业发展衔接。要继续发展壮大脱贫村集体经济，扶持减贫带贫能力强的新型经营主体，着力发展地域优势突出的特色种植业，扩大平原区"四大怀药"、中药材及北部山区食用菌等高效经济作物种植，大力发展特色花卉、花生和核桃等特色油料作物产业，建设黄河滩区脱贫村肉牛、奶牛养殖基地；建立长短结合、标本兼治的体制机制，创新产业发展模式，支持脱贫村构建新型产业结构和体系，发展光伏产业、立体农业、信息化农业等新型业态，建设农村一二三产业融合发展示范村，增强集体经济发展动力与活力，促进经济社会发展和群众生活改善，让脱贫攻坚成果经得起历史检验。

三 持续打好污染防治攻坚战的着力点

面对新形势、新挑战，必须把握好深入打好污染防治攻坚战的着力点，建立健全以生态价值观念为准则的生态文化体系、以产业生态化和生态产业化为主体的生态经济体系、以改善生态环境质量为核心的目标责任体系、以治理体系和治理能力现代化为保障的生态文明制度体系、以生态系统良性循环和环境风险有效防控为重点的生态安全体系，推动进入环境质量总体持续向好的阶段。

1. 建立健全以生态价值观念为准则的生态文化体系

自然是人类生命之源，是人类生存和发展的命脉，人与自然是息息相通、命脉相系、融为一体的关系，是存在普遍联系的有机系统。建立良好的生态文化体系，就是要摆脱征服自然、宰制自然的观念，围绕生态与人类和谐统一的生态思维，倡导生态利益最大化的生态理性，树立人与自然和谐相处的生态意识，弘扬尊重自然、顺应自然、保护自然的社会主义生态文明观，引导人们树立绿色、环保和节约的消费模式和生活方式，将人类与自然视为命运共同体，在尊重自然、保护自然的同时实现人类自身的生存和发展。

2. 建立健全以产业生态化和生态产业化为主体的生态经济体系

保护生态环境就是保护生产力，改善生态环境就是发展生产力。构建生态经济体系，就要让生态环境成为有价值的生产要素，打通绿水青山向金山银山的转化通道，让"绿水青山"转变为可计量、可考核、可获得的"金山银山"，就要以生态思维为指导促进产业与生态的融合，调整产业结构，严格遵循绿色、循环、低碳的发展原则，发展环保经济、低碳经济、绿色经济、循环经济，形成资源节约和生态环境保护产业化，实现经济发展与生态环境的良性循环。只有坚持正确的发展理念和发展方式，才可以实现百姓富、生态美的有机统一。

3. 建立健全以改善生态环境质量为核心的目标责任体系

建立健全以改善生态环境质量为核心的目标责任体系是打好污染防治攻坚战的内在要求和有效抓手。建立健全考核评价机制，不能再以国内生产总值增长率来论英雄，要着力体现生态环境的质量状况和改善程度，要做到守土有责、守土尽责，分工协作、共同发力，要规范与完善环保督察问责程序，要综合考虑"过程""结果"等因素，减少"兜底"式、"背锅"式问责，要建立科学合理的考核评价体系，要建立严格的责任追究制度，把资源消耗、生态效益等生态指标纳入评价考核体系，以此来评价领导班子的奖惩和提拔使用，做到真追责、敢追责、严追责、终身追责。

4. 建立健全以治理体系和治理能力现代化为保障的生态文明制度体系

生态环境治理体系和治理能力现代化，是推进生态文明建设、加快实现美丽中国目标的根本要求。构建多元参与的生态环境共治体系，推动政府发挥在制定相关生态环境治理法规、政策和标准体系，提供生态环境治理基础设施和公共产品服务等方面的主导作用，发挥企业在经济活动和市场竞争中的优势，选择最适合市场及消费者需要的产品及服务，鼓励社会组织和公众共同参与；完善治理机制，坚持法治思维，政府依法行政，企业、社会组织和公众要依法办事，促进制度、体制、机制、工具之间的有机衔接，实现治理方法的智慧选择和有机组合；建立健全绿色生产和消费的法律制度与政策导向，建立自然资源产权制度、自然资源资产用途管制制度、自然资源资产管理体制、排污许可证制度、排污总量控制制度、区域联防联动机制、环保督察制度，形成良好的法制环境；强化生态环境监督考核机制，将权力关进制度的笼子，加强对权力运行的制约和监督。

5. 建立健全以生态系统良性循环和环境风险有效防控为重点的生态安全体系

生态环境安全是具有能持续满足经济社会发展需要，保障人民生态权益、经济社会发展不受或少受来自资源和生态环境的制约与威胁的稳定健康的生态系统，是经济社会持续健康发展的重要保障。要强化风险意识，以高度的政治责任做好科学防范工作，具备应对和解决生态矛盾和生态危机的能力，力求未雨绸缪、有备无患；生态系统的良性循环是生态平衡的基本特征，坚持以节约优先、保护优先、自然恢复为主，建立生态补偿政策，构建科学合理的生态安全格局，提高生态环境质量预防和污染预警水平，确保物种和各类生态系统的规模和结构的稳定，提升生态服务功能水平；构建全过程、多层级生态环境风险防范体系，划定并严守生态红线，提高突发性环境事件预警和应急能力，提高生态环境风险防控能力，有效防范生态环境风险。

第三节　高质量打好打赢三大攻坚战

站在新起点，为确保高质量建设现代化河南，确保高水平实现现代化河南，必须坚持高质量发展主题，进一步统筹发展和安全，坚持底线思维，打好打赢三大攻坚战，确保在构建新发展格局中入局而不是出局。

一　坚决打好防范化解重大风险攻坚战，守住风险底线

近年来，河南防范化解重大风险取得阶段性进展，各类风险总体可控，但防范化解风险仍任重道远，要继续按照稳定大局、统筹协调、分类施策、精准拆弹的方针，紧盯重点领域、重点行业、重点问题，更加重视防范化解重大风险，在保持经济平稳运行中有序排除相关风险，维护经济社会稳定大局。

1. 有效防控金融领域风险

金融稳定事关党和国家发展全局，事关人民幸福，事关社会稳定。扎实做好稳金融工作，既是防范化解重大风险的重要任务，也是保持经济持续健康发展、推动经济高质量发展的重要前提，必须防范化解系统性金融风险、提高金融服务实体经济能力，守住不发生系统性金融风险底线，维护好金融稳定和金融安全。

金融要以服务实体经济为出发点和落脚点。实体经济是经济发展的根基，是社会生产力的集中体现，推动高质量发展必须着力做强实体经济。金融是现代经济的核心，是实体经济的血脉，两者共生共荣。当金融与实体经济保持合适的规模比例时，可以促进实体经济的正常运转和快速发展，优化资源配置，分散经营风险，但如果发展过度则会导致经济泡沫，增加经济运行的不确定性和风险，形成泡沫经济，限制实体经济的发展。打好防范化解金融风险攻坚战就要把为实体经济服务作为金融工作的出发点和落脚点，把金融资源更多配置到经济社会发展的重点领域和薄弱环节，有效解决金融"脱实向虚"、自我空转、自我循环等问题，特别是实体经济中新兴产业和中小企业融资难、融资贵的问题，为实体经济转型升级提供有效的金融支持。

促进金融和房地产良性循环。房地产业作为国民经济的重要支柱产业，坚持"房子是用来住的、不是用来炒的"基本定位，对于推动居民消费结构升级、金融业稳定发展至关重要。打好防范化解金融风险攻坚战就要合理运用房地产资产，把金融与房地产工作结合好，既要维护房地产市场稳定，

创新住房信贷的产品和服务，让金融从单纯支持房地产市场的扩张增长，转为支持租购并举住房制度的建设，促使金融支持商品房市场更好地满足居民合理的购房和租房需求；又要让房地产为金融市场的稳定和金融资源的派生提供良好的条件，支持符合房地产调控政策的企业注册发行中长期限的债务融资工具，推进更多住房租赁专项公司债券以及房地产资产证券化产品落地，支持房地产企业通过发展房地产信托投资基金向轻资产经营模式转型，促进房地产业健康发展和良性循环。

金融体系内部要形成良性循环。金融体系内部良性循环首先要实现金融监管机构与金融市场之间的良性循环。金融监管机构一方面要维护金融市场的稳定健康发展；另一方面要不断弥补监管制度短板，不断提升监管的有效性，推动金融市场参与者依法合规参与金融活动。其次，金融市场参与者之间的良性循环。金融市场参与者的良性循环主要是指不断提升金融市场的信息透明度，推动投资者、融资者和相关中介机构等市场参与者理性参与金融市场活动。最后，金融体系内部良性循环还包括金融市场的稳定发展。以债券市场、股票市场和衍生品市场为代表的金融市场是金融体系的重要组成部分，金融市场稳定发展可以保障金融体系配置资源的能力，是金融体系内部实现良性循环的前提和保障。

2. 有效防范政府债务风险

将债务风险控制在可控范围之内，维持债务的可持续性，是实现高质量发展的重要保障。各级地方党委和政府要树立正确政绩观，既要"开好前门"，更要"堵住后门"，坚定做好去杠杆工作，严控地方政府债务增量，努力实现宏观杠杆率稳定和逐步下降。

完善债务风险防控的体制机制。健全货币政策和宏观审慎政策双支柱调控框架，做好结构性调控和总量调控之间的协调，推进金融治理体系和治理能力现代化；建立规范的地方政府举债融资机制，对地方政府债务实现规模控制和预算管理，地方政府一般债务和专项债务规模实现限额管理；加快地方政府平台公司市场化转型步伐，规范政府与社会资本方的合作行为，加强对融资平台公司融资管理；健全完善债务风险预警监控体系，加强动态监测，切实做到早发现、早预警、早处置。

规范政府举债行为。稳步推进政府债券管理改革，发挥政府规范举债的积极作用，加大财政约束力度，严禁以政府投资基金、PPP、政府购买服务等名义变相举债；积极稳妥化解存量债务，对于违法担保以及政府和社会资本合作、政府投资基金、政府购买服务中的不规范行为，要进一步整改和纠正，落实好全国金融工作会议提出的"终身问责，倒查责任"要求；坚决遏制新增债务，对融资平台、产业投资基金、PPP 项目、政府购买服务等进行动态监管，对于花样不断翻新、方式不断"变种"、形式更加隐蔽的违法违规举债要坚决遏制，确保主要风险指标始终保持在安全合理区间。

3. 有效防范化解房地产市场风险

房地产市场问题既是重大经济问题，也是重大民生问题，房地产市场风险已经成为我国当前最重要的风险之一。实现高质量发展，要牢记习近平总书记提出的"房子是用来住的、不是用来炒的"，持续从供需两端着手，因城因地施策，切实化解房地产库存，有效防范房地产行业潜在风险。

完善房地产市场平稳健康发展长效机制。改革农村集体建设用地产权制度，在各地因地制宜推进保障的基础上，赋予农村集体经济组织对集体土地完全所有权，使得这些土地可以长租、流转、抵押等，从而增加住房及住房用地的供给；培育住房租赁市场，在人口净流入多的大中型城市中，发展一批专业化的住房租赁企业，实现住房租赁市场健康稳定发展；完善住房保障体系，在下一阶段的新型城镇化过程中，重点考虑满足新市民和中低收入家庭住房需求，实现更多住房困难群众住有所居；完善宏观审慎的住房金融制度，不能任意放松贷款审核标准，过度降低首付成数，严格限制资金流向投资投机性购房。

坚持一城一策、因城施策。准确合理预测住房需求，结合城镇化进程和工业化发展阶段性特点，根据不同区域人口总量和结构变化对住房需求的影响，制定更加合理的住房规划，并根据市场动态，通过信贷、税收等手段调节对区域住房供应速度予以及时调整；建设以大数据为基础的房地产监控体系，确保房地产相关数据及时、准确、全覆盖，在稳地价、稳房价、稳预期的调控目标下，正确分析房地产的市场形势和发展趋势，与此同时，政府要落实好监控和指导责任，坚决防范化解房地产市场风险。

二　持续巩固拓展脱贫攻坚成果，提高保障和改善民生水平

脱贫摘帽不是终点，而是新生活、新奋斗的起点。按照中央"四个不摘"和省委、省政府部署要求，打赢脱贫攻坚战、全面建成小康社会后，河南要在5年过渡期内持续打好精准脱贫攻坚战，构建长效稳定的脱贫机制，增强内生发展动力，进一步巩固拓展脱贫攻坚成果，持续推动脱贫地区高质量发展。

1. 建立健全"扶志""扶智"长效机制

坚持和完善打赢脱贫攻坚战的经验做法，坚持"富脑袋"和"富口袋"并重，将"扶心""扶智"与"扶财""扶物"统一到"扶人"上来，充分调动人的积极性、主动性和创造性，确保有劳动能力的脱贫人口和农村低收入人口拥有一技之长，增强就业能力、发展动力；深入开展扶志行动，破解部分农村群众安于现状、不思进取、墨守成规、等待观望、精神懈怠的"思想贫困"问题，引导脱贫人口和农村低收入人口树立"宁愿苦干、不愿苦熬"的观念，形成良好的社会舆论氛围；深入落实扶智措施，结合用工企业岗位需求和劳动力转移就业意愿定制有针对性的技能培训，实现培训与转移就业精准对接，利用本地区传统特色产业、支柱产业，开展种植、养殖等传统行业的技能培训，促进本地区贫困劳动力就业。

2. 巩固拓展脱贫攻坚成果长效机制

加强党对脱贫攻坚的全面领导，把巩固拓展脱贫攻坚成果摆在头等重要位置，扛稳扛牢巩固脱贫成果重大政治责任，坚决克服松劲懈怠思想，对照国家巩固脱贫成果后评估要求进行自查排查，确保高质量完成巩固拓展脱贫攻坚成果各项工作任务，让脱贫基础更加稳固，成效更可持续；在借鉴脱贫攻坚时期设立专门指挥部等成功经验的基础上，构建责任清晰、协调高效、执行有力的组织体系，持续推进"党委书记负总责、班子成员齐上阵"的工作格局，贯彻落实巩固脱贫成果和实施乡村振兴战略精神，提高基层党组

织组织和服务群众的能力水平；统筹谋划部署，细化工作落实，坚持和完善驻村第一书记和工作队、定点帮扶、社会帮扶机制，采取"五级书记抓乡村振兴"、选派"第一书记"和工作队驻村帮扶等措施，继续对脱贫村定点帮扶全覆盖，夯实乡村治理根基，从制度上预防和解决返贫，守住不发生规模性返贫的底线。

3. 完善社会力量参与扶贫的衔接机制

发挥社会主义制度集中力量办大事的优势，弘扬中华民族扶贫济困、乐善好施的传统美德，动员各方面的力量，持续强化社会力量参与帮扶机制；以市场引导社会资源配置和政府决策，引导民营企业通过发展产业、对接市场、安置就业等多种方式参与乡村振兴，扩大农户在脱贫过程中选择和参与的自主权，逐步实现自我服务、自我约束和自我提升；持续深化巩固"组团式"帮扶工作机制，动员各类志愿服务团队、爱心帮扶团队等社会组织有效参与帮扶，统筹社会帮扶力量，确保脱贫人口发展需求与社会帮扶有效对接；健全全方位的监督体系，加强各专业监督部门、新闻媒体对扶贫开发项目各个环节的监管，确保脱贫地区整体发展水平得到全面有效提升。

4. 建立健全扶贫项目资产长效运行管理机制

充分挖掘脱贫攻坚期间形成的大规模扶贫资产，在摸清扶贫资产家底的同时明晰权责，建立健全资产管理制度，明确监管责任，规范收益分配使用，确保资金项目在阳光下运行，这既是脱贫攻坚成果的积累沉淀，也是乡村振兴发展的物质基础。明确公益性基础设施、公共服务等公益性资产的管护责任和制度，促进其继续发挥作用；根据资金来源、受益范围、管理需要等明确经营性资产权属，防止资产流失，重点用于项目运行管护、巩固拓展脱贫攻坚成果、村级公益事业等，确保管得住、用得好、真正起作用；到户类资产原则上归农户所有，依法维护其财产权利，由其自主管理和运营，对确权到村集体经济组织的扶贫资产项目，村集体切实肩负起直接管理责任，并引导受益主体参与管护。

5. 改革财政专项扶贫资金管理机制

在过渡期内，保持专项资金投入基本稳定，健全与巩固拓展脱贫攻坚成果、推进乡村振兴战略相适应的财政投入保障机制，落实财政资金绩效管理要求，压实资金使用者的主体责任，规范衔接资金使用，提高资金使用效益；以扶贫攻坚规划和重大扶贫项目为平台，加大财政对民生的投入力度，实施民生工程项目，整合扶贫和相关涉农资金，集中力量做好普惠性、基础性、兜底性民生建设，强化对贫困老年人、残疾人、重病患者等特定群众精准帮扶；发挥政策性金融机构的导向作用，尤其是支持贫困地区的基础设施建设、主导产业的发展，引导商业性金融机构对贫困地区的信贷投放和保险覆盖，扶持贫困地区合作性金融发展；引入社会力量参与监督，让公共资金在阳光下运行，把资金分配与工作考核、资金使用绩效评价结果相结合。

6. 科学统筹政府引导与市场主导机制

充分发挥市场决定性作用和市场供给灵活性优势，加快构建统一开放、竞争有序的市场体系，深化农村医疗、养老等民生服务领域市场化改革，尤其是在脱贫地区的乡村产业发展上，要遵循市场规律和产业发展规律，注重以市场的力量汇流资金、人才、技术、信息等资源要素，推动农业全面升级；更好地发挥政府在规划引导、政策支持、公共服务、市场监管、法治保障等方面的积极作用，进一步健全脱贫地区公共服务体系和社会保障体系，完善产权制度和要素市场化配置改革，激发各类主体活力，让农村资源要素活化起来，让广大脱贫群众的积极性和创造性迸发出来，让乡村发展内在动力活力激发出来，让全社会支农助农力量汇聚起来；引导并规范农村社会组织发展，健全农业社会化服务体系，创新公共服务提供方式，鼓励支持社会力量兴办农村公益事业。

三　深入打好污染防治攻坚战，促进绿色发展

党的十八大以来，我国围绕生态文明建设和生态环境保护开展了一系列根本性、开创性、长远性工作，污染防治攻坚战阶段性目标任务圆满完成。但同时仍需看到当前生态环境保护结构性、根源性、趋势性压力总体上尚未根本缓解，实现碳达峰、碳中和任务艰巨，生态环境保护任重道远，仍需要深入打好污染防治攻坚战，进一步加强生态环境保护。

1. 坚决打好碧水蓝天净土保卫战

以改善生态环境质量为核心，以解决人民群众反映强烈的突出生态环境问题为重点，把打好"碧水蓝天净土保卫战"作为主要抓手，开展水污染防治"一法一条例"、大气污染防治法执法检查，依法助推全省生态文明建设，用法律武器治理环境污染、保护绿水青山，坚决打好污染防治攻坚战。

全面推进蓝天保卫战。加快推进能源结构调整，进一步压减煤炭消费总量，对于空气质量排名靠后的城市实施区域限批或者项目倍量替代，推动郑州、洛阳市建成区燃煤机组关停，积极构建全省清洁取暖体系；加快推进产业结构调整，淘汰一批落后生产装置，深化钢铁、炭素、水泥、玻璃、焦化、电解铝等行业无组织排放管控和 VOCs 治理；加快推进交通运输结构调整，实施机动车国六排放标准，基本消除柴油车冒黑烟现象；实行重污染天气应急管控，实施"一厂一策""一企一策"，最大限度降低污染负荷、遏制污染反弹；不断创新强化制度保障，对连续三个月排名靠前的县市给予奖励资金，约谈连续三个月环境空气质量排名靠后的县市；紧紧围绕重点治污任务、重污染天气应对、问题督促整改等方面强化日常环境执法监管，对重大环境违法案件实行部门联合执法，联合挂牌督办，涉嫌犯罪的一律移交，追究刑事责任。

着力打好碧水保卫战。深入推进《水污染防治行动计划》，扎实推进水源地保护、城市黑臭水体治理、全域清洁河流、农业农村污染治理等水污染防治重点工作；结合"四水同治"、河长制、改善农村人居环境等工作要求，以持续改善全省水环境质量为核心，以防控水环境风险为底线，以依法治污、科学治污、全民治污为路径，着力解决突出水环境问题，让人民群众有更多的幸福感、获得感；持续开展城市黑臭水体治理攻坚战、水源地保护攻坚战、全域清洁河流攻坚战、农业农村污染治理攻坚战等，持续做好水污染防治工作，进一步改善全省水环境质量；针对一直以来存在的违法成本低、守法成本高的问题，通过各种途径和形式深入开展调查研究，依法设置相应的罚则，视情况分别采取致函、曝光、约谈和提请问责等措施，切实从源头上推动问题解决，促进水环境质量持续改善。

扎实推进净土保卫战。全面落实《土壤污染防治行动计划》，深化重金属污染、农业面源污染、生活污染等防治监管，全面建立污染源监管清单，夯实土壤污染防治基础，推进净土保卫战；凝聚合力，农业农村部门牵头推进农用地污染防治，生态环境部门联合自然资源、住房城乡建设部门对建设用地实施协同监管，各相关部门针对分管领域加强对污染源头的管控，形成政府主导、部门主抓、企业主责、公众参与的土壤污染防治体系；结推广辉县、宜阳、驻马店市驿城区、桐柏4个县（市、区）担负国家土壤环境质量类别划分试点任务取得的经验，全力以赴推进农用地土壤环境质量类别划分；进一步加强建设用地规范化管理，从规划源头防控建设用地开发利用环境风险，生态环境、自然资源、住房城乡建设三部门协同监管；坚持预防为主、保护优先原则，加强对未污染土地的保护，采取多种措施防止新增污染；推动洛阳、新乡、驻马店3个土壤污染综合防治先行区建设，尽早出经验、出模式、出效果。

2. 夯实三大基础

（1）推动形成绿色发展方式和生活方式

党的十九大报告指出，要实行最严格的生态环境保护制度，形成绿色发展方式和生活方式。这是贯彻新发展理念的必然要求，推动高质量发展的必然要求，解决污染问题的根本之策。深入推进供给侧结构性改革，加快培育绿色发展新动能，发展现代物流、生态旅游、文化产业等现代服务业，在绿色发展上求突破，建立"绿色"产业引导机制、节能减排倒逼机制、落后产能淘汰机制，不断提高绿色发展水平；坚持绿色发展之路，坚决摒弃损害甚至破坏生态环境的发展模式，坚决摒弃以牺牲生态环境换取一时一地经济增长的做法，全面建立绿色生产、绿色消费的政策导向和制度规范，深入开展生态城市、文明城市、智慧城市、旅游城市、健康城市建设；建立绿色生产和消费的法律制度和政策导向，建立绿色、低碳、循环的发展方式和经济体系，从源头控制污染物总排放量，实现经济社会发展和生态环境保护协同共进。

（2）加强生态系统保护和修复

生态系统是生态环境的基本组成部分，各个类型的生态系统只有平衡稳定，才能为人类生存发展提供更加充足可靠的生产生活资料，实现人与自然之间绿色健康的永续共存。推进河南山水林田湖草生态保护工作，重点推动南太行山水林田湖草生态保护修复试点工程，实施废弃矿山生态修复、南水北调两岸生态廊道建设、城市黑臭水体治理、国家级森林城市创建等工程，加大生态环境治理和修复力度，修复和改善全省生态环境质量；持续抓好国土绿化、防沙治沙、水土流失治理和生物多样性保护，因地制宜调整种植结构，大力培植沙区的支柱产业，让沙地变绿、让农民变富，让乡村变美，维持和提升生态系统服务功能，提高资源环境承载能力，把绿水青山变成金山银山，实现永续发展；完善生态环境管理制度，支持以市场化、多元化为导向，引导国企、民企、外企、集体、个人、社会组织等各方面资金投入，培育一批专门从事生态保护修复的专业化企业，拓展生态补偿制度覆盖面。

（3）推进生态环境治理能力和治理体系现代化

创新环境治理方式，构建以政府为主导、以企业为主体、社会组织和公众共同参与环境治理体系，政府治理方式从注重控制转向协调与合作，从主导环境资源配置转向更多运用经济杠杆进行环境治理；提升环境治理效率，继续抓好生态环境领域已出台改革方案落地，进一步深化"放管服"改革，优化审批流程，规范审批事项，压缩审批时限；提高环保信息公开化水平，推进政务服务平台和"互联网+监管"系统建设，完善生态环境信息"一套数"和"一张图"，逐步形成"全省一盘棋"并与国家联网，持续推进大数据在生态环境保护领域中的创新应用，切实调高环保执法监管水平和各治理主体行为的透明度；加大科技支撑力度，建立生态环境质量统一监测与考核制度、外部监督和评估制度以及科学高效的技术支撑体系，提升综合管控水平，支撑顺利完成攻坚任务。

第十章

创新驱动：河南高质量发展的"动力源"

习近平总书记在欧美同学会成立 100 周年庆祝大会上指出："创新是一个民族进步的灵魂，是一个国家兴旺发达的不竭动力，也是中华民族最深沉的民族禀赋。在激烈的国际竞争中，惟创新者进，惟创新者强，惟创新者胜。"党的十九大报告指出，"我国经济已由高速增长阶段转向高质量发展阶段，正处在转变发展方式、优化经济结构、转换增长动力的攻关期，建设现代化经济体系是跨越关口的迫切要求和我国发展的战略目标"，并明确"创新是引领发展的第一动力，是建设现代化经济体系的战略支撑"。2021年 9 月 7 日，河南省委工作会议明确提出，锚定"两个确保"（确保高质量建设现代化河南、确保高水平实现现代化河南），全面实施创新驱动、科教兴省、人才强省战略等一大批变革性、牵引性、标志性举措来育先机、开新局。坚持高质量发展主线，坚持创新是引领发展第一动力，成为新时期河南经济社会健康发展的鲜明特征和路径选择。

第一节　创新是引领高质量发展的第一动力

一　新时代伴生新需求

党的十九大报告提出，"中国特色社会主义进入新时代，我国社会主要矛盾已经转化为人民日益增长的美好生活需要和不平衡不充分的发展之间的矛盾"。社会主要矛盾中的"需要"和"生产"的矛盾转变为"需要"和"发展"的矛盾，切实反映了中国特色社会主义进入新时代。进入新时代，尤其随着全面建成小康社会，人民美好生活需要日益增长，内容更广泛、更具体，层次更高，既涵盖物质文化生活方面，又涉及民主、法治、公平、正义、安全、环境等诸多方面。比如，健康养老等公共需求全面增长。按照国际通行标准，65 岁及以上人口占总人口的 7%以上就进入老龄化社会。截至 2019 年年底，河南全省 60 岁以上老年人口 1623 万，占常住人口的 16.8%。从 2000 年进入老龄化社会以来，河南老龄化程度呈逐年加深态势。预计未来一定时期，河南 60 岁及以上老年人口总数及老龄化率将进一步提高，老龄化程度进一步加深，而与之相应的健康养老消费需求更加旺盛。除养老外，医疗、教育、社保等问题依然是人民群众最为关注的热点问题，其相应需求全面日益增长。再比如，数字消费等新型消费需求日益旺盛。当前，中国数字经济发展将进入快车道。2021 年 10 月 18 日，习近平总书记在主持中共中央政治局第三十四次集体学习时更是强调，"数字经济发展速度之快、辐射范围之广、影响程度之深前所未有，正在成为重组全球要素资源、重塑全球经济结构、改变全球竞争格局的关键力量"。随着数字经济的遍地开花和快速渗透，数字消费需求快速释放。近年来，河南数字经济增速显著高于同期 GDP 增速，已成为推动河南经济高质量发展的新动力。但近两年的发展质量及水平成绩还不凸显。2020 年，河南数字经济总量约 1.6 万亿元，仍居全国第 10 位，占 GDP 的比重近 30%，依然显著低于全国平均水平（占比为 38.6%）。同时，较之国内数字经济发展发达地区，河南数字经济发展依然相对滞后，且与"标兵"差距在拉大、与"追兵"差距在缩小。预计未来一定时期，河南数字消费需求及规模将进一步增长、扩大。所谓一叶知秋，从上述例子可以看出，人民群众对美好生活的需要是何其旺盛，且与日俱增。而当前，不平衡不充分的发展还突出表现在产能供大于需、收入贫富差距、城乡二元结构、新业态发展不足、东西部与南北方区域发展不平衡等诸多方面，导致供需两端呈现"所供不足需、所需无所供、所供非所需"等典型特征。综上而言，进入新时代，人民群众对诸多领域日益增长的多样化、个性化、多变性、多层次需要，愈发呼唤更平衡更充分的发展，以有效化解社会主要矛盾。

二 新需求内驱新发展

发展是解决我国一切问题的基础和关键。立足省情实际，坚持问题导向和需求导向，是新时代河南践行高质量发展必然遵循的基本原则之一。进入新时代，面对日益多样化的新需求，推动高质量发展成为必由之路。具体而言，譬如：基于社会主要矛盾的新需求。如前文所言，进入新时代，我国社会主要矛盾已由人民日益增长的物质文化需要同落后的社会生产之间的矛盾转化为人民日益增长的美好生活需要和不平衡不充分的发展之间的矛盾。顺应社会主要矛盾变化，着力解决好发展不平衡不充分问题，更好地满足人民群众日益增长的美好生活需要，成为推动高质量发展的根本出发点和落脚点。基于时代变革态势的新需求。随着第四次工业革命的到来，"互联网+"、物联网、大数据、云计算、人工智能等技术应用更加广泛，其对生产生活方式产生颠覆性影响，深刻改变着全球产业结构及布局。面对全球日益激烈的竞合态势，推动高质量发展，成为国家及地方增强综合竞争力、实现可持续发展的必然选择，河南亦不例外。基于贯彻新发展理念的新需求。党的十八大以来，党中央直面我国经济社会发展的深层次矛盾和问题，提出创新、协调、绿色、开放、共享的新发展理念。贯彻新发展理念，已成为新时代我国及地方经济发展的方向与目标。而高质量发展就是体现新发展理念的发展，是创新成为第一动力、协调成为内生特点、绿色成为普遍形态、开放成为必由之路、共享成为根本目的的发展。基于发展战略目标的新需求。当前，河南以服务业为主导的产业结构、以服务型消费为主的消费结构、以人口城镇化为主的城乡结构、以服务贸易为重点的开放结构等经济发展方式逐渐形成，同国家一样，河南经济正处在转变发展方式、优化经济结构、转换增长动力的攻关期。而实现建设现代化经济体系这一战略目标，必须坚持质量第一、效益优先，推动经济发展质量变革、效率变革、动力变革即推动高质量发展。综上而言，日益增长且多样化的各类新需求，正合力驱动着高质量发展。

三 新发展需要新动力

高质量发展，是大势所趋，是现实所需。高质量发展是对质量、效益有着更高要求的发展，是经济发展从"有没有"转向"好不好"。从基本遵循看，高质量发展是体现新发展理念的发展；从战略目标看，高质量发展是建设现代化经济体系的发展；从基本路径看，高质量发展是质量变革、效率变革、动力变革的发展；从根本目的看，高质量发展是坚持以人民为中心的发展。无论是基本遵循、战略目标、根本目的，都须在基本路径的实践中落实、实现。基本路径中，质量变革、效率变革、动力变革是发展阶段转换亟待推进的三大变革。而三大变革中，质量变革是主体，效率变革是重点，动力变革是关键。其中，动力变革既是高质量发展的关键，也是实现质量变革、效率变革的前提条件。究其原因，动力是经济发展的不竭源泉，进入新时代，要素成本上升、环境问题严峻、经济全球化不确定性加大等诸多因素的复杂存在，使得继续沿用政府主导、要素投入、投资拉动的传统增长模式来保持经济中高速增长已再无可能，同时高产能、高库存、高杠杆、高成本、低效率、低质量等结构性矛盾及其影响继续累积、增大，迫切需要动力变革来推动新的发展。另外，第四次工业革命的到来，新经济、新技术、新业态、新模式等不断出现，日益激烈的竞合态势下，发展不进则退，迫使国家及地方必须推进动力变革，推动经济转型升级。以"动力变革"促进"质量变革"，就是顺应时代及发展新要求，以新旧动能稳定有序转换，推动供给侧结构性改革，推动建立健全以需求为导向的供给体系，剔除无效供给，实现精准供给、高效供给，进而实现"质量变革"。以"动力变革"促进"效率变革"，就是依靠新旧动能转换，优化要素资源配置及利用方式，更全面地提高要素资源供给效率和全要素生产率，进而实现"效率变革"。综上可见，能否实现高质量发展，其关键在于能否顺应时代趋势及要求实现新旧动能有机转换。换言之，谁掌握了推动动力变革的"钥匙"，谁就掌握了实现高质量发展的"关键"。

四 新动力来源于创新

创新是引领发展的第一动力，创新是提升生产能力、提高市场效率、增强企业竞争力、实现协调发展的第一支撑。高质量发展，是着眼有效解决突出瓶颈和深层次问题、改造提升传统产业、培育壮大新兴产业、提高供给体系质量的发展，是更多依靠新动能的发展。寻找新动力，就是在经济转型升级的新趋势、新结构下寻找实现高质量发展的"药方"。而推动"动力变革"，实现新旧动能转化，根本路径在创新。创新对劳动力、资本、技术、管理等生产要素功能的发挥，具有典型的"乘数效应"；创新的"乘数效应"越大，其对经济发展的贡献就越大，发展质量也就越高。因此，当今越来越多的国家愈发依赖于理论、科技、制度、文化等领域的创新来推动经济社会发展和提高国际竞争力。通过创新推动产业结构由以资源密集型、劳动密集型产业为主向以技术密集型、知识密集型产业为主转变；推动产品结构由以低技术含量、低附加值产品为主向以高技术含量、高附加值产品为主转变；推动经济效益由高成本、低效益向低成本、高效益的方向转变。抓创新就是抓发展，谋创新就是谋未来。因此，谁牵住了创新这个"牛鼻子"，谁就能成为高质量发展的"领跑者"。河南要走活高质量发展"一盘棋"，必须首先下好创新"先手棋"。换言之，河南欲实现推动高质量发展，推动经济增长动力由资源、投资等要素向知识、创新、人力资本等高级要素转换，推动河南制造向河南创造转变、河南速度向河南质量转变、河南产品向河南品牌转变，必须且唯有依靠创新，切实让创新成为引领高质量发展的第一动力。

进入新时代，面对新矛盾、新趋势、新需求，呼唤和需要高质量发展。推进高质量发展，必须首先推动动力变革，而推动动力变革的关键在于创新。因此，推动高质量发展，必须长期坚持创新是引领发展的第一动力，牵牢这个"牛鼻子"。

第二节 加快形成高质量发展的动力供给体系

新时代推动河南高质量发展，是一项长期且复杂的系统工程，须强化顶层设计，坚持全省"一盘棋"，立足发展实际，因时、因地制宜，多路并进，多策并施，下好创新"先手棋"，加快形成支撑高质量发展的动力供给体系。

一 壮大创新"核心区"，提升创新"带动力"

郑州、洛阳、新乡是河南创新资源最集中、创新体系最完备、创新活动最丰富、创新成果最显著的区域。郑洛新国家自主创新示范区，是国务院批准的第 12 个国家级自主创新示范区，是中原地区具有较强辐射能力和核心竞争力的创新高地，是当前及未来一定时期河南创新驱动高质量发展的核心区、先导区、引领区。推动河南高质量发展，须着力持续壮大郑洛新国家自主创新示范区这个创新"核心区"，提升其创新带动力、影响力。其主要抓手如下。

推进创新一体化。郑州、洛阳、新乡三市作为郑洛新国家自主创新示范区建设主体，要立足各自比较优势和发展基础，统筹创新一体化发展，以郑州国家高新区、洛阳国家高新区、新乡国家高新区为核心区，突出"高"和"新"，以各自周边重点园区为辐射区，突出"专"和"精"，强化互相交流合作，共建创新联盟、创新共同体，联合开展创新政策先行先试和创新链条固链、强链、补链，带动更多区域实现创新链与产业链深度融合，培育形成一批"百千万"亿（元）级创新型产业集群，打造"三市三区多园"内外联动、创新一体、协同发展的良好局面。

提升自主创新能力。一是加强关键技术和共性技术攻关，以智能制造、信息技术、先进材料、新能源、现代交通、现代农业、生命健康等为重点，推动创新链与产业链深度融合，提升主导产业创新发展效率。二是多层次壮大创新主体，加快形成以创新龙头企业为引领、以高新技术企业为骨干、以一大批科技型中小企业为生力军的全产业链创新型企业集群。三是强化现有创新载体平台功能，探索建立实验室、产业研究院、中试基地、技术创新中心、产业创新中心、制造业创新中心等平台机构。四是加强创新人才队伍建设，打造创新人才集聚高地。

深化体制机制创新。一是深化科技体制机制创新。统筹推进科技创新、制度创新和体制创新，探索建立统筹协调发展机制，建立形成省统筹、市建设、区域协同、部门协作的工作机制，完善跨层级、跨部门的集中统筹和协同创新组织模式。二是加快政府职能转变，探索建立符合创新规律的政府管理制度，加快建设服务型政府。三是深化管理体制创新。建立有利于发展的科学高效的新型管理体制，探索建立核心区用地、用人机制。创新核心区发展模式，增强创新辐射带动作用。

二 优化创新"关键区"，提升创新"协同力"

科研院所、高等院校等机构凭借突出的创新要素集聚能力、创新人才培育能力、创新成果产出能力，成为国家创新体系的重要组成部分，并在服务国家及地方发展中发挥关键支撑作用。河南科研院所、高等院校等数量众多、创新要素资源丰富，进入新时代，顺应高质量发展要求，应进一步增强科研院所、高等院校等机构创新能力，强化与企业产学研合作，推进协同创新，合力形成更强大推动高质量发展的动力，是时代所唤，也是发展所需。其主要抓手如下。

健全产学研协同创新机制。充分发挥科研院所、高等学校在基础研究、应用基础研究、行业共性关键技术研发及知识产权创新中的引领作用，增强科研院所、高等学校服务经济社会发展的能力，尤其更好地支持和带动缺乏独立研发能力的中小企业创新发展。支持科研院所、高等院校与企业开展产学研协同创新，建立机制灵活、互惠高效的协同创新战略联盟，推动科技创新成果更好地服务于科技创业，加快科技成果商品化、产业化发展，推进潜在生产力迅速向现实生产力转变，合力推进新时代创新驱动高质量发展大业。

着力强化创新平台服务能力。持续推进创新载体平台建设，有序扩大创新服务范围，重点实施大中型企业省级研发机构全覆盖工程。推进中国科学院郑州工业先进技术研究院、郑州大学产业技术研究院、洛阳特种材料研究院、新乡云计算数据中心等创新平台建设。推动各类创新平台提质扩容，优化国家实验室、国家重点实验室、省实验室、省重点实验室、技术创新中心、产业创新中心、制造业创新中心、中试基地、产业研究院、新型研发机构等创新平台布局，组织开展共性和关键技术研究。构建创新载体平台向企业特别是中小企业有效开放的机制。

提升创新人才培育输送能力。围绕高质量发展需求，坚持人才是创新驱动高质量发展的第一资源，立足发展实际，强化科研院所、高等院校等机构培育与输送创新人才能力，产学研用结合，联合企业共同培养创新人才，保障和提升创新人才产出质量、效率。增设前沿技术教学课程，拓宽创新人才学习及创新能力提升渠道，鼓励和支持创新人才的访问研修、出国外派学习。完善科研院所、高等院校创新人才激励管理制度，充分激发创新人才潜力，发挥其主观能动性，高质量完成科研工作任务，真正使创新人才在高质量发展中发挥第一资源支撑作用。

三　打造"双创"升级版，提升创新"创造力"

"大众创业、万众创新"（简称"双创"）自 2014 年提出以来，在我国各地掀起了新浪潮，一批批创新成果精彩纷呈，形成了创新驱动发展的新态势。近年来，河南"双创"持续向更大范围、更高层次和更深程度推进，在推动新旧动能转换、产业转型升级、区域协调发展、扩大社会就业、增加居民收入等方面发挥了重要作用，有力支撑了经济社会持续健康发展。进入新时代，推动高质量发展，对"双创"提出了新的更高要求。因此，奋力打造"双创"升级版，强化高质量发展支撑作用，正当其时。其主要抓手如下。

优化创新创业发展环境建设。清理废除妨碍统一市场和公平竞争的规定和做法，加快推进政务数据资源、社会数据资源、互联网数据资源建设，推进审查事项、办事流程、数据交换等标准化建设，持续释放创新创业活力。营造公平市场环境，灵活运用"互联网+"、大数据等手段，创新监管方式，加快构建全流程信用监管机制，提高监管效率与质量。完善适应"双创"升级版的财税、用工、用地、社保等政策，建立一批农村创新创业信息服务窗口，完善数据共享交换平台体系。

强化创新创业带动就业能力。鼓励和支持科研人员离岗创业，建立完善科研人员校企、院企共建双聘机制。支持高校、职业院校、企业深化合作，产学研用结合，搭建大学生创新创业基地、舞台，合力提升大学生创新创业能力。鼓励和支持农民工返乡创业，健全农民工返乡创业服务体系和政策体系，支持农村"双创"园区（基地）建设，试点示范打造一批农民工返乡创业示范县（市）、示范乡（镇）、示范村。完善退役军人自主创业支持政策和服务体系，大力扶持退役军人就业创业。深入实施留学人员回豫创新创业启动支持计划，健全来豫高层次人才服务机制。鼓励支持更多女性投身创新创业实践。

提升创新创业平台服务能力。推动互联网、云计算、大数据等技术深入应用，进一步为"大众创业、万众创新"提供进入门槛低、适合产品和服务个性需求的平台，完善支撑平台服务体系，提升平台服务能力。推进创业孵化示范基地建设，加快发展孵化机构联盟。强化众创空间全生命周期的质量管理，引导众创空间向专业化、精细化方向发展，建立众创空间优胜劣汰、健康发展机制。鼓励生产制造类企业建立工匠工作室，弘扬工匠精神，塑造工匠品牌。开展大中小企业融通发展平台构建专项行动。扎实开展各类创新创业赛事活动，打造河南"双创"品牌。

四　强化创新"承载区"，提升创新"转化力"

创新成果转化是在特定区域内将研发所产生的实用性成果转化为新产品、新业态、新产业的过程，是推进潜在生产力向现实生产力转变的过程，是创新活动全过程中最为关键的一环。创新成果转化能力、质量，直观反映了整个创新活动过程是否运行良好、高效，直接决定了创新是否真正成为引领高质量发展的第一动力。而创新成果有序转化，离不开相适宜的转化承载区。因此，为推进创新成果更高效率、更高质量转化，必须强化创新成果转化"承载区"建设，实现承载区与转移区的有机联动。主要"承载区"及其建设切入点如下。

产业聚集区。产业集聚区是创新成果转化的主要承载区之一。加快产业集聚区高质量发展，无论对河南全省还是各产业集聚区所在地区而言，均是提升创新转化能力、推动高质量发展的主要抓手。要统筹推进创新成果转化试验区、创新成果孵化园区、创新成果产业化基地等特色园区及创新型产业集聚区等各类专业示范产业集聚区创建。实践过程中，按照河南相关规划部署，以"三提"（亩均产出提高、集群培育提速、绿色发展提升）、"两改"（智能化改造、体制机制改革）为主要途径，全面推进二次创业，奋力将产业集聚区建设成为全省高质量发展示范区，更好发挥产业集聚区创新发展主承区、转型发展主阵地作用。

城市新区。城市新区是现代产业发展的重要载体，是产城融合发展的主要示范区，也是创新成果转化的主要承载区之一，将成为未来一定时期内河南创新发展新高地、高质量发展示范区和新的增长极。强化城市新区建设，要加强顶层设计，坚持规划引领，引导创新成果合理布局与转化落地，加快以新技术、新业态布局发展替换和淘汰落后产能，实现高水平促进产业转型升级，高质量推进产城融合发展，使城市新区成为全省及各省辖市重要的创新成果承载区、引领区、展示区。同时，把握好功能复合空间尺度，推动产业、居住、办公等功能协调发展，实现生产空间集约高效、生活空间舒适安然、生态空间鸟语花香。

乡村地区。"现代农村是一片大有可为的土地、希望的田野"。河南是农业大省，广大乡村地区是涉及"三农"及相关创新成果转化落地的最佳选择。强化乡村地区创新成果转移转化承载力建设，要结合国家乡村振兴战略实施，立足乡村经济社会发展态势，优化创新环境，加强创新基础设施和服务体系建设，试点示范打造一批现代农业产业园、农业科技园区、农民创新创业园等创新成果转化承载平台载体，以推动创新成果转化落地助力激发农村创新创业活力，形成发展新动能，培育农业农村新产业、新业态，推进农村产业融合发展，拓宽农民增收渠道，形成有力支撑乡村全面振兴、农业农村现代化、城乡共同富裕的产业体系。

五 强化创新"服务区"，提升创新"支撑力"

政府机关、金融系统、中介机构等是为创新活动提供服务的典型代表。创新服务，贯穿创新活动全过程。提升各服务主体创新活动服务能力是保障整个创新系统高效运转不可或缺的环节。创新服务机构涉及诸多方面，这里仅以政府机关、金融系统、中介机构为例进行探讨，其主要建设内容如下。

提升政府机关服务能力。强化顶层设计，制定和实施创新驱动高质量发展相关规划、实施方案、行动计划，出台支持创新驱动高质量发展相关政策。创新政府资源配置监管方式，推行跨部门、跨区域协同监管，实施动态在线监管、全过程监管。全面推进社会信用体系建设，完善守信联合激励和失信联合惩戒制度，推动省、市、县协同和跨区域奖惩联动。加大支持力度，健全创新主体、创新载体、创新人才等提升机制。加强知识产权保护、运用和管理，深入开展质量提升行动。优化创新环境、政策环境、营商环境。加强对创新驱动高质量发展的相关宣传报道。

提升金融系统服务能力。健全以政府投入为主、社会多渠道投入的金融机制。设立科技成果转化引导基金，引导社会资本支持科技创新。鼓励和规范互联网金融发展。鼓励银行创新金融产品和服务方式，引导银行等金融机构为科技企业尤其是中小企业提供全方位、多样化金融服务和差异化信贷支持，支持科技成果转化。发挥省科技金融引导专项资金作用，开展"科技保"和"科技贷"业务，建立科技贷款风险补偿机制。支持符合条件的科技型企业通过政府奖补、发行债券、挂牌上市等方式拓宽融资渠道。发挥保险和担保机构风险分担功能，提升担保机构服务能力。推动资金链与创新链、产业链、政策链、供应链、价值链等深度融合。

提升中介机构服务能力。重视和发展科技中介组织，统筹推进行业协会组织中介、促进成果转化中介、优化配置资源中介、特定专业服务中介、规范监督市场行为中介等建设，不断完善科技中介组织服务体系。统筹推动科技中介网络平台建设、加强科技中介从业人员队伍建设、优化科技中介法律政策环境，不断提升科技中介组织体系发展环境，形成区域性网络化发展格局，充分发挥科技中介在创新体系各要素之间的功能传递作用、在市场主体之间的服务纽带作用，助力降低创新风险、信息沟通成本及创新成果转化交易成本，提高创新成果转化效率、质量。

第三节　把握创新驱动高质量发展的实践路径

围绕高质量发展主线，坚持创新是第一动力、人才是第一资源，坚持多路并进、多策并施、稳中求进，强化创新驱动高质量发展能力，加快打造和形成创新驱动高质量发展的新优势、新动能、新能级、新空间和新局面。

一　以产业技术创新打造发展新优势

产业技术创新，旨在实现"新技术→新产业→新优势"有序转变。产业技术创新是推动产业转型升级、实现高质量发展的根本动力。推动产业技术创新，要理清和明确产业技术创新重点方向及任务，找准和把握好实践路径，多路并进，稳中求进，以实现新旧技术整合、主导产业有序转换，形成新的发展优势。

明确产业技术创新重点方向。把制造业高质量发展作为主攻方向，围绕先进装备制造产业发展，重点发展盾构及工程、电力、矿山、轨道交通、智能装备等关键技术；围绕改造提升传统优势产业，重点发展产业数字化、智能化等高新技术；围绕壮大战略性新兴产业，重点发展人工智能、量子信息、未来网络、智能制造、生命科学、前沿新材料、大数据等新业态及技术；围绕打造新一代信息技术产业集群，重点发展可见光通信、北斗导航、卫星遥感、信息技术应用、物联网、新型显示等关键技术；围绕新能源汽车及动力电池产业发展，重点发展动力电池及材料、驱动电机和电子控制、智能网联技术等关键技术；围绕生物医药产业发展，重点发展新型疫苗、动物疫苗和药品、基因工程药物、细胞治疗产品、血液制品、新型诊断药物等关键技术；围绕加快现代农业发展，重点发展现代育种、食品加工和流通、农副产品质量安全追溯等关键技术；围绕现代物流发展，重点发展自动识别、电子数据交换等先进技术；等等。

明确产业技术创新实践方式。坚持市场主导、需求导向、应用牵引、协同创新，实施政产学研用协同创新工程，设立产学研协同创新基金，建立以企业为主体、以市场为导向、产学研深度融合的技术创新体系。支持创新龙头企业牵头、高校和科研院所支撑、各创新主体相互协同，组建体系化、任务型、开放式的产业技术创新战略联盟、科技服务联盟等创新联合体，开展关键核心技术研发和产业化应用，提升产业创新能力和核心竞争力。支持高校、科研院所与企业、社会组织等共建大学科技园、重点实验室、技术创新中心、产业创新中心、中试基地、产业研究院、新型研发机构、技术转移机构、科技成果产业化基地等创新平台，对标一流，优化完善创新平台体系，提升创新平台服务能力。支持小微企业创业创新基地城市示范和"双创"示范基地建设。推动创新技术、创新产品、创新服务消费升级，拉动产业技术持续创新。着力推动产业链、创新链、金融链、政策链高效融合，技术创新、产品创新、形态创新和模式创新全面开花。

二 以壮大创新主体激发发展新动能

围绕创新驱动高质量发展主线，以提升各类创新主体创新能力为目标，梯次培育创新型企业，强化企业创新驱动高质量发展主体地位，推动大中小企业融通发展，组建创新联合体，加快形成"龙头企业承天接地、高新技术企业占据高地、中小企业花开满地"的创新主体格局和"创新龙头企业为引领、高新技术企业为骨干、科技型中小企业为生力军"的全产业链创新型企业集群，实现企业"顶天立地"与"铺天盖地"有机统一。推进过程中，要立足河南省情及发展需要，精准扶持，分类实施创新主体梯度培育壮大工程，构筑更加稳定的创新生态。

实施龙头企业提升引领工程。围绕河南重点发展的主导产业、支柱产业，坚持工程引领，通过政策支持、创新资源集聚等方式，重点扶持和培育孵化一批科技含量高、成长潜力大的优秀企业，帮助其向"专精特新"冠军、"小巨人"企业、"瞪羚"企业、"独角兽"企业等企业类型有序转变，并最终发展成为行业引领能力强、综合竞争力强的创新龙头企业。依托产业链引进一批行业龙头企业，引导上中下游关联中小企业向龙头企业集聚，打造产业协同、竞争力强的产业生态体系。支持创新龙头企业牵头组建产业技术创新战略联盟，与高校、科研院所、社团组织等行为主体共建大学科技园、重点实验室、产业研究院、技术创新中心、产业创新中心、中试基地、科技成果产业化基地等高层次创新平台，积极承担国家科研任务和省重大科技专项。完善创新龙头企业评估体系，强化创新龙头企业绩效考核，实行创新龙头企业"优胜劣汰、有进有出"动态管理。

实施高新技术企业倍增工程。按照河南《高新技术企业倍增计划实施方案》规划部署，围绕新产业、新业态、新模式、新技术，大力培育和引进高新技术企业。建立高新技术后备企业库，持续实施"小升高"培育行动，完善高新技术企业培育服务体系，促进高新技术企业树标提质、健康发展，更好发挥其支撑高质量发展的作用。设立高新技术企业培育资金，重点支持入库企业开展新产品、新技术、新工艺、新业态创新，"一企一策"助力其成长为高新技术企业。

实施科技型中小企业培育工程。以电子信息、生物医药、智能制造、新能源、新材料等领域为重点，建立科技型中小企业培育库，梯次培育科技型中小企业。实施"科技小巨人"企业培育工程，扶持其成长为"专精特新"的"科技小巨人"企业，支持其发展为行业领军企业、创新龙头企业，面向未来打造科技型中小企业群体。加大新认定科技型中小企业奖励力度，落实好各项优惠政策。立足发展需要，引进培育一批未来发展潜力大的"独角兽"企业。支持科技型中小企业加强与龙头企业、高校、科研院所、创新平台等深入合作，实现借力发展、协同发展。建立完善科技型中小企业分类、评估、认定、考核、退出工作机制。

三 以推动开放创新提升发展新能级

当前，我国已进入"引进来"与"走出去"的双轮驱动和良性互动的发展阶段。对地处内陆的河南而言，唯有积极融入全球创新网络，才能在"引进来"与"走出去"的良性互动中提升创新能力，实现创新驱动高质量发展。

加强创新人才开放合作。顺应全球创新变局中创新人才发展新趋势，建立面向世界的开放灵活的创新人才引育机制，在开放合作中实现人才引得进、育得成、流得动、用得好等目标。实施河南省高端引智计划，实行"全职+柔性"引才引智，拓宽海内外引才育才渠道，建立全球引才目录和引人体系，开展靶向引才、精准引才。实施海外名校英才入豫计划，开辟高端外国人才申请来豫工作许可"绿色"通道。以高等院校、科研院所、创新平台、骨干企业等为主力，持续实施高层次人才国际化培养项目、国际人才合作项目，利用全球范围内的创新资源，联合培养一批学科领军人才、产业领军人才、青年创新人才。

加强创新平台开放合作。加强与"一带一路"沿线国家的科技交流与合作，主动融入国家"一带一路"科技创新行动，积极开展"数字丝绸之路""创新丝绸之路"务实合作。支持省内有条件的企业与"一带一路"沿线国家或其他发达国家和地区深化合作，共建国际联合研究中心、联合实验室、科技园区、产业示范基地等创新平台。发挥部省会商平台作用，积极争取国家级区域科技创新中心建设、大科学装置布局、高端创新平台基地建设等在豫布局。高质量建设郑洛西高质量发展科技合作带，共建一批科技创新平台和研发应用基地。深化区域合作，打造中原—长三角、中原—京津冀、中原—粤港澳大湾区等科技走廊。发挥中国科学院河南产业创新与育成中心、中国工程科技发展战略河南研究院等平台作用，拓宽省院合作范围。完善省科研设施与仪器共享服务平台，推动科技成果开放共享。

加强技术创新开放合作。围绕推动传统产业高位嫁接，支撑优势产业未来化，引领未来技术产业化，提升原始创新能力，加强与国内外发达地区的技术创新开放合作。以人工智能、量子信息、未来网络、智能制造、农作物表型精准鉴定、农作物基因工程育种、新型生物农药创制、新型油料替代作物的筛选与培育、前沿新材料、氢能与先进储能、生命科学、自动驾驶与智能交通等面向未来的前沿科技领域以及先进制造、信息技术、新能源、新材料等重点产业关键共性技术、"卡脖子"技术为重点，高质量开展国际创新合作，争取早日突破一批前沿战略性技术、关键核心技术和共性技术。支持建设国际化的高水平研发机构，加快国际技术创新示范基地建设。持续与科技部共同举办好中国·河南开放创新暨跨国技术转移大会。构建国内外高水平技术成果库、重大技术需求库。

四 以优化创新布局拓展发展新空间

优化创新布局，是缩小区域动力差异、推动区域协调发展、实现更高质量发展的必由之路。优化创新布局，要立足目标区域间创新能力差异测算结果，疏通创新要素流动堵点，清除创新要素流动障碍，提高创新资源配置质量、效率，构建协同有序、优势互补、科学高效的区域创新体系，形成核心区与辐射区、城市与乡村、高地与洼地、省内与省外等多线协同联动创新共同体建设格局。

推进"两区"协同联动，即推动创新核心区与创新辐射区协同联动。一是加快郑洛新国家自主创新示范区建设，发挥好先行先试、政策创新等优势，坚持多策并施，全面提升郑洛新国家自主创新示范区的创新能力及辐射带动能力，强化其中原地区创新核心区功能。科学论证，择优遴选一批辐射区。二是各创新辐射区要主动作为，突出特色，优化环境，找准嵌入点，更好融入郑洛新国家自主创新示范区"3+N"创新发展空间布局。三是拓宽"两区"协同联动结合点、落脚点，灵活开展"飞地"式创新和成果转移转化，实现优势互补、共生发展。

推进"城乡"协同联动，即推动城市创新与乡村创新协同联动。一是建设好和利用好城市创新要素集聚能力强、创新成果输出能力强等高地效应，更好发挥城市创新示范带动作用。总结和推广郑州、洛阳、南阳等国家创新型城市建设经验，常态化、制度化开展创新型城市、创新型县（市）、创新型园区等创建活动，示范辐射带动更多城市创新能力提升，实现创新驱动高质量发展。二是实施科技支撑乡村振兴行动计划，拓宽科技下乡通道，搭建创新平台载体，壮大创新型农业经营主体，打造一批创新型乡村，更大范围示范引领乡村振兴发展。三是充分发挥城乡各自优势，找准城市创新与乡村创新融合点、衔接点，推进以城带乡、城乡一体发展，形成"城市创新+乡村转化"良性互补发展格局。

推进"两地"协同联动，即推动创新高地与创新洼地协同联动。创新高地，即创新要素集聚、创新能力较强之地，该地区要着力提高创新资源配置效率，高水平开展创新活动，高质量产出创新成果，发挥高地效应、"头雁"效应，引领更多地区开展创新活动和提升创新能力。创新洼地，即创新要素分散、创新能力较弱之地，该地区要着力优化营商环境，努力形成洼地效应，进而提升创新要素吸引力、创新成果承接力、创新成果转化力。谋划建立"两地"创新活动及成果联动机制，形成高地带动洼地、洼地支撑高地的良性局面。

推进"内外"协同联动，即推动省内创新与省外创新协同联动。坚持"引进来"和"走出去"相结合，统筹利用好国内国际两个市场和两种资源，实现"内外"联动。结合开放创新建设，统筹开展好省际合作、省部合作、省院合作以及国际合作，尤其主动融入"一带一路"建设，遴选一批创新骨干到省外乃至国外投资布局，建设海外创新基地，同时引进一批国内外的创新要素、项目，补齐省内创新短板，推动创新升级，增强河南创新驱动高质量发展动力。

五　以推动创新创业开创发展新局面

"人民群众对美好生活的向往，就是我们的奋斗目标。"是否更好满足人民日益增长的美好生活需要，是否有利于解决发展不平衡不充分问题，是判断是不是高质量发展的根本标准。民生是推动高质量发展的落脚点，而就业是民生之本。推动以人民为中心的高质量发展，就是要实现"创业带动就业、就业增加收入、收入促进消费、消费拉动发展、发展引领创业"的良性循环。

以创业带动就业。一是实施创业带动就业计划，综合运用清除创业壁垒、强化创业培训、提升创业服务能力、强化创业监管、办好创业赛事等举措，引导和帮助更多人实现创业就业。二是制定鼓励创业的产业指导目录，鼓励更多创业者进入国家和地方优先和重点发展的科技型、资源综合利用型、劳动密集型、农副产品加工型、贸易促进型、社区服务型、建筑劳务型、信息服务型等产业或行业。三是完善创业带动就业政策体系、服务体系，支持科研人员离岗创业，指导高校毕业生、失业人员和返乡农民工创业，促进退役军人、留学回豫人员等创业，鼓励更多女性投身创业，以多路并进实现创业人数和就业人数"双升"。

以就业促进消费。一是坚定打好"稳就业"组合拳，全面落实更加积极的就业政策举措，实现更充分的就业和更可观的收入，尤其扩大中等收入群体和增加低收入者收入，推动河南继续保持"城乡居民收入与生产总值同步增长"，"居民收入的增速高于全国平均水平"。二是顺应消费转型提质升级新趋势，重点提升城市消费、扩大农村消费、发展服务消费，发挥消费端对供给端的牵引作用，着力增强消费对经济高质量发展的基础性作用。全面拓展消费需求，畅通消费通道，引导城乡居民积极参与网络消费、定制消费、体验消费、时尚消费等新型消费，更好满足人民日益增长的多样化、个性化、多层次的消费需求。

以消费拉动创业。一是健全消费升级引领供给创新响应机制，适时监测消费市场新变化、新趋势，更多依靠改革创新的办法，推动催生发展新理念、新技术，促进新产业、新业态、新模式发展，以形成新的经济增长点和拉动经济高质量发展的新引擎，实现消费对经济增长的拉动作用更充分发挥。二是以新形成的产业和行业为契机、基础，修订鼓励创业的产业指导目录，支持和吸引更多劳动者进入该领域创新创业，进一步推动创业人数和创业带动就业人数"双升"。

第四节　强化创新驱动高质量发展的支撑保障

经济从高速增长阶段转向高质量发展阶段，必将遇到前所未有的新挑战、新矛盾。欲有效应对新挑战，解决新问题，实现创新驱动高质量发展，最根本的是必须形成和强化有力、有效、相宜的支撑保障体系。

一　强化人才支撑保障

人才是创新驱动高质量发展的第一资源。推动高质量发展，必须首先强化人才支撑保障。强化人才支撑，释放人才红利，须坚持"引、育、流、用、留"相结合，多路并进，确保人才引得进、育得成、流得动、用得好、留得住。

做好人才引进工作。坚持需求导向，健全重点领域、重点产业人才需求预测预警和引才目录定期发布机制，以高等院校、科研院所、创新平台、骨干企业等为主力，实施河南省高端引智计划。持续实施"名校英才入豫"计划，在国内外知名高校建立人才联络站，高质量开展人才招聘宣讲活动。实行"全职+柔性"引才引智，鼓励通过兼职挂职、技术咨询、项目合作、周末教授、特聘研究员等多元方式汇聚人才智力资源。拓宽海内外引才渠道，面向全球开展精准引才、靶向引才，开辟高端外国人才申请来豫工作许可"绿色"通道。

做好人才培育工作。完善创新人才培养长期稳定支持机制，高质量实施"中原英才计划"、青年科技人才培育行动、青年人才托举工程等人才培育工程，培育形成一批以"两院"院士为引领的战略科技人才、以"中原学者"为引领的高端科技领军人才以及一批优秀青年拔尖人才和青年科技创新人才。支持高等院校、科研院所、骨干企业等机构共建人才培育体系和人才培育基地。围绕智能制造、现代农业、资源材料等优势领域，加强基础研究人才培养。

做好人才流动工作。创新人才流动机制，健全人才流动服务体系，推广人才柔性流动模式。更好发挥政府作用，由政府相关部门牵头，建立统一动态流动人才数据库，推动用人单位与人才培育单位有效对接，引导更多人才到最适合的岗位上建功立业，有效提升人才合理流动质量及效率。加强人才流动管理，清理人才合理流动阻碍。持续推进科技人才下乡计划，鼓励和支持科技人才到基层一线、贫困地区等人才紧缺地区服务锻炼，促进城乡间、区域间、行业间人才均衡发展。

做好用好人才工作。坚持以用为本，做好查漏补缺工作，明确整体和局部用人供需矛盾。开展人才摸底调查，摸清河南及其各省辖市现有及潜在创新人才的类型、层次及规模，梳理人才缺口及类别、层次，引导不同层次的人才到最适合自己的岗位上建功立业，促进供需平衡，缓解用人矛盾，最大限度释放人才红利。搭好用才平台，用好本土人才。充分尊重人才，注意规范用人、扬长避短。

做好留住人才工作。以解除人才后顾之忧为出发点，坚持谁用谁留原则，多策并施，用政策留人、用服务留人、用感情留人。着力营造公正平等的制度环境、宽容失败的工作环境、尊敬人才的社会环境。着力设立"一站式"人才服务窗口，有的放矢地为人才提供个性化服务、一条龙服务。着力保护和留住"乡愁"，强化"老家在河南"乡情纽带，促使人才安居乐业、近悦远来。

二 强化金融支撑保障

金融是实体经济的血脉。创新驱动高质量发展，离不开强有力的金融支撑保障。要坚持盘活存量和用好增量相结合、针对性和有效性相结合，拓宽资金来源渠道、提高资金使用效率，充分发挥金融推动和支撑高质量发展的作用。

强化基金引领作用。充分发挥河南省科技创新风险投资基金、郑洛新国家自主创新示范区成果转化引导基金和郑洛新国家自主创新示范区创新创业发展基金三只科创类政府投资基金引导作用。充分发挥河南省创业投资引导基金和新兴产业投资引导基金作用。充分发挥国家融资担保基金的作用。规范发展创业投资母基金。优化调整国家自然基金委（NSFC）—河南联合基金，设立行业（产业）专项联合基金。推进省自然科学基金、哲学社会科学基金拓面提质，增设青年基金项目和优秀青年基金项目。鼓励发展股权投资基金和创业投资基金。

拓宽企业融资渠道。统筹推进债务性融资和权益性融资。加快推进大中型商业银行、城市商业银行、村镇银行等金融机构创新发展、转型发展，为地区创新活动提供有针对性的金融产品和差异化服务。加快发展天使投资，培育和壮大天使投资人群体。辅导和培育科创板、创业板、"新三板"等上市挂牌后备企业，支持符合条件的科技型企业通过政府奖补、发行债券、资产证券化、上市融资、挂牌融资等方式拓宽融资渠道。完善创新创业差异化金融支持政策，多元化、多层次的金融服务体系。由政府牵头加强融资管理，帮助企业选择较为合适的融资方式。

注重资金绩效考评。灵活采用弹性绩效管理方法，完善资金绩效考评方法及测评指标体系，推动资源配置不断优化、资金使用效益有效提高。坚持专业化、精细化和系统化相结合，统筹推进绩效自评、主管部门考评和绩效审计等环节，实行年度报告、中期评估和期满考核验收相结合，建立事前、事中、事后的全程控制管理体系，多层联动，确保绩效评价发挥实效。强化对考前、考中、考后三阶段考评结果的分析和使用，强化奖惩，促使资金在创新创业系列活动中真正发挥激励及支撑作用。完善资金绩效考评监管体系，减少乃至杜绝绩效评价过程中存在的形式主义、弄虚作假、不规范、为评价而评价等问题发生。

三 强化政策支撑保障

政策是支撑创新驱动高质量发展的资源、动力，更是红利。要统筹谋划，增强政策设计的科学性、系统性、可行性，增强政策操作的规范性、有效性、联动性，增强政策执行的便利性、针对性、高效性，形成完备的政策体系和良好的政策环境，释放政策红利，发挥政策效应，推动创新驱动高质量发展。

梳理分析创新政策。搜集整理现有创新政策，重点分析国家创新政策与省市创新政策的共同点、落脚点，综合性创新政策与专项性创新政策的链接点、叠加点，统揽类创新政策与细分类创新政策的切入点、着力点。科学解读创新政策，明确国家及河南现有创新政策有哪些，明确现有创新政策的政策来源、时效以及还存在哪些不足、缺陷，明确哪些创新政策存在交叉、重复等现象，明确如何在现有创新政策中选择和挖掘最适宜的创新政策来支撑河南创新驱动高质量发展，同时，注重加强对先进国家和地区创新政策的搜集整理，以便开展对比分析。

完善创新政策体系。坚持在执行国家部署中抓机遇、在对标典型先进中找差距，结合省情实际，强化顶层设计，立足充分调研，科学论证谋划，补齐政策短板，制定和实施多层次、多类型"含金量"高的创新政策，不断完善支撑河南高质量发展的创新政策体系。同时，对同类别及存在交叉、重复等问题的相关创新政策进行归并处理、整合优化，最大限度地发挥各级各类创新政策叠加效应。对国家及省市的各类综合性创新政策与专项性创新政策、统揽类创新政策与细分类创新政策进行整理并汇编成册，加大宣传力度，及时送达，以便各创新主体快速查阅和获悉各类创新政策内容，进而显著提高创新政策的兑现时效。

加快创新政策落地。政策落地，是政策真正发挥作用的关键所在。要创新政策兑现方式，着力打通创新政策落地"最后一公里""最后 100 米"，显著提高创新政策的"落地率"，让创新政策最大限度被受众看见、听懂、摸着、用好。一是切实推动创新政策精准到达。开展精细化服务，将创新政策"整理打包"，多渠道推动创新政策精准送达各创新主体。二是切实推动创新政策有效执行。强化政府服务意识，高效兑现各项创新政策，推动政策"含金量"转化为现实生产力。三是切实推动创新政策及时反馈。坚持在执行中检验政策、在反馈中调整政策，推动创新政策更优化、更有效，更好引领高质量发展。

四 强化制度支撑保障

系统完备、科学规范、运行有效的制度体系，是支撑创新驱动高质量发展的核心保障。推动高质量发展，需要科技创新和制度创新协同发挥作用，"两个轮子"一起转；而制度创新又是实现科技创新的基础和前提。因此，推进创新驱动高质量发展，必须首先推动制度创新，完善制度体系，释放制度红利。

把握制度创新原则。推动制度创新，要坚持科学、合法、适宜原则，树立需求导向、问题导向，重在完善、立破并举、扬长补短，实现制度创新制度化、规范化、长效化。坚持科学推动制度创新，就是要用科学的思维、科学的态度、科学的理论来指导和推动制度创新，而非主观臆断、无中生有、不切实际地推动制度创新。坚持合法推动制度创新，就是要做到于法有据、合法合规、实事求是地推动制度创新，而非图省事、走捷径、突破法律边界地推动制度创新。坚持适宜推动制度创新，就是要做到符合时代要求、符合发展导向、符合省情实际地推动制度创新，而非标新立异、形式主义、为创新而创新地推动制度创新。

找准制度创新重点。坚持需求导向、问题导向，是有序推动制度创新的根本方向。推动制度创新，完善制度体系，首先要找准在创新驱动高质量发展过程中还存在哪些制度短板、不足及障碍、瓶颈，并以此为基，多路并进，确定制度创新重点所在。一是在理论研究中找答案。立足现实问题及发展需求，结合创新及高质量发展规律，借鉴成熟先进研究成果，推进二次创新，推动有针对性的制度创新。二是在对标先进中找答案。加强对先进地区的学习，找准差距，借鉴经验，推动制度创新。三是在调研实践中找答案。发扬自力更生、艰苦创业精神，深入基层、扎根群众，充分依靠人民智慧推动制度创新。

明确制度创新路径。创新驱动高质量发展是一项系统工程，要将制度创新贯穿创新驱动高质量发展全过程。立足现实问题及发展需求，科学制定制度创新路线图、时间表、任务书，按期有序推进制度创新，完善制度体系。要推进协同式制度创新，多部门、多创新主体联动，深化"放管服"改革，完善创新决策、要素支持、成果转化、空间布局、利益分配、创新监管等制度机制；完善创新核心区与辐射区、城市与乡村、高地与洼地、省内与省外协同创新制度机制；推进实践创新、理论创新、制度创新有机统一，在良性循环中实现互促进步。

五 强化环境支撑保障

好的营商环境就是生产力、竞争力。优化营商环境，是创新驱动高质量发展的重要保障，也是重要支点。以优化法治环境、市场环境、人文环境、生态环境等为重点，着力营造有利于创新驱动高质量发展的良好发展环境。

强化法治环境支撑。"法治是最好的营商环境"，加快推进《河南省科学技术进步条例》《河南省促进科技成果转化条例》《郑洛新国家自主创新示范区条例》等重大创新政策的修订与落实，强化科技创新法治保障。建立健全多元化商事纠纷解决机制。严格规范涉企行政执法行为，严厉打击各类侵权行为，开展维护市场秩序、保护企业生产经营专项治理行动。抓好法治宣传，将公正诚信、竞争有序等法治观念渗透到创新驱动高质量发展全过程，营造良好法治环境。

强化市场环境支撑。市场经济是信用经济、契约经济。优化市场环境，须着力加强社会诚信水平建设，加快推进政务诚信、商务诚信、社会诚信和司法公信，完善社会信用体系建设，褒扬诚信，惩戒失信，营造良好的市场信用环境。着力营造良好的市场竞争环境，加快制定公平开放透明的市场规则。着力加强市场消费环境建设，激发居民市场消费潜力，提高消费规模，强化消费侧对供给侧的牵引作用，促进需求端与供给端均衡发展，充分发挥消费对高质量发展的拉动作用。

强化人文环境支撑。良好的人文环境，是创新人才专心科研创新创业创造的内在需求，也是创新驱动高质量发展的重要保障。营造良好的人文环境，要坚持以人为本，加大宣传教育力度，提高思想认识，凝聚发展共识，在全社会营造尚贤风气，尊重知识、尊重人才、尊重劳动、尊重创造。要引导受众承认多元价值并存，尊重人才成长规律及创新发展规律，鼓励创新、宽容失败。要完善人才服务体系，保障科研人员能够专心、高效地开展高水平、高质量的研究工作。

　　强化生态环境支撑。良好的生态环境对创新要素资源具有显著吸引力、凝聚力。坚持和树牢"绿水青山就是金山银山"理念，要统筹做好生态保护、污染防治等工作，着力提升生态环境承载力，堵住生态环境破坏的漏洞，打好生态环境保护的补丁，更好发挥良好生态环境对创新驱动高质量发展的支撑作用。要以推进碳达峰、碳中和为牵引，坚持绿色发展，更多采用创新的办法，市场化、法治化的手段，推动产业结构和能源结构升级，加快形成绿色低碳循环发展的经济体系。

第十一章

改革推动：河南高质量发展的"先手棋"

习近平总书记强调："改革开放是决定当代中国命运的关键一招，也是决定实现'两个一百年'奋斗目标、实现中华民族伟大复兴的关键一招。"我国 40 多年来的快速发展靠的是改革开放，全面建设社会主义现代化国家也必须坚定不移依靠改革开放。对不靠海、不沿江、不沿边的河南而言，亦是如此。改革将是实现中原崛起、河南振兴、富民强省的关键所在，是推动河南高质量发展的"先手棋"。党的十八大以来，河南省高质量发展呈现新局面，改革逐步取得新突破，改革步入攻坚期、深水区。党的十九届五中全会、六中全会和河南省委十届十三次全会、省第十一次党代会中，进一步强调要坚持全面深化改革，明确提出全面深化改革，要锐意改革创新，确保高质量建设现代化河南、确保高水平实现现代化河南。这就需要，坚持改革的正确方向，坚决主动、创新推进改革，最大限度地激发市场和社会活力，使改革的新红利转化为推进河南高质量发展的新动力。

第一节　改革推动是高质量发展的根本途径

改革开放 40 多年来，河南与全国一样，走过了不平凡的历程，取得了不平凡的成就，发生了翻天覆地的变化。河南改革开放以来的历史经验表明，不断深化改革是促进社会经济高质量发展的根本途径。近年来，省委、省政府提出了锚定"两个确保",建设"四个强省""一个高地""一个家园"等一系列战略部署,这一切战略任务的实现都迫切要求全面深化改革,面对各种问题,必须攻坚克难,以改革推进河南高质量发展,全面开启河南全面建设社会主义新征程。

一 改革推动是高质量发展的"传家宝"

1978年,以党的十一届三中全会为标志,中国开启了改革开放历史征程。沿海地区率先实行改革开放政策,起步早、发展快,走在了时代发展的前列。河南省处于内陆地区,受到不靠海、不临江、不沿边等主客观因素的影响,在第一轮改革开放的大潮中处于相对劣势,发展节奏相对缓慢。进入21世纪,河南经济社会发展取得了举世瞩目成就,国际地位和国际影响力均大幅提高,靠的就是坚持不懈推进改革开放。当前,我国经济运行稳中有变、变中有忧,由重大突发公共卫生事件、中美贸易摩擦导致外部环境复杂严峻,经济面临下行压力,在如此复杂的国际国内环境下,河南突破发展靠的依旧是改革。

党的十八大以来,河南坚持推进供给侧结构性改革,深入推进"放管服"改革,用改革的办法推进了经济发展结构调整,减少了无效和低端供给,增加了有效和中高端供给,增强了供给结构对需求变化的适应性和灵活性,始终为保持经济持续健康发展和社会大局稳定提供强有力的重要支撑。比如,2020年,河南深入推进供给侧结构性改革,较好地完成了经济社会发展的主要预期目标,国民经济运行始终保持在合理区间,钢铁、煤炭年度去产能任务提前完成,经济结构持续优化,转型升级态势明显。2021年,受国内外复杂严峻发展环境、诸多风险挑战交织,特别是特大洪涝灾害和新冠肺炎疫情交织叠加的影响及严重冲击,河南经济增速为6.3%,增速同比虽有放缓,但经济发展呈现较强韧性,整体保持平稳恢复、向好发展态势,且同比增速与全国均值差距整体缩小。[①]

---

① 河南省统计局:《2021年全省经济运行情况》。

进入新时代，我国经济已由高速增长阶段转向高质量发展阶段。社会主要矛盾也已经转化为人民日益增长的美好生活需要和不平衡不充分的发展之间的矛盾。经济发展阶段发生历史性变化，社会主要矛盾发生重大变化，不平衡不充分的发展就是发展质量不高的突出表现。而解决主要矛盾的根本仍在改革。要通过全面深化改革，尤其是推进供给侧结构性改革，有效破解行业和产业产能过剩、"卡脖子"关键核心技术和共性技术、关键装备和产品依赖进口、经济发展动力不足等问题。换言之，顺应经济发展阶段和社会主要矛盾变化，坚持通过推进改革来实现发展方式转变、增长动力转换、产业体系优化、产品有效供给能力提升、社会治理能力增强等建设目标，是新时代推进河南经济社会高质量发展的"传家宝"。

二 改革推动是建设"四个强省"的客观要求

党的十九届五中全会对国家"十四五"和未来 2035 年的新一轮改革作出总体部署，全国各地的改革发展基本处于同一条起跑线上，这为河南深入改革创新、突破自身发展瓶颈、"弯道超车"提供了发展机遇。要从根本上破解河南省发展质量不高、发展不充分不平衡、产业结构不合理、城乡二元结构等现实问题，以及就业、医疗、住房、教育、老龄化等人民群众"急难愁盼"的民生问题，全面推进社会主义现代化河南建设，就必须坚定不移依靠全面深化改革。

"改革开放没有完成时，只有进行时。"当前，河南省改革已经进入了深水区，好吃的"肉"都差不多吃掉了，面对的都是发展中剩下的难啃的"硬骨头"以及新一轮发展中不断涌现的新问题；改革步入了攻坚期，改革推进涉及更深层次的利益关系，新旧体制转换面临新障碍。这既需要挣脱既有思想观念的束缚，又要挣脱不同利益关联的束缚。较之以往，当前改革中不同环节间的复杂性、关联性增强，改革难度前所未有，而传统"单兵突进"的改革模式已难以适应和实现新时代背景下改革的任务目标及要求，必须全面推进改革创新。尤其是，当前河南正处在工业化、城镇化加速推进和攻坚转型阶段，产业结构总体低端化、创新能力偏弱、质量效益不高、综合竞争力不强等深层次矛盾突出，发展优势的转变和重塑任务繁重。长期以来，河南都是一个人口大省、农业大省和粮食大省，而不是农业强省、工业强省、外贸强省。在国内经济下行压力持续加大，国际宏观政治经济环境不确定性预期增强，气候、土地等资源要素约束持续强化的现实背景下，河南传统的工业化、城镇化、农业发展道路难以为继，迫切需要全面深化改革，挖掘比较优势，发挥后发优势，破解河南发展难题，实现河南经济全面转型升级。同时，河南也是我国的能源消耗大省、资源枯竭大省、碳排放大省，资源环境制约因素凸显，迫切需要通过深化改革，突破资源环境制约瓶颈。

矛盾越大，问题越多，越要攻坚克难、勇往直前。新时代河南推进高质量发展，必须坚定不移依靠全面深化改革，向改革创新要动力，逢山开路、遇水架桥，科学灵活运用改革的办法来解决改革进程中的矛盾与问题，以期在高质量发展轨道上行稳致远，早日实现甚至率先实现经济强省、文化强省、生态强省、开放强省"四个强省"建设目标和奋勇争先、中原更加出彩奋斗目标。

三　改革推动是增进民生福祉的内在要求

习近平总书记指出："让老百姓过上好日子是我们一切工作的出发点和落脚点。""人民对美好生活的向往，就是我们的奋斗目标。"坚持以人民为中心，增进民生福祉是发展的根本目的，也是新时代全面深化改革的关键着力点和最终目标，这体现了我们党以人民为中心的价值追求，顺应亿万中原百姓意愿。坚持富民优先、务必强省为要，把切实保障和改善民生、增进民生福祉作为各项工作的出发点和落脚点，通过全面深化改革，加快新型城镇化、新型工业化、农业现代化建设，实现强省与富民之间的有机统一、城乡居民携手迈向共同富裕。

随着经济发展水平的全面提高，综合实力大幅提升，城镇化发展跨上新台阶，河南已经具备了全面建成社会主义现代化河南的基础条件。但是人口多、底子薄、基础弱、发展不平衡的基本省情还没有根本改变，与发达地区乃至全国平均水平相比还有不小的差距，实现全面建成社会主义现代化河南目标和奋力谱写新时代中原更加出彩绚丽篇章依然面临严峻挑战，这些都迫切需要河南通过全面深化改革，提升经济社会高质量发展水平，在发展中补齐民生短板，在发展中保障和改善民生，让改革发展成果更多更公平惠及亿万中原百姓。

要通过改革来有效破解人民群众"急难愁盼"的问题。当前，社会主要矛盾已转化为人民日益增长的美好生活需要和不平衡不充分的发展之间的矛盾，这对继续在发展中保障和改善民生提出了新的更高要求。要以人民群众最期盼、最关心的问题为出发点和落脚点，如更稳定的工作、更优质的教育、更满意的收入、更可靠的社会保障、更舒适的居住条件、更贴心的医疗卫生服务等这些人民群众最关心、最直接、最现实的利益问题，坚持以改革高质量推动就业、收入分配、教育、医疗、住房、社会保障等各项民生事业高质量发展，高水平为人民群众排忧解难，让亿万中原百姓在改革中看到变化、得到实惠、提升幸福感。同时需要注意，以改革来改善民生，既要尽力而为又要量力而行。保障和改善民生没有终点，只有连续不断的新起点。改革越是深化，越要重视增进人民福祉。要在每一个明确的时间节点中，从实际出发，明确改革的路线图、时间表、任务书，既不犹豫不前，也不好高骛远，有序高质量实现一个个相对应的实实在在的民生目标。

第二节　以深化改革破解高质量发展的难题

从河南改革的具体情况看，长期以来，特别是党的十八大以来，河南推进改革重点是围绕完善政府和市场配置资源的机制、促进经济结构调整、保障和改善民生这三条线索展开的，并随着改革内容的拓展和改革难度的加大而突破以经济体制改革为中心的界限，逐步向经济、社会、政治、文化、生态文明"五位一体"的改革，改革范围更广、改革层次更深、改革难度更大，深层次的体制机制问题日渐暴露，制约着新时代河南的高质量发展。这些障碍性问题，既有历史原因遗留的老问题，又有新体制建立健全过程中产生的新问题，还有方法跑偏等其他问题，需要通过全面深化改革来破解这些体制机制障碍和高质量发展的难题。

一 市场经济体制改革亟须深化

经过 40 多年的深入改革，河南市场经济体制逐步得到完善。但与新时代、新形势、新要求相比，河南还存在资本、土地等要素流动不畅、资源配置效率不高、市场体系还不健全、市场发育还不充分等问题，亟须通过深化改革来完善市场经济体制，建设高标准市场体系，更有力促进生产力发展。一是资本要素市场化改革仍需推进。农村信用合作社、城市商业银行、小额贷款公司、保险公司等地方性金融机构市场化改革仍旧不到位，企业公司制改革存在较大空间，金融和资本市场管制过多，导致大量的寻租行为。此外，在监管体系的转型、金融风险的防范、多元化金融工具的完善、上市公司股权和治理结构的完善、投资者权益的保护等方面也存在问题。二是土地要素市场化程度低。农村土地市场尚未建立，制约了我国二元经济结构的转换，尤其是省内城乡一体化进程。同时，城市房地产市场由于房产税、住房贷款利率调节机制不健全等方面的原因，发展相对不稳定。三是城乡统一的劳动力要素尚未激活。河南省是农业大省、人口大省，农业富余人口较多。虽然经过 40 多年的改革推进，国内就业市场化机制基本建立，但是，受到户籍制度的限制，农民在福利待遇和社会保障方面难以享受与城市居民平等的待遇。此外，资源性产品的要素市场存在严重的结构失衡，石油、电、水、气等资源性产品行政垄断严重，且集中度高。此外，国有企业活力仍未有效激活。省内大量的能源型、资源型企业是大型国有企业，但是有的经营管理体制机制相对僵化，部分煤炭、钢铁企业在国内经济下行、去库存、去产能的压力下，缺乏对产业的前瞻性、战略性规划以及有效的公司制管理，导致转型艰难，部分企业一度面临财务问题，成为省内国有企业改革的新难点。

基于此，新时代河南加快完善社会主义市场经济体制，要以推动高质量发展为主题，以深化供给侧结构性改革为主线，以改革开放创新为根本动力，以完善产权制度和要素市场化配置为重点，在更高起点、更深层次、更高目标上全面深化经济体制改革，建设高标准市场体系，实现产权有效激励、要素自由流动、价格反应灵活、竞争公平有序、企业优胜劣汰，促进河南更高质量、更有效率、更加公平、更可持续、更为安全的发展。具体而言，要以推进国有经济布局优化和结构调整、积极稳妥推进国有企业混合所有制改革、优化民营经济发展环境等为改革重点，着力增强微观主体活力；以全面完善产权制度、全面实施市场准入负面清单制度、全面落实公平竞争审查制度等为改革重点，着力夯实市场经济基础性制度；以建立健全统一开放的要素市场、健全要素市场运行机制、推进商品和服务市场提质增效等为改革重点，着力完善要素市场化配置体制机制；以完善宏观调节机制、深化财税金融改革、完善科技创新体系、完善产业政策和区域合作机制、持续优化政务服务、完善社会信用体系和新型监管机制等为改革重点，着力创新政府管理和服务方式；以健全收入分配制度、完善社会保障体系、健全公共卫生应急管理体系等为改革重点，着力完善民生保障制度；以推进四条"丝绸之路"融合发展、完善多层次开放平台体系等为改革重点，着力建设更高水平开放型经济新体制；适应高质量发展要求，研究推动涉及经济领域地方立法，规范行政执法，推进综合执法，健全对市场主体的立法执法司法保障等。①

二 行政管理体制改革亟须深化

自国家推进国家机构及"放管服"改革以来，河南省依据发展需要，进行机构的有效调整，并深入推进了相关制度的改革与创新，取得了良好的效果。但伴随国内外经济形势的变化以及信息技术的快速发展，现有改革存在不适应、不适用的新问题、新情况，行政管理体制改革仍需持续深入推进。

---

① 《中共河南省委 河南省人民政府关于新时代加快完善社会主义市场经济体制的实施意见》，2021年6月25日。

取消、下放审批事项中"含金量"高的项目还不够。一是认识不到位、放权有水分。部分省直部门在简政放权中避重就轻，动小不动大，明放暗不放，精简事项中很多是已经被淘汰、平时较少审批和费力不讨好的项目，真正有"彩头"的项目仍然被部门以各种借口抓在手中不放；有些事项本来就在市县办理，省直部门再明确放权给市县没有实际意义。二是改头换面、"换汤不换药"。有些事项名义上取消了，但被转为正常工作或者仍以登记、备案等形式变相审批。三是权责不一、下级替上级担责。有的省直部门将一些资格认定事项的审核把关职责下放给市县，将发证、收费等仅获利、不担责的实质权限留在手中，形成了权利和责任不一致，下级替上级"跑腿"、担责的不正常现象。四是部门规章"挡道"、权力下放难。有些事项完全可以下放给市县或变为事后监管，但有关部门以法律法规及部委规章未取消或调整为由，坚决不同意取消或下放，仍实行前置审批。

行政审批事项操作规范和评价标准不统一。一是同级同类政府权限标准不一、规模不一。一般而言，在相同法律框架内，同一级别、同一类型的政府所拥有的审批事项应基本相同，但从实际情况看，由于全省缺乏统一、明确、权威的分类标准，各省辖市、直管县（市）对行政许可、非行政许可审批事项的界定不清晰，掌握尺度不一样，各地行使的行政审批项目数量不一致，精简和保留的项目差别较大。二是改革实施难以形成全省"一盘棋"。全省行政审批制度改革"一盘棋"推进格局尚未形成，上下级改革不对称、不协调，从省到县各地改革总体处于单干状态。三是部分特殊功能区推进改革存在障碍。各地的开发区、城乡发展一体化示范区、产业集聚区等园区，以受权或接受委托的方式承担了部分行政审批职能，但由于不是一级政府，法律地位不明确，推进行政审批制度存在"名不正、言不顺"的不便和风险，功能区开放主平台作用得不到充分发挥。

前置审批改后置审批改革有待深化。一是涉及企业、受益范围有限。首批 31 项前置审批改为后置审批的事项，涉及教育、文化、煤矿、旅游等 11 类行业，受益行业市场主体登记数量仅占全省总量的 0.6%。二是"审批中的审批、前置中的前置"现象不同程度存在。部门间审批互为前置，权力界限不清、职能交叉，个别审批事项仅前置手续就需经多个部门批准、走多个程序。突出的矛盾是，工商登记"先证后照"改"先照后证"后，其他前置审批条件没有改变，企业即使拿到工商执照，仍然难以开展业务。三是部分地方性法规和规范性文件未列入清理范围。比如，《河南省建设项目环境保护条例（2006 年修订）》规定："对环境有影响的建设项目，未进行环境影响评价或环境影响评价文件未经审批的，工商行政管理部门不予办理营业执照，发展改革部门不予办理项目的审批、核准手续，建设部门不予办理施工许可，建设单位不得开工建设"，实际将"环境影响评价文件"变成了企业设立的前置审批事项，对近 200 个行业造成了影响。

河南持续深入推进行政管理体制改革，要以着力转变政府职能、创新政府管理方式、提高行政管理效能等为改革重点，加快形成权责一致、分工合理、决策科学、执行顺畅、监督有力的行政管理体制，建设人民满意的服务型政府。

三　体制机制亟须深层次改革

"实践发展永无止境，解放思想永无止境，改革开放永无止境。"[1] 体制机制改革既是实现高质量发展的支撑，也是推进经济发展从高速增长阶段有序转向高质量发展阶段的重要制度保障。[2] 面对新时代、新形势、新要求，为实现在服务国家高质量发展大局中奋勇争先、中原更加出彩的奋斗目标，就必须坚持"咬定青山不放松"，脚踏实地，勇往直前，一步一个脚印地推进改革发展步伐。

当前，河南面临很多较为复杂又严峻的问题和挑战，不仅有发展观念方面的制约，也有政策、体制方面的束缚，还有动力、结构、支撑能力等方面的瓶颈，亟须破解。以政策、体制方面的束缚为例，近年来，河南以推进新型城镇化为打造河南经济版的重要抓手，在其推进过程中就遇到不少来自政

---

① 习近平：《在庆祝改革开放 40 周年大会的重要讲话》，2018 年 12 月 18 日。
② 马晓河：《高质量发展关键是体制机制改革》，《经济参考报》2018 年 7 月 12 日。

策、体制方面的制约，比如，在教育政策方面，城乡间长期存在的经济发展水平和财政收入来源差异，使得城乡教育差距不断拉大，尤其农村教育投入严重不足，农村学校的数量、师资力量、教学设备、教学质量与城市相距甚远，根据第七次全国人口普查数据，河南初中及以下学历的人口总数占河南总人口的 69.70%。[①] 教育政策的制约，导致农村劳动力整体素质偏低，农村劳动力竞争力低，加上城市对农村优质劳动力的吸纳效应，使得农村剩余劳动力整体素质越来越低，更难以满足全面推进乡村振兴和农业农村现代化建设的人才需求，并进入恶性循环。再比如，在体制制约方面，以规划管理等方面的体制制约为例。经过近年来的改革，河南政府在规划管理体制制约方面突出的特征有：其一，规划缺乏有效衔接。城乡发展规划、国民经济和社会发展规划、土地利用总体规划、国土空间发展规划等规划由不同政府部门负责，规划间制定标准不统一、内容不充分衔接，造成规划资源浪费，存在规划"打架"问题。其二，规划的科学性、有效性和可操作性整体不高。很多规划科学性不够，可操作性不强，同时也存在不少规划未到规划期限就被弃用的现象。

以上例子，只是诸多制约因素中的一小部分。推动高质量发展，全面建设社会主义现代化河南，就必须统筹加快体制机制全面深化改革，有效破解这些来自不合理、不适宜的制度、政策等方面的制约，增强其引导力。以加快农村体制机制改革、全面推进乡村振兴为例，要围绕乡村振兴总目标，以建立健全城乡融合发展体制机制和政策体系为重点，针对性破除农村经济建设、政治建设、文化建设、社会建设、生态文明建设等过程中的体制机制障碍，统筹高质量推进产业兴旺、生态宜居、乡风文明、治理有效、生活富裕。具体而言，比如以农业供给侧结构性改革为主线，以推进现代农业产业体系、生产体系、经营体系加快构建为改革重点，推进农村产业振兴，以有效提高农业创新力、竞争力和全要素生产率；以持续完善农村生态一体保护与修复机制、农村突出环境综合治理机制、农村人

---

① 数据来源于河南省第七次全国人口普查公报。

居环境改善机制、农业生态产品价值实现机制等为改革重点，推进农村生态振兴；以常态化、制度化开展农村思想道德建设、弘扬农村优秀传统文化、健全乡村公共文化服务体系、移风易俗等为改革重点，推进农村文化振兴；以建立健全党委领导、政府负责、社会协同、公众参与、法治保障的现代乡村社会治理体制为改革重点，持续完善乡村治理体系，推进农村治理振兴；以建立健全城乡融合发展体制机制为改革重点，促进城乡融合发展、携手迈向共同富裕。①

第三节 准确把握深化改革的内在规律

在新时代，河南推进全面深化改革不但要坚持正确的方向和目标、选准突破口和切入点，在实践中还要准确把握全面深化改革的内在规律，这样才能更好破解新时代河南经济社会高质量发展过程中出现的各类难题，并把改革带向更加全面的范围、更加深入的层次，为高质量建设社会主义现代化河南提供强大动力。

一 坚持在全面深化改革中解放思想

改革本身意味着改变和创新，不解放思想，就无法具备创新的思维、改变的能力，就无法突破旧有体制下的瓶颈和障碍，更无法破解制约经济社会发展的矛盾和难题。推进改革开放，必须首先解放思想。解放思想是全面深化改革的前提、关键、主线及动力，思想解放的程度决定着深化改革的力度、广度及深度。

习近平同志强调："思想不解放，我们就很难看清各种利益固化的症结所在，很难找准突破的方向和着力点，很难拿出创造性的改革举措。"② 进入新时代，河南推进全面深化改革必须要把思想从不适应全面深化改革的观

---

① 《中共河南省委 河南省人民政府关于推进乡村振兴战略的实施意见》，2018年1月29日。
② 习近平：《在庆祝中国共产党成立95周年大会上的讲话》，2016年7月1日。

念束缚中解放出来，确立与全面深化改革相适应的新思想、新观念。坚持问题导向，把解放思想与促进发展紧密结合起来，在破解一系列发展难题的实践中及时消除各种模糊认识。河南地处中部，是传统的农业大省，河南人民一直以来容易囿于农业经济时代的意识，创业和商品经济意识不强、创新和改革的意识不强。那么，河南要加快推进全面深化改革，就必须坚持解放思想，营造创新思维，把河南全体党员干部和人民的改革意识和思维调动起来，激发全面深化改革的生机和活力。

二　坚持以问题导向和客观规律推进改革

习近平总书记指出："我们在研究和思考全面改革问题时，必须科学认识改革的本质要求、把握全面深化改革的内在规律，特别是要把握全面深化改革的重大关系，更加富有成效地把改革推向前进。"[1] 深刻认识全面深化改革的内在规律，掌握科学的改革方法论，提高操作能力和执行力，才能在改革实践中走出正确的方向和道路，沿着既定方向，将改革引向深入，将全面深化改革进行到底。

改革由问题倒逼而产生，又在不断解决问题中得以深化。改革就是为了解决实际问题。全面深化改革要立足于我们正处于并将长期处于社会主义初级阶段这个客观实际，坚持用发展的观点和方式来解决当前河南省高质量发展中面临的问题，尤其是要处理好长期与短期的关系、整体与局部的关系、政府与市场的关系以及改革与稳定的关系。在实践中，要充分认识和把握各领域、各部门发展的规律和实际，深入调查了解一线和基层发展的实际，准确把握发展的瓶颈和制约，选准突破口，推进改革创新和先行先试。对于河南来讲，全面深化改革必须把握河南的省情、特点和其在全国发展大局中的位置，按照客观规律推进改革深入发展，从根本上解决制约新时代河南经济社会高质量发展的各类问题，实现在服务国家高质量发展大局中奋勇争先、中原更加出彩的奋斗目标。

---

① 习近平：《在党的十八届三中全会中的讲话》，2013 年 11 月 9 日。

三　坚持以顶层设计和基层探索推进改革

统筹用好顶层设计和基层探索这两种推进改革的重要方法，在顶层设计和基层探索的良性互动中，实现全面深化改革落地见效。每一次认识和实践上的突破和发展，都是来自广大人民群众和基层干部队伍的智慧和实践。当遇到一时难以突破的体制机制障碍时，又没有绝对的把握来实现改革，那么积极探索、投石问路、试点示范、"摸着石头过河"就成了最有效保障改革沿着既定方向继续前进的基本路径和宝贵经验。在全面深化改革过程中，要围绕高质量发展主题，突出问题导向和需求导向，立足河南改革全局，统筹谋划，科学组织开展不同行业、不同领域的改革试点工作，比如在土地、科技、人才、金融、教育、医疗、生态、法治、开放等诸多方面，常态化、制度化地推出一批重大改革试点，及时归纳总结并形成一批可复制、可推广的改革经验和典型做法，充分发挥改革试点对改革全局的示范、带动、引领作用，实现以点带面，持续有效地推进全面深化改革。

与此同时，强调要重视发挥地方、基层、群众首创精神，坚持改革创新探索与地方发展需求相吻合、与基层客观现实相契合、与群众创新素养相符合，鼓励和支持基层干部队伍和广大人民群众勇于差别化探索，以"一马当先"带动"万马奔腾"。鼓励基层一线在改革创新的同时，注意对于改革成功经验的总结、宣传和推广，把一线改革的努力用出最大的效果，为全面深化改革的推进提供活力和动力，实现在大胆试验与顶层设计的良性互动中将全面深化改革推向深入。

四　坚持以系统性、整体性和协同性推进改革

习近平总书记强调，注重系统性、整体性、协同性是全面深化改革的内在要求，也是推进改革的重要方法。改革越深入，越要注意协同，既抓改革方案协同，也抓改革落实协同，更抓改革效果协同，促进各项改革举措在政策取向上相互配合、在实施过程中相互促进、在改革成效上相得益彰，朝着

全面深化改革总目标聚焦发力。① 着力增强改革系统性、整体性、协同性，将其作为当前及今后一个时期全面深化改革的新的部署，推进过程中，要对全面深化改革过程中不断出现的新问题有清醒的认识，注重抓好各项改革的协调配套、系统集成，打好系列改革"组合拳"，将改革推向深入、进行到底，实现系统性、整体性和协同性有机统一。

方案设计是协同推进改革的前提。要立足高质量发展需要，统筹考虑改革的战略、战役、战斗、战术等不同层面的问题，科学谋划改革总体方案，及时出台改革整体规划与专项规划、实施方案与行动计划、配套文件与实施细则。推动各级方案和实施办法相关内容有机衔接，时间节点保持一致，落实标准明确统一，责任分工细化清晰，更好保障执行主体高水平操作、高质量落实。抓好方案落实，要坚持部门协同、上下联动、条块结合，更好发挥部门和地方在落实改革方案上的积极性、主动性和创造性，形成改革落实协同推进的工作机制，并确保改革牵头部门与配合部门各司其职、各尽其责，在协商和协调中解决分歧和落实改革任务。强化实践评估检验，创新评估检验方式，常态化"回头看"，既注重评估检验单项改革的成效，也注重评估检验改革的综合成效，既表扬奖励先进，也不抛弃不放弃落后，及时助一把力，帮助其纠偏回正，确保抓好改革效果协同。

五 坚持以法治思维和法治方式推进改革

习近平总书记强调，凡属重大改革都要于法有据，这是正确处理改革与法治关系的基本原则。② 当前，河南改革已进入了深水区和攻坚期，改革时间紧、任务重、压力大，迫切需要运用法治思维和法治方式，更好发挥法治的引领和推动作用，以确保在法治轨道上合法规范地推进一系列改革。

在全面深化改革实践过程中，要依法研究设计改革方案和改革措施，保障改革方案与措施合乎法律法规，保障改革依法推进。被实践所证明的行之

---

① 习近平：《抓好各项改革协同发挥改革整体效应 朝着全面深化改革总目标聚焦发力》，《人民日报》2017年6月27日，第1版。

② 习近平：《在中央全面深化改革领导小组第二次会议的重要讲话》，2014年2月28日。

有效的改革成果，要及时上升为法律法规，及时宣传和推广。对于实践条件暂时不成熟，需要试点探索、先行先试的，要依法依规并严格执行法定程序进行授权。对不适应新时代全面深化改革要求的法律法规，要及时组织开展法律法规修订、废止等工作，确保依法提高改革的效率。积极引导各行为主体高度重视以法治思维和法治方式，参与践行依法推进全面深化改革；勇于同全面深化改革中的不法行为作斗争，合力及时清除阻碍改革进程的各种障碍，确保改革方向、成效和质量。

六　坚持以"胆子要大"和"步子要稳"推进改革

正确认识和处理好"胆子要大"和"步子要稳"的辩证关系。推进改革，既要胆子大，也要步子稳。坚持胆子大和步子稳相结合，是新时期推进全面深化改革的总基调。习近平总书记指出，一个时代有一个时代的问题，一代人有一代人的使命。随着改革进入深水区和攻坚期，改革时间更紧、任务更重、压力更大，更需要保持敢闯敢干的胆识，传承和弘扬 40 多年来改革开放取得的"摸着石头过河"的成功经验。该干的必须大胆干，但不蛮干，而是要以科学论证评估为基础，制定方案、细化步骤，夯基垒台、立柱架梁，稳妥审慎、三思后行，持续用力、久久为功。同时要敢于入深水、敢于涉险滩，大胆地"下河"、大胆地"摸石头"，在勇于进取的战略和稳扎稳打的战术有机配合下，平稳闯过激流、渡过险滩，迈向改革的既定目标。

面对新时期、新形势、新要求，河南推进全面深化改革，要突出重点、集中力量、抓好落实，确保不同领域不同阶段的改革稳步有序推进。比如，打造中西部创新高地方面，要通过深化改革来增强创新平台和载体的支撑能力，形成郑洛新国家自主创新示范区、郑开科创走廊、沿黄科技创新带、高新区、区域科技创新中心等创新点、线、面的创新联动局面；通过科研放权赋能等科技体制改革，优化创新生态。城乡融合发展方面，通过深化农业农村改革、健全农业农村发展要素投入保障机制等体制机制改革，夯实城乡融合发展、携手迈向共同富裕的基础。县域经济"起高原"方面，通过健全县城建设投融资机制、稳步推进撤县（市）设区和撤乡设镇改革、优化省直管县（市）体制等县域改革，深入落实县域治理"三起来"。服务构建新发展格局方面，通过完善促进消费体制机制、创新投融资体制机制等改革，推进消费扩容提质，扩大有效投资，实现中原更加有为服务和有效链接"双循环"。改革涉及方方面面，必须坚持胆子大和步子稳相结合的改革总基调，运用勇于进取的战略和稳扎稳打的战术，坚定不移推进全面深化改革。

第四节　深化"放管服效"改革

打破制度体制性障碍，需要深化"放管服效"改革。当前，河南正锚定"两个确保"、加快推进"四大强省"建设，处于全面建设社会主义现代化河南新征程的关键期，仍旧面临诸多制度性体制性障碍。为此，需要持续推进简政放权、加强监管创新、优化政府服务、服务"六稳""六保"，深化"放管服效"改革，打造国际一流的营商环境和政务环境，为新时代河南推进高质量发展提供有力的支撑。

一　持续简政放权，打造国际化市场环境

持续推进行政审批制度改革。坚持行政审批法治化、透明化、科学化、服务化和责任化改革导向，创新简化行政审批项目数量和流程环节，建立能有力促进有为政府和有效市场有机衔接的行政审批制度。一是削减行政审批事项。实行行政审批制度改革质量管理，引导行政审批制度改革从重数量向重质量有序转变，坚决纠正和杜绝放小留大、放管留利、抓虚放实、明减实留等不良倾向，更好激发市场活力。最大限度地减少服务业等重点行业领域的行政许可审批事项。二是建立服务型行政审批制度。创新推广集中式、开放式、并联式审批方式，健全"只跑一次""进一个门办所有事"体制机制，支持符合条件的部门和县市设立行政审批局，搭建行政服务平台，形成省、市、县、乡（镇）四级联动的行政审批服务体

系。三是建立数字型行政审批制度。强化数字赋能，推进行政审批数字化改革和应用，畅通行政审批数字化流程，建立规范的数字化行政审批服务体系和制度体系，大幅压减行政审批前置中介服务事项，提升行政审批效率和质量。

持续推进投资审批制度改革。坚定投资审批制度改革决心，最大限度推进投资项目审批改革以及前置性审批事项改革。强化全省的"12358"价格监管平台、信用信息共享平台、在线审批监管平台等载体平台的功能作用。全面缩减投资审批事项，优化投资审批程序与时限，完善立项、规划、建设、验收并联审批服务体系，提高投资审批效率及质量。实行企业投资项目"多评合一"，建立数字化的投资审图联合系统。实行园区或同区域的地下文物保护、水土保持、地质灾害评估、环境影响评估等前置性评估评价项目集中评估评价。创新重大投资项目服务模式，推广实行"一表受理"制、审批代办、领办制、限时办结制。

持续推进商事制度改革。进一步削减市场准入限制，放宽市场准入，同时规避"准入不准营"等问题出现。推进商事制度相关前置审批事项改革，大力推进企业登记全程电子化，实行"多证合一"。推进"证照分离"改革，科学梳理与论证，坚持能改则改、应改尽改，必须保留的则保留，可分离的则分离，可取消的则取消，可备案的则备案，可告知的则告知，可监管前移的则监管前移。

持续推进税费改革。加强对行政审批事项、中介服务、行业协会等涉企收费项目的整合整治和清单管理，坚决取消不合理收费，降低必要性收费的标准。同时，常态化、制度化严厉打击和问责乱收费现象。全面落实企业税费减免退还政策，尤其是对科技研发性企业，要加大退税、技术交易税减免、人才税前抵扣等政策的落实力度，确保优惠政策落实不打折，有效降低企业的税负比例。

持续完善负面清单和权责清单制度。全面实行负面清单和权责清单管理，厘清各级政府和部门的权力清单、责任清单及免责清单，建立示范性强的部门权责清单制度体系。全面规范政府行政流程及行为，实现权力清单、责任清单、免责清单全流程覆盖，确保依法推进权力清单制度改革，让权力在阳光下行使。

二 加强监管创新，打造法治化竞争环境

持续加强监管创新。创新市场监管方式，建立健全市场主体首负责任制度、产品（服务）质量保险制度、巨额惩罚赔偿制度等，推进惩罚方式由以行政处罚为主向以赔付消费者为主转变。严厉打击各种危害人民群众生命安全和财产安全的行为，常态化、制度化依法开展非法借贷、电信诈骗、知识产权侵犯、虚假广告、传销、假冒伪劣等严重扰乱市场秩序行为的"市场肃清"专项行动。

持续推进公平公正监管。深化"双随机、一公开"监管实践和创新探索，合理确定抽查频率和比例。实行负面清单管理，落实"非禁即入"政策制度，扩大民间资本市场准入，建立鼓励和促进民间投资的实施办法、服务标准和政策体系。推进市场体制机制改革，加快形成公平公正、竞争有序的市场体系。常态化、制度化开展竞争性行为审查，依法严厉打击各类非法垄断行为，有效破除行政垄断。

持续推进综合监管。全面推行市场综合执法改革，有机整合市县及以下的质监、食药监、工商、环保、文化、卫生、城管等部门监管职能，组建部门协同、职能互补、执行高效的综合监管和执法队伍，共建共享市场综合监管和执法平台，推进线上和线下的网格化管理模式，建立时空全覆盖、主体全覆盖的市场综合监管网络体系。确保综合监管不越位、不缺位、不错位，依法开展、高质量开展。

持续推进信用监管。建立和完善省级信用体系，探索建立经营异常名录和联合惩戒机制，建设好和运用好"信用红黑榜""纳税光荣榜"等制度，不断强化企业信用履行的社会责任感和认同感。建立政府部门、金融机构和行业组织等主体间对企业信用结果互通互认机制，强化对"黑名单"企业的惩戒力度。运用政府大数据监管体系，加大对农民工等群体欠薪行为的催缴力度，打造诚信政府。

持续推进法治监管。着力优化法治营商环境，统筹依法推进商事制度、市场监管、行政审批等制度改革。推行"容期整改""安静生产"，严肃执法程序，规范涉企执法行为，开展行政执法审查。进一步健全行政裁量权基准机制，强化对不当权力使用的问责力度，禁止任何破坏法治营商环境的行为。

三 优化政府服务，打造便利化公共环境

持续提升企业服务效率。全面梳理和汇编现有涉企优惠政策，建立政策电子档案信息库，常态化、制度化开展政策执行质量评估，提高政策服务企业的效率及质量。分级分类构建政企服务群，成立全省统一的企业服务信息平台，支持产学研用结合，共建创新创业类企业发展服务载体，推行精准对接服务，提升发现问题、解决问题的能力及效率，构建亲清新型政商关系。

持续提高政府服务效率。常态化、制度化开展"减证便民"行动，有效减轻居民、企业等各类主体的证照负担。对标一流，持续改进"放管服"评价指标体系，提升政府服务效率。持续推进数字政府、智慧政务等建设，探索实行"最多跑一次""不见面审批""一站办所有"等审批，创新推广在线咨询、申请、快递送达等高效办事模式，提升网络服务效率，打造政务服务"一网通"服务机制。

持续提升政府公共服务效率。构建公共服务事项目录数据库。聚焦教育、医疗、卫生、住房、文化等老百姓需求强烈的公共服务领域，坚持需求导向和城乡一体，统筹推进基础设施建设，完善公共服务体系，实现城乡（区域）一体化发展、城乡（区域）基本公共服务均等化。持续优化、规范政府购买的定价、招标、验收流程，依法推进政府购买公共服务，扩大和提升政府购买的规模、质量及效率。

四 服务"六稳""六保"，深化"放管服效"改革

持续优化就业创业环境。降低就业准入门槛，落实好国家压减准入类职

业资格数量、降低或取消部分准入类职业资格考试工作年限要求等政策，推广实行社会化、第三方等职业技能等级认定。深入开展重点群体、现代服务业从业人员、高危行业从业人员、新型职业农民等职业技能提升行动。支持和规范新就业形态发展，消除准入壁垒，搭建服务平台，不断拓宽就业领域和渠道。加快零工经济领域标准化体系建设，出台行业性服务标准和规范，保障灵活就业人员权益。

持续减轻市场主体负担。扎实推进惠企服务，精简惠企政策办理流程和手续，提升涉企资金下达效率。压减办税材料，落实非税收入全领域"跨省通缴"。完善推广"信易贷"服务平台，提升金融、社保等惠企政策覆盖度、精准性和有效性。实行中介服务事项清单管理，依法规范提升中介服务质量及水平。规范改进认证服务，推动跨部门、跨层级、跨区域认证结果互认通用，激发认证市场活力。优化涉企审批管理，创新推动更多涉企审批事项纳入"一网通办"。

持续扩大有效投资。深入推进投资审批"三个一"（审批事项一清单、在线办理一平台、审批时间一百天）改革，持续提升投资审批效率。持续深化工程建设项目审批制度改革，精简整合工程建设项目全流程涉及的行政许可、技术审查、中介服务、市政公用服务等事项。全面推进社会投资小型低风险产业类项目"极简审批"改革。创新完善"1+1+4"（1张网〔河南政务服务网〕、1个平台〔投资项目在线审批监管平台〕、4个阶段〔立项审批、建设许可、施工许可、竣工验收〕）工程建设项目审批管理模式，提升投资管理信息化水平。

持续激发释放消费潜力。着力打破行业垄断和地方保护，打通经济循环堵点障碍。支持各地因地制宜制定促进汽车消费、二手车经营、旅游短租服务创新供给等方面的政策措施。支持体育、公安、卫健等部门联合常态化、制度化为商业性和群众性大型赛事活动提供"一站式"服务。持续推进消费市场扩容，促进符合市场需求的产品出口转内销，支持符合条件的城市开展跨境电商零售进口试点。鼓励和支持新型消费发展，持续增强新型消费产品（服务）供给能力。

持续稳定外资外贸发展。持续优化外商投资环境，实施好《中华人民共和国外商投资法》及其实施条例，适时启动地方立法和不符政策清理。优化外商投资登记注册业务流程，减轻企业报送负担。支持对外贸易稳步发展，统筹利用国内国外两种资源和两个市场，推动内外贸一体化发展。持续提升口岸通关便利度，积极推进河南国际贸易"单一窗口"等项目建设，深化"两步申报""提前申报""双随机、一公开""先放后检""第三方检验结果采信"等口岸监管创新。清理规范口岸收费，进行口岸收费项目目录清单管理，推广口岸收费"一站式"阳光价格。

持续优化民生公共服务。改进养老和医疗等服务供给，优化养老服务设施布局，加快构建城市地区"一刻钟"居家养老服务圈和县、乡、村三级分级分类的农村养老服务体系。创新提高社会救助精准性、时效性，完善全省统一的社会救助信息系统，实行数据实时核对、互通、共享及监测。持续优化便民服务，完善政务数据脱敏应用和共享协调机制，做好"全豫通办""跨省通办"等窗口能力提升工作。在交通出行、就医、消费等领域持续创新提升适老化服务能力。

第五节　深化基础性关键领域改革

推进河南高质量发展必须全面深化改革。坚持五位一体，通过深化经济体制改革、推进行政体制改革、加强社会体制改革、加快文化体制改革、加速生态文明体制改革，持续释放改革红利，让发展成果更多更公平惠及亿万中原百姓，激发改革推动河南高质量发展的基础动力，加快实现中原更加出彩的步伐。

一　深化经济体制改革

推进河南高质量发展，需要通过坚持和完善基本经济制度、加快和完善现代市场体系、深化财税体制改革、健全城乡发展一体化体制机制等改革举措，来持续释放经济体制改革带来的红利，接续打好"四张牌"，建设内陆开放高地，增强实现中原更加出彩的发展动力。一是坚持和完善基本经济制度。必须坚持和完善基本经济制度，从经济体制改革入手，以积极发展混合所有制经济、推动国有企业完善现代企业制度、积极支持非公有制经济健康发展等为改革重点，更好发挥国有经济在国民经济中的主导地位，推动公有制经济持续发展；更好发挥非公有制经济在创造力和创新性方面的优势，引导非公有制经济健康发展，促进各种所有制主体在市场经济体系内自由竞争。二是加快和完善现代市场体系。河南高质量发展需要在市场规则体系建设、市场监管体系建设、生产要素定价机制建设、金融市场体系建设等领域进一步深化改革，加大这些领域的改革力度，在现有基础上，进一步完善社会主义市场经济体系。三是深化财税体制改革。河南高质量发展需要以"全面规范、公开透明"为导向改进预算管理制度、以"完善税务体系、规范征收范围"为导向完善税收制度改革，结合河南财税体制机制特征，持续不断深化财税体制改革，激发经济升级的持续动力。四是健全城乡发展一体化体制机制。强化顶层设计，统筹推进城乡产业一体化、公共服务一体化，形成城乡居民共享发展成果机制，推动大中小城市和小城镇协调发展、产业和城镇融合发展，推进农业转移人口市民化，形成以工促农、以城带乡、工农互惠、城乡一体的新型工农城乡关系，推动城乡居民携手迈向共同富裕。

二 推进行政体制改革

科学有效的宏观调控和政府治理是发挥社会主义市场经济体制优势的内在要求，更是河南高质量发展的根本保障。一是深化政府投资体制改革。河南推进高质量发展必须在当前的投资体制上实现重大突破，改革投资监管制度，形成多元化的投资格局，在更大程度上激发市场参与经济高质量发展的活力。二是完善发展成果考核评价体系。河南高质量发展要求改变传统的以GDP为核心的激励考核机制，建立全面完善的涵盖"社会—经济—生态"可持续发展的绩效评价体系。因此，必须树立生态文明理念，改变传统的

"重数量、重速度、轻质量、轻效益"的政绩考核观，加大资源能源、环境损耗、生态环境、创新驱动等指标的权重，加大对经济发展质量、民生改善、生态环境等领域的考核力度，形成全面的科学的绩效考评体系，为河南高质量发展提供绩效考核领域的激励约束机制。三是加快转变政府职能。河南高质量发展，对政府职能提出新的更高要求。要不断完善政府监管机制，建立服务型政府，提高行政管理效率，激发市场主体参与经济升级的动力。要进一步简政放权，深化行政审批制度改革；加强市场活动监管，提高各类公共服务供给水平；加快事业单位分类改革，加大政府购买公共服务力度，通过深化政府职能改革，进一步释放河南高质量发展的动力和活力。

三　加强社会体制改革

河南高质量发展，必须紧紧围绕增进人民福祉、促进社会公平正义、推进社会治理现代化等重点领域推进社会体制深化改革，持续完善社会领域制度体系，推进社会治理能力和治理体系现代化，确保社会和谐有序发展，为河南高质量发展提供和谐稳定的社会环境。一是形成合理有序的收入分配格局。推进收入分配体制改革，形成合理有序的收入分配格局，全面促进民生改善，是打好"四张牌"实现中原更加出彩的内在要求，同时，合理有序的收入分配格局有利于社会和谐，进而为实现中原更加出彩创造良好的社会环境。因此，需要千方百计提高居民收入，形成良性的、可持续居民收入与经济增长同步提高机制，促进居民工资性收入、经营性收入、财产性收入和转移性收入结构进一步优化，加快收入分配制度改革，逐步形成橄榄型收入分配格局。二是建立更加公平的社会保障制度。完善社会保障制度，是改善民生、激发内需、促进社会和谐稳定的重要举措，也是河南高质量发展的内在要求。必须进一步完善基本养老保险制度，积极推进机关事业单位养老保险制度改革，加快健全社会保障管理体制和经办服务体系，加强社会保险基金投资管理和监督，通过不断深化社会保障体制改革，建立公平科学的社会保障体制，为河南高质量发展奠定和谐稳定的社会基础。三是完善科学合理的社会治理方式。深化社会治理体制改革，创新构建完善科学合理的社会治理方式，是河南高质量发展的重要保障。河南高质量发展，须遵循"依法治理、加强保障；综合治理、统筹协调；政社分开、责权明确"的原则，从社会治理的领导主体、参与对象、治理方法、治理手段、治理模式等角度，全面改革和完善社会治理方式，运用法治思维和法治方式，结合社会自治，积极化解社会矛盾，调节与平衡各方利益，形成良好的社会发展局面，促进社会全面进步。

四　加快文化体制改革

河南高质量发展，需要通过深化文化体制改革，激发文化体制改革带来的活力与动力。为此，要清醒把握深化文化体制改革的根本指引，紧紧围绕河南文化强省建设目标和改革任务，全面深化文化体制改革，持续解放和发展文化生产力，培育和践行社会主义核心价值观，传承和弘扬中华优秀传统文化，统筹推进物质文明和精神文明建设、文化事业和文化产业协同发展，增强文化凝聚力和国际影响力，夯实文化自信之基，推动河南社会主义文化大发展、大繁荣，创造性传承、创新性发展，为河南高质量发展提供文化支撑动力。一是持续深化文化管理体制改革。加快河南文化体制改革，需要以"政企分开、政事分开"为原则，积极推进文化部门向文化监管主体的角色转变，发挥市场主体在文化产品供给中的积极作用，通过完善文化管理体制，激发文化创新发展活力。二是健全坚持正确舆论导向的体制机制。深化文化体制改革，应继续健全以社会主义核心价值观为导向的舆论导向，进一步规范文化行业违法犯罪管理机制，进一步加强网络舆论引导与监督，通过不断健全坚持正确舆论导向的体制机制，为河南高质量发展提供正确的舆论环境。三是建立健全现代文化市场体系。河南高质量发展，需要进一步完善文化市场准入和退出机制，促进文化资源合理流动；鼓励非公有制文化企业发展，激发文化市场活力；积极建立多层次、立体化的文化产品和要素市场，鼓励各种文化要素融合集聚；完善相关法律法规，加强版权保护，加大文化领域侵权行为打击力度。通过深化文化体制改革，建立健全现代文化市场体系，进一步释放文化体制的活力与动力，为河南高质量发展提供有力的文化支撑。

五　加速生态文明体制改革

河南高质量发展，需要落实好美丽河南建设的相关战略部署，切实践行"绿水青山就是金山银山"的理念，持续推进生态文明体制改革，着力解决生态环境问题，坚决打赢蓝天、碧水、净土攻坚战，走生产发展、生活富裕、生态良好的文明发展道路，加快形成人与自然和谐共生的现代化河南。一是健全自然资源产权制度和用途管制制度。落实国家相关政策要求，加快对河南省内的自然资源资产进行更为完善的依法统计和确权登记，明确相应自然资源的产权归属。处理好所有权与使用权的关系，建立权责明确的自然资源产权体系。结合美丽河南建设需要，在主体功能区规划的框架内，进一步强化对自然资源使用的监管力度，按照集约节约的原则，着力提升自然资源利用的效率与效益，释放生态制度改革带来的红利，激发经济高质量发展动力。二是划定生态保护红线。依托河南主体功能区规划，健全河南国土空间用途管制制度、资源总量管理制度和全面节约制度，划定并严守生态保护红线，严禁任意改变用途，严厉打击不合理开发建设活动等破坏生态红线的行为。在统筹产业布局、区域布局的同时，依据区域资源环境容量和生态承载力，按照主体功能定位推进错位发展；同时，进一步完善资源环境承载力预警机制和区域自然资源资产审计制度，健全生态损害追责制度，构建完善的生态文明建设约束激励机制。三是改革生态环境保护管理体制。完善生态风险系统评价及预警制度，完善生态环境风险防范与生态治理区域联动机制，建立切实可行的资源有偿使用和生态补偿机制，在区域资源环境容量和生态承载力的基础上，强化污染排放许可制度，完善环境污染追责制度，完善资源循环利用制度。强化数字赋能，提升生态环境监测、保护和管理的信息化水平。

第六节　以钉钉子精神狠抓改革落实

习近平总书记指出，改革争在朝夕，落实难在方寸。一分部署，九分落实。改革方案易成，但能否坚定信心、凝聚力量，确保各项改革举措不打折地落实生根，直接决定着改革成败。河南推进全面深化改革，下好高质量发展的"先手棋"，需要以钉钉子精神推进各项改革举措高质量落实，打通"最后一公里"。

强化责任担当，增强推进改革自觉。牵头单位和各级政府是抓改革的责任主体。改革进入攻坚期和深水区，各责任主体要深刻认识改革的必要性、必然性和紧迫性，坚定全面深化改革的决心，强化责任担当，拧紧责任"螺丝"，增强推进改革的思想自觉和行动自觉。要重视增强一把手、领头人的责任担当，更好发挥其抓改革落实的关键作用。明确要求各级领导干部特别是主要负责领导干部把抓改革落实作为一项重大政治责任，做到重要改革亲自部署、重大方案亲自把关、关键环节亲自协调、落实情况亲自督察，不弃微末，不舍寸功。要因时制宜，强化改革主导的用人导向，着力培育和形成一支想干事、能干事、干成事的"狮子型"干部队伍，合力把改革的目标和蓝图向期望中的现实转变。

强化调查研究，增强推进改革实效。全面深化改革既要取势，更要取实。实事求是、求真务实是我们党开展工作的精神法宝。要把实干要求贯穿改革全过程，引导各责任主体理解改革要实，谋划改革要实，落实改革也要实，既当好改革促进派又当好改革实干家。要用实实在在的举措推进改革落地。习近平总书记突出强调，研究、思考、确定全面深化改革的思路和重大举措，刻舟求剑不行，闭门造车不行，异想天开更不行，必须进行全面深入的调查研究。① 要尽可能多听一听基层和一线的声音，尽可能多接触第一手资料，做到重要情况、矛盾问题、群众期盼心中有数，确保出台的各项改革

---

① 中共中央宣传部：《习近平新时代中国特色社会主义思想三十讲》，学习出版社，2018。

措施，有针对性、可操作性，有成效。要立足实际，运用先进技术手段，形成全过程、高效率、可核查的改革落实机制。

　　坚持问题导向，推进改革精准落地。推动改革落实，要善于发现问题、解决问题。要深入基层、深入实际，科学研究和系统梳理改革落实过程中出现的问题，并以此为基础，进行整治和纠偏，确保改革沿着既定方向前进，确保改革任务目标如期实现，使改革精准对接发展所需、基层所盼、民心所向。针对发现的问题，要建立问题和责任清单，开展科学论证，拟定切实可行的解决办法和实施方案。同时要强化责任，实行问题负责制，是谁的问题就由谁来负责整改，明确整改时限，强化完成考核，确保有条不紊地解决每一个问题。对问题整改不到位、落实不力的责任主体，尤其是"关键少数"，要依法依规追究其责任。通过系列举措的配合实施，确保改革见成效，使改革真正符合亿万中原百姓意愿。

第十二章
乡村振兴：河南高质量发展的"压舱石"

农业强不强、农村美不美、农民富不富，决定着亿万农民的获得感和幸福感，决定着我国社会主义现代化建设的质量。站在"两个一百年"的交汇点，中华民族开启了全面实现社会主义现代化的新征程，河南实施乡村振兴战略是确保国家粮食安全的责任担当，是补齐"三农"短板、推进农业农村现代化的重要任务，是建设现代农业强省、实现高质量发展的必然要求，要全面推进乡村产业振兴、人才振兴、文化振兴、生态振兴、组织振兴，促进农业高质高效、乡村宜居宜业、农民富裕富足。

第一节　实施乡村振兴是重大战略

乡村兴则国家兴，乡村衰则国家衰。实施乡村振兴战略是以习近平同志为核心的党中央着眼于党和国家的事业发展大局，对"三农"工作的一个总部署，是解决新时代我国社会主要矛盾、实现"两个一百年"奋斗目标和中华民族伟大复兴中国梦的必然要求，是新时代"三农"工作的总抓手，也是新时代转向高质量发展的重大战略，具有重大现实意义和深远历史意义。

一　解决新时代社会主要矛盾的必然要求

当前，我国正向着全面建成社会主义现代化强国的第二个百年奋斗目标迈进，但"三农"领域仍存在短板，从某种意义上讲，当前发展最不平衡的是城乡发展不平衡，最不充分的是乡村发展不充分，亟待通过以乡村振兴为总抓手的农业农村现代化进程加以补齐，这对解决社会主要矛盾，解决工农城乡发展不平衡和"三农"发展不充分的问题有重大意义。

新时代社会主要矛盾已然变化。从党的八大到党的十一届六中全会，再到党的十九大，党中央对我国社会主要矛盾都有权威的表述，社会主要矛盾的变化体现了不同发展阶段党和国家工作全局的历史性变化，正确认识社会主要矛盾，有利于准确把握社会主义初级阶段的发展变化，有利于提出科学的理论和正确的路线，这是全面建设社会主义现代化国家的战略基石。习近平总书记在党的十九大报告中指出，我国社会主要矛盾已经转化为人民日益增长的美好生活需要和不平衡不充分的发展之间的矛盾，其中，发展不平衡突出主要体现在城乡发展不平衡，发展不充分突出体现在农业农村发展不充分。社会主要矛盾变化的重大判断，明确了制约我国发展的症结所在，揭示了解决当前发展难题的着力点，这既是我国经济社会发展的必然要求，也是党不断回应人民群众需求的自然结论。

城乡发展不平衡的突出矛盾。改革开放以来，我国不断深化农村改革，健全城乡融合体制机制，城乡居民收入水平显著提高，但城乡发展不平衡的问题仍然存在，城乡二元结构没有根本改变，突出表现在城乡发展和居民收入差距依然比较大，农村生产生活条件、基本公共服务与城市反差较大。究其原因，一方面，河南农户数量多、人均资源少、地域分布不平衡，农村户均土地经营规模远远低于适度规模经营水平，农民持续增收压力较大，当前河南农民收入只相当于城镇居民收入的 43%；另一方面，目前阻碍城乡之间资源要素优化配置、合理流动的体制机制障碍依然较多，随着工业化城镇化的快速推进，大量资本和劳动力集体涌向城市，农村空心化、老龄化问题日益突出，这给农村的经济发展带来了很大的阻力。乡村振兴着眼于解决发展平衡问题，这为缓解城乡二元结构难题提供了战略支持。

农业农村发展不充分的突出矛盾。在社会主义现代化的新征程过程中，农业农村发展不充分是最大的短板。一方面，农村发展基础比较薄弱，主要表现在基础设施提档升级需求迫切，生产方式落后；农业从业人员老龄化严重，现代农业缺人才、农村建设缺人力问题比较普遍，新理念、新技术不能完全融入农业生产；教育、医疗、文化等公共服务仍然是农村发展的短板，乡村治理难度加大。另一方面，农业产业化经营水平不高，有些农村主导产业不突出，农产品精深加工少，品种不优、品质不高、品牌不响的问题明显，尚没有形成依靠龙头企业带动的一体化经营模式；农业科技支撑能力薄弱，产业链条短，产品附加价值低，新产业、新业态发展不足，在市场竞争中往往处于被动地位，抵御自然和市场双重风险的能力较差，竞争力较弱。

乡村振兴是顺应农民对美好生活向往的时代要求。实施乡村振兴战略是基于我国国情和所处的发展阶段作出的战略判断，是解决河南农民日益增长的美好生活需要和不平衡不充分发展之间矛盾的必然要求。河南是我国重要的农业大省，农村有待开发的广阔天地，农业有可创新的广泛资源，农民是最质朴的广大群众，是河南高质量发展的宝贵财富。深入实施乡村振兴，有利于河南增强农业生产实力，改善农村基础设施和农业生产条件，有利于河南提高农民生活水平，实现巩固拓展脱贫攻坚成果同乡村振兴有效衔接，有利于河南有效缓解城乡发展不平衡和农业农村发展不充分的问题，促进河南从传统农业大省向现代农业强省迈进，这是顺应农民对美好生活向往的时代要求，以全面发展来破解河南社会主要矛盾。

二 新时代"三农"工作的总抓手

河南作为全国重要的农业大省，国家重要的粮食生产和现代农业基地，实施乡村振兴战略，正是举全省全社会之力，以更大的决心、更高的目标、更大的力度，推动农业全面升级、农村全面进步、农民全面发展，高水平谱写新时代"三农"工作新篇章。

河南的"三农"工作一直"在路上"。河南作为农业大省，农业特别是粮食生产对全国影响举足轻重，有将近5000万人生活在乡村，做好"三农"工作，是关系国计民生的根本性问题，对河南具有重要意义。改革开放 40 多年来，河南农村从实行家庭联产承包责任制到乡镇企业的异军突起，从城镇化到生态文明发展，从农业供给侧结构性改革到乡村振兴战略，河南坚持农业农村优先发展，坚持把"三农"工作摆在重中之重的位置，河南农业在改革开放的浪潮中正全速前进。特别是 2009 年以来，全省以粮食生产核心区、中原经济区建设为契机，创新发展思路，大力推进农业结构优化调整，着力培育现代农业产业体系，农业综合生产能力稳步提高，农产品质量安全保障能力稳步增强。

乡村振兴赋予河南"三农"工作新的战略方位。乡村振兴战略把解决好"三农"问题的重要性提升到新的历史高度，涉及"三农"方方面面，回答了"三农"发展为了谁、依靠谁、发展成果由谁享有的根本问题；深刻体现了以人民为中心的发展思想，体现了全党重农、爱农、为农、兴农的深厚情怀；坚持农业农村现代化的总目标，农业农村优先发展的总方针，产业兴旺、生态宜居、乡风文明、治理有效、生活富裕的总要求，是新时代"三农"工作的总抓手；坚持以工补农、以城带乡，走城乡融合发展之路，改变长期存在的"重工轻农、重城轻乡"的思维定式；推进农业供给侧结构性改革，提高农业综合效益和竞争力。

以乡村振兴为抓手谱写河南"三农"工作新篇章。进入新时代，国民经济和社会发展阶段性变化赋予农业农村农民新使命，乡村成为可以大有作为的广阔天地。在全面建成小康社会目标完成之后，仍需以乡村振兴战略补上"三农"领域突出短板，在扛稳粮食安全重任、确保国家粮食安全方面有新担当、新作为的基础上，着力补上农村基础设施和公共服务短板，积极探索乡村治理新模式，深入推进农村集体产权制度改革，推动农业综合生产能力稳步提升，夯实农村经济发展的基础，持续巩固拓展脱贫攻坚成果。实施乡村振兴战略成为新时代做好"三农"工作的总抓手，将推动河南"三农"工作取得新成效。

三 新时代转向高质量发展的重大战略

习近平总书记指出，任何时候都不能忽视农业、不能忘记农民、不能淡漠农村。① 共同富裕是中国式现代化的重要特征。党的十九届五中全会明确提出"全体人民共同富裕取得更为明显的实质性进展"为 2035 年的远景目标之一，这是中央坚持以人民为中心的发展思想做出的重要决策。由于我国农业现代化水平较低、农村低收入人口多，城乡收入比长期居高位，使得实现共同富裕的挑战在农村、短板在农村，但最大的潜力和后劲也在农村，必须把实施乡村振兴战略摆在优先位置，这是新时代推动高质量发展的重大部署。

实现高质量发展最艰巨的任务在农村。经过多年发展，河南的农业农村发展呈现稳中有进、不断提升优化态势，但是仍然面临着城乡发展差距明显、农村发展不足的问题。就居民收入水平而言，2021 年河南省全体居民人均可支配收入 26811 元，其中，城镇居民人均可支配收入 37095 元，农村居民人均可支配收入 17533 元，城乡居民人均可支配收入比值为 2.12，城乡收入相对差距仍处高位区间；就居民消费水平而言，2021 年河南省城镇居民人均消费支出为 2.32 万元，农村居民人均消费支出为 1.41 万元，城镇居民人均消费支出是农村居民人均消费支出的 1.65 倍；就公共服务而言，农民生产生活设施供给数量不足，城乡医疗卫生资源、教育资源配置不均，农村公共产品有效供给不足，不能满足农民的生产生活需要。

实现高质量发展最深厚的基础在农村。围绕农业强、农村美、农民富，调结构、提质量、强动力、促增收，河南农业农村发展呈现稳中有进、稳中向好的良好态势。粮食产量创历史新高，农业发展基础不断夯实，2021 年河南总产量 6544.2 万吨，第 5 年稳定在 1300 亿斤以上，占全国粮食总产量的 9.58%，实现在高起点、高基数上的新突破；农业结构优化升级加快，农村发展活力明显提升，生产市场需求旺盛的优质强筋、弱筋小麦，打造了沿黄、豫南、豫西南花生生产基地，奶类产量和乳品加工量分别居全国第四位和第三位；新业态、新模式加速培育，农业与文化、旅游、餐饮、健康等业态融合发展，镇平县和光山县均入围由阿里研究院评出的 2018 年电商创

---

① 《习近平在吉林调研时强调 保持战略定力增强发展自信》，新华网，2015 年 7 月 18 日。

业最活跃贫困县十强名单，农业发展动能持续增强；城乡融合步伐加快，基础设施和公共服务设施不断完善，农村基础设施进一步完善，公共服务设施进一步健全，社会保障进一步加强，乡村治理进一步完善。

实现高质量发展最大的潜力在农村。乡村振兴蕴含着巨大的发展空间和发展潜力，"三农"不仅仅是国民经济发展的"压舱石"，更是高质量发展新阶段的核心环节和动力源泉。当前，河南从高速增长阶段转向高质量发展阶段，突出表现为第三产业对 GDP 的贡献率、城镇化率均超过 50%，农民收入持续增加、农业产业链不断延长、农村活力明显增强，人们从求温饱转向求环保，从求生存转向求生态，从先富带动后富转向共建共享。在这个阶段，农村消费市场不断提质转型，农村居民消费潜力凸显，促进农村消费成为扩大内需的强劲动力，同时，新农村建设彻底改善了农民生活的环境，农村逐渐从要素供给向生态空间、文化传承、新消费载体等转变，成为高质量发展的重要载体。

第二节　乡村振兴的重大战略导向

乡村振兴战略的实施将对河南的城乡社会经济发展产生重大长远影响。围绕乡村振兴战略的总目标，要坚持高质量发展，坚持农业农村优先发展，坚持走城乡融合发展道路，找准乡村工作的重心，把准乡村工作的导向。

一　坚持高质量发展

实施乡村振兴战略，要坚持高质量发展方向，积极贯彻新发展理念，不断增加农业科技含量，增强人民获得感、幸福感、安全感，在不断巩固农业基础地位的条件下走出具有河南特色的工农业互动协调发展的道路。

贯彻新发展理念，深入推进供给侧结构性改革。河南之所以能从缺粮大省发展成为我国重要的产粮大省，成为名副其实的"中国粮仓"，首先在于不断解放思想。实施乡村振兴，河南要坚持从农村实际出发，贯彻新发展理念，坚持用市场化改革的思路处理农村问题，坚持用开放的观念解决农业发展中的矛盾，不断突破体制机制的制约和思想束缚；坚持科技富农，在提升"中国粮仓"粮食产能的基础上，发展科技农业、绿色农业、品牌农业、质量农业，加快推进农业结构调整，提升农业和农村产业发展的质量、效率和竞争力，为乡村振兴注入新动能；合理流转农业用地，促进农业适度规模经营，按照市场经济规律逐步形成耕地、播种、管理、收割等方面的社会化合作机制，在劳动力大量外出务工的情况下保证粮食和农业的高产；转变农业生产方式，由依靠拼资源消耗、拼农资投入、拼生态环境的粗放经营，转向资源节约、绿色可持续发展经营，在农村产权制度、金融、水利等多项改革上持续发力，不断提高农业产业的综合效益和整体竞争力。

立足科技兴农，加快农业现代化步伐。科学技术是第一生产力，是确保粮食安全，提高农业竞争力，实现农业现代化的重要基础。实施乡村振兴，河南要坚持实施创新驱动发展战略和科教兴农、人才强农战略，大力推进新品种的主要农作物和经济作物培育研发，最大限度地发挥科学技术对农业的促进作用、增长作用和增效作用；围绕粮食作物生产中的重大关键科学问题和科技需求，以发展"互联网+"现代农业为抓手，加快农业科技协同创新，不断提升粮食和农业生产的科技含量，不断提高农业机械化和水利化水平，全力推进现代化农业强省建设；高度重视农业产业化发展，加速推进产业化基地建设，实现由卖原粮到卖产品、由生产初级农产品向农产品深加工的转变；充分发挥双汇、思念、三全等龙头企业的带动作用，发展具有区域特色农业的农产品加工业、畜牧养殖业、休闲观光农业，促使劳动力、资金等资源向优势地区集聚，大大提高农村工业化水平，带动农民增收和就业；充分利用区位优势、市场优势和资源优势，吸引国家重点龙头企业在河南投资，建立农产品基地，同时，充分利用国内国际两个市场，"河南造"农产品远销海外，走向世界餐桌。

激发农民参与乡村振兴的积极性和主动性，增强人民获得感、幸福感、安全感。农民是农村最基本的生产力，是实施乡村振兴战略的主力军，要广泛依靠农民，引导带动农民投身乡村振兴，形成推进乡村振兴的强大合力。要尊重农民的首创精神，提升农民参与乡村振兴的综合能力和科学文化素养，发挥农民主体的积极性、主动性和创造性，增强乡村自我发展能力；坚持把维护农民群众根本利益、促进农民共同富裕作为出发点和落脚点，坚持解放农村生产力、推动农村经济发展、推动农村社会主义现代化建设；坚持集体所有权、农户承包权、土地经营权"三权分置"并行，完善农村基本经营制度，合理利用土地资源，提高农民收入；建设现代农业经济体系，全面改善农村环境，加强农村精神文明建设，夯实农村基层基础，坚持精准扶贫、精准脱贫，增强贫困群众获得感、幸福感。

二 坚持农业农村优先发展

从党的十六大报告提出"统筹城乡经济社会发展"到党的十六届四中全会提出"工业反哺农业、城市支持乡村"，从党的十七大提出"形成城乡经济社会发展一体化新格局"到党的十九大提出"乡村振兴战略"，我们党始终把解决好"三农"问题作为全党工作重中之重，农业农村发展取得了历史性成就、发生了历史性变革。坚持农业农村优先发展，是新发展阶段"三农"政策的总取向，要按照习近平总书记的要求，坚持"四个优先"，把农业农村优先发展的要求落到实处。

优先考虑"三农"干部配备。充分发挥党管人才优势，将乡村人才振兴纳入党委人才工作总体部署，树立起"优秀干部到农业农村战线去，优秀干部从农业农村战场来"的用人导向，建立"三农"工作干部队伍培养、配备、管理、使用机制，选拔熟悉"三农"工作的干部充实地方各级党政领导班子，把精锐力量充实到基层一线，打造一支懂农业、爱农村、爱农民能够担当乡村振兴使命的人才队伍；不断优化基层干部队伍结构，建立引导和鼓励各类人才到乡村工作的长效机制，从优秀农民工、企业高管、退役军人、农村致富能手、返乡大学生等群体中选拔村级党组织书记和"两委"班子成员，改善和优化领导班子群体结构，切实担负起全面推进乡村振兴的使命责任；发挥考核指挥棒作用，建立全新的政绩观和考核机制，让干部清楚地认识到自己在乡村振兴中的位置，更自觉主动地做好"三农"工作，为干部指明乡村振兴方向，将年度考核结果与干部培养、考察评价、选拔任用、管理监督紧密衔接，确保把中央的决策部署落到实处，为干部压实乡村振兴责任。

优先满足"三农"发展要素配置。强化制度性供给，顺应城乡演变和现代化建设规律，抓住新的历史时期我国经济社会发展的突出矛盾，以完善产权制度和要素市场化配置为重点，坚决打破妨碍要素自由流动、平等交换的体制机制壁垒，改变农村要素单向流出格局，推动将更多的资源要素配置到农村去，形成资本、人才、技术、信息等要素顺畅流动、融合发展的新局面；全面落实党和国家关于农业农村发展的一系列决策部署，巩固和完善农村基本经营制度，深化农村土地制度改革，加快农村集体产权制度改革，完善农业支持保护制度，增强改革的系统性、整体性、协同性，形成农业农村优先发展的长效机制，优化农业农村发展环境；发挥市场在资源配置中的决定性作用，依靠市场主体、围绕市场需求发展生产，充分调动市场主体参与农业农村发展的积极性，促进资源要素向乡村流动，实现劳动力留在农村、资本流入农村、土地"活起来"，从根本上改变农业现代化的薄弱环节。

优先保障"三农"资金投入。坚持把农业农村作为财政支出的优先保障领域，创新财政支持方式，把坚持农业农村优先发展与推进农业农村现代化建设结合起来，与夯实农业基础和提高农业综合生产能力结合起来，在支持农村公共基础设施建设和环境生态建设、农业农村发展、特色产业发展、惠农资金兑补等方面加大财政投入，制定农业农村投入优先安排制度和稳定增长制度，拿出"真金白银"持续加大"三农"财政投入，确保农业农村投入只增不减；坚持把农业农村作为金融优先服务领域，创新投融资机制，引导信贷、担保、证券、保险、信托、租赁等金融资源配置到农业农村，支持各地政府与社会资本合作，引导社会资本投向乡村振兴重点领域，打通金融资本和社会资本进入农业农村的通道，提升风险保障能力，促进形成财政优先保障、金融重点倾斜、社会积极参与的多元投入格局。

优先安排农村公共服务。优先建设服务体系，把公共基础设施建设的重点放在农村，持续改善路、水、电、物流等基础条件，全面提升农村教育、医疗卫生、养老社保、文化体育等公共服务水平，扩大农村公共服务供给主体，推进城乡基本公共服务均等化，逐步实现城乡基础设施共建共享、互联互通；优先实现资金支持，纠正公共财政的城市偏向，加大对农村公共服务的投入力度，拓宽农村公共服务供给的渠道，真正做到新增教育、卫生、文化等事业经费主要用于农村，提高农村的公共服务水平和服务质量，消除城乡公共服务差距，实现从形式上的普惠向实质上的公平转变；优先创新体制机制，制定城乡一体化的公共服务设施配置规划，建立和健全农村公共服务绩效考核、决策和监督制约机制，让农民参与到公共服务提供的决策中，确保公共服务的建设与农民的需求高度一致，真正把农业农村优先发展的要求落到实处。

三　坚持城乡融合发展

"三农"问题的体制性根源在于城乡二元结构，彻底打破城乡二元结构，走城乡融合发展之路是实现乡村振兴、满足人民日益增长的美好生活需要、实现城乡居民共同富裕的客观要求。要按照推进新型工业化、信息化、城镇化、农业现代化同步发展的要求，坚决破除体制机制弊端，在资源要素双向流动的基础上，加强城乡功能连接，深化城乡专业化分工，加快形成工农互促、城乡互补、全面融合、共同繁荣的新型工农城乡关系，以乡村振兴化解城乡二元体制机制矛盾，形成城乡融合发展新格局。

城乡融合正处在历史关节点。改革开放之初的 1978 年，河南的城镇化率仅为 13.6%，比全国平均水平低 4.32 个百分点。随着由农村改革向城市改革的不断推进，城镇化经历了从"小城镇"到"中小城市"，再到"大中小城市和小城镇协调发展"的战略演变，尤其是党的十四大之后社会主义市场经济体制的建立，农业生产力的瞬时释放很快解决了吃饭问题，到 2002 年河南的城镇化率上升到 25.8%，但是与全国平均水平的差距进一步扩大，上升到了 13.3 个百分点。之后，河南提出大中小城市"三头并举"的思路，拉高城镇化发展标杆，制定了较高的发展目标，不断加快城镇化进程。2014 年习近平总书记视察指导河南工作时明确指出，希望河南围绕加快转变经济发展方式和提高经济整体素质及竞争力，打好"四张牌"，其中，打好城镇化牌为河南推进城镇化发展注入了强大动力。2017 年河南城镇化率首次突破 50%，2020 年城镇化率达到 54.2%，和全国平均水平的差距进一步缩小，河南这个传统农业大省城乡融合发展迈入了新阶段，城乡发展逐步进入"没有好的乡，就没有好的城"的高质量发展轨道。

推进乡村振兴与新型城镇化的融合。乡村振兴和新型城镇化是解决"三农"问题的两个轮子，既要推动农业转移人口市民化，又要大力发展农业农村，协调推进乡村振兴和新型城镇化就是要保障农业与工业、农村与城市的同步发展，将二者统一于实现城乡融合发展和建成社会主义现代化强国的目标之中。乡村振兴是新型城镇化的基础。2017 年河南全省常住人口城镇化率首次突破 50%，达到 50.16%，2021 年河南城镇化率达到 56.45%，实现了河南由农业人口大省向新型城镇化人口大省的华丽转身，为城镇化发展提供了劳动力支持，有效解决了城乡发展不平衡不充分问题，农村的消费潜力也成为新发展格局下拉动河南经济增长的动力源泉，乡村振兴为新型城镇化转型带来"量"和"质"的巨大红利。新型城镇化是乡村振兴的助推器。在推进新型城镇化过程中，农村人口的适度减少为农业适度规模经营提供了条件，有利于实现小农户和现代农业发展的有效衔接，也倒逼了农业产业结构优化升级，提高了农民的经营性收入，地方经济得到良好发展，为乡村振兴提供了更多的财力与物力支持，为工业反哺农业创造了条件。

城乡融合在"融"字上下功夫。城乡融合发展是推进乡村振兴战略和建设美好乡村的关键路径和必然之路，河南在推进城乡要素的有序流动，公共服务的标准化建设、一体化建设，加强城乡基础设施建设等方面还有巨大空间，要在"融"字上下功夫，推动城乡资源有机融合和高质量发展。建立健全城乡融合发展的体制机制和政策体系，运用城市资源要素、产业辐射等带动农村发展，引导公共与社会资源优先向农村投入、聚集，畅通城乡要素双向流动渠道；对标城市补齐农村短板，在诸如生态环境、宜居程度等领域激活农村的独特吸引力，推进乡村治理体系和治理能力现代化，推进农业农村现代化，走中国特色社会主义乡村振兴道路；将工业与农业、城市与乡村、城镇居民与农村居民作为一个整体纳入现代化建设的全过程中，从根本上改变以工统农，以城统乡，以扩张城市减少农村、减少农民的发展路径，形成工农互促、城乡互补、全面融合、共同繁荣的新型工农城乡关系。

第三节 乡村振兴的重点难点

产业振兴、人才振兴、文化振兴、生态振兴、组织振兴是当前促进乡村全面振兴的核心内涵，也是实施乡村振兴战略的五个关键支撑点，必须统筹谋划、协调推进，着力抓重点、补短板、强弱项，涉及范围广、触及层次深，必须统筹谋划、突出重点，有力有序向前推进。

一 乡村振兴的重点

实施乡村振兴战略，要以产业兴旺奠定乡村振兴的物质基础，以生态宜居衡量乡村振兴的内在品质，以乡风文明塑造乡村振兴的主体价值，以治理有效激发乡村振兴主体能动性，以生活富裕明确乡村振兴的目标导向，推动农业全面升级、农村全面进步、农民全面发展。

1. 深入推进农业供给侧结构性改革，培育农业农村发展新动能

产业兴旺是乡村振兴的重点，没有兴旺的产业，农民就业增收就保障不了，农业农村发展动能就不能进一步激发。抓好稳定粮食产能，河南要按照中央关于"推进农业供给侧结构性改革""抓住粮食这个核心竞争力，延伸粮食产业链、提升价值链、打造供应链"的要求，积极推进粮食供给侧结构性改革，大力发展粮食产业经济，持续提升粮食质量、效益和竞争力，从粮食大省向粮食强省迈进；加快推进农业供给侧结构性改革，重点打造小麦、花生、草畜、林果、蔬菜、花木、茶叶、食用菌、中药材、水产品十大优势特色农业基地，切实保障国家粮食安全和主要农产品有效供给，打造全国领先的现代农业强省；推动农村一二三产业融合发展，以保障国家粮食安全为前提，以"做强一产、做优二产、做大三产"为目标，着力优化农村产业结构、经济结构、产品结构，为加快中原崛起提供重要支撑。

2. 以绿色发展引领乡村振兴，打造人与自然和谐共生的新格局

生态宜居是乡村振兴的关键，绿色是乡村产业发展、基础设施建设的底色。推进农业绿色发展，以粮食生产功能区、重要农产品生产保护区"两区"为主，布局建设高标准农田，实施耕地质量保护提升行动，大力推进物联网、农业遥感等信息技术应用，增强科技成果有效供给，继续实施新型职业农民培育工程；加强乡村生态保护与修复，按照宜耕则耕、宜林则林、宜园则园、宜水则水的原则，以南太行地区山水林田湖草生态保护修复工程为契机，深入实施山水林田湖草一体化生态保护和修复，全力保护自然、修复生态，推动乡村绿色发展、生态振兴；持续改善农村人居环境，以农村垃圾、污水治理和村容村貌提升为主攻方向，不能让"垃圾围村、污水横流"的现象存在；推动农村基础设施提档升级，形成规模合理、功能齐全、技术进步、经济效益最大化的基础设施布局。

3. 大力繁荣发展农村文化，焕发乡风文明新气象

乡风文明是乡村振兴的保障和软件基础，是乡村社会得以延续和发展的精神内核。加强乡风文明建设，既要传承优秀传统文化，更要发挥好先进文化的引领作用，让乡风文明更具时代性、更富生命力。重视传统文化资源的保护利用，通过实施传统村落复兴行动，实施"拯救非遗民间艺术"计划等，在保护传承的基础上吸收现代优秀传统文化；大力弘扬中华传统美德，培育社会公德、家庭美德、个人品德、职业道德，延续和强化互帮互助、向上向善的乡村社会传统风尚；发展农村民俗文化产业，发挥地域和资源优势，把乡风建设与乡村旅游和新兴产业建设结合起来，建设各具特色的小镇和专业村，提升乡村文化品位，建设乡村文明的示范村；拓宽乡风文明建设的有效渠道，由政府"单一供给"转向"多元供给"的原则，鼓励和支持社会力量兴办公共文化服务活动，整合民间艺术资源，发挥文化能人、民间艺人的作用，组建群众文艺队伍。

4. 坚持"三治"相结合，构建乡村治理新体系

治理有效需要从重视管理过程转向注重治理效果、从强调农民的民主参与转向推动乡村治理体系和治理能力现代化，有效调动、高效组织各类主体

参与乡村振兴。完善农村基层党组织建设，进一步突出基层党组织的政治功能，实施支部建设工程，着力引导农村党员发挥先锋模范作用；深化村民自治实践，以党的领导统揽全局，以村民自治的有效形式推动社会治理和服务的重心向基础下移；建设法治乡村，针对部分农民法治意识相对淡薄，农民缺乏规则意识、契约意识和诉讼意识，社会力量参与程度低，农村法治宣传不够等问题，树立依法治理理念，完善农村法治服务，依法表达诉求、解决纠纷、维护权益；提升乡村德治水平，充分汲取农耕文化蕴含的优秀思想观念、人文精神和道德规范，发挥道德模范的示范作用，引导农民爱党爱国、向上向善、孝老爱亲、重义守信、勤俭持家。

5. 完善农村民生保障体系，提高农民获得感、幸福感、安全感

完善的农村社会保障体系是农民幸福感、安全感和获得感的来源。推进乡村振兴，必然是惠及广大农民的振兴，着力提高农村社会保障水平，使河南农民过上更加富裕体面、有尊严的生活。促进农村劳动力转移就业和农民增收，通过鼓励农民融入农业全产业链条，推进农民向城镇二、三产业转移就业，积极发展村集体经济等，向农业转型升级要收入，向高质量发展要收入；推动农村基础设施提档升级，加快道路、农田水利、水利设施等农村基础设施建设，加快农村地区宽带网络和第五代移动通信网络覆盖步伐，实现城乡基础设施共建共享、互联互通；加强农村社会保障体系建设，建立健全全民覆盖、普惠共享、城乡一体的基本公共服务体系，进一步提高农民幸福感、安全感和获得感；推进健康乡村建设，以确保农村居民身体健康为核心，通过增强农民的自我健康意识，提升农村医护人员水平，完善农村生态治理设施及机制等，全面提升乡村建设水平。

6. 健全城乡融合发展体制机制，强化乡村振兴制度供给

只有跳出"三农"抓"三农"，用统筹城乡发展的思路和理念，坚决破除体制机制弊端，才能切实破除发展障碍，为乡村振兴注入新动能。健全有利于城乡要素合理配置的体制机制，在乡村形成人才、土地、资金、产业、信息汇聚的良性循环，在提高经济效率、提升全员劳动生产率、降低交易成本的同时，提高社会运行效率、降低社会成本；健全有利于城乡公共服务普

惠共享的体制机制，着力构建全民覆盖、普惠共享、城乡一体的基本公共服务体系，补齐农村公共服务的短板，推动公共服务向农村延伸、社会事业向农村覆盖；健全有利于城乡基础设施一体化发展的体制机制，把公共基础设施建设重点放在乡村，实现城乡基础设施统一规划、统一建设、统一管护，率先推动城乡交通等基础设施互联互通；健全有利于乡村经济多元化发展的体制机制，以现代农业为基础，以农村一二三产业融合发展，乡村文化旅游等新产业、新业态为重要补充，拓宽农民增收渠道，促进农民收入持续增长，持续缩小城乡居民生活水平差距。

二 乡村振兴的难点

受思想观念障碍、支农体系相对薄弱等因素影响，河南在实施乡村振兴战略的过程中仍存在农民增收难、农业农村投入资金不足、绿色发展任务艰巨、人才短缺等难点。

1. 农民增收难度加大

"三农"问题的核心是农民问题，农民问题的核心就是收入问题。随着市场经济的深入发展，农业生产对农民增收的贡献逐步下降，农民收入增长缓慢问题日益凸显，成为"三农"问题的重中之重。2020年河南城镇居民人均可支配收入34750元，农村居民人均可支配收入16108元，城乡收入差距仍然很大。

现代农业发展乏力。近年来现代农业发展乏力，滞后于城镇化、工业化进程，农业经营利润持续偏低，农业生产对农民增收的贡献逐步下滑，农民增收越来越依靠工资性收入尤其是农民外出打工的工资性收入，这种建立在农业农村之外，主要依靠城市产业支撑的城市导向型农村增收模式是不可持续的。未来，河南要着力全面提升农业生产经营效益水平，发展高效优质农产品，延长农业产业链和价值链，增加农民务农种粮的收入，引导乡村产业更好地带动农民就业、增收，让农业成为有奔头的产业，让农民成为体面的职业，切实增强农民获得感、幸福感、安全感。

农业劳动力人力资本水平较低。由于农村土地、资金、高素质劳动力等优质资源过多地流向城市，教育、医疗社保等公共服务供给长期不足，河南大多数农民仅具备初中及以下文化水平，高素质新型农民缺乏，农村劳动力的收入绝对水平依然很低，尚未形成可持续的农民增收长效机制，城镇化和工业化对农业现代化反哺带动不足，农民增收难度依然较大，这是河南农业农村现代化和经济转型升级过程中必须面对的重大问题。

农业规模化水平低。受到资本、产权、技术工人和知识产权等因素的制约，河南农业规模化和集约化生产经营模式仍处于发展阶段，农业基础依然薄弱，经营规模小、科技支撑不足等问题突出，农业发展的各种支撑要素特别是资源环境要素已绷得很紧，农产品市场波动引发的市场连锁反应对农民增收和生产积极性产生很多不利的影响。实施乡村振兴，需要强化现代种业、智慧农业、农机装备等关键性技术研发攻关，全面提升多种形式适度规模经营的引领水平。

2. 农业农村投入资金不足

党中央多次强调坚持农业农村优先发展，要在资金投入上优先保障。基础设施和公共服务是农村地区普遍存在的短板，尤其是在一些偏远农村、山区，教育、医疗、就业和社会保障等基本公共服务历史欠账太多。要补上乡村建设发展多年的欠账，光靠农村农民自身力量远远不够，需要大量的资金投入，必须科学评估财政承受能力、集体经济实力和社会资本动力，构建"政府投资＋金融信贷投资＋社会投资"模式，谋划乡村振兴的多元筹资渠道。

信息不对称。农业有较大的自然和市场风险，农业贷款本身具有周期长、风险高、零散性等特点，社会资本对资金运用的相关信息不能直接了解，只能凭借农户提供的信息和农业贷款市场的平均情况来判断贷款风险，信息不对称使得农业资金需求方和供给方的矛盾凸显，有意愿投资的社会资本也不知道应该往哪里投。

农村发展环境、政策制度尚不完善。当前，各级部门都在积极制定针对农业农村投资的建议规划，积极进行农村资源变资产、资金变股金、农民变股东等方面的改革，以行政力量鼓励社会资本进入农业和农村。但是将金融政策福利辐射到农村，还需要金融制度、金融机构、金融从业人员走进农村、了解农村，对农村进行充分的认识和考察，真正把政策落在项目的产业提升、环境改善、文化工程再造上。许多社会资本进入农业领域面临着不知道怎么投、想投不敢投等难点、痛点，社会资本的参与度并不高。

资金需求量大，回报周期长，风险较大。农业属于高风险行业，收益不稳定，生产周期长影响投资回报周期，行业的周期波动十分明显，社会资本必须有足够的耐心和承受力等待资金的回报。同时，农业基础设施基础薄弱，道路、供水、供电等基础设施建设完善成本很高，投资农业农村需要长期不断投入，资金需求量大，部分社会资本很难进入，农业农村在吸引社会资本参与上存在一些困难。

3. 农村环境问题突出

乡村振兴关键在于生态宜居，加强农村环境综合整治是实施乡村振兴战略的重要举措。近年来农业面源污染、农村人居环境不佳等农村环境问题日益突出，已成为影响农民福祉的突出短板。

农业面源污染较重。农业面源污染具有分散性、隐蔽性、不易监测、难以量化等特征，加上人们对面源污染认识不足，长期不合理地使用化肥、农药以及规模化畜禽养殖业的废弃物导致耕地板结、土壤酸化、环境污染等问题出现，面源污染已经成为我国农村生态环境恶化的主要原因之一，严重制约了农业和农村环境的可持续发展。乡村振兴过程中，要充分发挥绿色发展对乡村振兴的引领作用，加强农业污染防治，降低化肥、农药使用强度，努力提升农业农村绿色发展水平。

农村人居环境较差。长期以来，"污水乱泼、垃圾乱倒、粪土乱堆、柴草乱垛、畜禽乱跑"是我国很多农村环境的真实写照。经过整改，很多农村和社区已经得到一定程度的改善，但是一些偏远村庄农村人居环境依然较差，垃圾处理设施、公共厕所、村内道路等基础设施设备也存在巨大不足，远不能满足农村居民日益增长的美好生活需要。农村人居环境建设涉及生活污水垃圾处理、畜禽养殖污染治理等多个方面，关系到环保、住建、农业、水利等多个部门，工作推动难度大。

生态环境保护任重道远。生态环境是最公平的公共产品，是最普惠的民生福祉，良好的生态环境，是农村相对于城市地区的最大优势和宝贵财富，生态环境保护是功在当代、利在千秋的民生工程。乡村振兴推进过程中，如果将生态环境保护与发展对立起来，只算经济的小账，不算环境保护的大账，乡村振兴也将不可持续。乡村振兴必须坚持生态优先，形成绿色发展方式和生活方式，正确处理生态保护与产业发展的矛盾，着力发展生态循环农业，全面落实河长制、湖长制，开展湿地生态效益补偿和退耕还湿，加强农业生物多样性保护，切实形成生产、生活、生态协调的现代农业发展格局，提供更多优质生态产品以满足人民日益增长的优美生态环境需要，建设生态和经济协调发展、人与自然和谐共生的现代化新河南。

4. 农村人才短缺

乡村振兴关键在人，只有让乡村成为人才发展的大舞台，才能奏出乡村振兴的时代强音。但目前农村空心化、农业边缘化、农民老龄化问题突出，人才引进难、留不住、缺培育，必须把人才振兴放在乡村振兴的首要位置，坚持引育并重，增强人才的可持续发展能力，弥补人才短板。

农村人才资源匮乏。乡村振兴需要爱农业、懂技术、善经营、会管理的乡土人才充分发挥带领群众致富的"领头雁"作用，让乡村振兴战略能够落地生根，为广大农民带来实惠，带来福祉。但目前乡村普遍既缺乏有管理能力、有思考能力、有运筹帷幄能力的管理层，也缺乏管理型人才和技术型人才。长期生活在农村的人口的年龄构成、科学文化水平和素质远不能满足农业农村现代化的需要，加之体制机制障碍，人才资源匮乏已经成为影响和制约河南农业、农村发展的一大瓶颈，是推进农业农村现代化亟待解决的难题。

农村人才外流严重。随着经济快速发展和城镇化的快速推进，城乡劳动生产率之间的差距日益显著，一大批高素质、有文化、懂技术的农村青壮年劳动力涌入城市，很多成长于农村的乡村致富能手、技术骨干、管理人才等新型人才群体选择留在发展空间较大和机会较多的城镇，只有极少部分愿意回到农村发展，鼓励人才下乡存在主观和客观等多方面因素的制约，留守老人、留守妇女、留守儿童成为农村人口代表，这直接导致农村吸引力弱，人才引进和留住困难。

农村人才教育欠缺。如何培养自己的人才队伍、如何留住人才是乡村振兴的主要问题。职业教育是乡村振兴人才的主要来源，也是乡村振兴的智库来源。但是目前基层人才学习深造的机会较少，培训的形式和内容也相对单一，难以满足乡村振兴过程中的现实需要，迫切需要加快对新型职业农民、乡村干部、科技人才、乡土人才等现有各类人才培育，充分挖掘农村中有见识、有担当的乡贤能人，开展精细化培训，实施定向培养计划，激发"存量"人才潜能。

5. 农村发展基础薄弱

农村基础设施短板和农村基本公共服务欠账一直是困扰乡村发展的重要问题。经过近年来推进脱贫攻坚和乡村振兴的努力，农村基础设施和公共服务设施已普遍有较大改观，但在这些设施尤其是公共服务设施的利用效率上以及农村基本公共服务供给上还有较大提升空间，在落实农业农村优先发展原则中弥补农业农村发展的历史欠账是实现高质量发展的现实要求。

农业农村基础设施有待改善。党的十八大以来，随着一系列强农惠农富农政策的实施，农村基础设施建设成效明显，但是与城市相比，农村基础设施供给数量仍然偏少、质量不高，一些农村供水、供电、供气条件差，道路、网络通信等设施未实现全覆盖，对农村互联网普及等人文基础设施建设关注相对较少，在烘干设备、预冷设施、冷链贮运等现代基础设施方面配套不足，在生产标准化、绿色高效技术应用等方面更为欠缺，一些产地批发市场、产销对接、鲜活农产品直销网点等设施相对落后，物流经营成本高，严重制约优质蔬菜、优质水产品、优质林果等优势特色农业的发展，尚未有效支撑乡村振兴的需求。

农村公共服务设施存在短板。由于供给主体单一和经费投入不足，农村教育、医疗卫生、养老、文化体育等公共服务供给不足，一些地方标准不高、配套不足、利用率低，与城乡基本公共服务均等化尚有相当距离；农民的社会保障意识淡薄，现阶段家庭保障依旧是农村最主要的养老保险方式，依靠血缘关系构建的家庭依旧是最坚固的保障，农村医疗保障和服务水平偏低，农民看病难、看病贵的问题仍没有得到根本解决；农村垃圾集中处理和污水处理能力有限，乡村产业发展的环境保护设备配套和运行能力较弱，工业"三废"和城市生活垃圾等污染向农业农村扩散的防范应对能力仍然薄弱。

农村空心化严重。人和产业是区域发展的两大核心因素。在工业化、城镇化快速推进的背景下，由于农业比较收益偏低、城乡之间资源分配的不均衡，乡村人口大量非农化、转移到城镇乃至市民化本身是改革开放的发展成果，也符合经济社会发展的规律和趋势，但如果对乡村人口转移后的乡村治理和乡村发展缺乏及时有效的跟进，便极易形成乡村人口"空心化"与乡村产业"空心化"交织的现象，并成为城乡发展不平衡、乡村发展不充分的集中体现，这一问题在欠发达乡村尤为突出，导致乡村发展活力不足，进而影响乡村振兴。而人口的流失，让农村出现了大量闲置的农田和房屋，空心化的现象也越来越严重。

第四节　以乡村全面振兴推动高质量发展

实施乡村振兴，河南要坚持抓重点、强基础、补短板、促改革，用活改革开放这个"关键一招"，下好科技创新这步"先手棋"，坚持生态优先、绿色发展这个鲜明导向，强化党的全面领导这个根本保证，激活乡村振兴动力，全力打好乡村振兴攻坚战，奋力谱写河南农业农村高质量发展新篇章。

一　用活改革开放这个"关键一招"

农村改革是全面深化改革的"深水区""硬骨头"。习近平总书记在参加河南代表团审议时特别强调，要用好深化改革这个法宝，聚焦农民和土地的关系、农民和集体的关系、农民和市民的关系，推动人才、土地、资本等要素在城乡间双向流动和平等交换，激发乡村振兴的内在活力。在新的起点上，实现乡村振兴的高质量发展，根本上还是要靠全面深化农业农村改革，不断为农业农村现代化释放新活力、注入新动能。

1. 完善农村基本经营制度，解决好农民和土地的关系

农村土地制度涉及广大农民的切身利益，河南要适应农村生产力的新要求，保护农民的土地权益，继续探索农村土地集体所有制的有效实现形式，在坚持农村土地集体所有的前提下，解决农业适度规模经营、集约化经营及发展现代农业问题，促使承包权和经营权分离，形成所有权、承包权、经营权"三权分置"，经营权流转的格局，明确农村土地承包关系保持稳定并长久不变，使农村大量沉睡的资源要素活化起来，让河南广大农民的积极性和创造性迸发出来，实现生产关系的新突破、生产力的新跃升。

2. 发展壮大新型集体经济，解决好农民和集体的关系

发展集体经济是乡村振兴的重要支撑。要积极推进农村集体产权制度改革，解决农村集体经济组织成员身份确认问题，形成既体现集体经济优越性，又调动个人积极性的农村集体经济运行新机制，增强农村集体经济发展的活力；实现农民对集体资产的占有、使用和收益分配的权利，增加农民的财政性收入，调动广大农民的生产积极性，确保农民"人人参与、人人有份"，激发农村各类生产要素的潜能及合理流动，让农民共享农村改革的发展成果，实现共同富裕。

3. 打破城乡二元结构，解决好农民和市民的关系

城乡发展日益凸显的不平衡问题已经严重影响和制约我国经济社会的发展。河南要从根本上解决长期形成的城乡二元结构，就要实现城乡在政策上的平等、在产业发展上的互补、在国民待遇上的一致，让农民享受到与城镇居民同样的文明和实惠；要推动城乡间要素的双向流动和平等交换，唤醒农村沉睡的资本，不断激发农村发展潜能和活力，使整个城乡经济社会全面、协调、可持续发展；要以城市化的思维规划建设农村、以工业化的思维改造提升农业、以职业化的思维转变引导农民，在现代化进程中补齐农业农村发展短板，使农业农村现代化跟上国家现代化的步伐。

二 下好科技创新这步"先手棋"

习近平总书记强调实施乡村振兴的总目标是农业农村现代化，关键是以

农业科技创新促进农业发展方式转变。创新是农业经济发展的战略支撑，必须下好科技创新这步"先手棋"，引导河南农业绿色、优质、特色和品牌化发展，形成以创新为主要引领和支撑的现代农业产业体系，为新时代高质量发展补好科技创新的短板，以创新驱动乡村振兴发展。

1. 加大科技创新投入力度，激发科技服务农业活力

河南作为农业大省和全国重要的粮食生产核心区，要着力推进以产业需求为导向的科技创新，推动农业科技集成创新，实现优势创新资源集聚，全面提升农业科技创新能力，培育更多优质高产品种，提高农业全程机械化水平，创新粮食加工转化途径；推动先进适用的科技成果在河南得以熟化配套集成应用，带动更多的农民参与到创新创业中，全面提升河南农业发展的综合效应，为农业的高质量发展提供技术保障；逐步建立多元化、多渠道、可持续的资金投入机制，积极推动地方财政、金融机构和社会力量的资金投入，鼓励和引导社会资本投入农业科技创新及成果转化，逐步建立以政府为主导，企业、社会、农户相结合的多元化、多渠道、可持续的投资体系。

2. 加大科技成果转化推广力度，提升科技支撑效率效能

要推动农业科技创新，关键在于实现科学技术与资源点对点落地。河南要强调构建农业农村科技示范网络体系，大力推动基层农技推广体系改革，鼓励发展科技型企业和转移合作社、农业科研基地、区域示范基地、基层农业推广站、专业技术协会，建立新型经营主体链条式的推广新模式；完善农业技术推广服务体系，以信息化为农民提供准确、实时的服务，由农业技术推广向农业公共服务转变；以农业科技园区、科技特派员创业基地、科技型企业、农民专业合作社等为载体，通过吸纳返乡农民工、大学生、农业致富带头人创新创业，利用线下孵化载体和线上网络平台，聚集创新资源和创业要素，促进农业科技成果转化与产业化。

3. 加大科技创新支持力度，打造地方经济发展新引擎

建立地方政府、高等院校、科研院所、产业企业的深度融合协同平台，建立农业科研、推广、生产一体化新机制，加大对龙头企业科研活动的扶持

力度，充分释放人才、资本、信息、技术等创新要素活力，以农业科技创新的丰硕成果为河南乡村振兴助力；要发挥现代农业科技在粮食生产中的支撑作用，加快推动小农户与现代农业有机衔接，走依靠科技、提高单产的内涵式道路；完善农业科技领域基础研究稳定支持机制，实施全产业链育种科技攻关，突破"卡脖子"的核心技术；推进信息、生物、新材料等高新技术在粮食产业中的应用，以技术驱动粮食单产提高，推动粮食生产从"高产"向"优质、高产"并重转变，扛稳粮食安全重任。

三　坚持生态优先、绿色发展这个鲜明导向

习近平总书记强调良好的生态环境是乡村的最大优势和宝贵财富。推进乡村振兴，必须树立和践行"绿水青山就是金山银山"的理念，大力推进生态文明建设，加强农村环境综合整治、农业生态环境保护和农村污染防治，推动生产、生活、生态协调发展，建设生态宜居美丽家园，让农村天更蓝、山更绿、水更清、生态环境更美好，这样农村才能更具吸引力、农业才能更具竞争力。

1. 强化农业环境污染治理

要深入贯彻落实习近平生态文明思想，科学推进"减肥减药"，加强农业生态环境保护和农村污染防治，加大农业面源污染治理力度，推广精准施肥、有机肥替代化肥、精准施药、生物防治和物理防治等技术，加大对土壤、水质等面源环境进行实时监控的力度；破解农村生活垃圾、畜禽粪污、秸秆焚烧、生活污水治理四大难题，形成常态化、长效化管理机制；完善农产品原产地可追溯制度和质量标识制度，确保人民群众"粮袋子""菜篮子"的安全。

2. 推进农村人居环境整治

要遵循乡村发展规律，大力改善水、电、路、气、房、信等基础设施，做到设施配套、服务高效，保护好绿水青山和清新清净的田园风光，保留住独特的乡土味道和乡村风貌，扎实推进美丽宜居乡村建设；要注重发挥农民的主体作用，全面提升农民素质和农村整体文明程度，促进农村文化教育、

医疗卫生、体育健康等事业发展，推进移风易俗、文明进步，弘扬农耕文明和优良传统，不断提升群众生活质量，让他们拥有更高的获得感、幸福感。

3. 加强农村生态系统建设

乡村振兴不能简单地走粗放式发展的老路，而要把生态振兴和生态体系构建纳入其中，避免在经济发展的同时损害生态环境；要完善农业绿色可持续发展机制，建立政府、企业、社会多元化、多种类投入机制，建立市场化多元化生态补偿机制，增加农业生态产品和服务供给，加快建设美丽乡村，让良好生态环境成为农村最大优势和宝贵财富。

四　强化党的全面领导这个根本保证

习近平总书记强调，办好农村的事情，实现乡村振兴，关键在党。坚持党的领导，是实现新时代乡村振兴的政治保证。河南推进乡村振兴，要始终加强党对农村工作的领导，着力发挥党的政治优势，保持党同农民群众的血肉联系，巩固党在农村的执政基础，把党实现乡村振兴的主张变成全体党员干部和群众推动实现乡村振兴的实际行动。

1. 坚持把党的政治建设摆在首位

坚定用习近平新时代中国特色社会主义思想武装头脑、指导实践、推动工作，对标总书记的指示要求，与总书记先后三次到河南视察指导工作时的重要讲话结合起来，与河南工作实际结合起来，一项一项研究、一条一条分析，切实把脱贫攻坚、乡村振兴各项工作落到实处；把党对"三农"工作的领导贯穿于"三农"工作的全过程，切实提高党把方向、谋大局、定政策、促改革的能力和定力，确保党始终总揽全局、协调各方，提高新时代党领导农村工作的能力和水平。

2. 建强基层党组织，筑牢基层堡垒

农村许多问题可以归结为一个"散"字，只有党组织建强了、带头人选好了，民心才能聚起来，村风才能好起来，群众才能跟着干起来。在党建引领乡村振兴过程中，要把农村基层党建工作摆在突出位置，充分发挥农村基层党组织的宣传者、贯彻者、领导者、动员者、推动者的作用，确保党的意志、党的声音、党的要求及时到达基层一线；要着重解决部分基层党组织弱化、虚化、边缘化问题，进一步密切党和人民群众的血肉联系，以党建工作推动高质量发展和乡村振兴战略。

3. 完善党的农村工作领导体制机制

改革是乡村振兴的法宝，推动乡村振兴落地见效，需要把制度建设贯穿其中。要健全党委统一领导、政府统筹负责、部门统管协调的农村工作领导体制，确保党政一把手是第一责任人，五级书记抓乡村振兴；深入落实"好干部"标准，坚持政德导向、为民导向、担当导向、实干导向、公认导向，严格执行选人用人制度规定，充分发挥农村党员的先锋模范作用；各部门要按照职责，按照党管农村工作总要求，强化资源要素支持和制度供给，做好协同配合，奋力推进乡村振兴战略，开创新时代新局面。

第十三章

区域协调：河南高质量发展的"稳定器"

实施区域协调发展战略是新时代国家重大战略之一，是立足新发展阶段、贯彻新发展理念、构建新发展格局的重要组成部分，也是推动高质量发展的重点工作。特别是近年来，"促进区域协调发展"每年都作为国家年度经济工作的重点任务加以部署，为新发展阶段区域经济发展向更高水平和更高质量迈进指明了具体路径。党的十八大以来，河南省深入贯彻中央决策部署，在推动区域协调发展方面采取一系列重大举措，推动了全省区域发展的协调性不断增强。但是，在区域协调性不断增强的同时，区域发展差距较大、发展不平衡以及发展不充分的情况仍未得到根本性改变，整体处在了有利条件和不利因素交织交错的发展阶段。协调既是发展手段又是发展目标，是发展短板和潜力的统一。面对新形势新要求，必须把推动区域协调发展摆在全省经济社会发展的突出位置，加快形成统筹有力、竞争有序、绿色协调、共享共赢的区域协调发展新机制，为确保高质量建设现代化河南、确保高水平实现现代化河南，谱写新时代中原更加出彩的绚丽篇章夯实基础、提供动力。

第一节　区域协调是高质量发展的必由之路

实施区域协调发展战略是对"两个一百年"奋斗目标历史交汇期中国

区域发展的新部署，是实现经济高质量发展的重要抓手。当前，我国区域经济发展进入一个关键时期，区域战略与政策的地位日益提高，其所发挥的作用越来越大，特别是中央围绕高质量发展，持续出台了一系列推动区域协调发展的政策措施，成为新发展阶段全国及河南区域协调发展的基本方略。

一　推动经济高质量发展的重要引擎

经济学基本理论告诉我们，当各类生产要素集聚到一定程度，就会在市场机制作用下向资本回报率更高的地区流动、集聚，进而形成规模经济，这时就需要由合理的发展格局和健全的协调机制（即区域协调发展），来使这种要素能够更充分地流动，更大限度地发挥溢出效应，从而推动区域整体发展。进入新时代，我国经济已由高速增长转向高质量发展阶段，新旧动能迭代更替，经济下行压力加大；从外部看，国际经济形势错综复杂、多维分化，由美国挑起的中美贸易摩擦给全球贸易带来了深远影响，英国脱欧等事件的起起伏伏也在不断影响着国际经济形势，这都给我国经济持续健康发展带来了较大压力。与全国一样，河南传统动能由强变弱，新兴动能加速成长，但短期内尚不能完全弥补传统动能减弱的力量，全省经济发展处在了"滚石上山、爬坡过坎"的关键阶段。在这种背景下，加快区域协调发展正是当前河南站位中华民族伟大复兴战略全局和世界百年未有之大变局，准确把握"两个大局"的规律性、互动性，增强胸怀"两个大局"的自觉性、主动性，将河南发展放在"两个大局"中去考量、去谋划，积极应对经济下行压力、促进经济转型升级、提高资源配置效率、加快技术变革扩散以及增强经济活力的迫切需要。

二　河南融入和服务全国发展大局的客观需要

近年来，我国着力推进区域协调发展，意在立足发展中部、东部、西部以及东北地区四大区域板块的基础上，以"一带一路"建设、长江经济带发展、京津冀协同发展、粤港澳大湾区建设、长江三角洲区域一体化发展、黄河流域生态保护和高质量发展、推进海南全面深化改革开放等重大战略为引领，形成四大板块联动发展、相互融通的区域发展总体格局。河南地处新亚欧大陆桥的中段，是中部崛起的重要增长极和国家"一带一路"倡议实施的重要支撑，是千年治黄的主战场、沿黄经济的集聚区、黄河文化的孕育地和黄河流域生态屏障的支撑带，在全国发展全局中具有重要地位。因此，加快河南区域协调发展，对于我国密切东部与中西部地区的经济联系、完善国家区域战略布局意义重大，特别是有利于更大程度地发挥河南承东启西、连南贯北的区位优势，凸显在全国区域发展格局中的地位和作用；有利于进一步加强与京津冀、长江经济带、粤港澳大湾区的战略协作，形成京津冀、长江经济带、粤港澳大湾区、沿黄九省与中部地区良性互动、协同发展的新局面。

三　河南在中部崛起中奋勇争先的现实选择

中部地区包括河南、山西、湖北、安徽、湖南、江西六个省份。六省行政区域相邻，均处于中原腹地，属于人口密集区、重要粮食产区和能源原材料供应区域，同时该区域地理位置优越，交通网络发达，生产要素密集，人力和科教资源丰富，产业门类齐全、发展潜力巨大，综合资源优势尤其突出，在全国区域发展格局中具有举足轻重的战略地位。推动中部地区崛起是党中央、国务院站在全局和战略高度作出的重大决策，是新时期我国协调发展战略的重要组成部分。2019 年 5 月 20 日至 22 日，习近平总书记在江西考察，专门主持召开了推动中部地区崛起工作座谈会并发表重要讲话，提出了8 点意见。2021 年 7 月，《中共中央　国务院关于新时代推动中部地区高质量发展的意见》出台，为推动中部地区高质量发展勾勒蓝图。可以说这是新发展理念在中部崛起工作上的全面体现，也是对推动中部崛起工作的新要求。推进中部地区崛起，需要中部各省和各核心板块的共同努力与有效支撑。河南作为中部地区的龙头，在中部崛起进程中占据十分重要的地位。加强河南区域协调发展，既有利于进一步发挥河南的整体优势，有效承接沿海地区产业转移，有效集聚区内外的生产要素，促进河南自身的发展；又有利于集合中原城市群城市的整体力量，打造中部地区重要经济增长极，形成中部地区经济发展隆起带，加快推动中部崛起进程；同时还可以进一步密切与太原城市群、关中城市群、长江中游城市群、山东半岛城市群等地区的经济联系，共同支撑中部崛起未来发展大计，着力推动中部崛起迈向新征程。

四　谱写新时代中原更加出彩绚丽篇章的动力来源

2019 年 9 月 16 日至 18 日，习近平总书记视察指导河南，提出要"坚定信心、埋头苦干，在中部地区崛起中奋勇争先，谱写新时代中原更加出彩的绚丽篇章"。这一嘱托，意蕴深远、字字千钧，阐明河南要以什么样的精神状态、什么样的工作标准、朝着什么样的目标奋勇前进，为河南指明了努力方向，也赋予河南接续奋斗的使命担当。城乡发展不平衡、区域发展不平衡不充分问题一直是制约河南区域竞争力提升的重要因素，实施区域协调发展战略，能补齐区域发展不平衡、不充分、不协调、不可持续的短板，有利于形成优势互补、良性互动、协调发展的新格局，有利于发挥中心城市发展优势，促进地区的产业发展，强化河南发展的产业支撑，增强河南发展的新动力；有利于提升地区经济社会发展水平，提高河南发展综合实力和区域影响力，强化河南在国家大局中的枢纽地位和作用；有利于充分发挥河南的综合优势，加快谱写新时代中原更加出彩的绚丽篇章的进程。

五　强化河南综合竞争优势的有效途径

河南交通便利，区位突出，资源丰富，现有产业基础较好，资源和环境承载能力较强，具有较大的发展优势、发展后劲和发展潜力，其完全有可能通过整合资源和协同发展，培育和打造成为中部地区战略新支撑。实施区域协调发展战略，有利于整合区域优势资源，统筹区域功能分区和布局，推进区域的优势互补，发挥区域协同和集合效应，构筑形成具有强大集聚作用和辐射带动作用的战略增长极，为新时代河南在激烈区域竞争中抢占有利位置提供新支撑。同时，河南是全国工业发展基础较好、发展潜力巨大的区域。实施区域协调发展战略，有利于更好地承接产业转移，形成产业联动发展格局，打造产业发展高地，形成产业发展隆起带，巩固提升河南产业发展新优势；有利于提升河南对外开放的整体水平，更好地建设和打造内陆开放型经济新高地，巩固和提升河南开放发展新优势；有利于更好地加快推进河南新型城镇化进程，提升河南发展的内需优势和市场空间，增强河南发展的后发优势；有利于更好地促进河南比较优势向综合优势转变，增强河南发展的动力和活力。

六 推动河南经济社会持续稳定发展的有力抓手

形成合理的区域分工体系是区域协调发展的重点。推进河南区域协调发展，有利于形成以中原城市群为主体、大中小城市和小城镇协调发展的多中心、组团型、网络化、集约型空间格局；有利于立足各市县的产业基础和比较优势，科学、合理、有针对性地制定适合自身区域发展的各类规划和产业政策，更好地集聚、整合、统筹区域内各类资源要素，带动区域产业转移和优势产业扩张，进而形成优势互补和区域性的产业分工与协作，促进全省产业基础高级化、产业链现代化，形成区域性产业优势；有利于促进相关企业间的合资和合作，形成互利互惠的产业链条，共同提高市场竞争力。与此同时，河南地域广阔，全省总面积 16.7 万平方公里，据国家统计局发布的《第七次全国人口普查公报》数据，河南省常住总人口为 99365519 人，人口全国占比为 7.04%，全省辖 17 个省辖市、1 个省直管市。推进区域协调发展，有利于实现各市县的优势互补，实现区域的共赢发展。比如，可以充分发挥郑州、洛阳等城市的科技研发优势，积极推进城市群产业的优化升级，实现相关企业互通有无、信息共享等。总之，区域协调发展对于河南加快整合优势资源、促进区域职能分工、打造培育经济增长极、助力区域经济社会持续稳定发展至关重要，迫切需要把加快区域协调发展摆在更加突出的位置。

第二节 准确把握区域协调发展新特征

进入新发展阶段，我国开启了全面建设社会主义现代化国家的新征程，国家发展面临的内外部环境、主要任务以及区域竞争格局都发生了明显变化，尤其是在推动区域协调发展方面做出了一系列新的重大调整。这同时也表明，我国区域协调发展的主要思路、空间布局、发展指向、政策重点等都出现了更多新的特征。

一 既要协调东中西，也要统筹南北方

一直以来，我国区域协调发展战略的主要关注点在四大板块上，同时也关注城乡之间、经济带之间的关系。可以说随着西部大开发、中部地区崛起、振兴东北老工业基地等战略的实施，区域发展的协调性在逐步增强，但是欠发达地区发展不充分、不平衡等问题还没有得到根本解决。在这种背景下，南方与北方发展不平衡问题也越来越突出，即"南强北弱"现象十分明显。党的十八大以来特别是近几年，国家更加注重区域协调发展问题，"南强北弱"问题也引起了中央以及学界的高度重视，出台的区域发展政策表明，国家将在继续推动东中西协调发展的同时，把"统筹南北"也摆在了更加突出的位置。北方着重推动京津冀协同发展以及东北全面振兴，其中雄安新区的建设是重中之重；南方着重推动粤港澳大湾区以及海南自贸区自贸港开放战略；中间区域则重点推动以长江经济带、黄河流域生态保护和高质量发展为"纽带"，串联起南方和北方。可以说，我国区域经济发展已经进入新的重要时期，"协调东中西、统筹南北方"已经成为新发展阶段我国区域发展的重大使命。

二 城市群成为引领区域协调发展的重要动力源

在我国持续推动东、中、西、东北四大板块协调发展的过程中，形成了较为完备的政策体系并取得了明显的效果，京津冀、长三角、粤港澳大湾区等城市群协调发展势头持续增强、规模效应不断显现，综合优势得到了快速发挥，有力带动了区域经济高质量发展。这也表明，在新的发展条件下，城市群推动区域协调发展的引领作用、平台作用、支撑作用越来越突出，成为新时期中国经济发展的重要推动力。但是，城市群发展同样也面临着诸多问

题，比如各自为政、重复建设、"城市病"等问题，说明城市群内部城市之间、大中小城市之间等还缺乏协同，仍有很多工作要做。从现阶段全国经济发展情况看，区域协调发展方面的目标最有可能还是在城市群范围内率先实现，进而形成带动作用。因此，当前及未来一个时期，探索城市群联动发展新模式，以城市群引领区域协调发展将是区域政策的重要内容。

三　中心城市是助推区域协调发展的核心力量

中心城市在现代城镇体系中等级位次较高，一般是能量较强的经济中心，具有生产集中、分工细致、产业门类齐全、要素整合能力强等突出特点，一般能形成一个相对独立的产业分工体系。与此同时，由于中心城市自身经济体量较大，辐射带动能力较强，其经济结构一般能够反映区域经济结构，其经济结构的变动也能影响区域经济结构变动的方向、目标、重点等，可以说中心城市对于区域经济发展影响巨大。特别是进入新发展阶段，中心城市对整个区域发展的辐射、带动、引领作用日益凸显。中央也更加重视中心城市在推动区域协调发展中的作用，多项战略规划的出台都强调要增强中心城市辐射带动力，形成高质量发展的重要助推力。同时，明确未来七大城市群及其核心城市的战略布局，其中也专门提到以郑州为中心引领中原城市群发展。2018年11月，《中共中央、国务院关于建立更加有效的区域协调发展新机制的意见》提出，要建立以中心城市引领城市群发展、城市群带动区域发展新模式，推动区域板块之间融合互动发展。因此，进入新发展阶段，中心城市肩负着引领、辐射、服务区域协调发展的重任。

四　城镇化是助推区域协调发展的主要途径

城镇化发展不平衡、不充分一直是制约区域协调发展的关键因素之一。党的十九大报告提出"以城市群为主体构建大中小城市和小城镇协调发展的城镇格局，加快农业转移人口市民化"，可以说已经明确了以加快城镇化发展推动区域协调发展的思路。同时，党的十九届五中全会针对区域经济协调发展提出"健全区域战略统筹、市场一体化发展、区域合作互助、区际利益补偿机制"等重要的战略要求。因此，在全面建设社会主义现代化国家的新征程上，城镇化是一篇大文章。一方面要按中央提出的工作部署，加快农业转移人口市民化；另一方面要把构建、优化现代城镇体系摆在更加突出的位置，重点通过体制机制的创新，来推动大城市与中小城市、小城镇的协调发展。尤其重要的是，未来城镇化已经不再简单地是人口向城镇集中的问题，而是更加注重城市承载的能力、规模以及水平，包括发展一些特色小镇，如此才能真正将大中小城市和特色城镇有机结合起来，把推动区域协调发展落到实处。

第三节　新发展阶段河南区域协调发展与优化

区域协调发展战略，是党中央立足中国国情、应对时代课题、心系发展大局、情牵民生福祉的战略安排。河南坚决贯彻落实党中央决策部署，坚持规模和质量双提升、龙头带动和整体联动相结合，推动构建以中原城市群为主体、大中小城市和小城镇协调发展的多中心、组团型、网络化、集约型空间格局。

一　加快河南区域协调发展的总体思路

立足新发展阶段，面对新要求，顺应新形势，加快河南区域协调发展，要以习近平新时代中国特色社会主义思想为指导，全面贯彻党的十九大和十九届历次全会精神，深入贯彻习近平总书记视察河南重要讲话重要指示，完整准确全面贯彻新发展理念，按照高质量发展要求，围绕实现基本公共服务均等化、基础设施通达程度比较均衡、人民基本生活保障水平大体相当的目标，以创新区域协调发展体制机制为核心，着力推动基础设施互联互通、要素资源有序流动、产业发展集聚融合、城乡区域互动协调、公共服务共建共享，努力构建统筹有力、竞争有序、绿色协调、共享共赢的区域协调发展新机制，加快形成以郑州为中心，以洛阳、南阳为副中心，引领中原城市群一体化发展的区域协调发展新格局。

二　加快河南区域协调发展的空间布局

根据河南省自然条件和现状基础，结合河南省主体功能区规划、新型城镇化规划等相关规划，以及资源环境承载能力、现有开发强度和发展潜力，进一步明确区域功能定位，规范空间发展秩序，促进人口、产业集中集聚发展，要加快构建形成以郑州为主核心、以洛阳和南阳为副核心，以郑州都市圈为带动，以东部承接产业转移示范区、北部跨区域协同发展示范区、南部高效生态经济示范区、西部转型创新发展示范区为"四区"的"一主两副、一圈四区"网络化空间格局。

（一）一主引领：郑州国家中心城市

郑州作为全省发展的龙头，要当好"国家队"、提升国际化，要大力承接国家重大生产力和创新体系布局，强化科技创新、枢纽开放、教育文化、金融服务等功能，提升集聚、裂变、辐射、带动能力，打造国内一流、国际知名的创新高地、先进制造业高地、开放高地、人才高地。要积极推进郑州"1小时通勤圈"建设，范围包括郑州中心城区、焦作中心城区、开封中心城区、新乡中心城区、许昌中心城区等区域，加快融合发展步伐，特别是全面推进郑开同城化，并将兰考纳入郑开同城化进程。同时探索建立黄河流域生态保护和高质量发展示范区，范围包括郑州都市圈，以及焦作市的孟州市、温县和新乡市的封丘县、长垣市以及开封市的兰考县等五个沿黄河县（市），形成对郑州都市圈范围沿黄河区域的全覆盖，要将这一区域打造成国家生态文明建设先行区、黄河流域制造业高质量发展引领区、黄河流域协同治理示范区，形成引领带动河南区域协调发展的核心动力源。

（二）两副支撑：洛阳中原城市群副中心城市、南阳河南省副中心城市

洛阳要围绕建强副中心、形成增长极，切实扛起副中心城市建设的使命，锚定万亿（元）级经济总量目标争先进位，高质量推进洛阳都市圈建设。要加快打通南北向高铁通道，拓展洛阳机场集疏功能，加快构建现代立体交通网络，打造全国重要综合交通枢纽；同时要发挥制造、科技、文化、生态优势，与郑州国家中心城市错位发展，着力建设全国先进制造业基地、

中西部制造研发中心、国际人文交往中心，以及国际文化旅游名城和现代生态宜居城市，加快形成全省高质量发展新的增长极。

南阳要立足河南省副中心城市定位，加快行政区划调整步伐，扩大中心城区规模，优化升级产业结构，提高社会事业发展水平，提升城市能级。积极与信阳、驻马店协作联动，建设豫南高效生态经济示范区。同时，进一步强化区域经济意识，加强与周边城市发展的竞争与合作，争取发展的主动权。

（三）一圈带动：郑州都市圈

随着我国城镇化发展进入中后期阶段，都市圈作为城市群的核心逐步成为区域经济发展的高地，成为城镇化的主体空间形态，这也是城镇化规律使然。就河南而言，要顺应这种发展趋势，遵循城镇化的阶段规律，做大做强郑州都市圈。

在规模方面，要加速扩容，将洛阳、平顶山、漯河、济源纳入郑州都市圈范围，这样郑州都市圈由原来的"1+4"扩容到"1+8"，规模体量得到了大幅提升，形成的规模效应能够有效增强资源要素统筹能力，进而向打造具有国际竞争力、支撑中部崛起的高能级现代化都市圈迈进。

在空间布局方面，要按照极核带动、轴带提升、对接周边的思路，着力构建"一核一副一带多点"的空间格局。其中，"一核"是指充分发挥郑州作为国家中心城市的功能作用，依托郑开、郑许政治、经济、社会、文化、历史等不可替代优势，加速同城化、一体化进程，迸发极点的强劲动能，共同打造郑汴许核心引擎。"一副"是推动洛阳副中心城市和济源深度融合发展，形成都市圈西部板块强支撑。"一带"是落实郑洛西高质量发展合作带国家战略，以郑开科创走廊为主轴、以郑新和郑焦方向为重要分支，打造以创新为引领的城镇和产业密集发展带。"多点"主要是指新乡、焦作、平顶山、漯河等新兴增长中心，形成组团式、网络化空间格局。

在发展任务方面，要聚焦创新、产业、交通、市场、生态、民生六大方面发力，打造沿黄科技创新带，郑开、洛巩、许港、郑新、新焦、郑漯、洛济、洛平8条产业带，以及推进社会保障并轨衔接等。力争到2025年，郑州国家中心城市和郑州都市圈GDP分别达到2万亿元和6万亿元。到2035

年，郑州都市圈建成经济发展高质量、开放创新高层次、公共服务高品质、生态环境高水平、协同治理高效能的现代化都市圈。

（四）四区协同：东部承接产业转移示范区、北部跨区域协同发展示范区、南部高效生态经济示范区、西部转型创新发展示范区

1. 联动长三角城市群，建设东部承接产业转移示范区

要加快商丘、周口、漯河区域中心城市建设，聚焦产业、创新等领域协同，推动制造业规模化、特色化、品牌化发展，建设制造业高质量发展提升区，带动东部承接产业转移示范区一体化发展，提升对鲁西南、皖北地区的辐射力。

引导商丘、周口、漯河差异化发展。商丘市重点依托枢纽地位提升，重点发展超硬材料及制品、高档服装、食品制造、物流电商等产业，加快建设承接产业转移示范市，打造新兴工业城市和区域商贸物流中心，成为豫鲁苏皖省际区域性中心城市。周口市重点发展食品制造、特色轻纺、现代医药等产业，建设全国重要的农副产品精深加工基地和现代农业服务中心，打造特色化的田园生态组合型城市。漯河市围绕提质发展，巩固提升食品产业优势，建设中国食品名城，培育发展电子信息、生物医药、装配式建筑、现代物流等新兴产业，打造豫中南地区性中心城市。

促进商丘、周口、漯河三市协同发展。挖掘商丘、周口、漯河历史文化资源，培育大运河文化轴线，加强商丘、漯河、周口与河南省大运河文化带发展战略的有机结合，合力打造商丘华商文化节、（周口）中华姓氏文化节、中国（漯河）食品博览会等节会平台。加快推进商合杭高铁、京九高铁商丘段、郑合高铁周口段建设，构建"双十字"快速铁路网。同步推进洛阳—平顶山—漯河—周口—商丘城际铁路，打造豫东城际铁路网。加快商丘机场建设，实现与郑州机场错位发展。加快明清黄河故道深度整治和综合开发，推进沿线地区协同农业生产与生态修复。

重点对接长三角城市群，推进跨界协同。承接长三角城市群产业转移，以智能制造和现代农业为主。商丘和徐州联合打造装备产业，周口和阜阳联合发展医药制造和现代农业，加快新—焦—济—洛—平—漯产业带和新—

郑—许—漯产业带的发展融合。以商丘为主，与连云港和郑州联动，构建"水—陆—空"多式联运节点；加强周口与阜阳跨界合作，联手发展铁路物流，建设高铁快运节点。推进宁洛、连霍高速扩容改建，实施沱浍河、涡河、沙颍河航道整治工程。

2. 联动京津冀城市群，建设北部跨区域协同发展示范区

推进安阳、濮阳、鹤壁区域中心城市建设，以文化传承创新为引领，聚焦交通、产业等领域联动，带动北部跨区域协同发展示范区一体化发展，提升对冀南、晋东地区的协同力。

引导安阳、濮阳、鹤壁差异化发展。安阳市重点发展装备制造、新能源汽车、钢铁加工、食品医药和文化旅游等产业，建设区域先进制造业中心、物流基地和文化旅游基地，成为豫晋冀省际区域性中心城市。鹤壁市重点发展绿色食品、汽车零部件、镁精深加工、现代家居等产业，建设清洁能源与新材料产业基地。濮阳市重点发展装备制造、高端化工、现代家居、新能源等产业，建设全国重要的新型化工基地、中部地区家具产业基地，国家级现代农业示范区。

对接京津冀和山东半岛，推进跨界协同。安阳作为安濮邯聊都市区核心区，重点推动与邯郸一体发展，联合发展科技创新与商务创新，支持安阳联动邯郸发展专用货运机场和铁路枢纽，构建"空—陆"综合枢纽中心；挖掘以安阳殷墟为代表的殷商文化、以曹魏邺城为代表的三国文化，联动以邯郸为代表的燕赵文化，建设燕赵文化轴。建成郑济高铁郑州至濮阳段、安阳绕城高速，打通台（前）辉（县）高速，加快建设林汝高速豫冀界至焦作段。促进南太行生态环境共治共保。

3. 联动长江中游城市群，建设南部高效生态经济示范区

加快南阳全省副中心城市建设，推动驻马店、信阳区域中心城市建设，推动三市聚焦生态、旅游等领域协作，带动南部高效生态经济示范区一体化发展，提升对鄂西北、陕东南地区的影响力。

引导南阳、驻马店、信阳差异化发展。南阳市重点发展装备制造、新能源、纺织服装、食品、文化生态旅游等产业，提升交通物流枢纽地位，建设

现代装备制造业基地和高效生态经济示范市，成为豫鄂陕区域性中心城市。信阳市重点发展食品制造、现代家居、电商物流、健康休闲等产业，建设区域交通物流枢纽和山水宜居城市。驻马店市重点发展装备制造、食品制造、现代化工等产业，建设先进制造业基地和商贸物流基地。

促进南阳、驻马店、信阳协同。加强三市在现代农业方面的协作，建设现代农业示范区，联合发展科技创新与生态农业，合力打造、共同打造绿色农业品牌，搭建驻马店农产品交易大会、南阳张仲景医药文化节等节会平台。加强三市在商贸物流方面的合作，南阳结合综合保税物流以及郑渝高铁郑襄段开通契机，发展"水—陆—空"多式联运体系，构建次级国际物流贸易节点；驻马店—信阳发展专用货运机场，建设电商物流产业的空陆枢纽，建设区域级物流贸易中心。

重点对接长江中游城市群，推进跨界协同。加强与长江中游城市群在科技创新、生态农业和智能制造产业等方面的协作，南阳和襄阳联合发展汽车制造产业。以南水北调生态文化轴为抓手，连接许昌以及南阳、随州、襄阳、武当山、丹江口等著名人文、生态景区，打造彰显楚汉文化、三国文化、道教文化的重要文化生态轴。共建南水北调中线生态廊道，沿淮生态经济廊道、桐柏山—大别山生态屏障。

4. 联动黄河金三角地区，建设西部转型创新发展示范区

引导平顶山、三门峡差异化发展。平顶山市重点发展现代煤盐化工、尼龙化工、装备制造、旅游休闲等产业，建设资源型城市可持续发展示范区，打造中部地区重要的能源化工和先进制造业基地，实现从"煤城"向山水名城、文化圣地、宜居居家园转型发展。三门峡市重点发展装备制造、生态旅游等产业，推进有色金属、煤化工传统产业转型升级，建设中部地区重要的能源化工、先进制造业基地、区域物流商贸中心和生态宜居城市。

加强三门峡和平顶山在资源型产业转型中的协作。加快传统资源型产业嫁接转型方面的交流与协作，建设全省制造业高质量发展绿色转型示范区。

以三门峡为门户枢纽，联动黄河金三角地区。强化三门峡在中原城市群和关中城市群两大城市群中的门户和衔接枢纽地位，加快铁路和公路枢纽建设，发展西部陆路货运综合枢纽。以三门峡为中心，向北联合运城，向南联动平顶山，构筑区域资源型城市转型示范发展区，联合发展新材料、新能源等新兴产业。打造自洛阳至西安形成西向的黄河华夏丝路文化轴线，以及串联山西诸多文化古迹的以中国民间聚落文化为典型代表的太行生态文化轴。

第四节　突出聚焦区域协调发展重点难点

区域发展不平衡一直是制约河南高质量发展的突出软肋，也是新时代谱写中原更加出彩绚丽篇章需要解决的重中之重，只有真正实现区域协调发展，河南才能释放最大的活力。围绕河南区域协调发展的目标要求，突出重点领域，强化路径创新，协同推进城乡发展一体化，协同提升基础设施互联互通能力，协同促进产业分工协作，协同共建现代市场体系，协同共享基本公共服务，协同共创区域生态环境，协同打造开放合作新高地，协同开创以中原城市群为主体、大中小城市和小城镇协调发展的现代城镇体系，形成优势互补高质量发展区域经济布局。

一　推进城乡发展一体化

坚持走新型城镇化道路，创新城乡发展一体化的体制机制，充分发挥郑州都市圈辐射带动作用，着力强化洛阳市、南阳市的副中心地位，积极突出开封市、新乡市、许昌市等城市的战略支撑极作用，着力强化各乡镇和产业集聚区的战略支点作用，有序推进农业转移人口市民化，加强城乡基础设施和公共服务设施建设，加快推进新农村建设，强化农村综合环境整治，早日形成新型工农城乡关系，开创形成城乡发展一体化的新格局。

二　提升基础设施互联互通能力

现代基础设施体系是区域协调发展的基础和重要保障。要围绕区域基础设施互联互通目标，以重大项目为抓手，以交通基础设施为先导，协调推进水、电、气、信息等基础设施建设，夯实新发展阶段河南区域协调发展的现实基础。要共同制定全省综合交通运输体系建设规划，强化国家中心城市以及区域中心城市的枢纽功能，完善路网，特别是省际交界处路网建设，打造畅通内外、布局合理、衔接紧密的现代化交通运输体系，进而更好地发挥河南地理区位优势，在推动区域协调发展中让交通优势得到充分发挥。要把协同增强能源保障能力作为提升基础设施互通互联能力的重要内容，结合主体功能区建设，科学布局能源基地，完善能源供输网络，提升共建共享水平。要合理利用水资源，加强省内水资源的统筹开发，重点是通过水利工程、水利设施的共建共享，实现水资源的高效利用。同时还要统筹信息基础设施建设，做到通信同网同费。

三　促进产业分工协作

推动区域协调发展最核心的内容是经济的协调发展。面对"两个确保"的发展目标以及区域协调发展的新任务，要充分发挥河南交通区位、市场、人口等比较优势，把推动区域产业分工协作放在突出位置。在工业分工协作方面，要鼓励区域间、城市间加强合作，重点支持各地优势产业和骨干企业建立更多经济联系，共同打造若干个优势产业集群，通过延链、扩链以及强化科技创新，形成全国重要的先进制造业基地和战略性新兴产业基地。在服务业分工协作方面，要充分发挥河南历史文化资源丰富的优势，开展跨区域的文化旅游合作；要充分发挥河南交通区位优势，开展跨区域的现代物流分工协作；与此同时，要加快在现代金融、信息服务等领域开展区域间、城市间的合作，形成发展合力，助推河南服务业提质增效。在农业分工协作方面，重点围绕小麦、玉米等优势农产品产业发展中的重大关键共性技术、技术集成和推广应用等，加大科技投入，建立起区域共享的农业服务体系。与此同时，还要通过推动重大创新平台共建共享、组建产业技术创新联盟等，共同推动区域自主创新体系建设。

四　共建现代市场体系

市场机制在现代资源配置过程中起着决定性作用，实施区域协调发展战略，共建区域市场体系必不可少。要全面加快全省现代市场体系建设，重点是要打破传统的行政区域限制以及固有的体制机制障碍，建立统一的市场规则，推动生产要素和各类商品的自由流动。要在全省建立统一的市场准入制度，促进全省市场主体登记注册一体化。在金融领域，要加快金融机构网点布局，优化金融服务网络，特别是要发挥"金融豫军"主力军作用，支持农信社、中原银行等设立分支机构，进而探索形成全省一体化的存取款体系、支付与资金结算体系。在人才方面，要建立统一的人才评价体系以及就业服务网络，推动人才跨城市、跨区域自由流动。在技术交易方面，要鼓励各地加快技术交易服务平台建设，运用信息技术实现全省技术交易市场互联互通。与此同时，围绕促进现代市场体系建设，要加快各类信息平台的共建共享，鼓励建立更多的区域性行业协会，搭建政府与市场的沟通桥梁。

五 共享基本公共服务

基本公共服务均衡共享是推进区域协调发展的关键环节，是区域协调发展必须解决的首要问题。因此，推进河南区域协调发展要把公共服务均等共享放在突出位置，立足人民群众对美好生活的需要，以均衡普惠、整体提升、区域共享为导向，积极探索建立公共服务共享机制，加快推进优质教育共享、医疗机构协作、文化体育联动、区域社保统筹，使全省居民真正享受到均等的生活服务，为更高层次、更高水平、更高质量推进区域协调发展提供有力支撑。教育是公共服务中居民最关注的部分之一，要大力引导各级各类教育资源牵手帮扶、合作交流、开办分校，形成一体化现代教育体系，促进区域教育均衡发展。医疗资源共建共享是区域协调发展中提升公共服务能力、增进百姓民生福祉的一项重要内容，要主动对接，在医疗服务理念和服务体系上实现接轨，探索区域医疗合作模式，让居民享受到更高质量医疗服务。要积极挖掘和利用区域间具有共同属性的文化、体育资源，强化公共文化服务设施建设，完善文化、体育领域开放合作体制机制。社会保障是民生之需，要加快社会保障服务对接，强化就业优先，健全完善社保政策、社保体系、社保制度，推进社会保险扩面提质，在更大范围、更深层次上提高全省居民的获得感、幸福感。

六 共创区域生态环境

生态环境要素范围广、流动性大，生态环境优化或恶化会分别产生很强的正负外部效应，对于相邻区域经济社会发展影响很大。要高度重视生态环境工作，推进区域生态环境共建。要建立健全区域生态环保联动机制，推动城市之间共同编制区域水质、大气保护规划，协商需要投资建设的项目；并按照属地负责原则分别承担环境基础设施建设工作。要积极开展跨区域突发环境事件应急演练，定期组织公安、交通、环保等部门，协调开展专项整治行动，共同提高区域环境应急水平，防止小化工、小电镀、黑作坊等"散乱污"企业"流窜"作案。要以区域协调机制为基础，健全区域一体化发展合作机制，成立跨区域的轮值联席会议制度，负责研究制定区域中长期规划和具体工作推进计划，协调和解决区域环境综合治理中发现的困难和问题，完善一体化发展工作机制；同时切实加强一体化生态建设综合管理工作，深化区域内污染减排共治，并在区域内开展联合执法、联合监督、联合巡查，强化区域内联合执法能力。要推动环境信息共享共赢，打破行政壁垒和区域限制，共享现有的在线监测平台数据，组建区域内空气质量预测预报机制，建立区域发展环境风险识别和预警与预报制度，探索构建黄河、伊河、洛河、南水北调沿线等重点区域、流域环境应急统一管理机制，预先防范和妥善应对区域发展风险。

七 协同打造开放合作新高地

实施更加积极主动的开放合作战略，着力发挥郑州航空港经济综合实验区、中国（河南）自由贸易试验区等对外开放重要门户作用，积极强化河南区域协调发展的整体优势，创新对内对外开放和交流合作机制，打造高水平开放合作平台，大力发展内陆开放型经济，全面提升对外开放水平，打造内陆开放合作新高地。以"空中丝绸之路"为引领，持续放大"四路协同"

综合辐射效应。提升"空中丝绸之路"发展势能,用好第五航权,大力发展航空物流,优化通航点布局,推动新开货运洲际航线,加密国际客货运航线航班,增加欧洲、美洲、亚洲、非洲、大洋洲等主要经济体直封直航邮路数量,形成覆盖全球的国际客货运航空网络。推进"陆上丝绸之路"扩量提质,实施"中欧班列(郑州)+"建设工程,提升班列运营组织水平,稳定既有线路,加密往返班次,拓展新线路,构建国际货运班列体系,实现中欧班列(郑州)在欧洲的"扇向辐射",确保始终位列中欧班列"第一方阵"。推动"网上丝绸之路"做大做强,加强与"一带一路"沿线国家和地区合作,深化跨境电商监管部门国际协作。加快建设 E 贸易核心功能集聚区,打造百亿(元)级跨境电商产业集群。促进"海上丝绸之路"无缝对接。加强与青岛、天津、连云港、宁波以及福建、广州、广西、海南等沿海港口合作,建设和畅通东向为主、南向为辅的海铁联运国际通道,强化郑州港中转功能,逐步实现网络化、常态化运行。

第五节 建立更加有效的区域协调发展新机制

实施区域协调发展战略是立足新发展阶段、贯彻新发展理念、构建新发展格局的具体行动。当前河南正处在谱写新时代中原更加出彩的绚丽篇章的关键阶段,应在贯彻落实中央相关决策部署方面走在前列、做出示范,加快建立更加有效的区域协调发展新机制,推动全省区域协调发展向更高水平和更高质量迈进。

一 建立区域战略统筹协调机制

深化中原城市群一体化发展。要把郑州建设国家中心城市作为全省实施区域协调发展战略的重中之重,坚持硬实力、软环境两手抓、两手都要硬,全面增强"三中心一枢纽一门户"功能,提高郑州引领全省区域协调发展的能力。要加快郑州都市圈建设,以完善"1 小时通勤圈"轨道交通网络和城际公路快速通道建设为先导,加速郑开同城化进程,激发郑开极点的强劲动能,与郑焦一体化、郑新一体化、郑许一体化等协作机制形成合力，共同打造具有国际竞争力、高能级、现代化的郑州都市圈，推动北部跨区域协同发展示范区、南部高效生态经济示范区、西部转型创新发展示范区、东部承接产业转移示范区打破阻碍要素高效自由流动的体制机制障碍，产生 1+1>2 的协同效应，引领中原城市群一体化发展，实现中原城市群整体竞争力大幅提升。

推进国家战略平台联动发展。进一步梳理郑州航空港经济综合实验区、郑洛新国家自主创新示范区、中国（河南）自由贸易试验区、国家大数据（河南）综合试验区、中国（郑州）跨境电子商务综合试验区等国家战略平台相关定位、政策措施，重点通过功能、政策、监管、贸易等协同，形成协调联动发展机制，实现平台之间人才引进、金融创新、信息集成、政策措施等方面的互联互通、优势互补，加快释放国家平台的集成效应、综合效应，加快创新制度相互复制、推广，助力全省区域协调发展。

大力实施乡村振兴战略。要重点围绕习近平总书记提出的"五个振兴"，加快城乡融合发展体制机制改革，助推河南乡村振兴战略早出成效。在深化农业供给侧结构性改革方面，重点发展特色、优势农产品，同时确保粮食供给。在国土整治方面，要在全省开展综合整治行动，推动农用地、农村建设用地整理以及城乡生态保护修复。在农村综合改革方面，推进农村集体产权、宅基地以及农村承包地"三权分置"制度改革。要建立农村低收入人口和欠发达地区帮扶机制，保持主要帮扶政策和财政投入力度总体稳定，持续推进脱贫地区发展，持续改善脱贫群众生活，实现巩固拓展脱贫攻坚成果同乡村振兴有效衔接。

二 健全市场一体化发展机制

促进城乡区域要素自由流动。结合发展形势和发展需要，深化户籍制度改革，适当放宽郑州落户条件，推动其他省辖市全面取消落户限制。按照财权事权相统一原则，建立健全财政转移支付同农业转移人口市民化挂钩机制；同时建立城镇建设用地同吸纳农业转移人口落户数量挂钩机制，真正让政策的精准度符合发展实际需要。此外，还要积极推动建立全省城乡统一的建设用地市场，真正发挥市场的决定性作用，引导各类优质资源按照市场需求进行优化配置，让生产要素、发展要素、创新要素等在全省范围内充分流动。

打造公平竞争市场环境。公平竞争是市场经济的基本特征，对资源优化配置起着至关重要的作用。一方面要全面实施市场准入负面清单和公平竞争审查制度，消除各种隐性壁垒和束缚，使各类市场主体平等使用生产要素、公平参与市场竞争、同等受到法律保护。另一方面政府要持续深化"放管服"改革，利用现代网络技术，打造"互联网+政务服务"。同时，还要完善社会信用体系，健全守信联合激励、失信联合惩戒机制。

完善区域交易平台和制度。要继续深化市场化改革，特别是在区域排污权、区域用水权、区域用能权、区域碳排放权等分配与交易方面，建立相应的产权交易平台，推动资源的合理流动和高效利用。

三　深化区域合作机制

加强国际区域合作。要利用、发挥好现有的对外开放平台，坚持"四路并举"，统筹推进空中、陆上、网上、海上"丝绸之路"建设，加快落实"空中丝绸之路南南合作伙伴联盟"，推动国内外运输单证标准化，建立互利共赢的国际区域合作新机制。深度融入"一带一路"倡议，加强国际合作，发挥区域合作机制作用，共同打造产业园、区域经济合作中心等具体形式，推动河南在农业、制造业以及能源等领域建立对外合作长效机制。

深化省级区域合作。要把深化省级区域合作作为河南实施区域协调发展战略的重要内容。向北要积极主动对接、融入京津冀"首都经济圈"，加强交通、产业、生态保护方面的协作，形成协同发展机制。加强豫京、豫沪、豫鄂、沿淮等省际战略合作，健全产业、技术、资本合作机制。此外，要继续深化省际交接地区城市之间的合作。要积极创新建立区域协调机制，争取建立与长三角城市群、京津冀和山东半岛城市群、长江中游城市群、关中城市群等跨省域地区的协调机制。重点鼓励三门峡、南阳、信阳、商丘、安阳等与若干基础条件好、联系比较紧密的省际毗邻城市合作发展，促进基础设施联网、公共服务对接、共建开放通道和平台等。鼓励省际毗邻城市与西安、武汉等内陆开放高地合作，畅通对外开放大通道，积极参与和融入"丝绸之路经济带"建设。加强与京津冀、长三角等先进地区的合作，鼓励区域内高新区与北京中关村、上海张江国家自主创新示范区深化合作，共同探索产学研一体化创新发展模式。支持一批省际毗邻城市组团的一体化发展，打破行政区划限制，支持与陕西、湖北、安徽、山东、山西、河北等省份基础条件好、联系比较紧密的省际毗邻城市的合作发展（三门峡—渭南—运城、南阳—襄阳、信阳—孝感、商丘—亳州等），加强规划统筹和产业协作，促进基础设施联网、公共服务对接，建成跨区域一体化发展先行区和示范区。

推动流域上下游协同发展。加快落实《河南省贯彻落实淮河生态经济带发展规划实施方案》以及《河南省贯彻落实汉江生态经济带发展规划实施方案》，推动被纳入淮河生态经济带及汉江生态经济带规划范围内的9市5县打造协同发展试点区域。全面贯彻习近平总书记在深入推动黄河流域生态保护和高质量发展座谈会上的重要讲话精神，严格落实《黄河流域生态保护和高质量发展规划纲要》，建立完善黄河上下游毗邻地区规划对接机制，形成生态环境共建共治、产业优势互补。

四 优化区域互助机制

深入开展对口支援工作。健全对口援疆工作机制，综合分析河南与新疆在产业、资金、技术、人力资源、区域交通、市场、能源等方面的各自优势，加强经济合作，形成优势互补、互惠互利的局面，进一步促进对口支援协调联动机制的完善。

创新南水北调中线水源区对口协作。深化京宛区县对接合作机制，切实加强南阳与南水北调中线沿线城市的经济合作，可以通过科技成果转移转化支持政策等具体措施，形成全社会参与的对口协作体系。

五 健全利益补偿机制

实行多元化生态补偿。要不断完善转移支付制度，按照生态文明建设和发展的要求，逐步扩大补偿范围，合理提高补偿标准，早日实现湿地、水流、耕地等重点领域和禁止开发区域、重点生态功能区等重要区域生态保护补偿全覆盖，补偿水平与当地经济社会发展状况相适应，基本建立符合省情的生态保护补偿制度体系。

开展与粮食主销区的产销合作。立足河南产粮大省的特点，主动适应粮食收储制度和价格形成机制改革的新形势，积极搭建粮食产销合作平台，鼓励销区在省内主要粮食生产大市、大县建立异地粮食储备、加工园区等，形成长期稳定的粮食产销合作机制。

六　完善基本公共服务均等化机制

提升基本公共服务保障水平。提升基本公共服务保障水平是新时代解决我国社会主要矛盾的必然要求，也是实施区域协调发展战略的主要目标之一。要紧紧围绕幼有所育、学有所教、劳有所得、病有所医、老有所养、住有所居、弱有所扶等方面，加快构建基本公共服务保障长效机制，同时，要切实强化工作保障，切实履行政府基本公共服务兜底责任，鼓励多方投入，扩大服务供给，不断提高基本公共服务质量和效率。

强化城乡区域间基本公共服务衔接。转变发展思路，将基本公共服务提到重要位置，学习借鉴长三角、珠三角等先进地区公共服务跨区域流转衔接的具体做法，加快在河南实施，并形成可复制、可推广的经验。

七　创新区域政策调控机制

实行差别化区域政策。要根据各地实际发展情况，围绕提高土地、人才、产业、科技、财政等政策的有效性，形成分类指导的政策体系。比如，对于工业基础较好的地区，区域政策应该向实体经济发展以及城镇化推进方面倾斜；对于农产品主产区，重点是围绕"四优四化"，强化品牌塑造和农产品供给质量提升，提高农业产业链附加值；对于生态功能区，要坚持绿色发展，把强化生态环境保护以及提高生态产品的供给能力作为工作重点。以此，真正形成区域差别化政策体系，推动各自发挥优势。

完善财政转移支付政策。财政转移支付制度是现代财政制度的重要内容，是政府管理的重要手段。要围绕河南区域协调发展战略，完善省级财政一般性转移支付办法，重点是清理、整合转移支付项目，赋予市、县两级政府更多管理财政转移支付项目评审和资金分配权限，理顺省与市、县财政支出责任划分。

八　建立健全区域协调发展监测评估体系

将推动区域协调发展列入省政府年度重点工作，明确推动区域协调发展的年度目标任务，健全区域规划实施和成效监测评估机制，研究制定区域协调发展工作评价办法和评价标准，适时开展自评估、第三方评估，及时掌握区域规划实施情况及效果。

第十四章

开放带动：河南高质量发展的"强引擎"

改革开放以来，河南始终把对外开放作为全省重要的发展战略持续地推进，从党的十一届三中全会开始探索计划经济向市场经济转变，逐步消除固有的体制机制障碍，到 1995 年提出开放带动战略，2003 年把对外开放作为加快河南经济社会发展的主战略；再到 2008 年启动以开放"一招求多效"的"大招商"行动，2012 年对外开放正式成为河南的"基本省策"，开放在带动全省发展全局中的地位越来越重要。"十三五"时期，面对复杂多变的外部环境、艰巨繁重的改革发展稳定任务，河南坚持以"一带一路"建设为引领，"五区联动"国家战略叠加效应持续释放，"四路协同"多维度联通世界，蹚出了一条具有河南特色的开放发展新路子。实践证明，"开放带动"是河南经济实现跨越式发展的最大亮点和重要"引擎"。当前，百年变局和世纪疫情持续交织，全面开启建设社会主义现代化新征程吹响了新的号角，黄河流域生态保护和高质量发展战略走在前列且有了新的部署，在中部地区崛起中奋勇争先，谱写新时代中原更加出彩的绚丽篇章提出了新要求、新目标，河南对外开放提速换挡势在必行。河南要加快完善开放型经济高水平发展的体制机制、政策体系和支撑体系，为推进新一轮高水平开放，建设更具竞争力的开放强省、奋力实现"两个确保"发展目标奠定扎实基础，从而为谱写中原更加出彩的新篇章提供坚强保障。

第一节　开放带动是高质量发展的关键一招

当前，河南经济发展由高速增长阶段转向高质量发展阶段，坚持开放带动，实现以开放促改革、促发展、促创新，将不断激发市场和社会活力，完善开放型经济新体制，推动河南经济巨轮在高质量发展的航道上行稳致远。

一　高水平开放是河南推动更深层次改革的必然要求

改革和开放相辅相成、相互促进，改革必然要求开放，开放也必然要求改革。习近平总书记指出："我们将总结经验、乘势而上，继续推进国家治理体系和治理能力现代化，坚定不移深化各方面改革，坚定不移扩大开放，使改革和开放相互促进、相得益彰。"提高供给体系质量是经济高质量发展的核心要求，而高水平开放是推动供给侧结构性改革、提高供给体系质量和效率的重要突破口。更高水平的开放通过加强国内、国际合作激发市场活力、完善市场机制，释放政策红利增强引资磁力持续提升供给体系的质量和效率，形成推动经济社会高质量发展的关键支撑。改革开放以来，河南高速增长阶段形成的以低成本要素为主的投入结构、相对保守的市场体系和政策支撑体系对提升供给体系质量形成制约，已不能适应新时代经济高质量发展的迫切要求。同时，发展新阶段消费、投资等经济动力日渐减弱，河南传统的贸易结构、外资结构和涉外政策已经不能适应复杂多变的国际市场需求，开放型经济体制机制不活和发展思想观念相对保守等问题亟待解决。鉴于此，河南必须扩大高水平对外开放，持续解放思想，适应新时代供给体系的新变化，统筹两个市场、两种资源，加速国内省内经济循环，对接国际国内市场；建设竞争有序合法的市场环境，最大限度地激发微观主体活力；以开放体制改革拓宽开放领域、升级开放平台载体，持续释放国家战略平台载体的改革红利；全面贯彻制度型开放战略，构建国际一流营商环境，吸引集聚转化全球优质要素资源，提高经济发展质量和效率、推动经济结构战略性转型升级，以一系列扎实有效的高水平开放战略举措，为河南扎实推动现代化建设开好局、起好步。

二 高水平开放是河南转换发展动力的重要保障

当前，河南经济正处在转变发展方式、优化经济结构、转换增长动力持续推动高质量发展的关键时期。只有坚定不移实施更大范围、更宽领域、更深层次的对外开放，着力解决制约河南发展的突出矛盾和问题，才能把全省发展的巨大潜力和强大动能充分释放出来。首先，更高水平开放是推进经济结构战略性调整，加快转变经济发展方式，激发、培育经济发展新动能的关键一招。加快推进河南经济社会结构全面升级，破解供需间、产业间、城乡间和区域间结构发展不平衡不合理难题需要依靠高水平开放来推动、来保障。其次，更高水平开放是激发经济发展潜力的重要举措。通过全面实施制度型开放战略，加速完善开放型经济新体制，营造国际一流营商环境，大幅度提升经济发展软实力，将为河南经济发展动能转换奠定良好的制度基础；通过强化与国内外相关先进产业的合作交流，积极对标国际先进产业水平，梳理完善河南产业标准、规则，在推动传统产业高端化、智能化、绿色化发展的同时，加快战略性新兴产业发展，可以有效提升产业链、供应链现代化水平。最后，更高水平开放是促进社会创新创业的关键举措。通过扩大开放，充分利用国内国际两个市场，虹吸全球科技、人才资源，完善创新创业服务体系，可以极大地促进河南新技术、新产业、新业态、新模式蓬勃发展；通过提升区域间联动发展协同能力，加快融入全球创新网络，打造产业创新中心，推动装备制造等优势产业国际化布局，为企业跨境并购、重组、战略合作提供开放空间环境。因此，河南应紧紧围绕实现"两个确保"战略目标，以制度型开放战略持续拓展全省经济开放发展的深度、广度，在建设现代化河南的伟大进程中激发、培育和增添新动能，汇聚起推动全省经济高质量发展的澎湃动力。

三 高水平开放是河南服务构建新发展格局的有力抓手

双循环新发展格局是强国战略，更是强省战略。构建和融入新发展格局，努力在国内大循环和国内国际双循环中成为关键环节、中高端客观上要求河南通过更高水平的开放发展对冲新发展阶段的负面影响。具体来说，内循环需要开放来提质增效，双循环需要开放来塑造新优势。只有推动更高水平开放，才能让内循环牵引外循环、外循环促进内循环，形成二者的良性循环。一方面，经济发展现阶段市场空间的大小和营商环境的优劣成为国外投资者和高端要素流入的关键考量，也是能否深度融入内外经济循环的重要基础。当前河南加速融入新发展格局固有的优势和条件已经逐渐减弱甚至消失，市场化程度较低以及国际化营商环境不优等影响企业和个人业务存在的诸多隐形短板约束越来越明显。面对构建双循环新发展格局的机遇和挑战，河南迫切需要营商环境、行政管理、通关检验、金融开放、事中事后监管等重点领域强化制度创新形成新的竞争优势，在学习国内先进开放经验和对接国际高标准经贸规则的同时，消除高端要素流动阻碍并实现优化配置的体制机制，实现开放型经济政策上下、左右高效衔接，打通堵点、解决难点、消除痛点，形成和释放制度开放新红利。另一方面，制度型开放已经成为当前河南提高制度供给质量、提升国内大循环层级的重要抓手。河南对外合作的深度和广度不断加深和拓展，这就要求河南在持续坚持开放带动的同时，从开放理念上进行转变，把准制度型开放的主攻方向，打破国内循环体系和国际循环体系之间在行业管理、市场体系、商事制度、金融体系等领域存在的各种不合理的、人为设置的樊篱和壁垒，促进国际循环中的优质要素以河南为节点顺利进入国内大循环，引导国内大循环向更高层次跃升，在服务构建新发展格局过程中实现中原更加出彩。

四　高水平开放是河南实现"两个确保"的关键一招

2021 年的河南省委工作会议提出的全面实施制度型开放发展战略是推动实现"两个确保"的重要支撑，是新发展阶段河南高水平开放的时代要求。改革开放 40 多年来，河南省牢牢瞄准引资引技，融入并提升全球产业链、价值链等目标，设计并出台了一系列鼓励开放型经济发展的政策措施，为经济社会持续健康发展提供了一定的开放制度保障。当前河南正处于工业化、城镇化快速推进阶段，多重国家战略叠加，1 亿人口大市场蕴含巨大内需动力，同时全省发展不平衡不充分的问题仍然比较突出，主要表现在城乡差距、区域差距比较大，产业结构偏粗、偏低，供需匹配度不高，同时经济发展总体规模与先进省份相比差距明显。从服务河南"两个确保"的最终目标出发，实现开放制度改革创新任务与加快建设更具竞争力的经济强省有机统一，是未来河南实现更高水平对外开放的关键。今天的河南，站在了全新的历史起点上，确保到 2035 年全省综合实力、创新能力进入全国前列，治理体系和治理能力现代化基本实现等目标，要求河南贯彻落实制度型开放战略，加快实现更具突破性的开放，提升在全国、全球价值链中的地位。因此，河南必须持续推进规则体制等制度型开放，以更高水平、更大范围、更深层次的开放举措倒逼现行的金融、商事、投资、市场、国有企业管理制度等体制机制深化改革，形成以开放促改革、改革促进开放的良性互动，加速河南高质量现代化建设的进程，在现代化建设新征程中开新局、育新机。

第二节　开放带动的历史演进与实践探索

由于国家渐进式开放的政策导向，河南开放带动的历史演进与沿海地区相比具有一定的滞后性，但基本上呈现出与全国相同的特征，总体来看河南开放带动经济发展经历了五个阶段。

一　酝酿起步、探索推进（1978~1991 年）

1978 年，党的十一届三中全会调整了中国发展的方向，重新确立了经济建设的中心地位，开启了以经济体制改革和对外开放为主要特征的新的发展时期。河南也与全国一道，开始积极探索发展外向型经济的途径和手段。

开放的初期，鼓励出口贸易和吸引外资是河南制定开放政策、扩大对外开放的重要方向。1989 年 2 月河南提出，要"加快对外开放步伐，广泛开展横向联合"，一方面要"努力实现'两个打出去'，把河南优势产品打入国际和东部沿海市场，'两个引进来'积极向国际和沿海吸收先进技术和资金；另一方面要'两个一起上'，通过鼓励本地外贸企业增加出口规模出口创汇、倒逼河南企业转型升级，加速经济发展"。1991 年 3 月，郑州首次召开全省对外开放工作会议，提出了"五破五树"，对于破除因循守旧、僵化保守，小农经济、产品经济，自我封闭、自成体系，消极畏难、无所作为，故步自封、盲目自满等落后思想，树立改革开放、开拓进取、有计划的商品经济、互惠互利、全面对外开放等观念具有极大的积极意义。通过这次会议，河南明确了全省对外开放的指导思想，制定了"优化环境、外引内联、四面辐射、梯次发展"的扩大对外开放基本思路。

这一时期，河南的对外开放从酝酿起步进入发展的初级阶段，特别是河南首届对外开放会议提出的"五破五树"，极大地加快了全省开放思想的确立、探索、实践的步伐，为打开省门谋发展奠定了坚实的政策基础。在这一阶段，全省进出口贸易稳步增长，开通了境内外探亲、赴国外留学的渠道，初步开展了文化、科技、经贸和友好城市建设等方面的国际交流活动。同时，由于开放政策体系仍不完善，利用外资、兴办外资企业缺乏经验，全省利用外资发展规模不大，质量不高。

二 由点及面、加快开放（1992~1997年）

从 1992 年开始，新一轮改革开放的春风吹向河南，全省掀起了开放发展的新热潮。同年 2 月，河南省委常委会召开会议，会议要求要增强大外贸、大外经、大旅游意识，全方位对外开放。8 月，党中央、国务院批准包括郑州在内的 17 个省会为内陆开放城市，至此，以"郑龙头"为引领，河南开放发展步伐显著加快。1993 年 4 月，中共河南省第五届委员会第六次全体会议指出，要"抓住关键，主动出击，全面扩大对外开放。要努力提高利用外资的规模和水平，努力扩大出口创汇"。1994 年，河南制定了 13 条与国家对贸易体制改革方案相应的配套措施，同年，河南颁布了《河南省鼓励外商投资条例》。

这一时期，河南省全面实施开放带动战略，开放意识不断增强，涉外经济法规和政策体系不断完善，开放环境日益改善，特别是在强化外资推动对外开放的功能方面成效显著，形成了全省外商投资企业高速发展的局面。

三 接轨国际、全面开放（1998~2003年）

进入 21 世纪，河南的对外开放面临世界范围的发展机遇和挑战，开放逐步向全方位、多层次、宽领域转变。这一阶段河南正式提出了"走出去"战略，迈入了与世界经贸规则加速接轨、开放体制机制不断优化、开放创新思维更加活跃的新时期。

2001 年，面对中国加入 WTO 的新形势、新要求，河南召开了全省第三次对外开放工作会议，进一步明确了开放政策和实施路径。2003 年 7 月，河南把"开放带动、东引西进"写入《河南省全面建设小康社会规划纲要》。同年 8 月，河南召开了第四次对外开放大会，首次把开放作为全省发展的主战略，紧接着省委工作会议把发展开放型经济效果作为判断干部工作的重要依据，对外开放的战略地位进一步提升。

这一时期全省掀起了扎实贯彻实施开放带动主战略、以更大力度的开放推进经济快速发展的新高潮，对加快河南经济社会发展、实现全面建设小康社会目标具有巨大的推动作用，在一系列政策的推动下，全省的经济、社会逐渐呈现从顶层设计到地方政策法规、市场体制机制同时推进的多层次、宽领域的对外开放格局。

四 优势叠加、加速奋进（2004~2012年）

2004 年是河南全面贯彻落实科学发展观的元年，同时以开放促发展、促改革助力中原崛起的认识在全省上下进一步得到强化。2006 年，河南出台文件进一步明确了加快实施开放带动主战略的具体措施，完善了吸引外商投资政策体系。在这一时期河南成功举办第四届中国（河南）国际投资贸易洽谈会，积极参加大型展会，招商引资成效显著，签约了一批高质量的外资项目，成为推动全省利用外资规模的高速增长的重要动力。2007 年 5 月，胡锦涛总书记在河南视察工作中提出，河南要"积极扩大对内对外开放，加强与国内其他地区的横向经济联系，不断提高对外贸易和利用外资的质量和水平"，这为河南的下一步对外开放工作指明了方向、明晰了路径。2008年，河南召开第五次全省对外开放工作会议，指出河南要想以对外开放引领实现经济社会的大跨越发展，要坚持"四个必须"，要进一步强调解放思想、明确方向、夯实创新主体和优化开放环境的重要性和紧迫性。

2010年到2012年，国家发布《国务院关于深入实施西部大开发战略的若干意见》、正式批复《中原经济区规划》，园区经济发展模式在内陆地区如雨后春笋般迅速发展，出口加工区、国家级高新技术产业开发区等开放平台成为河南推动市场化改革，投融资、对外贸易自由化、便利化以及产业集聚化发展的重要载体。在这个时期，河南通过对外开放，加强投资的软环境建设，涉外部门的服务质量不断提高，全社会的开放意识进一步增强，外商在河南投资的政务环境、社会环境、市场环境和法治环境进一步优化。总体上看，这一时期河南的对外开放正在进入一个优势叠加、加快步伐的新阶段。

五　加快形成全面开放新格局（2013年至今）

党的十八大以来，河南紧抓"自贸区""服务外包""跨境电商""自主创新""临空经济""国家中心城市"等发展机遇，郑州中欧班列常态化运行，临空经济快速发展，特别是郑州—卢森堡"空中丝绸之路"依靠郑州航空港经济综合实验区的政策优势，开了航运联通活跃的东亚经济圈和欧洲发达经济圈的先河，推动河南成为引领中部、服务全国、辐射全球的内陆开放大省。党的十九大的召开预示着新一轮开放大潮滚滚而来，内陆河南和沿海地区处于同一风口，开放发展亮点纷呈，外资引进规模的不断增大，加工贸易等外资主导型出口快速增长，成为内陆开放型经济转型发展的一大特征。同时，河南通过优化营商环境助力自贸区建设，创新政府服务推动投资和贸易便利化成效显著，市场主体活力增强，商事制度改革加快推进，进出口整体通关时间大大压缩；投资贸易便利化程度不断提高，国际贸易单一窗口的功能不断丰富完善；口岸功能不断拓展，服务"一带一路"建设能力进一步增强，以陆、水、空综合交通网络为依托，空中航线、中欧班列、跨境 E 贸易、邮政和边境口岸联通世界，水果、冰鲜水产品、肉类、粮食、汽车等功能性口岸产业支撑能力显著提升。

2019 年河南对外开放大会在郑州召开，对新时代河南省高水平开放工作进行了新的部署，提出了新的要求，强调要以新发展理念为引领，深度融入"一带一路"建设，让中原大地成为开放包容、创新创业、活力迸发的沃土，形成龙头带动、多点支撑、竞相出彩的生动局面。这一系列政策措施和实践探索为河南全面提振跃升，把开放优势转化为出彩胜势奠定了坚实的经济和社会环境基础，形成了河南谱写中原更加出彩的绚丽篇章的强大支撑，河南开放经济发展进入加速汇集的崭新阶段。

全球新冠肺炎疫情暴发以来，世界贸易和经济增长之间出现反转性变化，我国对外贸易拉动经济增长的引擎作用弱化，经济增长更加依赖国内、区域内经济活动，开放型经济发展进入缓慢调整期。面对突如其来的新冠肺炎疫情，河南统筹推进疫情防控和经济社会发展，开放型经济发展在短暂的低迷之后迅速恢复。2021 年，河南省全年货物进出口总值 8208.07 亿元，比上年增长 22.9%；实际吸收外资 210.73 亿美元，同比增长 5.0%；实际到位省外资金 10654.9 亿元，同比增长 3.2%。"十四五"时期，更趋严峻、复杂、多变的对外开放发展环境要求河南全面实施制度型开放战略，建设更高水平的开放型经济新体制，推动更大范围、更宽领域、更深层次的对外开放，形成与全省经济发展阶段和要素禀赋相匹配的高质量开放型经济。因此，河南在 2021 年省委工作会议中提出"实施制度型开放战略"，推出"制度型开放改革"的目标任务和五项具体举措。五项具体举措包括：高水平建设自贸试验区 2.0 版、持续拓展开放合作空间、持续推进招商引资高质量创新发展、持续推动外经贸高质量发展，以及持续打造一流的市场化、法治化、国际化营商环境，这一系列政策"组合拳"标志着全省将以更大决心、更实举措，持续开放带动，多方统筹服务新发展格局，培育新形势下参与国际合作和竞争的新优势。

第三节 新时代开放带动新要求新目标

面对世界百年未有之大变局，开放依然是新时代高质量发展的主旋律。当前，河南正处在开启全面建设社会主义现代化新征程、谱写新时代中原更加出彩绚丽篇章的关键时期，推动高质量发展、加快由大到强的转型攻坚期，建设更加深入、全面、系统公平的开放型经济面临新形势、迎来新局面、面临新要求，河南需要进一步总结经验、梳理问题，实现新的发展目标。

一 新时代河南对外开放面临新形势

观察全球局势，河南正处在一个大有可为的战略机遇期，但机遇和挑战有了新的变化。从国际上看，新冠肺炎疫情影响广泛深远，经济全球化遭遇逆流，新一轮科技革命和产业变革深入发展，国际力量对比深刻调整，国际经济复苏乏力，地区保护主义、单边主义日渐抬头，对多边主义和自由贸易体制产生了威胁，世界经济风险挑战加剧。从国内看，中国经济转向高质量发展阶段，对外开放正由商品和要素流动型开放向规则、规制、管理、标准等制度型开放转变。随着全国范围对《外商投资法》的全面实施，RCEP、CPTPP、DEPA 等一系列高水平自贸协定的签署，我国开放政策的持续性、公开性和可预期性不断增强，制度型改革开放加速、扩展和深入。

中部大省河南具有丰富的自然资源、规模巨大的市场、相对完善的产业配套体系和充足的人力资源，同时具备一定的区位交通、文化旅游等传统优势和后发优势，高水平开放发展基础坚实。党的十八大以来，河南将开放带动作为主战略持续地抓，全省"四路协同"通道优势显著提升，开放平台载体效能不断提高，自贸试验区改革创新"试验田"作用更加凸显，开放带动力和影响力与日俱增，开放发展迎来重大机遇。一方面，国家"一带一路"建设、新发展格局的构建以及自贸区战略的深入推进为全省进一步拓展开放空间，强化区际、国际经贸合作提供了更加有利的条件。另一方面，珠江三角洲、长江三角洲和粤港澳大湾区等沿海地区的经济发展因受自然资源、土地、劳动力成本等因素的制约，再加上国家区域协调发展战略的不断推动，资源密集型和劳动密集型产业向中西部转移的趋势更加明显，为河南增强区域合作交流奠定了坚实的基础。

"十三五"时期，河南在省委、省政府的坚强领导下，坚持以习近平新时代中国特色社会主义经济思想为指引，贯彻新发展理念，经济社会发展迈上新台阶，开放活力日益增强，在内陆开放高地建设上实现了一系列新突破，交通物流、开放载体平台、信息通信和城市建设等基础设施更加完善，产业配套能力明显增强，开放观念、营商环境等开放发展的"软条件"不断完备，区位、市场、资源、劳动力、产业等组合优势和后发优势愈加凸显，具备了利用新一代信息技术和现代综合交通体系，实施改革创新开放经济体制机制，形成对外开放新优势的有利条件。因此，河南要牢牢把握新时期面临的战略性历史发展机遇，因势利导，全面实施制度型开放战略，完善开放型经济新体制，加速隆起内陆开放新高地，努力以对外开放的高质量推动经济发展的高质量，谱写新时代中原更加出彩的绚丽篇章。

二 新时代河南对外开放迎来新局面

1. 对外贸易规模持续扩大

进出口总规模持续扩大。面对新冠肺炎疫情冲击，河南外贸韧性十足。据统计，全省年度进出口总值已连续 5 年保持在 5000 亿元以上。2021年，河南外贸连跨 7000 亿元、8000 亿元两个台阶，再创历史新高，进出口总值居中部第一、全国第十，国际贸易已经成为河南经济快速发展的重要引擎。2021 年的数据显示，在贸易方式方面，相比东部沿海地区"加工贸易优势逐渐减弱，一般贸易和服务贸易强势崛起"的态势，加工贸易已经成为河南企业和生产要素参与国际分工的重要途径，同时产业链较长、增加值高的一般贸易占贸易总额的比例不断上升。在出口产品结构方面，河南大类产品出口构成已经由工业制成品和初级产品不相上下逐步向以工业制成品为主转变，整体出口结构不断优化，出口市场多元化趋势明显，应对中美贸易摩擦成效显著；在进口产品结构方面，资源类商品和手机配件进口总额稳步增长，加速融入全球生产和国际分工。总体来看，新时代河南对外贸易的产品结构正处在逐步由资源和劳动密集型产品向高新技术密集型产品转化、加速融入国际价值链和创新链的关键阶段。随着"一带一路"倡议的深度推进和河南开放型经济的快速发展，加工贸易成为全省参与全球分工的主要贸易方式。2021年，河南加工贸易总额占进出口总额的近61.9%，优势明显。

2. 外资引进"质""量"齐升

新常态下，河南开放体制机制不断完善，开放平台、载体和通道建设不断推进，成为备受国内外资金青睐的内陆省份之一，且外资流入的产业分布呈现出以第二产业为主、第三产业增速最快、第一产业占比最少的特征。2019年河南外资产业分布结构持续优化，一批高成长性、高科技新兴项目落地，科学研究、批发零售、租赁服务业和电力燃气等行业服务业领域实际吸收外资55.7亿美元，占全省比重46.9%，比上年同期提高3.8个百分点。河南在"稳外资"的同时，省外投资规模稳中有升，产业引资比例协调发展，2021年上半年，全省新设立外资企业150家，与2020年同期相比增长47.1%；新增合同外资31.2亿美元，同比增长307%；实际吸收外资108.3亿美元，同比增长8%。

3. 开放发展环境不断优化

"十三五"时期河南以"一带一路"建设为总统领，以开放载体平台为开放体制机制创新的主阵地，开放型经济新体制建设全面推进；以优化营商环境和创新政府服务助力全省开放载体平台和通道建设，推动投资和贸易便利化成效显著，市场主体在数量上和质量上显著提高、活力增强。2019年前9个月，全省有进出口业务的企业共计8007家，同比增加971家。河南全面推进商事制度改革，市场准入环境建设不断推进，进出口整体通关时间大大压缩；投资贸易便利化程度不断提高，国际贸易单一窗口的功能不断丰富和完善。口岸数量不断增加、功能持续拓展，以水、陆、空综合交通网络为依托，"空中丝绸之路"、郑欧班列、跨境E贸易、邮政和通关口岸联通世界，水果、冰鲜水产品、肉类、粮食、汽车等功能性口岸产业支撑能力和服务"一带一路"建设能力进一步增强。

4. "四路协同"优势持续提升

河南围绕深度融入"一带一路"与"五区联动""四路协同"统筹发展，形成了以"空中丝绸之路"为引领，空中、陆上、网上、海上四条"丝路"协同并进的开放通道格局，引领带动河南从内陆腹地走向开放前沿。郑州航空港国际航空枢纽能级不断夯实，全面进入"双跑道、双候机楼、双铁"时代，成为垂直整合城铁、地铁、高速等各类交通方式于一体的国际航空枢纽。国际航线网络越织越密，卢森堡货航周航班量加密至最高27班，成为郑州机场货运的增长龙头，推动卢货航全球排名由第九位提升到第六位，带动郑州机场形成了横跨欧美亚三大经济区、覆盖全球主要经济体的国际枢纽航线网络，货邮吞吐量跻身全球机场50强。同时，郑州航空港经济综合实验区积极发挥"空中丝绸之路"先导区的作用，成为内陆地区指定口岸数量最多、功能最全的空港，保障能力达到国际水准。"陆上丝绸之路"进一步扩量提质，中欧班列（郑州）开行数量不断增加，市场化程度和可持续发展能力保持领先，综合运营能力处于全国"第一方阵"，其战略通道作用更加凸显。2021年中欧班列（郑州）实现每周16列去程、18列回程的高频次往返对开，班次、货值、货重同比分别增长37.6%、40.1%、41.2%。"网上丝绸之路"业务量再创新高。截至2021年12月31日，河南保税物流中心跨境电商进出口货值达到187.95亿元，占全省的47.35%，在全国范围内复制、推广的产业园区累计进出口额达到800亿元，跨境电商总体发展水平居全国前列。"海上丝绸之路"越走越顺畅，内陆河运通道建设不断提速，铁海联运有效衔接青岛、上海、连云港、舟山港等重点港口，"无水港"通江达海联通世界。

5. 开放平台效能不断提高

近年来，河南在强化"五区联动"中打造高能级对外开放平台，加快建设河南自贸试验区、跨境电商综试区、各类经开区、物流示范园区等平台载体，对外开放优势进一步增强。

　　开放载体平台体系不断完善。从数量和种类上看，截至 2021 年底，河南推动"五区联动""四路协同"统筹发展，开放带动增长极动力强劲；3 个综合保税区，1 个出口加工区，3 个保税物流中心及全省各区域分布的保税仓库及出口监管仓库，28 家跨境电商示范园区形成了相对完善的国际贸易进出口加工存储体系；9 个国家级经济技术开发区、36 个省级经济技术开发区，以及商务中心区和特色商业区等承接载体，产业转移平台体系初步形成；口岸建设快速推进，运行、在建和申建的共有10 个进口指定口岸，河南一跃成为内陆地区功能性口岸数量最多、种类最全的省份。

　　从改革开放成效来看，自贸试验区改革创新"试验田"作用更加凸显。河南自贸试验区自 2017 年 4 月正式揭牌以来，改革成绩亮眼。截至 2021 年底，河南自贸试验区总体方案提出的 160 项改革任务已经完成 159 项，充分发挥了改革开放"试验田"的作用。在政府职能改革领域，打造以"一网通办"前提下"最多跑一次"为核心的政务服务体系品牌，多项服务措施全国领先；在投资开放领域，河南自贸试验区实行负面清单与事中事后监管，商事制度改革领跑全国，极大地激发了企业投资活力，截至 2021 年 4 月，河南自贸试验区累计入驻企业 9.48 万家，注册资本 1.11 万亿元，郑州、开封、洛阳 3 个片区入驻企业数分别是自贸试验区成立前的 3.3 倍、33 倍和 3.5 倍。跨境电商试验区建设取得新进展，"单一窗口"为河南省跨境电商发展提供全面技术服务和基础支撑，已实现跨境电商通关系统监管端的融合统一。"跨境电商 1210 网购保税进口模式""跨境电商零售进口正面监管模式""跨境电商零售进口退货中心仓模式"等创新成果已被复制、推广到全国。在金融开放创新方面，积极探索物流和供应链金融创新，开展跨境投融资服务和离岸业务，发展科技金融和文化金融等多元化、特色化金融产品和服务，在交通物流枢纽功能提升方面，河南省自贸试验区以"两体系一枢纽"建设为中心，统筹国际国内、强化内捷外畅，助推全省形成空中、陆上、海上、网上四条"丝绸之路""四路协同"的开放通道，推进建设服务于"一带一路"的现代国际综合交通枢纽，也是我国唯一一个以交通物流为战略特色的自贸试验区。

如今，河南省对外开放发展迈入加速时期，开放意识不断增强，营商环境改善，外资、外贸质量齐升，以"五区联动""四路协同"为代表的开放平台、载体和通道体系不断完善，郑州市国家中心城市建设持续推进，中部崛起战略支撑日益增强，河南省无论是软实力还是发展硬实力，均迎来了快速发展的关键机遇期，一系列全新利好因素叠加，开放集聚效应不断扩大，开放发展迎来崭新局面。

三　新时代河南对外开放面临新要求

河南省第十一次党代会提出锚定"两个确保"、全面实施"十大战略"，开启了全省对外开放的新阶段。面对开放规则机制创新、一流营商环境营造、开放合作空间拓展、开放招商方式创新，加快建设更具竞争力的开放强省的最新任务，河南开放发展面临新要求、新使命。

1. 坚持制度引领，开放型经济新体制更加完善

全面实施制度型开放战略是"十四五"及今后一个时期河南以开放强省高质量建设现代化河南的内在要求，也是河南顺应经济全球化发展趋势、主动应对国际经贸规则挑战、自觉运用对外开放内在逻辑的实际行动。制度型开放强调通过制度上松绑实现从"边境开放"向"境内开放"拓展、延伸和深化，重点是提升投资贸易便利化程度，难点是改革开放处于深水区，具有"试验"和"探路"的特点。

新的发展阶段，展望高质量建设现代化河南的伟大征程，实现"两个确保"、实施"十大战略"需要更高水平的开放型经济新体制作为有效支撑。党的十八大以来，河南推动制度型开放实践稳步向前，初步形成了层次分明的制度型开放政策体系，自贸试验区构建了政务、监管、金融、法律、多式联运五大服务体系，跨境电商综试区全国首创的"电子商务+行邮监管+保税中心"监管模式（"1210 网购保税进口模式"），全面落实外商准入前国民待遇加负面清单管理制度，通关一体化改革不断深化，"单一窗口"能级稳步提升，营商环境制度框架体系更加健全。同时也应看到，开

放体制机制不活、营商环境不优、招商方式单一以及开放合作空间有限等制约河南高水平开放发展的问题依然突出。全面迈入现代化建设的新阶段，河南要积极对照制度型开放在规则、规制、管理和标准等方面的工作内容，加快建立统一开放、竞争有序的现代市场体系，加快放宽市场准入，实施"负面清单"制度，打造法治化、国际化、便利化的营商环境，激发各类市场主体活力，完善公平竞争审查和公正监管制度，"向改革要红利、向制度要激励"，营造有利于创新发展和开放发展的制度环境，以制度型开放的高质量推动全省经济社会发展的高质量。

2. 坚持龙头带动，"郑中心"发展动能更加强劲

郑州是引领、辐射和带动河南开放型经济实现跨越式发展的"火车头"，这个"火车头"带动能力的大小，直接决定和影响着河南全域开放发展水平"高不高"、效果"好不好"。区位交通是郑州最大的优势，"枢纽+开放"是其提升对外开放度和国际影响力的必由之路，因此加快打造国际交通枢纽门户，让郑州枢纽动起来、强起来，是强化"郑中心"发展动能的题中之义。当前郑州开放的条件完备，支撑有力，态势强劲，站位全国看郑州："航空港""自贸区""自创区""跨境电商综试区""大数据综试区"等功能不同、侧重点不同的国家战略优势叠加，既带动周边，又盘活全局，成为推动中部崛起的强大力量。站位世界看郑州："买全球、卖全球"扎实推进，统筹"五区联动"开放发展动力源势头强劲，"四路协同"联通全国、货运世界，郑州以国家中心城市建设的高质量引领河南开放经济高质量发展正当其时，在提升自身发展层次的同时，必将带动提高全省在国际上的综合竞争力和知名度。

3. 坚持联动融合，开放溢出效应持续扩大

"四路协同"和"五区联动"是河南提升开放发展活力、动力，强化开放型经济竞争优势的重要战略部署，两者协同联动发展溢出效应不断扩大。具体来看，河南以不断扩大"空中丝绸之路"的优势为着力点，以加密国际航线、拓展航空运输范围为引领，进而带动陆上、网上、海上"丝绸之路"建设，四条"丝绸之路"功能各异、各有侧重，形成了集聚爆发态势。"陆上丝路"强调既要保障运量又要提高运输服务和产品的质量，"空中丝

路"重在扩大全省辐射力和影响力、扮靓河南的新名片，"网上丝路"要力求在体制机制创新上率先实现突破，"海上丝路"要加快陆空海高效衔接，"四路"建设从整体上统筹推进、强化市场导向，形成优势互补、齐头并进的良好态势。"五区联动"是河南国家战略优势区域叠加的突出体现，全省要牢牢把准"五区"定位，突出航空港实验区全局引领作用，推动自贸试验区郑州片区提质增速，紧紧扭住"两体系一枢纽"战略目标，推进"五大专项体系"建设。以强化创新基础为着力点大力推进自创区发展，加快实现 EWTO 核心功能集聚区政策设计、制定、出台稳步推进，国家大数据综试区建设成效显著，招商引资力度不断扩大。

4. 坚持党的领导，保障基础更加坚实

办好中国的事，关键在党。改革开放 40 多年来，中国共产党坚持、创新、推进和发展了中国特色社会主义道路，有效地解放和提升了生产力，带领全中国从计划经济向市场经济、从关门自足到开门发展转变，全国人民摆脱贫困，逐渐"富起来"，全面建成小康社会的梦想如期实现。在党的坚强领导下，我国各方面事业实现了空前的大发展，取得了举世瞩目的辉煌成就。党的十九大郑重提出把实现中华民族伟大复兴作为当代中国共产党人的历史使命并写入党章，显示了我们党为实现这个目标而坚定不移、不懈奋斗的信心和决心。办好河南的事情，关键也在党。河南要突破观念瓶颈，破除内陆意识，持续增强抢占发展高地、抢抓战略机遇的勇气和魄力，把开放的主动权抓在手里，就要坚持党的领导，夯实开放基础；高举公正的工作、用人旗帜，锻造过硬行政治理和服务人民的能力；优化人才生态环境，走可持续的人才培养、引进、开发和服务之路，最大化人才推动经济发展的关键力量。推动服务保障数字化、智能化，提高"互联网+"、大数据等传播手段的使用效率，加快人才资源网络化管理，畅通企业、个人、市场和政府之间人力资源双向流通通道。

四　新时代河南对外开放的新目标

针对河南对外开放发展的新形势、新局面、新要求，全省开放带动需要形成五大发展目标。

1. 建设一个新体系

即建设开放型经济新体系。进入新时代，国际经贸关系格局呈现重大调整，河南作为内陆开放型经济大省需要提前应对，构建更高水平开放型经济体系已成当务之急。

河南加快建设开放型经济体系是构建更高水平的开放型经济新体制进而推动更高水平开放的必然选择。在新常态的背景下，河南全面开放发展机遇和挑战并存。随着"一带一路"建设和自贸区战略的不断深入，河南等内陆省份的区位优势愈加凸显，成为加速发展的经济大省和内陆开放大省的重要支撑。近年来，河南依靠国家政策叠加优势，统筹"五区联动""四路协同"大力发展各类产业园区，通过大项目、大招商吸引外商直接投资，开放发展取得极大成就。2021年，河南地区生产总值同比增长6.3%，全省货物进出口总值8208.07亿元，同比增长22.9%，国际贸易总规模稳居中部第一，与"一带一路"沿线国家和地区的进出口贸易额增速远超全省进出口贸易额增速。当前，国内外政治经济形势出现重大变化，传统的开放型经济体系与国内外经济的新形势呈现出一定的不适应、不协调，主要表现在发达国家的经济持续低迷，国际贸易摩擦加大，欧美发达国家的"再工业化"；国内劳动力、土地、自然资源等要素价格持续上涨，生态环境压力加大，东部沿海经济结构、生产要素结构战略性升级及内陆地区加速崛起等。从省内来看，目前河南仍然处于工业化中后期阶段和新旧动能转换期，传统制造业增长乏力，对资源、劳动力和投资驱动依赖大的产业结构和高能耗、高污染的发展已经不能保证经济持续低碳健康发展，河南发展开放型经济的传统方式已经不能满足新一轮高水平开放的需要。因此，河南必须在贯彻新发展理念框架下，大力推进涉外经济体制机制改革和法律法规完善优化，做好"四个统筹"，构建开放型经济新体系，以更高水平的开放基础为支撑推动开放型经济更高质量发展。

2. 完善一个新体制

即构建更高水平的开放型经济新体制。党的十九届四中全会提出的

"建设更高水平开放型经济新体制"对新时期河南开放工作具有深刻的指导意义，具有独特的时代内涵，一是强调"更高水平"，这就要求在稳外贸、稳外资的同时，加速形成更大范围、更宽领域、更深层次的对外开放格局；二是"开放型经济新体制"，一方面要加快完善社会主义市场经济体制和鼓励创新的体制机制，另一方面也要加速建立与现阶段涉外经济发展相适应的体制机制。

构建新时代开放型经济新体制，是河南顺应对外开放发展阶段性特征变换的内在需要，是全面深化改革、推动经济高质量发展的必然要求。在现阶段中国开放型经济发展呈现新形势、新特点和新要求的背景下，评价开放发展质量的标准从注重规模型开放向更加注重质量和效益的集约型、制度性开放转变，探索创新成为进一步扩大开放的重要手段，开放的核心转变为如何推动形成规范开放经济的管理模式，开放的政策重点转变为如何通过宏观经济调控实现统一、透明、规范的制度创新。如今开放型经济的内涵、特征、重点和核心发生的阶段性、战略性转变，对河南构建更高水平对外开放新体制提出了新要求。

因此，河南要建立更高水平的开放型经济新机制，就要不断强化市场起主导作用的资源配置新机制，在全省建立公平开放、有序竞争的现代市场体系，统筹利用好国际国内两个市场、两种资源，畅通国内外的人才、资金、技术等各种要素的跨区域自由流动渠道。创新开放新模式，加快实现行政部门与国际高标准投资和贸易规则相适应的现代管理方式，激发企业活力，强化企业主体责任，提升行政部门依法合规适度监管能力和市场主体广泛参与的积极性。推动对外贸易多元化发展，继续深耕传统发达经济体市场，开拓拉美、非洲等新兴市场，鼓励跨境电商等新的外贸增长点的发展；充分发挥进口贸易对全省经济的溢出效应，着力优化进口产品结构，鼓励扩大对有助于全省经济转型升级的设计研发、管理模式、生态保护和环境服务等生产性服务业的进口规模。充分利用国家政策优势把握一系列战略机遇，紧抓利好，举措得当，提升河南在服务全国发展大局和东中西区域经济合作中的全局地位，形成省域间良性竞争，对内对外全方位、宽领域、多层次的开放新格局。

3. 打造一个新高地

即打造新时代内陆开放新高地。当"高水平制度型"成为新一轮对外开放的"核心要求"，站在内陆开放前沿的河南要实现从开放大省到开放强省的精彩跨越，走好具有河南特色的高质量发展之路，就必须加速隆起内陆开放新高地。

河南加快建设内陆开放新高地，是区域协同发展国家战略的关键举措，也是建设国内大循环的关键节点和国内国际双循环战略链接的必然选择。河南地处内陆，市场规模、投资、消费、进出口增长空间巨大，蕴藏着巨大的需求空间和市场潜力，是盘活联通全国交通物流、信息通信等基础设施布局的重要交通枢纽，尤其是近年来"四路协同"快速发展、"米"字形快速铁路网的构建，河南特别是郑州的区位交通优势更加突出。此外，河南省还具有厚重的人文历史、丰富的人力资源、功能互补的发展载体、完整的产业配套等方面的基础和优势，这都为全省推动下一轮更高水平的对外开放提供了坚强的基础支撑。目前随着开放通道不断拓展、开放平台持续升级、开放口岸愈加完善、开放环境日益优化，河南借助大开放带动大发展，在联通国内外大循环中的战略地位不断提升。国际贸易规模持续扩大，2021 年全省进出口总值 8208.07 亿元，同比增长 22.9%，进出口总值居中部第一、全国第十位。郑欧班列开行稳步增长，全年累计开行班列 1546 班次，实现每周 16 列去程、18 列回程的高频次往返对开，班次、货值、货重同比分别增长 37.6%、40.1%、41.2%。国际合作空间持续拓展，全面融入"一带一路"建设亮点突出。站在现代化建设新征程的历史节点上，加快隆起内陆开放新高地符合河南实现"两个确保"的总体要求，全省要与时俱进、顺势而为、乘胜追击，瞄准建设内陆开放新高地的目标，加快形成产业结构合理、外贸外资稳定、要素高效集聚、基础设施完善、营商环境一流的全面开放新格局，谱写中原更加出彩的绚丽篇章。

4. 营造一个新环境

即加快形成国际一流的营商环境。营商环境是一个国家或地区国际贸易、招商引资、参与全球竞争的重要基础，是经济发展软环境的重要组成部分。优质的营商环境就是生产力、竞争力和新优势。国际一流的营商环境要求形成国际化的规划建设体系、与国际接轨的经济运行方式、开放型的新兴产业体系和国际化的政府运作制度。

优化营商环境是一项系统工程，具有长期性、复杂性和反复性的特征，一方面要在政府主导下投入财力、物力、人力完善基础设施建设，构建大中小城市联动协同发展的网络，提高全省经济承载能力；另一方面更要在调整、优化、创新和落实法律法规制度的基础上，着力提高政府行政服务部门的办事效率和服务水平，充分发挥体制机制对市场主体经济活动的支撑、保障和激励作用，从而提升河南整体的软实力。近年来河南先后出台了一系列优化营商环境的政策措施，但由于传统体制机制的惯性影响以及诸多瓶颈因素的存在，优化营商环境的成效并不显著。2020 年，河南省营商环境在全国范围内仍处在中等水平，仅有 3 个参评城市进入全国 50 名，这与河南经济大省的地位不相符合。因此，处在"十四五"开局起步关键时期的河南亟须推动政府、企业和市场多部门、多领域强强配合，做好简政放权的"减法"、强化监管的"加法"和优化服务的"乘法"，加快实现"软环境"上新的突破，营造出市场化、法治化和国际化的具有较强竞争力的营商环境，提升对高端企业和生产要素的吸引力，只有这样才能在众多竞争省份中突出重围，更多承接发达地区资本外溢和产业转移，不断提升地区在国内外的综合竞争力。

5. 强化一个新优势

即培育和强化参与和引领国际竞争合作的新优势。这个新优势首先需要巩固和提升传统比较优势，主要包括：一是自然禀赋的优势，要充分发挥河南丰富自然农业土地、矿产资源和人口的传统比较优势，全面融入国家"一带一路"建设，最大限度发挥河南在全国发展全局中突出的区位比较优势。二是政策优势，主要包括对内深化政策体制改革优势和对外参与机制建设优势。需要突出中部崛起区域发展优势、研究黄河流域生态保护和高质量发展等国家战略优势，也包括高效统筹河南"五区联动""四路协同"等平台通道创新和体制机制优化优势。三是后发优势，河南和东部先进地区开放发展存在的客观差距是内陆开放型经济通过引进、模仿、学习，发挥技术性后发优势和制度性后发优势，从而获得后发利益的现实基础。河南开放型经济通过挖掘、发挥制度性后发优势能迅速明确体制机制发展路径，提高区际开放合作效率，优化区域营商环境，推进贸易和投资自由化和便利化，提高要素双向流动的效率，降低国际贸易交易费用和风险，从而提高内陆地区开放型经济的发展速度和效率。河南要想发挥好后发优势，就需要从实际出发，立足自身比较优势，通过引进、模仿、学习，充分发挥技术性和制度性的优势，补齐自身市场环境、技术创新、人才支撑、产业和外资结构方面的短板。其次是培育新的国内外市场竞争新优势，主要包括：一是市场环境优势，营造便捷高效的政务环境、开放便利的投资贸易环境、公平竞争的市场环境、宽松有序的经营环境，加快形成国际一流的营商环境；二是产业优势，包括培育新兴产业优势和壮大传统产业优势，要重点推动现代生物和生命健康、环保装备和服务、尼龙新材料、智能装备、新能源及网联汽车 5 个具有较好基础的新兴产业迅速壮大规模；加快龙头企业培育引进，鼓励新兴产业抢占发展先机，打造地区产业融合发展集聚区。新时代河南高质量对外开放要求河南在夯实自身传统比较优势、凸显后发优势、深挖政策优势的同时，加快培育新兴产业优势，以更高质量的开放态势参与到国内外市场竞争中，在助力河南开放强省建设进程中有更大作为。

第四节　以扩大开放推动高质量发展

习近平总书记强调："以高水平开放推动高质量发展。"进入新发展阶段，河南要顺应经济全球化发展大势，提升在服务构建新发展格局的战略位势，以更大范围、更宽领域、更深层次的对外开放，推动实现更高质量、更加公平、更有效率、更为绿色、更可持续的发展，在实现"两个确保"的历史进程中"奋勇争先，更加出彩"。

一　全面实施制度型开放战略

强化开放体制机制创新。在数字贸易、电子商务、国有企业、产业竞争政策等新规则、新议题方面，积极对标国际经贸新规则，积极参与引领全球规则制定和治理体系建设。强化自贸试验区制度创新功能，加大在信息通信、科研和技术服务、教育培训、医药卫生等领域的开放力度，放宽注册资本、投资方式等限制，建立准入后的行业引导、培育和管理制度。加快实现国际贸易"单一窗口"功能全覆盖。增强开放载体平台效能，加快海关特殊监管区域建设，支持在海关特殊监管区域设立大宗商品期货保税交割仓库。

营造一流营商环境。全面推进"放管服"改革，促进政务服务便利化。以数字技术赋能政务服务，重构整合各部门、各层级、各区域的行政办理流程，最大化政府部门整体服务效能。优化营商环境指标体系和评价方式，系统梳理提炼各地先进经验，及时总结固化、复制推广。加快企业从注册到注销的全链条、集成化、系统化改革，全面实施准入前国民待遇加负面清单管理制度。

创新开放招商方式。灵活运用多种新型的招商方式，突出靶向招商，突出日韩等重点国家，港澳台等重点地区，京津冀、长三角、珠三角等重点省市，绕重点产业、重点企业，开展登门招商。加强招商人才队伍的培养，扩大懂经济、会谈判、善攻关的能人规模，不断提高整体素质和活力。持续推进驻外办事机构改革，实现其由以经济联系为主向综合联系等职能转变，加强其与驻地周边优质企业、科研机构、高等院校等沟通合作。

二 持续提升开放载体平台效能

优化开放平台布局。提升开放平台综合实力，以口岸和海关特殊监管区域为重点，拓展提升功能，推进通关便利化。推进加工贸易向各类海关特殊监管区域内集中，推动产业向附加值高的创新型和新兴领域发展。拓展现有电子口岸平台功能，丰富"单一窗口"服务功能，加快建立信息共享、监管全面、执法公正的口岸管理信息平台。推动全省与"一带一路"沿线国家和地区及沿海沿边主要口岸开展经贸合作，强化与发达城市和区域的关检大合作，加快实现跨区域的通关一体化。

完善跨境电子商务及配套产业体系。加快构建服务跨境电子商务数据分享、跨境金融、交通物流、信用监管、质量保障和风险识别六大体系。加快优化跨境电商园区、仓储中心、海外仓布局，鼓励保税物流中心建设跨境电商体制机制创新高地，优化产业发展营商环境。推动郑州新郑国际机场、新郑综合保税区和国际陆港等符合条件的口岸及区域创新，优化跨境电商一般进出口、特殊区域进出口、直购进口、网购保税进口等业务结构，实现区域中市、县因地制宜推进跨境电商等全面布局、多元化发展，大力发展 E 贸易，向"买全球、卖全球"大力迈进。

加快建设高水平自由贸易区。坚持进出口并重，在确定经济稳定、产业安全和适应社会环境动态发展需要的前提下，稳步扩大货物贸易市场准入范围。稳步扩大服务业对外开放，推进金融、旅游、卫生、养老等高增长服务业有序开放，逐步放宽幼儿教育、外贸物流、跨境电商等服务业领域外资准入限制。持续提升河南优秀文化的品牌影响力，打造集文化旅游、文化产品设计研发、社会推广等多环节于一体的文化产品体系和服务方式，拓宽对外文化传播渠道，大力发展文化产品贸易，创新文化贸易方式。提升贸易便利化水平，以政府为主导推进全国开放平台电子信息网络建设，建设大数据共享平台，加强与国内外合作伙伴在经贸合作、通关检疫等方面的电子数据分享，以提高检疫效率为目标，推进海关通关管理体制机制改革，大力推广"经认证经营者"互认、检验检疫申报无纸化和检验检疫电子证书联网核查等创新成果，整合、简化海外产品通关的手续和环节，最大限度减少通关成本和时间，逐步丰富国际贸易"单一窗口"服务内容。

强化航空经济优势。擦亮郑州航空港经济综合实验区这个河南最有竞争力、最具国际化意义的开放品牌，建设多式联运的国际物流中心和以航空经济为引领的现代产业基地。以智能手机、平板电脑等高端电子产品为核心产业，瞄准全球重要的智能终端研发、设计、生产和电子信息产业基地的发展方向，加大招商引资力度，完善上下游配套生产企业和生产性服务业体系。推动航空租赁、维修，生物医药，高端精密机械等产业发展，加快建设在全国具有重要影响力的航空产业基地和现代生物医药研发、生产产业基地。积极发展与电子商务等新业态、新模式相适应的配套物流、通信服务行业，形成以经贸合作带动交通物流、以现代物流集聚现代产业大发展的格局。

大力发展枢纽经济。以建设大枢纽为着力点，引领大物流、培育大产业，从而带动郑州大都市圈扩张壮大。加快完善航空、铁路、公路、内河、信息五网融合发展的现代综合枢纽功能，以功能互补、种类丰富的各类开放平台为依托协同推进产业集聚、转型发展，完善城市功能，强化"郑龙头"的带动引领作用，形成全省体制机制创新示范区，增强河南的国际影响力和区域带动力。

三 全面融入"一带一路"建设

立足传统比较优势、充分发挥后发优势、政策优势和产业优势，积极融入、服务大局，把贯彻实施国家战略、区域发展目标与全面融入"一带一路"建设统一起来，强化河南在"一带一路"中的产业、外贸、基础设施等重要支撑。

推进基础设施互联互通。加快形成以郑州为中心的大都市圈的开放带动增长极，以洛阳、新乡、开封等区域中心城市为关键节点，推动跨省域交通物流、信息通信等基础设施合作共建和高效对接，形成跨区域联系和全省域内部多点支撑的良好局面和以点带面协同融入"一带一路"建设的整体格局。充分发挥郑州航空港的龙头带动功能，积极对接国内外大型机场优化通航点布局，加速织密织好航线网络，推广郑州—卢森堡航线开通经验，畅通郑州与"一带一路"沿线国家和地区主要城市的航空通道，构建"空中交通网"。以郑州国家互联网骨干直联点为依托，持续扩容互联网国际出口和省级出口带宽，畅通"信息丝绸之路"。

强化国内外经贸合作。充分发挥河南现代农业、食品加工、装备制造、能源资源、交通物流和有色金融等传统产业优势，深化与"一带一路"沿线主要国家的产业合作。通过大招商、大投资提升"引进来"质量，补齐河南短板；"走出去"建设一大批标准化、国际化的具有示范推广效应的合作项目，实现双方的互利共赢发展。发挥农业技术、大型装备的技术优势，支持省内优质龙头企业在"一带一路"沿线农业资源丰富的地区，开展粮食生产、农产品加工、牲畜养殖、代工和经贸合作，鼓励省内企业在国外建设一批产业示范园区、海外仓和加工基地。以重大工程建设项目为突破口，加快省内能源资源、装备制造领域优势企业"走出去"的步伐，鼓励其投资建厂，积极参与国际合作工业园和生产基地的开发建设。

加强人文互鉴互通。加快实现与"一带一路"沿线国家和地区文化交流合作常态化，强化对彼此历史文化渊源的相互理解和认同，构建多领域、深层次的友好合作关系。创新文化交流方式，积极参与"丝绸之路文化之旅"，与沿线国家和地区联合举办多领域的文化艺术节、"河南文化年"，深化对古丝绸之路历史遗迹保护的理解，强调合作利用，加快输出一批独具河南特色的丝绸之路文化产品。积极推进医疗、创新、人才、环保等领域的交流合作，积极推介实施"留学河南"计划，支持中华传统中医、武术、农牧等特色院校赴沿线国家和地区开展合作办学或设立分校。

第十五章
绿色发展：河南高质量发展的"主色调"

党的十八大以来，以习近平同志为核心的党中央把"绿色发展"确立为五大新发展理念之一，绿色发展被放在了更高、更重要、更显著的位置。进入新时代，我国经济已由高速增长阶段转向高质量发展阶段。而高质量发展从基本遵循看就是体现新发展理念的发展。坚定不移推进绿色发展已成为高质量发展的主色调。对河南而言，探索走出一条以绿色发展为导向的高质量发展新路子，是时代要求，是历史责任，是大省担当，也是谱写新时代中原更加出彩新篇章的奋斗方向。2021 年 9 月 7 日，河南省委工作会议明确提出，锚定"两个确保"，全面实施绿色低碳转型等战略。这为河南践行绿色发展，擦亮高质量发展主色调，全面推动经济社会各领域绿色低碳转型提供了宝贵契机与实践遵循。

第一节　绿水青山就是金山银山

习近平总书记指出："我们既要绿水青山，也要金山银山。宁要绿水青山，不要金山银山，而且绿水青山就是金山银山。""绿水青山就是金山银山"科学论断（简称"两山"理论）自 2005 年首次明确提出以来，已全面融入国家顶层设计并得到有效且持续的贯彻落实。"两山"理论是新发展理念（特别是绿色发展）的重要组成部分，是新时代生态文明建设的基本遵循和实践范式。

一 像对待生命一样对待生态环境

"两山"理论的提出，源于习近平总书记对经济发展和生态环境保护关系演变规律的深度思考。扎实深入践行"两山"理论，是新时代高质量坚持绿色发展、全面推进生态文明建设、建设美丽中国的必由之路和关键所在。

建设生态文明是关系人民福祉、关乎民族未来的千年大计，是人类社会进步的重大成果，是实现中华民族伟大复兴的重要战略任务，是实现人与自然和谐发展的必然要求。以大决心、大力度持久推进生态文明建设，要以资源环境承载能力为基础，以自然规律为准则，以可持续发展、人与自然和谐为目标，坚定走生产发展、生活富裕、生态良好的文明发展道路，建设美丽中国。

人与自然的关系是人类社会最基本的关系。人与自然是生命共同体，二者共生共存，保护环境就是保护我们人类自己，伤害自然则必将最终伤及人类自身。人类是自然界的一部分，自然界是人类社会赖以生存和发展的前提和基础，人类在利用自然、改造自然的过程中开展目的性的社会实践活动。在一定历史时期内，人类在开发自然和利用自然的过程中，对自然缺乏足够的敬畏以及有效的管理和控制，"人定胜天"的理念被偏激地执行，人类行为凌驾于自然之上，导致自然被过度开发利用，生态环境被严重破坏，甚至是不可挽回、难以修复的破坏，并最终导致了一些文明的衰落或消亡。古今中外，案例很多，难以悉数。恰如恩格斯在《自然辩证法》一书中写道："美索不达米亚、希腊、小亚细亚以及其他各地的居民，为了得到耕地，毁灭了森林，但是他们做梦也想不到，这些地方今天竟因此而成为不毛之地。"恩格斯对此深刻指出："我们不要过分陶醉于我们人类对自然界的胜利。对于每一次这样的胜利，自然界都对我们进行报复。"又比如，伴随现代工业兴起和发展而发生的闻名世界的环境"八大公害事件"：比利时马斯河谷烟雾事件、美国多诺拉镇烟雾事件、伦敦烟雾事件、美国洛杉矶光化学烟雾事件、日本水俣病事件、日本富山骨痛病事件、日本四日市气喘病事件、日本米糠油事件。在我国，也曾因生态环境问题而导致文明的衰落，如盛极一时的丝绸之路的湮没与塔克拉玛干沙漠的蔓延、孔雀河改道与楼兰古城的衰落等。也曾发生过教训惨痛的环境问题，如松花江重大水污染事件（2005年）、河北白洋淀死鱼事件（2006年）、太湖水污染事件（2007年）、云南阳宗海砷污染事件（2008年）、湖南浏阳镉污染事件（2009年）、大连新港原油泄漏事件（2010年）、云南曲靖铬渣污染事件（2011年）、广西龙江镉污染事件（2012年）等。曾是森林遍布、山清水秀，地宜耕植、水草便畜的黄土高原、渭河流域、太行山脉，也因毁林开荒、乱砍滥伐而导致了现如今的植被稀少、生态脆弱。古今中外的诸多案例均印证了那句话，生态兴则文明兴，生态衰则文明衰。

前车之鉴，后事之师。以史为鉴，认真吸取深刻教训，切实提高环境保护意识。人与自然是生命共同体，是相互依存、相互联系的整体。为此，在开发自然、利用自然中，人类一定不能凌驾于自然之上，一定不能对自然界只讲索取不讲投入、只讲利用不讲建设，一定"不能吃祖宗饭、断子孙路，用破坏性方式搞发展"，人类的行为方式必须符合自然规律，尊重自然、顺应自然、保护自然，只有在遵循天人合一、道法自然的理念中，寻求永续发展之路，才能少走弯路，实现人与自然和谐共生。保护自然环境就是保护人类，建设生态文明就是造福人类。

党中央一贯高度重视生态文明建设，保护环境、节约资源等早已相继成为基本国策。进入新时代，社会主要矛盾已发展变化，人民群众对干净的水、清新的空气、安全的食品、优美的环境等的要求日益增长、越来越高。环境问题也日益成为重要的民生问题。老百姓过去"盼温饱"，现在"盼环保"；过去"求生存"，现在"求生态"。习近平总书记反复强调，环境就是民生，青山就是美丽，蓝天也是幸福；绿水青山就是金山银山；要着力推动生态环境保护，像保护眼睛一样保护生态环境，像对待生命一样对待生态环境，把不损害生态环境作为发展的底线；决不能以牺牲生态环境为代价换取经济的一时发展。

高质量发展是人与自然和谐共生的发展。坚持绿色发展，擦亮高质量发展主色调，必须像保护眼睛一样保护生态环境，像对待生命一样对待生态环境，突出重点，攻坚克难，全面推进生态文明建设，为子孙后代守护好蓝天、碧水、净土，让老百姓在人与自然和谐共生中不断增强获得感、提升幸福感。

二　保护生态环境就是保护生产力

习近平总书记指出："生态文明建设事关中华民族永续发展和'两个一百年'奋斗目标的实现，保护生态环境就是保护生产力，改善生态环境就是发展生产力。"生态环境问题归根到底是经济发展方式问题。金山银山和绿水青山的关系归根到底是经济发展和生态环境保护的关系。这是实现可持续发展的内在要求，是坚持绿色发展、推进生态文明建设首先必须解决的重大问题。树立和践行"两山"理论，就要正确处理好经济发展与生态环境保护的关系，切实把绿色发展理念融入经济社会发展各方面，加快形成节约资源和保护环境的空间格局、产业结构、能源结构、生产方式、生活方式、消费方式，协同推进人与自然和谐共生的现代化，为子孙后代留下可持续发展的"绿色银行"。

纵观古今中外，尤其是工业革命以来，世界上许多国家包括一些发达国家，都走过"先污染后治理"的老路。其在发展过程中，严重破坏了生态环境，而修复生态环境的成本又远高于当初创造的财富，可谓得不偿失，教训深刻。恰如前文中列举的 20 世纪发生的"八大公害事件"，这些环境问题带来的危害是巨大的、影响是深远的、教训是深刻的。部分国家和地区的生态环境问题甚至已经到了积重难返的地步。历史与实践证明，西方以牺牲生态环境来换取经济一时发展的道路，是行不通的，是不持续的，是不健康的。而中国作为一个发展中的大国，现代工业兴起和发展远晚于西方国家，建设经验不足，也曾走过以牺牲环境、浪费资源为代价换取一时经济增长的弯路。发达国家一两百年出现的环境问题，在我国 40 多年来的快速发展中集中显现，呈现明显的结构型、压缩型、复合型特点，老的环境问题尚未解决，新的环境问题接踵而至。能源资源难以支撑、生态环境不堪重负等环境问题，已严重影响经济可持续发展，制约着发展的空间和后劲。走老路，无节制消耗资源，不计代价污染环境，已难以为继！习近平总书记指出："我们在生态环境方面欠账太多了，如果不从现在起就把这项工作紧紧抓起来，将来会付出更大的代价。"

习近平总书记反复强调，经济发展不应是对资源和生态环境的竭泽而渔，生态环境保护也不应是舍弃经济发展的缘木求鱼，而是要坚持在发展中保护、在保护中发展，实现经济社会发展与人口、资源、环境相协调。进入新时代，建设社会主义现代化国家，决不能再走欧美"先污染后治理"的老路，必须充分立足国情，正确处理好经济发展与生态环境保护的关系，更加强调可持续发展，更加重视加强节能减排、环境保护工作，更加自觉地推动绿色发展、循环发展、低碳发展，探索走出一条经济发展与生态环境保护有机统一、人与自然和谐共生的新路。对河南而言，亦是如此，以正确处理好经济发展与生态环境保护的关系为前提基础，深刻认识保护生态环境就是保护生产力、改善生态环境就是发展生产力，树牢和践行"两山"理论，切实把绿色发展理念融入经济社会发展各方面，擦亮高质量发展"绿色"主色调，协同推进人与自然和谐共生的现代化河南。

三　绿水青山就是金山银山的核心要义

"我们既要绿水青山，也要金山银山。宁要绿水青山，不要金山银山，而且绿水青山就是金山银山。"绿水青山就是金山银山，展现了习近平生态文明思想的绿色发展观，其内涵与时俱进、不断丰富。绿水青山是金山银山的前提和基础，金山银山是绿水青山的后盾和保障。既要经济发展，也要生态环境；保护生态环境就是发展，而且是面向未来的发展、可持续的发展。践行绿水青山就是金山银山理念，就是要在保护和发展中实现二者辩证统一、和谐共生。

"三个阶段"。绿水青山和金山银山不是矛盾对立的关系，而是辩证统一的关系。对绿水青山和金山银山之间关系的认识大致经过了三个阶段：第一阶段，"只要金山银山，不要绿水青山"。用绿水青山去换金山银山，基本忽视环境承载能力，在换取金山银山过程中对绿水青山造成了破坏、伤害，有时甚至是不可修复、难以挽回的破坏与伤害。第二阶段，“既要金山银山，也要绿水青山”。这个阶段，人们环保意识觉醒，开始意识到环境是人类赖以生存和发展的根本和基础，开始明白只有保障绿水青山的可持续，才能实现金山银山的可持续。第三阶段，“绿水青山就是金山银山”。绿水青山本身就是财富，种下常青树，变身摇钱树，生态优势变成经济优势，从而源源不断地带来金山银山，实现发展和保护相统一。此阶段，形成了和谐统一的辩证关系，是比可持续发展更上一层楼的模式。

“舟水关系”。环境如水，发展似舟。水能载舟，亦能覆舟。绿水青山就是金山银山，深刻阐述了经济发展与生态环境保护的“舟水关系”。良好的生态环境本身就蕴含着无穷的经济价值，若经过良性又合理的开发，就可以持续地创造出可观的经济价值和综合效益，推动经济社会实现健康持续发展。反之，若失去良好的生态环境，经济社会发展也就失去了生态环境承载力，发展则无异于饮鸩止渴、竭泽而渔。正所谓，保护生态环境就是保护生产力、改善生态环境就是发展生产力。保护生态环境就是保护经济社会持续健康发展的基础、潜力和后劲，就是在保护和开发中实现以绿水青山为载体的生态效益和经济社会效益的有机统一。因此，保护生态环境应当成为且必须成为发展的题中之义，要坚持在发展中保护、在保护中发展。唯有舟水关系和谐，才能安全稳定地推动发展这艘巨轮扬帆远航、驰向彼岸。

“三种体现”。一是体现了生态与经济的辩证统一。如上文而言，绿水青山就是金山银山，深刻揭示了人与自然、生态与经济之间相互依存、相互贯通、相互促进的辩证统一关系。二是体现了物质与精神的有机统一。“绿水青山”是人类生存与发展的物质前提，是人们寄托“乡愁”的载体。人们日益增长的对“绿水青山”的精神需求，将推动更多生产要素向“绿水青山”集聚，然后通过绿水青山与金山银山之间的转化系统和机制，实现“金山银山”的转化。三是体现了理论与实践的互动统一。“绿水青山就是金山银山”理念产生于实践，其目的也是指导实践。“树立”“践行”“处理好"等关键词，无不体现"绿水青山就是金山银山"理念的实践功用。同时在实践中，不断丰富其理论内涵。

四　绿水青山就是金山银山的实践路径

"绿水青山就是金山银山"理念，具有重大的理论价值和实践意义，为新时代国家及地方推动绿色发展、高质量发展，提供了强大理论支撑和行动指南。在实践中，要牢固树立和践行绿水青山就是金山银山的理念，因地制宜，突出重点，严守底线，找到"两山"转化的"金钥匙"，开辟高质量发展的现实路径。

突出"三个坚持"。一是坚持生态优先。"宁要绿水青山，不要金山银山"，这清楚地表达了生态环境优先的态度，在"绿水青山"和"金山银山"发生矛盾时，必须将"绿水青山"放在首位，不能走过去以"绿水青山"换"金山银山"的老路。待到"绿水青山"和"金山银山"矛盾有效化解之时，再有序推动"绿水青山"向"金山银山"良性转化。二是坚持绿色发展。"我们既要绿水青山，也要金山银山"，明确要求在实践中实现发展和保护协同共生、生态和经济相统一。发展仍是解决我国一切问题的基础和关键。要坚持绿色发展，走出一条经济与环境协调发展、人与自然和谐共生的新路子。三是坚持因地制宜。不同地区、不同发展阶段面临的问题是不同的。践行"绿水青山就是金山银山"理念，须科学认识、把握和解决不同发展阶段中的问题，以问题为导向，统筹谋划，多策并施，避免雷同。

聚焦"三个关键"。对一地区而言，践行"绿水青山就是金山银山"理念，要首先仔细梳理本地区现有及潜在"绿水青山"的类型、规模、质量，明确比较优势与短板不足。并以此为基，统筹推进。一是"提升"。针对地区生态环境的短板与不足，统筹推进山水林田湖草系统治理，坚决打赢蓝天、碧水、净土保卫战，从源头上解决生态环境问题，促使"恶水荒山"变成"绿水青山"。二是"巩固"。统筹安排，多策并施，着力保护好地区的"绿水青山"。同时加强"绿水青山"监测监管，严厉打击破坏"绿水青山"行为。三是"转化"。践行"绿水青山就是金山银山"理念，关键在人，关键在思路。要创新发展思路方法，突破"绿水青山"向"金山银山"转化的关键核心技术，在审慎监测和管理中实现"绿水青山"向"金山银山"有序转化，促进发展和保护协同共生。

严守"三条底线"。一是严守生态保护红线。科学划定并严守生态保护红线，建立事前严防、事中严管、事后奖惩生态保护红线全过程监管体系，强化用途管制，明确和落实主体责任，上下联动、形成合力，确保红线划得实、守得住、可持续，确保生态功能不降低、面积不减少、性质不改变，确保生态安全有保障。二是严守环境质量底线。统筹安排部署，聚焦重点领域，细化分解任务，以有力的举措开展生态环境质量巩固和提升专项行动，开展山水林田湖草沙一体化保护和修复，推动坚决打好污染防治攻坚战向深入打好污染防治攻坚战有机转变，扎实持续开展大气、水、土壤污染防治攻坚行动，坚决打赢蓝天、碧水、净土保卫战。强化环境质量管理，建立资源环境承载能力监测预警长效机制。三是严守资源利用上线。"苟得其养，无物不长；苟失其养，无物不消。"推进经济社会持续健康发展，必须完善和严守资源利用上线，坚持当代人与后代人需要相结合，坚持资源能源"总量和强度双管控"，推进资源全面节约和循环利用，提升资源开发利用效率，推动生产方式、生活方式和消费方式绿色低碳转型，推动生产系统和生活系统循环链接，建立健全绿色低碳循环发展的经济体系。

第二节　推进绿色低碳循环发展

推进绿色低碳循环发展，是践行"绿水青山就是金山银山"理念的应有之义。建立健全绿色低碳循环发展的经济体系，已成为现阶段国家及地方推进生态文明建设的重要任务之一。对新时代的河南而言，要树牢"绿水青山就是金山银山"理念，以实施绿色低碳转型战略为引领，以建立健全绿色低碳循环发展的经济体系为主线，持续全面推进生产方式、生活方式和消费方式绿色低碳转型，以提升"含绿量"来增强"含金量"，擦亮高质量发展绿色底色。

一 推进产业结构升级优化

以产业生态化和生态产业化为主体，推进产业结构绿色转型。灵活采用多元化的有力有效举措，推动产业绿色发展，既要注重做"减法"，持续推进去产能，加强污染治理，又要注重做"加法"和"乘法"，坚持传统产业改造提升和新兴产业培育壮大并重，推进产业体系绿色升级，形成新的经济增长动能。

持续推动"去产能"。深化供给侧结构性改革，持续推动化解落后和过剩产能，尤其持续推动化解环境污染重、资源消耗大、达标无望的落后和过剩产能。适时对照国际通用的判定产能是否过剩的评价指标，借鉴国内外先进去产能经验及教训，结合地方发展实际及环境承载力，紧盯电力热力生产和供应业、煤炭开采和洗选业、房屋和土木工程建筑业、黑色金属冶炼及压延加工业、化学原料及化学制品制造业、非金属矿物质制品业、有色金属冶炼及压延加工业、汽车制造业等重点行业，充分调研，科学论证，对仍处于产能过剩区间的企业，坚定信心，凝聚力量，落实等量或减量置换方案等措施，坚决完成去产能任务。推进过程中，鼓励各地市提高淘汰落后产能标准，严格执行特别排放限值要求，分行业、分阶段提高能耗、污染物排放等标准，制定淘汰落后产能时间表、路线图。同时，完善激励和约束政策，灵活运用市场化、法治化手段，实施差别电价和惩罚性电价、水价等差别价格政策，搭建产能交易平台，建立过剩产能退出机制，引导产能有序退出，推动淘汰落后与发展先进良性互动。要注重巩固去产能成果，加强监管，继续发挥标准"硬约束"作用，防止反弹。

推动产业"绿色化"。大力发展新技术、新产业、新业态、新模式，强化知识、技术、信息、数据等新生产要素的支撑作用，持续推动产业体系绿色升级。一是大力发展绿色制造产业。建立健全绿色工业标准，完善绿色制造管理体系；创新搭建绿色工业载体，高质量推进零碳产业园建设，让绿色制造、低碳制造以园区为轴心向四周辐射；鼓励企业使用清洁原料和清洁生产技术；搭建企业废物资源交换利用服务平台，提高资源利用效率；以龙头企业为依托，建立绿色供应链、绿色原料及产品可追溯信息系统，推动整个产业链绿色协同发展；充分利用互联网等先进技术，提升制造业绿色智能水平。二是大力发展生态循环农业。不断调整优化农业结构，扛稳粮食安全这个重任，稳步走从"国人粮仓"到"国人厨房"再到"世人餐桌"的提质增效之路。强化数字经济赋能作用，促进农村一二三产业融合发展。坚持宜田则田、宜林则林、宜牧则牧、宜水则水、宜游则游的原则，积极发展绿色农业消费新业态、新模式，实现"绿色环境"、"绿色技术"和"绿色产品"一体发展，打造生态循环农业群。三是大力发展绿色服务产业。积极发展平台经济、众包经济、创客经济、跨界经济、分享经济等新型服务模式。大力发展绿色金融、绿色物流，推进旅游业绿色转型。

提升产业"含绿量"。坚持以提升产业"含绿量"来增强经济"含金量"，壮大节能环保、循环经济等产业，更好支撑生态环境治理与改善，形成绿色低碳循环发展产业体系。一是创新发展节能环保产业。结合国家相关规划重点领域和"一带一路"建设、黄河流域生态保护和高质量发展等重大战略布局、淮河生态经济带发展规划等规划部署，以提升节能环保产业、提升节能技术装备供给水平、提升环保技术装备供给水平、提升资源循环利用技术装备供给水平等为重点，加快布局实施节能环保重大工程，以节能环保大投入带动产业大发展。二是加快推动绿色技术产业化。充分利用市场对绿色技术研发方向、路径选择、要素价格、各类创新要素配置的导向作用，支持企业主体联合高校、科研院所等创新力量开展关键绿色技术和共性技术研发，共建绿色技术创新体系和绿色技术产业化基地、绿色技术转化平台、推广应用平台，形成特色的绿色技术创新模式、绿色技术成果转化模式。三是大力发展循环经济。推进循环发展引领行动，构建循环型产业体系，强化循环经济制度供给。坚持减量化、再利用、再循环，以重点示范项目引领推动重点领域资源循环利用基地建设，建立废旧物资循环利用体系。推动园区循环化改造。实施"互联网+循环经济"行动，激发循环发展新动能。

二 推进能源结构升级优化

顺应全球新能源革命态势，按照国家新能源革命要求及规划部署，结合河南省情，着力推进能源生产和能源消费结构优化升级，完善能源行业创新体系，形成绿色能源体系，以能源结构变革推动产业绿色转型、经济高质量发展。

推进能源消费结构优化。一是严格实施能源消费总量和强度"双控"。强化能源消费总量、强度约束性指标管理；合理区分控制对象，重点控制煤炭消费总量和石油消费增量，鼓励可再生能源消费；加强重点行业、领域能源消费总量管理；实施差别化总量管理，大气污染重点防控地区严格控制煤炭消费总量，实施煤炭消费减量替代；加强严格节能评估审查，从源头减少不合理能源消费。二是推动能源消费结构向更加绿色、高效的中高级形态迈进。提高市场准入标准，限制高能耗、高污染产业发展及煤炭等化石能源消费；持续化解过剩产能，依法依规淘汰各行业环保、能耗、安全生产不达标和生产不合格落后产能，促进能源消费清洁化。三是深入推进节能减排。以碳达峰、碳中和工作为牵引，把节能减排贯穿经济社会发展全过程和各领域，切实做好碳减排、碳封存、碳利用、碳吸收实际工作。常态化开展区域"环境容量"和"生态承载力"分析，坚持结果导向，健全节能减排标准和计量体系，明确各省辖区域的碳排放额度、污染物排放额度等指标，更科学地推动地区节能减排各项工作。四是推动城乡电气化发展。坚持城乡一体，以推广使用可再生能源电力、推广电能替代技术、改善农村供电服务质量、推介新型用电产品、改造升级农村电网等为关键路径，全面启动实施乡村电气化提升工程，持续提升农村电气化水平，打造服务乡村振兴的"河南样板田"；大幅提高城镇终端电气化水平；推动电气化与信息化深度融合，培育基于互联网的能源消费交易市场，发展能源分享经济，推动能源供需两侧精准对接。

推进能源生产结构升级。立足省情，推进能源供给侧结构性改革，形成绿色能源供给体系。一是推动煤炭清洁高效开发利用。科学确定煤炭开发利用产能，促进煤炭绿色生产，严控煤炭新增产能。推广采用先进适用绿色开采技术，推行煤矿安全绿色开采，实现高效集约化生产。深入发展矿区循环经济，提高煤层气（煤矿瓦斯）开发利用率，减少煤炭利用污染物排放。

优化煤炭消费布局。二是大力发展清洁能源，推动清洁能源成为能源增量主体。大力发展风能、太阳能，因地制宜开发生物质能，推动非化石能源跨越式发展。鼓励和支持有条件的地区和消费主体，主动利用分布式可再生能源，推动分布式成为重要的能源利用方式。三是优化能源生产布局。综合考虑能源资源禀赋、能源消纳能力、能源消费规模等因素，优化能源生产和输送网络，提高能源生产和输送质量和效率，建设现代能源运输体系。充分结合中部地区能源布局特征，建设区外能源输入通道及能源中转枢纽。四是全面建设"互联网+"智慧能源。促进能源和信息深度融合，因地制宜推动能源互联网新技术、新模式和新业态发展，支持推动能源生产、运输、消费全过程智能化改造，统筹推动和加快实现可再生能源生产智能化、化石能源生产清洁高效智能化、集中式与分布式协同发展和能源消费智能化。优化能源互联网生态，建设"源—网—荷—储"协调发展、集成互补的能源互联网。鼓励和支持能源关键技术和共性技术创新，构建基于新技术的能源监测、安全管理、调度信息平台、服务体系、市场交易体系、开放共享体系和能源互联网产业体系。

完善能源行业创新体系。按照国家相关部署，把改革创新作为解决当前河南能源发展面临的新问题、新挑战的治本之策，明确今后一段时期河南能源行业创新的任务栏、时间表和路线图。以"脱黑向绿"为目标，以"应用推广一批、示范试验一批、集中攻关一批"为路径，分类推进技术、模式、业态、政策、制度等创新活动。一是推动能源行业体制机制改革。加快电力体制改革和油气体制改革，扎实推进农村能源革命和能源大数据应用。持续推进市场化探索，进一步理清能源行业政府与市场的关系。持续支持兰考农村能源革命试点、地热供暖试点、能源大数据应用中心建设等创新示范工作，及时总结和推广成熟经验。二是创新强化能源政策支撑能力。创新能源政策管理，实现能源政策集中发力，更有力有效地促使技术进步、成本下降，推动分散式风电、光伏发电等新能源从粗放式发展转向技术、质量、效益型发展。三是完善能源技术创新体系。以建立与省情相适应的完善的能源技术创新体系为目标，制定能源技术创新路线图，实施重大能源技术攻坚工程，依托重点能源企业、科研院所和高等学校开展技术创新，形成产学研用一体的技术创新模式及体系；及时扩大成熟技术的推广和使用。

三 加快形成绿色生活方式

大力推动绿色示范，加大绿色宣传教育力度，增加绿色产品和服务供给，推动绿色生活和消费理念深入人心，实现生活方式和消费模式向勤俭节约、绿色低碳、文明健康的方向转变，以生活方式绿色化倒逼生产方式绿色转型。

推动绿色示范。贯彻落实党中央精神及相关部署，常态化、制度化开展创建节约型机关、绿色家庭、绿色学校、绿色社区和鼓励绿色出行等行动。一是创建节约型机关。落实好国家关于节约型机关创新行动方案的相关精神及要求，积极开展节约型机关创建活动。推动绿色办公、无纸化办公，提高办公设备和资产使用效率，降低机关运行成本；强化能耗、水耗等目标管理，实行生活垃圾分类；加大绿色采购力度，扩大绿色采购范围，带头采购绿色产品；带头践行绿色出行，抵制过度消费和超标行为。二是创建绿色家庭。自觉践行"绿色温饱"，反对过度消费；重用手绢、重拎布袋子、重提菜篮子，减少使用一次性日用品；节约用能、用电、用水、用纸；有节制地使用私家车；房屋装修，优先选择环保材料；自觉进行生活垃圾分类。三是创建绿色学校。师生共同参与开展节能、节水、节电及资源回收等主题教育及管理；选择有条件的国家公园、自然保护区、植物园、动物园等建设"自然学校"，吸引更多群体参与自然教育体验活动。四是创建绿色社区。落实好国家关于绿色社区创建行动方案的相关精神及要求，以社区人居环境改善，社区基础设施绿色化改造，营造社区宜居环境，提高社区信息化、智能化水平，培育社区绿色文化等为重点内容，积极开展绿色社区创建活动，形成具有特色的绿色社区创建模式。创新绿色社区创建宣传。开展"爱心超市""跳蚤市场"等形式多样的家庭闲置物品交换活动。创新社区环境纠纷矛盾化解方式。五是鼓励绿色出行。创新绿色出行服务载体、网络、方式；开展绿色出行宣传。

加大绿色宣传教育力度。一是开展主题宣传。扎实开展绿色宣传教育工作，把绿色创建、绿色生活、绿色消费等绿色文化宣传教育纳入节能宣传周、全国低碳日、环境日等主题宣传活动、主题志愿服务活动，向身边人发放"绿色生活、绿色消费"倡议书，引导更多人成为绿色行动的参与者、推动者和践行者。二是严管宣传内容。积极宣传和倡导"节约一滴水、珍惜一度电、节省一张纸、不浪费一粒粮、不乱花一分钱"等绿色生活和消费理念；积极宣扬"绿色生活、绿色消费"先进典型，充分发挥其社会示范效应和导向作用；减少媒介中过度宣扬"尊贵奢华"等内容。三是创新宣传方式。针对当前宣传方式单一、内容缺乏认同感、可参与性不强等实际情况，创新宣传方式，传统媒介和新媒体相结合，充分利用宣传栏、微信群、QQ 群、电子屏、微信公众号等宣传平台，多渠道、多层次推动"单向型"宣传向"关联型"宣传转变，有效提升宣传教育活动效果。四是开展教育培训。将简约适度、绿色低碳的理念融入家庭教育、学校教育、社会教育等各类宣教体系；充分发挥教育机构在培养居民绿色生活和消费意识方面的作用，选择一批有条件的教育机构，开展教育培训，推动绿色生活和消费理念深入人心。

增加绿色供给。统筹推进，完善绿色产品和服务推广政策，加强绿色供给认证管理，不断增加绿色产品和服务供给，尤其在与居民关系最紧密的衣食住行工等方面，为更多绿色行动践行者提供机会和渠道。一是着力增加衣着绿色供给。推广环境友好型服装材料，限制有毒有害服装材料使用。有力惩治打着"绿色"旗号售卖非"绿色"衣物行为。搭建闲置衣物交换平台。二是着力增加饮食绿色供给。鼓励餐饮业主体减少提供一次性餐具，更多提供可降解打包盒。鼓励餐饮业主体更多提供绿色健康食品，引导合理消费。引导餐饮业主体对餐厨垃圾分类回收和利用、油烟达标排放。三是着力增加居住绿色供给。推广绿色建材，引导家具、住建等行业采用环保型材料。增加节水、节能、节电等绿色环保型器具产品市场供给。完善垃圾分类设施布设。四是着力增加出行绿色供给。大力发展城市公共交通。推广应用节能环保型和新能源机动车。优化徒步、自行车通道。完善停车服务体系。推广太阳能、风能路灯。搭建出行信息化、智能化平台，及时发布恶劣天气、拥堵等信息，引导居民绿色出行。大力发展绿色物流。五是着力增加办公绿色供给。重点加强单位用电、用水、用纸、用车等绿色供给及管理。

第三节　着力解决突出环境问题

当前，河南生态文明建设正处于关键期、攻坚期、窗口期，但重污染天气、黑臭水体、垃圾围城等问题依然存在。新时代推动绿色发展，擦亮高质量发展绿色底色，须立足现阶段河南省情实际，突出重点，完善环境污染治理长效机制，坚决打赢蓝天、碧水、净土保卫战，推动空气、水、土壤等生态环境质量持续好转，加快形成绿色发展方式、生活方式，建立健全绿色低碳循环发展的经济体系，推动生态文明建设迈上新台阶。

一　坚决打赢蓝天保卫战

立足省情、对标先进、正视差距、突出重点，持续落实打赢蓝天保卫战行动计划，坚决重点打好以下标志性攻坚战役。

打好结构调整优化攻坚战役。重点工作有：优化能源消费结构，严控煤炭消费目标，严格实施煤炭减量替代，有效提高非化石能源消费占比；构建全省清洁取暖体系，实施清洁能源取暖工程，加快实现城区集中供暖全覆盖；依法依规开展工业燃煤设施拆改，推进燃煤锅炉综合整治；提升多元化能源供应保障能力，大力发展风电、生物质发电、地热能等非化石能源，提升区外来电比例；持续提升热电联产供热能力；统筹推进输变电工程建设，提升农村电网保障能力；有序推进建筑节能减排，大力发展绿色建筑，推进既有建筑节能改造；严格环境准入，明确禁止和限制发展的行业、生产工艺和产业目录；有效控制低效、落后、过剩产能；优化区域产业结构，实施重污染企业退城搬迁，优化城市产业布局；持续开展"散乱污"企业动态清零行动，严控"散乱污"企业死灰复燃；统筹壮大节能环保产业、清洁生产产业、清洁能源产业和新能源汽车产业；优化调整运输结构，提高铁路货运比例，优化骨干公路网布局，发展多式联运，推动运输结构优化调整；组织推动全省国六标准车用油品升级置换、保障供应工作，持续组织开展油品质量监管检查行动，保障机动车油品质量；坚持公共交通优先发展，大力推广清洁能源运输装备、装卸设备，强化绿色城市运输装备服务能力。

打好工业企业绿色升级攻坚战役。重点工作有：建立覆盖所有固定污染源的企业排放许可制度，持续推进工业污染源全面达标行动，依法停产整治排放不达标的企业；开展工业炉窑治理专项行动，建立工业窑炉管理清单，制定工业炉窑综合整治实施方案，依法停产整体排放不达标的各类工业炉窑；制定挥发性有机物（VOCs）专项整治实施方案，开展挥发性有机物专项综合整治，建立治理体系，提升治理能力，有效降低 VOCs 排放总量；实施重点企业深度治理专项行动，试点示范，鼓励和引导全省钢铁、炭素、水泥、玻璃、焦化、电解铝等重点企业完成超低排放改造，重点行业二氧化硫、氮氧化物、颗粒物、VOCs 全面执行大气污染物特别排放限值，开展有色金属冶炼及再生铅、铅酸蓄电池等行业企业含重金属无组织废气排放污染治理；支持重点行业开展清洁生产，重点推进钢铁、有色、建材、化工等行业重点企业实现强制性清洁生产审核全覆盖，推进各类园区循环化改造、规范发展和提质增效；推动绿色制造体系建设，壮大新兴产业集群，建立绿色制造评价机制，争创一批国家级绿色工厂、绿色园区、绿色供应链和绿色产品；持续开展秋冬季大气污染防治攻坚行动。

打好柴油货车治理攻坚战役。重点工作有：开展重型柴油车等高排放车辆污染治理，常态化、制度化开展专项执法检查，确保尾气污染物达标排放；全省范围内开展非道路移动机械摸底调查，划定高排放非道路移动机械禁用区，开展非道路移动机械污染管控；开展新生产机动车、船源头治理，全省范围内禁止制造、进口、销售和注册登记国五（不含）以下排放标准的柴油车，全面实施新生产船舶发动机第一阶段排放标准和推广使用电动或天然气清洁能源或新能源船舶；创新在用车辆污染监管，提升机动车遥感监测设备及网络平台服务能力，建立机动车超标排放信息数据库，实行"黑名单"管理；实施专项行动计划，持续推进老旧车淘汰；完善城市机动车拥堵路段疏导方案，减少机动车怠速尾气排放。

打好城乡扬尘全面清洁攻坚战役。重点工作有：开展城市绿化行动，推行城区建筑物屋顶绿化和城区裸土绿化治理，提高城市建成区绿化覆盖率；对标清洁城市行动标准及实施细则，深入开展城市清洁行动，全面清理整治各类卫生死角、盲点；强化建筑、市政、拆除、公路、水利等各类施工扬尘污染防治，实行施工工地"六个百分之百"管理，对扬尘管理不到位的企业进行建筑市场主体"黑名单"管理；强化道路扬尘污染防治，创新作业模式，加大对重点道路及区域的环境卫生保洁力度、机械化清扫保洁力度；大力推进露天矿山综合整治，重点综合整治自然保护区、风景名胜区、水源保护区、主要交通干线两侧、城市建成区等区域；完善秸秆收储体系，加强秸秆综合利用；减少化肥农药使用量，强化畜禽粪污资源化利用，控制农业源氨排放；坚持烟花爆竹禁限放管控。

打好环境质量监控全覆盖攻坚战役。重点工作有：建立覆盖全面的空气质量监测网络，深化大气污染综合观测能力建设；强化省、市两级空气质量预测预报技术能力建设，提升环境预测预警能力，逐步构建省市一体化预测预报体系；以完善重点涉气工业企业全覆盖的监控体系、构建 VOCs 排放监控体系、完善施工工地空气质量监控平台等为重点，强化污染源自动监控能力；强化监测监控数据质量控制，健全环境监测量值传递溯源体系，持续开展环境监测数据质量监督检查专项行动；常态化开展源排放清单编制、源解析等工作，提高污染动态溯源能力；建立污染天气信息管理平台，完善重污染天气应急预案、评估方案，提升重污染天气应急管控能力。

二　全面打好碧水保卫战

立足省情、对标先进、正视差距、突出重点，以加快形成兴利除害的现代水网体系为目标，坚持污染减排和生态扩容两手发力，全面推行河长制、湖长制，持续落实水污染防治行动计划，深入推进"四水同治"（水资源、水生态、水环境、水灾害），坚决重点打好以下标志性攻坚战役。

打好城市黑臭水体治理攻坚战役。重点工作有：按照"控源截污、内源治理、生态修复、活水保质"的要求，持续开展省辖市黑臭水体整治环境保护专项行动，全力推进城市建成区黑臭水体治理。明确供需矛盾，坚持查漏补缺，强力推进城镇污水收集和处理设施建设，完善城镇污水收集运输处理体系，提升城镇污水收集运输处理能力；持续实施城镇污水处理"提质增效"行动计划，高标准有针对性地新建或扩建一批城镇污水处理厂，提升污水管网覆盖率和服务能力，加快实现污水管网全覆盖、全收集、全处理，尤其在城中村、老旧城区和城乡接合部等地方要加快实现管网全覆盖；改造雨污分流系统，强化服务能力，有效减少城市面源污染；加强再生水利用，提高再生水利用率；结合污水处理厂布局，科学谋划建设一批尾水人工湿地，辅助提升污水处理能力；建立城镇污水处理长效机制。

打好水源地保护攻坚战役。重点工作有：常态化、制度化开展集中式饮用水水源地专项排查整治，重点排查集中式饮用水水源地及周边是否存在排污口、违法项目、违法网箱养殖等违法违规问题以及环境风险隐患，并运用新技术、新设备等现代化手段，改进提升集中式饮用水水源地日常监管能力及水平，健全集中式饮用水水源地环境保护协调联动机制，确保环境问题及风险隐患整改到位、不反弹。高质量推进南水北调中线后续工程建设，常态化、制度化开展丹江口水库（河南辖区）水质监测和风险防控，持续强化南水北调中线工程总干渠（河南段）水环境风险防控及干渠两侧的水污染风险源排查整治，切实消除环境风险隐患，确保干渠水质安全，实现"一渠清水永续北送"。强化饮用水环境管理及应急能力建设，规范化建设集中式饮用水水源地保护区，深化饮用水监（检）测、评估及污染防治，实行水源水、出厂水、管网水、末梢水全过程管理；坚持饮用水水源地污染来源预警、水质安全应急处理和水厂应急处理三位一体，完善饮用水水源地应急保障体系，提升饮用水水源地突发环境事件应急保障能力。

打好全域清洁河流攻坚战役。重点工作有：全面贯彻落实河长制，实行"一河一策"长效管护，持续开展河道综合整治，重点排查整治水域岸线管理范围内的入河直排口（沟渠）、网箱养殖、垃圾、餐饮、河道采砂、码头、旱厕、堤身岸坡滩地农作物施肥种植等问题。开展水系连通行动，完善水资源配置体系，利用分配的水资源最大限度地补充和改善河流生态流量；坚持问题导向和需求导向，分阶段、分类别统筹建立全省闸坝联合调度机制、主要河流生态流量调度机制和生态流量改善长效机制。坚持省市联动、区域协同，科学、有针对性地制定实施地方全域水质整体改善方案、河流水质提升专项方案、黑臭水体整治方案，切实做好河湖水污染综合整治及水生态保护、修复等工作，实现河湖水质全面达标。

打好农业农村污染治理攻坚战役。重点工作有：以农村垃圾、污水治理和村容村貌提升为主攻方向，坚持城市乡村一体联动，完善农村污水收集、转运、处理体系，推广农村生活垃圾"户投放、村收集、镇转运、县处理"模式，有效治理村庄污水和生活垃圾乱排乱放等问题。多策并施防控农村改厕后粪污污染，提高非贫困县农村户用无害化卫生厕所普及率；统筹分类指导规模化畜禽养殖场（小区）、散养密集区建设，推进畜禽养殖粪污无害化处理、资源化利用；巩固禁养区内畜禽养殖场整治成果，防止反弹；持续开展农村人居环境整治行动，实施美丽乡村建设示范工程，着力解决农业面源污染、白色污染问题。

三 扎实推进净土保卫战

立足省情、对标先进、正视差距、突出重点，全面落实土壤污染防治行动计划，坚决重点打好以下标志性攻坚战役。

打好农用地土壤污染防治攻坚战役。重点工作有：全省范围内有序推进和完成耕地类别划分，建立优先保护类耕地、安全利用类耕地、严格管控类耕地等耕地分类管理清单，高质量实行耕地土壤环境质量分类管理。切实保护优先保护类耕地，持续严格保护永久基本农田，灵活采用预警提醒、环评限批、项目倾斜、流转履责等措施，确保优先保护类耕地面积不减少、土壤环境质量不下降。因地制宜制定实施受污染耕地安全利用方案，全面推进受污染耕地安全利用。以中、轻度安全利用类耕地为重点，借鉴先进，分类施策，防治并进，有序稳妥开展受污染耕地土壤治理、修复等任务工作。加强对严格管控类耕地的用途管理，因地制宜，分区域、分年度依法开展种植结构调整或退耕还林还草。

打好夯实土壤污染防治基础攻坚战役。重点工作有：全省范围内分步骤、分类别开展土壤污染源摸底排查，全面摸清土壤污染源的种类、分布、环境风险等级等情况底数，建立台账，分级形成土壤污染源监管清单。以农用地和重点行业企业用地为重点，在全省范围内有序开展土壤污染面积、地块分布、环境风险等级、潜在影响等状况详查，确保高质量完成详查工作，全面摸清土壤环境质量，夯实土壤环境管理和开发利用基础支撑。整合土壤污染防治力量，形成合力，强化污染防治科技支撑，分类别建立土壤污染防治专家库和专业机构名录，整合土壤环境基础数据，建立全省统一的土壤环境数据库，夯实土壤污染防治、环境管理和开发利用的科技支撑和数据支撑。创新土壤环境管理方式，建立健全土壤污染防治信息共享、监管联动、生态补偿等相关机制，实施规范有序管控，夯实土壤污染防治和环境管理的机制基础。优化土壤环境监测站和土壤环境监测区域中心布局，建成省内县（市、区）全覆盖的土壤环境监测体系，持续提升土壤环境监测监管能力，完善土壤环境监测制度，强化土壤污染防治和环境管理的监测体系、制度与能力支撑。制定完善土壤污染防治的相关政策、法规和技术标准，夯实土壤污染防治和环境管理的政策法规基础。

打好土壤污染源头管控攻坚战役。重点工作有：坚持严控增量和整治存量相结合，依法深化重金属污染防治监管和重点区域（流域）综合整治，重点排查整治和环境监管涉镉、铬等重金属污染物的企业，鼓励和支持企业推进清洁生产，常态化开展强制性清洁生产审核，确保含重金属污染物无害化处理，实现达标排放或减量排放。高质量推进农业面源污染综合防治，统筹持续开展化肥农药零增长行动、农业投入品减量化行动、废旧地膜和农药包装物无害化行动、秸秆和畜禽粪污资源化行动、灌溉节水用水高效化行动等专项行动。强化生活污染源管控，持续提升城乡生活垃圾收运与处理体系服务能力，常态化、制度化开展城乡生活垃圾分类，有力有效推进垃圾减量化、收集分类化、存放无害化和处理资源化。试点示范建设一批静脉产业园，统筹持续开展废弃物协同处置试点工程、大宗工业固体废物资源化示范工程、尾矿（共伴生矿）综合利用示范工程和危险废物无害化处理处置示范工程，强化监管、执法与整治，合力提高固体废物减量化、资源化、无害化水平。开展尾矿库专项整治。推进绿色矿山建设。

打好土壤污染示范联动攻坚战役。重点工作有：坚持试点示范、辐射带动，统筹推进土壤污染综合防治或专项防治先行区、试点区、示范区建设，高质量实施一批土壤污染治理与修复试点示范工程，探索出与省情相适宜的土壤污染防治有效模式，形成一批可借鉴、可推广且具有河南地方特色的土壤污染防治经验与做法。以农膜区域性回收利用、农药包装废弃物回收处理、生活垃圾分类、农村生活垃圾分类和资源化利用等为重点开展农业面源和生活源污染防治示范试点和模式探索。以耕地土壤环境质量分类（优先保护类、安全利用类、严格管控类）、受污染耕地土壤治理与修复技术应用、重度污染耕地种植结构调整或退耕还林还草等为重点开展耕地土壤环境治理示范试点和模式探索。以建立污染地块名录、强化污染地块管理等为重点，开展土壤（建设用地）污染地块联动整治专项行动和经验探索，推动污染地块信息共享、决策价值共用和动态化、智能化、法治化、透明化的联动监管，实行污染地块准入管理、负面清单管理和风险联动管控。

打好土壤环境风险防范化解攻坚战役。重点工作有：实施农用地分类管理和建设用地准入管理，坚持严控增量和减少存量相结合，突出重点（区域、行业、污染物等），分类别、分用途、分阶段治理土壤污染，切实防范和化解各类土壤污染环境风险，坚守住土壤污染环境风险防范底线。强化实施农用地土壤污染预警，科学制定和仔细执行河南省农用地土壤污染预警工作实施方案，明确预警标准、研判程序及处置方法，探索实施土壤污染三级预警制度，实现省—省辖市、省直管县（市）—县（市、区）三级联动、上下协同。制定土壤污染突发事件应急处置预案，提升土壤污染突发事件应急处置能力，完善应急处置体系，统筹高质量做好耕地、工业企业土壤等污染突发事件应急处置和风险防范化解工作。

第四节 健全绿色发展制度体系

保护生态环境，推进绿色发展，必须依靠制度。制度建设，是推动绿色发展的关键所在，是推进生态文明建设的重中之重。要加快制度创新，增加制度供给，理顺体制机制，构建系统完善的绿色发展制度体系。

一 建立严守三条红线制度

严守生态保护红线。贯彻落实国家《关于划定并严守生态保护红线的若干意见》，既要留住"绿水青山"，又要预留发展空间，科学划定生态保护红线。以牢固树立底线意识、落实用途管制制度、完善生态保护补偿机制、定期开展评价考核等为建设重点，加快建立一套生态保护红线制度体系；创新红线监督管理，建立事前严防、事中严管、事后奖惩生态保护红线全过程监管体系。明确和落实河南及各省辖市主体责任，奖惩并重，引导各行为主体严守生态保护红线，真正实现红线划得实、守得住、效果好，一条红线管控重要生态空间。

严守环境质量底线。按照国家相关规划部署及要求，综合考虑河南环境质量现状、经济社会发展需要、污染预防和治理技术等因素，加快建立一套环境质量底线制度体系，建立资源环境承载能力监测预警长效机制，奖惩并重，强化环境质量底线管理。坚决打赢蓝天、碧水、净土保卫战，分阶段、分区域设置大气、水和土壤环境质量目标，强化区域、行业污染物排放总量控制，引导各行为主体严守水环境质量底线、大气环境质量底线和土壤环境质量底线，真正实现全面推动各地区环境质量由不达标向达标转变、由达标向更高质量转变。

严守资源利用上线。按照国家相关规划部署及要求，充分结合河南及各省辖市经济社会发展水平、产业结构和布局、资源禀赋、环境容量、总量减排和环境质量改善要求等因素，坚持当代人与后代人需要相结合，因地制宜，合理设定河南资源消耗"天花板"，对能源、水、土地等战略性资源实施"总量和强度双管控",奖惩并重,强化资源利用上线管理,引导各行为主体严守资源利用上线,真正实现"绿水青山"向"金山银山"更稳、更有序、更可持续转变。

二 健全绿色发展产权制度

健全自然资源产权制度。按照国家《自然资源统一确权登记办法(试行)》要求,健全自然资源统一确权登记制度,制定时间表、路线图,组织开展自然资源统一确权登记。充分利用政府和市场"两只手",健全自然资源资产有偿使用制度,提高自然资源配置效率,推动其与经济高质量发展现实需求相适应。

建立生态环境产权制度。全面推动环境产权制度改革,加快建立完善的现代环境产权制度,严格保护环境产权,建立环境产权交易平台及体系。科学调研论证,争取和探索建设有中原特色的碳排放权交易市场,制定碳排放权交易体系,充分利用市场机制,推动人与自然和谐共生的绿色低碳循环发展。

加快构建能源市场体系。推进能源市场改革,发挥市场在资源配置中的决定性作用,完善能源市场体系,推动能源市场主体多元化。全面理顺能源产品价格体系,加强对能源市场价格的事中事后监管,规范价格行为。全面推进能源行政审批制度改革,放宽市场准入,支持和引导更多社会资本参与非常规能源、新能源和可再生能源的技术研发、应用示范和产业化。

三 完善绿色发展支撑体系

强化绿色发展政策支撑。创新建立科学完善的支撑绿色发展的政策体系,合力稳定为绿色发展提供持续动力。如,创新生态保护补偿政策,加快推进建立市场化、多元化生态补偿机制,进一步完善省以下转移支付制度,推动黄河、淮河等河南重点生态区"绿水青山"向"金山银山"稳定有序转变。创新环境保护价格政策,坚持约束激励并重和因地分类政策,充分发挥价格杠杆作用,更好促进绿色发展和生态环境保护相统一。创新绿色发展税收政策，落实《环境保护税法》，依法开征环境保护税，建立税收优惠激励机制，引导企业绿色发展。

强化绿色发展金融支撑。支持银行等金融机构创新推出绿色发展基金、绿色信贷、绿色债券、绿色保险等绿色金融产品及服务。强化绿色发展金融管理，引导绿色金融向绿色发展所急需项目投资，防止投资方向错位走偏；建立绿色金融对"绿色"项目认定标准，提防和遏制项目"洗绿""漂绿"行为；建立绿色发展资金供需双方信息沟通共享机制，提高资金使用效率和质量，充分发挥绿色金融在支持促进绿色发展和生态环境保护相统一的支撑作用。

强化绿色发展人才支撑。完善绿色发展人才建设政策体系，搭建人才支撑绿色发展平台、渠道，构建产学研用一体化绿色发展人才支撑体系。强化人才管理，坚持"引、育、流、用、留"相结合，确保人才引得进、育得成、流得动、用得好、留得住。创新人才服务模式，尊重人才，规范使用人才，更大限度释放人才红利，最大程度实现人尽其才，强化人才支撑绿色发展能力。

四　健全绿色发展治理体系

创新生态环境监管体制。坚持问题导向、目标导向，完善符合省情、管用有效的生态环境监管体制。建立全民行动体系，组建由政府、企业、行业协会、新闻媒体、公众等行为主体有机构成的生态环境监管队伍。完善环境监测体系，建立生态环境大数据云平台，实行统一动态监控，污染源全过程监管，助力河南环境监管"一盘棋""一本账"，促进环境政策更高效、更精准、更智慧。鼓励公众利用手机开展"随手拍"活动，全方位、全天候对生态环境问题一键举报、一键投诉、一键曝光。执法部门要及时严格执法、问责。

健全城乡环境同治机制。推进城市环保基础设施向农村延伸，建设和完善乡村生活垃圾、农业生产垃圾、生活污水收运及处理设施，完善和强化环境保护基础设施体系，加快推进乡村环境综合整治，推进减量化、无害化、资源化发展。借鉴先进经验，建立农村环保合作社，建立农村环保工作机制。建立城乡统一的环保管理体制，实行城乡统一的环保标准，开展城乡统一管理。

建立区域环境共治机制。建立环境治理跨区域联动共治协调机制，成立统一的跨区域环境治理指挥部，全面负责调度所辖区域环境治理。推动跨区域环境治理信息共享，行政审批服务联动，突发事件应急联动，环境治理共商共治，建立跨区域环保信用联合奖惩模式，推进环境治理一体化、绿色发展一体化。地方政府部门内部将涉及环境保护和治理流程的职能部门加快整合，形成治理合力。

五 建立促进制度落地机制

强化绿色发展组织领导。制度的生命力在于执行。要强化组织领导，加强力量配备，保障绿色发展各项任务有序落地生根见效。强化绿色发展顶层设计，制定和实施相关规划、实施方案、行动计划，完善绿色发展相关制度，明确领导、执行、监管及执法等主体责任，并确保其认真履行责任，形成"责任链"。

完善绿色发展考评制度。实行"谁考核、谁监测"，上收对各省辖市的生态环境质量监测评估考核的事权和机构人员，保障作为考核基础的生态环境监测数据免受行政干预、确保真实可靠。立足省情、因地制宜，制定和设计科学合理的生态环境保护考核办法及评测指标，短期与长期相结合，灵活考评，奖惩并举，引导履责，推动过去"以 GDP 论英雄"向"以生态文明建设论英雄"转变。

建立绿色发展追责制度。落实绿色发展责任，建立绿色发展追责制度。强化督查问责，对考核或督查中发现的绿色发展过程中不履责、履责不力的责任人，形成生态环境损害责任追究问题清单和案卷，依纪依法严肃、精准、有效问责。要严格执法、公正司法，让环保制度"长牙"，严守住生态保护红线、环境质量底线、资源利用上线，让"绿水青山"更好地转化为"金山银山"。

第十六章
增进福祉：河南高质量发展的"定盘星"

　　习近平总书记指出："保障和改善民生没有终点，只有连续不断的新起点。"经过"十三五"时期的发展，面对错综复杂的外部环境、艰巨繁重的改革发展稳定任务，特别是新冠肺炎疫情的严重冲击，河南省始终把人民的福祉放在首位，采取一系列措施努力补齐民生短板，使人民生活水平不断提高，与全国一道全面建成了小康社会，取得了脱贫攻坚的全面胜利。但从目前的实际发展进程来看，河南省发展不平衡不充分的一些突出问题还未得到解决，民生领域还存在不少短板，包括居民收入水平有待提升，城乡、区域以及部分群体间贫富差距较大，教育、文化、医疗等基本公共服务仍存在短板，人口老龄化问题日益显现，就业形势仍面临诸多挑战等，与人民群众的美好生活需要相比还有一定差距，这些既是民生痛点，也是实现现代化河南必须突破的瓶颈障碍。习近平总书记在庆祝中国共产党成立100周年大会上的重要讲话中强调"坚持在发展中保障和改善民生"。发展是破解一切问题的关键，当前，河南已经迈入全面建设社会主义现代化的新征程，站在新的历史交汇点上，面对河南经济社会发展中的民生弱项短板，必须坚持把发展作为第一要务，在高质量发展中保障和改善民生，推进基本公共服务标准化、均等化，强化就业优先政策，健全多层次社会保障体系，促进人口均衡发展，加强和创新社会治理，朝着幼有所育、学有优教、劳有厚得、病有良医、老有颐养、住有宜居、弱有众扶的目标迈进，全方位改善人民生活品质，让老百姓获得感成色更足、幸福感更可持续、安全感更有保障。

第一节 改善民生是高质量发展的出发点和落脚点

习近平总书记指出："让老百姓过上好日子是我们一切工作的出发点和落脚点。"经济发展是为了社会的发展，社会的发展最终是为了人的发展。高质量发展的根本要求就是坚持以人民为中心，走高质量发展道路就是要不断提升发展的质量和效益，破解社会主要矛盾，不断提升人民的生活品质，使全体人民共享高质量发展成果。改善民生既是高质量发展的出发点，也是高质量发展的落脚点。

一 中国特色社会主义的根本要求

民生是人民幸福之基、社会和谐之本，让人民过上幸福美好生活是社会主义的本质。首先，大力保障和改善民生是在新的历史条件下中国特色社会主义必须牢牢把握的基本要求。中国特色社会主义的根本宗旨就是全心全意为人民服务，强调的是为了人民、依靠人民、发展成果由人民共享，不断促进人的全面发展。党的十九大报告指出，坚持在发展中保障和改善民生，是新时代坚持和发展中国特色社会主义的基本方略之一。当前，我国已经实现了全面建成小康社会的胜利，中国特色社会主义进入新时代，经济发展稳步提升，人民生活更加殷实，为在更高层次、更高水平上推动人的全面而自由发展奠定了坚实的社会基础。但改革开放以来，我国发展模式偏向于"重经济建设"而"轻社会发展"，我国民生保障仍存在诸多短板，城乡、区域之间发展的不平衡不充分问题仍然较为突出，养老、教育、医疗、就业、住房等民生问题仍需要得到进一步解决和完善。不同历史时期，民生问题的内容和表现形式也不尽相同，尤其是当今世界正经历百年未有之大变局，国内外环境发生着复杂深刻的变化，在新的历史条件下，始终坚持以人民为中心的思想，持续保障和改善民生，补齐民生短板，增进人民福祉，走共同富裕的道路，推动人的全面发展，是中国特色社会主义的本质要求。其次，不断保障和改善民生是适应新时代社会主要矛盾转变的需要。中国特色社会主义进入新时代，我国社会主要矛盾也发生了变化，人民对美好生活的向往通过日益增长的需要表现出来，开始从过去追求"有没有"，转变为现在的"好不好"，对收入提升、优质医疗服务、教育公平、住房改善、优美环境和洁净空气等高层次、全方位的需求不断增长。现阶段，我国生存型、发展型和发达型民生问题共存，发展型民生问题突出，发达型民生问题不断凸显，保障和改善民生，满足人们民主、法治、公平、正义、安全、环境等方面的要求是解决社会主要矛盾的必然选择，必然成为推进新时代中国特色社会主义建设的根本要求。再次，人民群众是发展中国特色社会主义的主体力量。人是创造财富的主体，是我国经济社会发展的力量源泉。从人类历史来看，人们对知识智力、精神文化的追求，从来没有停止过。正是这种追求，推动着科学技术的不断进步和经济社会的不断发展。民生发展也是一个永无休止的过程，不断提高人民群众的精神文化生活水平，为人的全面发展创造条件，可以大大提高人民群众的创造性、积极性，为中国特色社会主义建设提供强大力量。

二　推动经济高质量发展的关键所在

民生是做好经济社会发展工作的"指南针"，持续不断改善民生能够为经济发展创造更多有效需求，扩大经济总量，促进经济结构的优化和调整，是推动经济高质量发展的关键所在。首先，扩大经济总量。党的十九届五中全会提出"加快构建以国内大循环为主体、国内国际双循环相互促进的新发展格局"，构建双循环新发展格局是党中央根据当前国内外形势作出的重大战略选择，扩大内需是构建双循环新发展格局必须抓住的战略基点。在全球经济低迷、新冠肺炎疫情持续蔓延、贸易摩擦等多重压力下，全球产业链、供应链面临冲击，只有提振内需，增强国内大循环，才能防范化解重大风险，增强经济发展的内生动力和韧性。而民生需求点就是巨大的经济增长点，当前对于河南来说，民生消费和民生投资是扩大内需的重要源泉。一方面，大力保障和改善民生，可以充分发挥消费对经济增长的基础性作用。河南作为人口大省，具有广阔的消费市场，蕴藏着巨大的消费潜力。持续地改善民生，能够通过提高消费能力、稳定消费预期、增强消费意愿等方式促进消费。通过实施积极的就业政策来扩大就业，增加居民收入，尤其是中低收入群体的收入提高，使老百姓有钱花，释放消费潜力；通过完善社会保障、医疗、养老制度，推进城乡间、区域间基本公共服务均等化，解除群众的后顾之忧，促进防御性储蓄的释放，使老百姓敢于花钱，稳定消费预期。另一方面，大力保障和改善民生，可以充分发挥投资对经济增长的关键性作用。虽然河南已取得了脱贫攻坚和全面建设小康社会的胜利，但河南的新型城镇化率低于全国平均水平，人民群众的生产条件、生活条件还有很大的改善空间，在持续地改善民生，加强基础设施建设，改善公共服务条件，增进人民福祉的同时，还能拉动经济增长。其次，调整和优化经济结构。改善民生不仅能够扩大内需，还能培育新的经济增长点。当前，随着经济快速发展，居民生活水平不断提高，人们不再简单追求有饭吃、有房住、有学上，对美好生活的需要日益呈现多样化、层次化，相应地对社区服务、养老服务、健康服务、文化服务、生态环保等有了更高要求，从而推动服务业创新发展，不仅能形成新的经济增长点，也将推动河南的产业结构更多地向第三产业倾斜，优化河南经济结构。民生改善在一定程度上是人的发展和经济发展良性互动的结合点，高质量的经济发展和高品质的人民生活是相互作用、相互促进的。经济高质量发展促进民生改善，通过实现人的发展又为经济发展增强后劲，形成良性循环。当前我国经济已由高速增长阶段转变为高质量发展阶段，已由资源驱动时代进入科技创新驱动的时代，而创新驱动实质上就是人才驱动。更多地保障和改善民生，增加与人相关的教育、医疗、社会保障等投入，提高人们物质文化生活水平和劳动者素质，形成高质量的人力资本，又成为经济高质量发展的重要推动力。

三　实现人民共同富裕的重要途径

共同富裕就是让全体人民共享改革发展成果，是社会主义的本质要求，是社会主义制度优越性的集中体现，实现共同富裕是我国"第二个百年目标"的重要内容。党的十九届五中全会审议通过的"十四五"规划将"全体人民共同富裕取得更为明显的实质性进展"列为2035年基本实现的社会主义现代化远景目标之一，在社会建设部分着重强调"扎实推动共同富裕"，为河南指明了未来的前进方向和目标。过去我国处于低收入国家行列，完成全面建成小康社会目标大多集中在与收入水平相关的指标，虽然河南与全国一道实现了全面建成小康社会目标，但河南发展不平衡不充分问题仍然较为突出，主要表现为人均收入指标低于全国平均水平，城乡、区域之间的发展和收入分配差距较大，进入新发展阶段，必须更加注重共同富裕问题，提高发展的平衡性和协调性。

站在"两个一百年"奋斗目标的历史交汇点，河南省第十一次党代会提出"创造高品质生活，促进全体人民共同富裕"。持续不断地保障和改善民生，更好地处理效率与公平的关系，能够缩小贫富差距，全方位改善人民生活品质，加快河南城乡协调发展，促进社会公平正义，为实现共同富裕创造良好条件。首先，民生保障实质上是一种收入再分配调节机制，通过一系列保障与改善民生措施来提高低收入群体收入、减少低收入群体支出，从而控制和缩小贫富差距。例如，通过发放残疾人补贴、社会救助、廉租房补贴等方式能够直接增加特殊保障群体收入，通过提供教育卫生经费、养老保险等普惠公共服务能够增加全体公众收入；政府以低价或者微利向大众提供与日常生活息息相关的公共服务，在满足基本生活需要的同时，能够缩小初次分配差距。其次，保障和改善民生是全方位改善人民生活品质、扎实推动共同富裕的必由之路。当前，河南已经取得了脱贫攻坚的全面胜利，脱贫群众收入水平有所提高，义务教育、基本医疗、住房安全等一系列民生福祉也得到提升，实现了"两不愁三保障"，河南也已全面建成小康社会，实现了从温饱不足到全面小康的历史跨越，为共同富裕奠定了坚实的基础。共同富裕，通俗地讲，就是让人民群众过上好日子。但随着经济社会的发展，人民对"好日子"的标准不断提高，对美好生活需要的内涵不断丰富、层次不断提升，相应地对改善民生提出了新的要求。改善民生没有终点，只有连续不断的新起点。从新起点出发，持续改善民生，不断提升人民生活品质，既

是对脱贫攻坚成果的巩固，也是进一步实现共同富裕的必要举措。再次，有
助于缓解因城乡不均衡发展而导致的社会矛盾，加快河南城乡协调发展。河
南作为农业大省，农村人口数量大、占比高，长期以来，要素由"乡"到
"城"的单向流动，造成了广大农村地区发展的滞后，城乡发展差距越来越
大。最突出的表现在于基本公共服务发展水平的不平衡，包括在资源布局、
能力提供和服务质量等方面，一方面，农村基础设施、教育、医疗、生活配
套服务仍然相对落后，与真正的城乡融合和城乡一体化尚有较大差距，另一
方面，受户籍制度等影响，农村转移人口市民化进程相对滞后，大量农村转
移人口无法享有城市的公共服务和社会福利，这种"进城农民"与"城里
人"之间的不平等以及较大的差距将会引起不公平感增强，影响居民的获
得感和幸福感，不利于社会公平和稳定。持续保障和改善民生，增强公共服
务在乡村的供给，以及在城市、县城、小城镇和乡村之间的同步性，缩小河
南省城乡之间在基础设施和公共服务之间的差距，使城乡、区域之间的居民
能够更为充分、更为均等地分享城镇化的成果，有助于增进社会稳定与公平
正义，在共建共治共享发展中更好地促进全体人民共同富裕。

四 实现"两个确保"的必然选择

当前，我国已经踏上了全面建设社会主义现代化国家、向"第二个百
年"目标奋进的新征程，河南与全国一道全面建成了小康社会，开启了全
面建设现代化河南的新征程，经济发展趋势向好，社会发展成效显著，民生
福祉达到了新水平。站在新的历史起点，河南提出了"两个确保"，即确保
高质量建设现代化河南，确保高水平实现现代化河南，不仅描绘了建设现代
化河南的新蓝图，也明确了现代化河南的奋斗目标。关于现代化，世界上不
存在定于一尊的模式，它不仅包括经济、政治、文化等领域的一系列变迁，
也包括城乡、区域以及不同社会阶层之间利益格局的深刻变化，从国际上的
实践发展和理论研究来看，现代化的核心内容是人的现代化。而人的全面发
展是人的现代化的前提，只有实现人的全面发展，人的生活、能力、素质、
思维方式和各种社会关系不断改善，才能实现人的现代化。增进人民福祉和

促进人的全面发展这二者互为依存、互相影响，坚持以人民为中心的发展思想，切实解决关乎人民群众生存发展的民生问题，满足人的多维度需求，在更高层次上保障和改善民生，实现幼有所育、学有所教、劳有所得、病有所医、老有所养、住有所居、弱有所扶，是实现人的全面发展的重要基石。要清醒地认识到，河南作为发展中的内陆大省，与沿海发达地区省份相比，经济规模和发展质量都存在差距，河南民生建设还存在不平衡不充分的问题，主要表现在人均主要指标普遍低于全国平均水平，省内城乡、区域之间发展差距比较大，社会事业发展也不尽如人意，这些成为河南实现"两个确保"的突出短板。民生短板是制约现代化建设的主要因素，尽管河南已经取得脱贫攻坚和全面建成小康社会的双胜利，但河南拥有近 1 亿人口，收入差距较大、教育公平、相对贫困等任何一项民生问题乘以这个人口基数都是大事情，关乎社会和谐稳定和经济的可持续发展，是决定新征程成败的关键一环。且随着时间的推进和经济社会的发展，在新的发展阶段，人民的需求也会升级，也会催生相应的民生新问题，更多体现在对教育、卫生、社会保障、公共服务、生活环境以及个人全面发展等方面的更高要求。持续性地保障和改善民生，抓好"一老一小一青壮"民生工作，解决好群众"急难愁盼"问题，增进民生福祉，打造高品质生活，是河南开启现代化建设新征程的必然要求，关乎现代化河南建设的全局。

第二节　坚持发展第一要务不动摇

发展是人民生活富裕、国家强盛的基础，是实现中华民族伟大复兴中国梦的基石与支撑。站在新的历史起点，面对新形势、新挑战，要始终坚持以发展为第一要务，始终坚持以人民为中心，提高发展质量、效益和竞争力，为改善民生和增进人民福祉打下坚实基础。

一　发展是解决一切问题的基础和关键

习近平总书记在庆祝改革开放 40 周年大会上强调"必须坚持以发展为

第一要务"，经过改革开放以来的高速发展，我国历史性地解决了十几亿人的温饱问题，取得了脱贫攻坚和全面建成小康社会的胜利，我国经济实力和综合国力不断增强，国内生产总值突破 110 万亿元，稳居世界第二大经济体，国际地位和影响力也不断提高，人均收入突破了 1.2 万美元，人民物质文化生活水平得到大幅提升，我们用几十年的时间走完了发达国家几百年走过的历程，其根本原因就在于坚持以经济建设为中心，将发展作为第一要务，用发展创造了人口大国经济发展的奇迹。历史实践表明，发展才是硬道理，只有不断解放和发展生产力，才能为国家富强、人民富裕进而实现民族复兴奠定雄厚的物质基础。

二　牢牢把握住高质量发展这一主题

进入新时代，我国经济已由高速增长阶段转向高质量发展阶段，我国社会的主要矛盾也已经发生改变，但当前我国仍处于社会主义初级阶段，仍是世界上最大的发展中国家，这一基本国情没有改变，且当前我国经济发展的质量和效益还有待提高，发展不平衡不充分问题仍然突出，创新能力不强，民生领域还存在不少短板，生态环保任重道远。同时，百年未有之大变局正加速演变，国内外发展环境也面临着诸多不确定性，面对世纪疫情的严峻形势，面对开局"十四五"、开启新征程的繁重任务，无论是解决快速发展过程中积累的老问题，还是转型升级过程中出现的新问题，都要牢牢把握住高质量发展这一主题，摒弃过去的粗放式发展，坚定不移地贯彻创新、协调、绿色、开放、共享的新发展理念，以科技创新为支撑，实现高水平自立自强，引导经济朝着更高质量、更有效率、更加公平、更可持续的方向发展，这也是破解我国社会主要矛盾与全面建设社会主义现代化国家的必然要求。

三　坚持以人民为中心的发展观

人民是历史的创造者，在经济体系中，人既是消费者，又是最具活力的生产要素，是推动高质量发展的根本力量。进入新发展阶段，以习近平同志为核心的党中央把实现全体人民共同富裕摆在更加重要的位置上，党的十九届五中全会鲜明提出，高质量发展的根本目的是满足人民日益增长的美好生活需要，并将"民生福祉达到新水平"列为"十四五"时期的一个主要目标。当前，受疫情冲击、地缘政治等影响，国内国际形势正在发生深刻复杂变化，全球经济充满不确定性，国内疫情也呈现散点多发态势，国内经济下行压力较大，河南正处于经济转型关键时期，人口红利逐渐减弱，财政增收难度加大，而医疗卫生、教育、最低生活保障等民生刚性需求却只增不减，这些都是关乎人民群众切身利益的问题，而解决这些民生问题的前提和基础是加快发展。在全面建设社会主义现代化河南新征程上，要以高质量发展为统领，贯彻以人民为中心的发展思想，依托更高质量的发展稳步增加财富储备，创造更高质量、更充分的就业机会，增加居民收入，缩小城乡、区域间发展差距，提高基本公共卫生服务水平，将人民对民主、法治、公平、正义、安全、环境等对美好生活的期望和憧憬变成现实。

第三节　高质量发展亟须补齐民生短板

从目前的实际发展进程来看，对标高质量发展的要求，河南民生领域还存在一些突出问题和薄弱环节，包括居民收入水平有待提升，城乡、区域、部分群体间贫富差距较大，教育、文化、医疗等基本公共服务仍存在短板，人口老龄化问题日益显现，就业形势仍面临诸多挑战等，与人民美好生活需要相比还有差距，保障和改善民生面临着新的困难和挑战。实践证明，在发展中遇到的问题和困难，都要用发展的思路和办法来解决，因此，始终坚持发展第一要务不动摇，以高质量发展来补齐民生短板、保障高质量民生。

一　居民收入水平仍有待提升

居民收入的高低直接影响着人民是否能够分享经济发展成果，也是影响高质量发展持续推进的关键因素。提高城乡居民收入，是体现社会主义本质的必然要求。国家"十四五"规划提出，到2035年，我国将基本实现社会主义现代化，届时，经济总量和城乡居民人均收入将再迈上新的大台阶。近年来，河南经济实力稳步增加，经济总量在全国的分量连续多年保持前列，2020 年，河南省 GDP 总量 54997.07 亿元，虽然河南经济总量排名居前，但主要人均经济指标明显偏低。国家统计局数据显示，2020 年，河南省人均 GDP 为 5.71 万元/人，低于全国平均水平（7.2 万元/人）；2020 年河南省人均可支配收入 24810 元，低于全国平均水平（32189 元）。可以看到，河南人均 GDP、居民人均可支配收入不仅均低于全国平均水平，也与河南经济大省地位不相匹配。首先，从居民收入与经济发展的关系来看，河南经济总量增长与人均收入水平的不平衡，一方面是由于河南人口基数大；另一方面则是因为产业结构不合理，投资主体集中在少数大型企业之上，定点式增长占据主导地位，不能普及到面，富民产业、服务型产业发展仍然相对滞后。其次，从微观个体来看，居民收入水平不高的原因在于，部分群体由于受教育程度或者自身技能不足，难以适应全球化和经济转型升级的技能需求，部分群体自身属于高技能、高素质人才，但面临体制机制约束，难以发挥其潜力，一些群体具备良好的创新潜力，但受制于市场经营环境不健全，难以充分挖掘增收潜力。在全面建设社会主义现代化河南新征程上，在推进高质量发展过程中，既要补硬件的短板，激发收入增长的内生动力；也要补软件的短板，通过"量身定做"的政策措施，打破关键群体的增收瓶颈，优化居民增收的政策环境，推动居民收入增长与经济发展同步、劳动报酬与劳动生产率提高同步，让人民群众有越来越高的获得感。

二　城乡、区域及部分群体间贫富差距较大

当前，在经济增长、居民总体生活水平逐渐提高的基础上，河南发展不平衡不充分问题仍然较为突出，城乡之间、区域之间及部分群体之间贫富差距较大。从城乡看，改革开放以来，河南经济快速发展，但在经济建设、城镇化和工业化的推进中，由于多年城乡二元经济结构影响，城市得到了更优越的发展条件，相比之下，农村的发展则被忽视，这导致庞大的低收入群体聚集在农村，城乡各项指标差距较大，尤其是城乡居民收入差距。虽然，近年来河南城乡人均收入差距之比呈现逐渐减小趋势，由 2010 年的 2.88 减至

2015 年的 2.36，又减至 2020 年的 2.16，但城乡收入的绝对差距却仍在不断扩大，2010 年城乡人均收入绝对差距为 10406 元，2015 年绝对差距为 14723 元，2020 年绝对差距达 18642 元。从省内部分区域来看，2020 年，郑州城镇居民人均收入为 42887 元，而相对落后的周口市城镇居民人均收入为 28867.8 元，两者之间相差 14019.2 元，2010 年两者差距为 6219 元，2015 年两者差距 10080 元，可以看到，这个差距也在逐渐扩大。从行业看，2020 年河南省城镇非私营单位从业人员平均工资 70239 元，其中，平均工资最高的金融业为 122314 元，最低的是住宿和餐饮业，为 43675 元，此外，居民服务、修理和其他服务业为 49073 元，农、林、牧、渔业为 50282 元，金融业分别是后三者的 2.8 倍、2.5 倍、2.4 倍，绝对值分别相差 78639 元、73241 元、72032 元，可以看到，部分行业群体之间收入差距较大。由此可见，城乡、区域和部分群体间的收入差距仍然是河南民生领域的短板，其负面作用不可轻视，在一定程度上表明河南民生领域的建设仍面临着繁重的任务和严峻的挑战。能否处理好城乡区域发展和居民收入差距直接关系到实现"两个确保"的质量、河南经济的可持续发展以及社会的和谐稳定，也是实现共同富裕的最大难点。在全面建成小康社会之后，促进全体人民共同富裕是一项长期任务，除了关注居民收入的增长，也需要更多地关注收入差距。河南省"十四五"规划中强调，在实现居民收入迈上新的大台阶的同时，还要显著缩小城乡、区域间发展差距和居民生活水平差距，不仅要"做大蛋糕"，同时也要"分好蛋糕"，而高质量发展是"做大蛋糕"的基础条件，只有坚持发展第一要务，才能持续扩大全社会财富总量，在此基础上，统筹城乡发展，聚焦区域均衡，制定科学合理的分配制度，促进全省人民共同富裕。

三 基本公共服务仍存在短板

公共服务是维持经济社会稳定所需要的基本社会条件，"十三五"期间，河南省基本公共服务范围不断扩展，保障能力不断提升，但目前仍存在短板。一方面，城乡基本公共服务不均衡问题仍然突出。虽然河南省城乡差距在不断缩小，但城乡之间资源分配仍存在较大落差，在社会保险、教育、医疗、公共卫生、基础设施的建设和服务方面，城乡公共服务均等化程度严重不足。近年来，河南多次提高城乡居民的最低生活保障标准，2022 年，全省城乡低保标准分别提高到每人每月不低于 630 元、420 元，城乡低保财政补助水平分别提高到月人均不低于 315 元、210 元，城乡低保标准之间的差距仍然比较明显。与城市相比，农村的办学条件、师资力量仍相对落后；城乡医疗卫生资源配置仍存在不均衡现象，受限于农村地区的医疗设备条件和薪资待遇，城镇地区医疗人员在不断增加的同时，河南农村地区的医疗人员（乡村医生和卫生员）数量由 2010 年的 12.87 万人，减少至 2015 年的 11.65 万人，再减至 2020 年的 9.03 万人，呈现逐年递减的趋势。另一方面，目前河南基本公共服务能力还不能满足居民日益提升的需求层次。随着城镇化进程的加快，人们物质生活水平不断提高，对美好生活也有了更多的期盼和向往，对基础设施和公共服务需求的数量和质量都有了新的要求，居民需求多元化、多样化、多层次趋势更加明显，根据河南省统计局公布的《"十三五"时期河南城市发展报告》，2020 年河南城镇居民家庭人均可支配收入 34750 元、人均消费支出 20645 元，分别比 2015 年增长 35.9%、20.3%，随着收入的持续增加，居民更加注重生活品质，五年来城镇居民家庭平均每百户拥有的家用汽车、中高档乐器、健身器分别增长 66.5%、147.0%、18.4%。但由于历史欠账、地方政府财力薄弱等原因，河南基础设施和公共服务体系发展仍然较为滞后，基本公共服务仍存在供给总量不足和供给水平不高等突出短板，例如入公办园和普惠园难、养老服务和社区服务供给不足等，还不能满足人民群众对美好生活的新期待，居民需求层次和结构的调整变化与城市现在的供给能力之间的矛盾凸显，中小城镇普遍存在综合承载能力不足的问题，此外，河南公共服务服务主体和提供方式还比较单一，缺乏社会力量的参与。

　　河南是经济大省，2020 年河南一般公共预算收入 4155.22 亿元，在全国排名第 8 位，河南同时也是人口大省，与广东、浙江、江苏等省份相比财力相对薄弱，而民生投入保障在很大程度上受地方财力的影响，保持经济持续健康发展，促进财政实力的不断增强，才能切实解决涉及民生的大事要事，更好地满足居民在就业、医疗、教育、生态环境等方面的需要，实现居民生活条件的改善和生活品质的提高。

四　人口老龄化问题日益显现

河南人口从 2000 年开始就进入了老龄化阶段，随着人民生活水平的提高和医疗卫生保健的不断改善，河南省人口老龄化程度逐步加深，且老年人口的高龄化趋势明显，河南应对人口老龄化问题面临的形势仍然严峻。一方面，人口老龄化导致家庭和社会养老负担加剧。一是老年人口比例不断增加。根据河南省统计局数据，2020 年，河南省 60 岁及以上人口占比为 18.08%，较 2010 年上升了 5.35 个百分点；65 岁及以上人口占比为 13.49%，较 2010 年上升了 5.13 个百分点。人口老龄化将直接导致老龄人口抚养比的不断提高，这就意味着劳动力的养老负担加剧。二是劳动年龄人口规模下降。河南虽然是我国劳动力大省，但同时也是劳动力输出大省，根据普查数据显示，2020 年，河南省净流出人口达 1483 万人，是我国净流出人口最多的省份。15~59 岁人口比重较 2010 年下降了 7.49 个百分点。2020 年，河南总抚养比为 57.79%，高于全国平均水平（45.88%），其中，老年抚养比为 21.28%，高于全国平均水平（19.69%）。老年人口增加，且适龄劳动力减少，是造成养老压力大的主要原因。三是生育低迷或导致普遍的养老风险。由于住房、教育、医疗等直接生育、养育成本提升，以及女性的初婚初育年龄不断推迟等原因，年轻一代的生育意愿普遍低迷，低生育和少子化趋势明显，2021 年河南出生人口创下了 1978 年以来的新低，继 2020 年首度跌破 100 万人后，2021 年河南出生人口仅为 79.3 万人。从微观角度看，生育低迷将导致家庭养老功能的严重弱化，从宏观角度看，低生育率将导致社会养老的人力储备不足，对社会养老体系的运行构成威胁。另一方面，当前的养老服务供给与养老服务需求不匹配。河南老年人口不仅基数大、增速快，且高龄化和空巢化趋势明显，农村青壮年外出打工造成农村留守老年人养老问题突出，随着不少长期在外务工人员 60 岁以后返回老家，河南还面临着老年人口的回流问题，随之而来的是养老抚幼、疾病照料、精神慰藉等问题的日益凸显，而目前河南对老年健康服务体系建设仍有待进一步完善，对养老服务的有效供给仍然较为不足，财政和社会力量的投入与老年人持续增长的多层次、多样化养老需求仍有较大差距。可以看到，人口老龄化将为经济社会发展带来一系列问题，如适龄劳动力削减、社保压力增大、产业结构优化升级受到制约等，但人口老龄化也将倒逼劳动生产率的提高，倒逼"银发经济产业"的发展。虽然人口老龄化的进程难以扭转，但仍然可以挖掘一些有利于经济增长的因素，依靠经济社会发展来主动适应老龄化。"老有所养"是与千家万户息息相关的民生问题，要高质量解决好养老问题，就要通过高质量的发展，始终保持经济平稳较快发展的良好势头，稳步增加财富储备，夯实应对人口老龄化的物质基础，促进老龄社会从"未富先老"走向"速老快富"。

五　就业形势仍面临诸多挑战

就业是最大的民生。河南人口众多，就业总量大，虽然就业情况受到经济下滑和疫情冲击等因素影响，在一系列稳就业、保市场主体措施下，河南省就业局势总体保持稳定。但值得注意的是，河南就业结构性矛盾仍然突出，重点群体就业任务仍较为艰巨，创业带动就业能力有待增强，就业形势仍面临诸多挑战。一是"招工难""就业难"问题同时存在。随着产业加快转型升级，去产能和智能化改造都对劳动力素质提出了更高要求，对中低端产业的就业产生了明显的挤出效应，变现为高层次人才和技能人才短缺问题突出，缺口岗位和求职需求不匹配，而大龄低技能劳动者就业面临挑战，高技能劳动力的短缺将不利于企业的转型升级。二是高校毕业生、农民工等重点群体就业任务仍然艰巨。首先，根据河南省人社厅数据，2021 年全省应届普通高校毕业生达 70.6 万人，总量居全国第一，受疫情影响，国际经济形势严峻，国内经济下行压力较大，不确定因素叠加导致劳动力市场岗位供给相对减少，而毕业生就业总量压力较大，就业市场供需矛盾较为突出。同时，"慢就业""缓就业"现象较为普遍，从学生层面，高校毕业生的实践和创新意识，以及技术技能水平与社会需求还存在一定差距，普遍存在实践操作能力差和适应社会能力差的问题，难以适应用人单位的要求，自身就业能力仍需提高，部分毕业生仍存在观望等待心态；从学校层面，高校人才培养模式与市场需求失衡，专业结构调整速度跟不上新兴行业和新兴职业对人才素质要求的变化。其次，农民工也是河南就业的重点群体。河南是劳动力输出大省，每年外出务工人员超过1000万人，但目前普遍存在农民工就业渠道不够畅通，农民工由于技能低、学历低而面临结构性失业，农民工返乡人数增多而返乡创业保障不健全等问题。疫情也为农民工外出就业带来了一定的挑战，包括用工需求减少、因防控措施而导致的外出交通不畅等，加剧了农民工就业困难。三是河南创业带动就业能力有待进一步增强。创业企业对培育经济发展新动力和扩大就业意义重大，近年来，河南省不断加大创业扶持力度，例如通过发放创业担保贷款解决融资难题，发挥"双创"示范基地引领示范作用，实施返乡创业工程等，创业带动就业"倍增效应"逐步显现，但创新创业本身具有一定的复杂性和风险性，可能面临资金约束、缺乏创意、缺少关键技术、缺少合作伙伴等诸多制约因素，亟待有效破解。就业是国民经济的"晴雨表"，就业水平在很大程度上反映了一个国家和地区经济发展的水平，同时，就业水平又以经济高质量发展为后盾。可以说，高质量发展与就业增长是互促共进的，推动就业扩容提质，根本上还要靠经济的高质量发展，当前河南促进就业的压力不小，必须依托更高质量的发展来创造更高质量、更充分的就业机会，包括继续支持就业吸纳能力强的产业发展，提高相关产业的就业吸纳能力；加快新旧动能转换，推动传统产业转型升级、延伸产业链条，开发更多技能型就业岗位，培育新的就业增长点；加大对中小微企业和个体工商户扶持力度，持续激发其就业岗位创造能力等。

第四节　保障和改善民生要处理好若干关系

民生建设是一项具有长期性、系统性的复杂工程，当前，河南已经进入全面建设社会主义现代化的新征程，面对新形势、新问题，必须从整体上把握和处理好当前河南省民生发展中的各种矛盾关系，包括民生改善与经济发展、传统民生需求与新民生需求、政府主导与多方参与、服务供给与社会预期、标准化与均等化之间的关系。

一　处理好民生改善与经济发展的关系

从历史发展实践来看，民生改善与经济发展之间的关系非常密切，两者是辩证统一的关系。一方面，经济发展是民生改善的前提，没有经济发展，民生改善就缺乏物质基础，经济发展水平越高，越能够提供解决民生问题所需的社会物质产品。另一方面，改善民生是经济发展的最终目的，并对经济发展起到了托底和促进作用。没有民生改善，基本民生问题得不到解决，则会大大影响经济增长的内生动力，经济发展将停滞不前。改善民生，既能解决人民群众后顾之忧，满足人们基本民生保障，又能让社会成员共享改革发展成果，促进社会公平正义，维护社会和谐稳定，进一步促进经济社会的良好发展和运行。民生改善程度越高，民生诉求越得到满足，越能调动人民群众积极性、主动性、创造性，促进经济发展方式转型空间越大，经济社会持续健康发展的动力就越足。处理好两者关系需要量力而行、尽力而为，既不能一味地追求经济建设，也不能一味地追求民生改善，要把握好福利水平与经济发展水平两者的平衡，把保障和改善民生建立在经济发展和财力可持续的基础之上，增强惠民政策获得感和可持续性，在加快补民生短板的同时，确保民生支出与河南经济发展、财力状况相匹配，防止脱离实际、寅吃卯粮，防止因民生建设滞后或超前而损害经济发展。

二　处理好传统民生需求与新民生需求的关系

民生是一种变量，随着经济社会的不断发展，人民群众对民生的诉求是不断变化的。民生需求既包括基本民生需求，也包括随着经济社会发展而产生的新民生需求，保障和改善民生，既要满足传统需求，又要回应好新民生需求。一方面，河南人口众多，城乡之间和部分区域之间发展差距较大，因此必须从河南实际出发，首先做好基础性、兜底性民生建设，将最基本的民生需求摆在最优先的位置，从老百姓最关心的小事做起，关注民生痛点问题，补齐教育、就业、就医、住房、社会保障等基本民生领域的短板，织就密实的民生保障网，让老百姓真切感受到改革发展带来的实惠。同时，面对日益复杂的国内外形势，也要加强防范政治安全、人民安全等方面出现的隐患，以牢固的底线意识，确保社会大局稳定，保障广大人民生命健康、安居乐业。另一方面，随着人民群众的美好生活需要不断增长，民生需求又出现了许多新特征，包括对养老、社会风气、公平正义、生态环境等的需求越来越大，保障和改善民生的内涵和外延在不断丰富，在不断解决传统民生问题的同时，针对新的民生问题，要全力完善政策，推进制度建设，着力提升人民幸福感、获得感。

三 处理好政府主导与多方参与的关系

改善民生是中国特色社会主义建设的本质要求，既是党和政府努力的方向，同时也是全体人民共同的奋斗目标，要把保障民生和群众的自身奋斗统一起来。河南是人口大省，拥有近 1 亿人口，民生工作面广量大，只靠政府部门显然不够，而当前河南的民生保障仍属于政府主导，缺乏社会力量的参与，只有广泛动员各方力量，才能集聚保障和改善民生的强大合力。因此，一方面，要树立正确导向，坚持共建共享美好生活的理念，通过多种方式在全社会普遍营造勤劳致富的氛围，引导人民群众牢记"幸福是奋斗出来的"，增强人民的主人翁意识，形成人人参与建设、付出就有回报的制度环境。另一方面，要积极搭建平台，汇聚多方社会力量，构建共建共治共享的社会治理格局。不断创新民生保障的途径和方法，推进基层治理能力和水平现代化，充分发挥城乡社区、社会组织、社会工作者等多方联动作用，鼓励引导社会力量因地制宜参与到社会管理和公共服务中来，在公共服务供给方面引入市场竞争机制，提高资源配置效率，形成政府主导、多元主体参与、协商共治的新局面。

四 处理好服务供给与社会预期的关系

目前河南的民生领域还有不少短板，很多方面发展还不充分不平衡，必须认识到保障和改善民生是一项艰巨又复杂的系统工程，要处理好服务供给与人民群众社会预期之间的关系。一方面，全面提升公共服务供给能力和供给质量。要想群众之所想，急群众之所急，持续提高政府服务供给能力和供给水平，为人民群众提供覆盖范围广、质量优的公共服务；持续优化支出结构，加大基本民生保障力度，兜牢民生底线，不断提高民生工作的满意程度。另一方面，要有效引导舆论。民生领域的诉求很多，但民生改善又受制于发展基础，根植于现实土壤，民生问题需要在既有能力范围内有效解决。基于当前河南存在的优质公共资源相对欠缺、基本公共服务城乡不均衡现状，引导人们充分认识到河南经济社会发展情况，解决民生问题不是一蹴而就的，民生改善是从低层次到高层次、从不均衡到均衡的过程，要妥善认识理想与现实、需要与可能、当前与长远的关系，逐步培育人民群众形成符合经济社会发展实际的合理社会预期，促进形成良好的舆论氛围。

五 处理好标准化与均等化的关系

从就业到社保、从住房到出行、从教育到医疗，基本公共服务涵盖了与人民群众生活息息相关的最直接、最现实的各个领域。党的十九大提出，到2035年基本公共服务均等化基本实现。由于发展基础、历史欠账、人口规模等因素的影响，河南基本公共服务水平还跟不上经济发展，城乡之间、区域之间的基本公共服务提供能力仍存在较大差异，基本公共服务的服务质量参差不齐。推进公共服务均等化，既是改善民生的重要举措，也是缓解因发展不平衡不充分导致的现实矛盾的客观需要。基本公共服务标准化是促进实现基本公共服务均等化的关键，所谓"标准"是国家对公民提供基本公共服务的底线标准，公民从中可以了解现阶段能够享受哪些服务、什么水平的服务；各级政府则能了解"重点要保什么""保到什么程度"，从而能进一步优化资源配置，查漏补缺，兜住民生底线。但"标准"绝不是无差异的标准，均等化也不是简单的平均化和无差异化，必须要客观清醒地认识到当前城乡、区域间的差异，实现基本公共服务均等化是一个分层次、分阶段的动态过程，要坚持辩证思维，既要尽力而为，又要量力而行，既强调统筹推进，又要注重分类施策，以标准化和差异化的良性互动促进基本公共服务均等化。

第五节　在高质量发展中保障和改善民生

站在"两个一百年"交汇点，面对民生形势的新变化、广大群众的新期待，河南要在高质量发展中保障和改善民生，始终坚持从广大人民的根本利益出发，适应新形势、解决新问题，推进基本公共服务标准化、均等化，强化就业优先政策，健全多层次社会保障体系，促进人口均衡发展，加强和创新社会治理，持之以恒、锲而不舍地办好各项民生事业，着力解决发展不平衡不充分问题和人民群众"急难愁盼"问题，确保高质量建成现代化河南。

一　推进基本公共服务标准化、均等化

针对河南省基本公共服务在资源布局、能力提供和服务质量等方面的短板，应重点从五个方面推进基本公共服务标准化、均等化，实现社会保障均衡发展和共同服务优质共享。一是加大对基本公共服务的财政支持力度。大力优化财政支出结构，加强财政资金统筹使用，提高财政政策的精准度和有效性，优先保障基本公共服务补短板。探索建立符合河南实际的民生支出清单管理制度，明确民生支出财政扶持政策及标准、资金筹措渠道、投入方式和工作流程，将更多公共服务项目如公共就业服务、公共法律服务、城乡社区服务等纳入政府购买服务指导性目录。二是着力提升医疗卫生、教育、住房等重点领域基本公共服务水平。首先，深入实施健康中原行动，全面提升人民群众健康水平。完善健康促进政策，开展全民健身运动，构建强大公共

卫生体系，深化疾病预防控制体系改革，加强疾控人才队伍建设，提升疾病防控能力，加强公共设施建设，提升应急医疗救治储备能力。其次，加快推进教育现代化。推动学前教育普及普惠发展，推进义务教育资源供给与常住人口相匹配，改善普通高中办学条件，着力构建优质均等化的基础教育体系。加快郑州大学、河南大学"双一流"建设，构建更具竞争力的高等教育体系。开展职业教育产教融合发展行动，构建符合经济转型需求的职业教育体系。加强继续教育统筹管理，构建终身学习教育体系。此外，坚持"房住不炒"定位，不断增加保障性住房有效供给，大力发展二手房市场和住房租赁市场，逐步形成租、购、补并举的住房保障制度，推动实现全体人民住有所居。三是加大对基本公共服务薄弱地区扶持力度。坚持保障基本、因地制宜、均等可及的原则，以国家标准为底线标准，结合各地经济基础、空间布局、人口结构等因素因地制宜，科学建立既有共性又有特色个性、上下衔接的基本公共服务标准体系，统筹基本公共服务设施布局和共建共享，鼓励对现有设施和闲置资源提升完善，推动公共服务、基础设施资源向农村、基层等倾斜，在具体事项办理和服务提供过程中适当给予优先和倾斜支持，推进城乡、区域、人群基本公共服务更加便利可及，补齐农村基本公共服务短板，缩小地区间差异。四是高水平完成国家基本公共服务标准化试点。鼓励各试点根据实际就养老、教育、文体、医疗等个别领域制定规划，出台标准化专项试点实施方案，形成广覆盖、可持续、高质量、有特色的基本公共服务标准化建设路径。注重评价反馈，建立多种形式的需求征集机制，构建以群众满意为主导的评价反馈机制，建立标准实施监测及动态改进机制，形成基本公共服务质量持续提升长效机制。完善监督问责机制，实现事前、事中、事后全过程监督，开展社会满意度第三方调查，将基本公共服务考核纳入政绩考核和增加权重，扩大公民、非政府组织以及舆论媒体对公共服务的监督。加强试点经验总结与宣传推广，打造基本公共服务标准化"放心舒心"工程，高质量打造基本公共服务标准化"河南样本"，形成可在全国复制、推广的标准化经验模式。五是坚持创新思维，为基本公共服务发展标准化、均等化提供科技支撑。充分利用人工智能、大数据、云计算等先进科学技术，突破时空局限性，将城市和发达地区的优质教育资源、医疗服务等基本公共服务共享到农村和欠发达地区，推进信息化应用和"一站式"办理，为提升基本公共服务可及性提供科技支持，为促进基本公共服务均衡发展提供新动能。

二　强化就业优先政策

面对错综复杂的国内外形势，必须统筹发挥市场和政府作用，实施就业优先战略，实现更加充分、更高质量就业。一是加强政策支持，积极稳定和促进就业。首先，支持企业稳定就业。稳就业，就必须要稳企业，服务业特别是现代服务业是吸纳就业的主体，中小企业是吸纳就业的主力军，要充分发挥财政、货币政策的支持效应，促进劳动密集型产业和服务业的发展，推动服务业线上线下融合发展，打好援企稳岗政策"组合拳"，加大对中小微企业扶持力度，努力保住就业存量。其次，创新模式扩大就业。推进新产业、新业态、新商业模式健康发展，增加新的就业岗位；培育一批新职业、新业态、新服务创新创业人才，多渠道促进灵活就业。再次，鼓励创业带动就业。深化"放管服"改革，激发劳动者创业积极性，强化创业带动就业。最后，扩大培训改善就业。就业难与招工难并存是目前河南就业结构性矛盾的突出表现，从整个就业和经济发展需求看，技能人才的总量和结构仍然不足，因此要积极发展技能密集型产业，从劳动者供给端入手，引导部分人改变重知识、轻技能的认识，加强对技能的学习与使用、对技能人才的培养与发展，提升劳动者就业质量，优化当前就业结构。二是加大对重点群体就业扶持力度。针对高校毕业生，实施就业创业促进计划，为有创业意愿高校毕业生提供有针对性的指导服务和政策支持，加大创业资金扶持力度；强化跟踪服务，全面监测与统计离校未就业毕业生就业状况，及时提供公共就业服务；实施托底安置，通过就业见习、公益性岗位对未就业高校毕业生实行托底安置，支持引导高校毕业生到基层就业，鼓励应征入伍建功立业。支持农村新产业、新业态发展，增强乡村吸引力，支持更多返乡留乡农民工就地就近就业创业。建立健全省内区域间、省际和专项劳务协作机制，搭建省际劳务合作平台，实现劳动力输出地与输入地之间、劳动力与岗位信息之间的精准对接，促进脱贫劳动力、农村富余劳动力的就业。健全就业困难群体援助制度，加大基础设施投资、增加公共建设投入，加强公益性岗位开发和托底安置。大力发展更为优质均衡的基础教育，完善职业教育体系，加强职业技能培训。三是健全就业公共服务体系。加快乡镇、街道和社区等公共就业服务平台建设，健全平台服务功能，拓展就业服务内容，积极构建覆盖城乡的公共就业服务体系。加快推进"互联网+就业"服务，利用大数据、云计算等技术手段提升就业服务智能化水平，优化就业信息共享机制，推动就业信息全覆盖和数据互通共享，提高劳动力市场资源配置效率。进一步深化改革，通过政府购买等方式，鼓励和引导社会力量参与就业公共服务设施建设、运营与管理。打通就业服务的"最后一公里"，将就业公共服务送到社区、校园、农村，向失业人员、就业困难人员提供职业指导、技能培训信息服务。加强监管，促进就业服务机构专业化、规范化、精细化。以中国·中原人力资源服务产业园区为引领，推动人力资源服务业集聚发展，培育区域经济发展人力资本新动能。健全终身技能培训制度，大规模开展职业技能培训，建设知识型、技能型、创新型劳动者大军。完善劳动关系协商协调机制，切实维护劳动者合法权益，营造构建和谐劳动关系的浓厚氛围。此外，密切关注经济和就业形势变化，加强跟踪监测与动态分析，强化政策储备，完善快速响应工作机制，结合实际制定稳就业预案，努力防范失业风险。

三 健全多层次社会保障体系

社会保障与人民群众的生活息息相关，保障人民群众生活，维护社会稳定，是民生安全网、社会稳定器。国家"十四五"规划明确提出，要健全多层次社会保障体系，当前我国已建成世界上规模最大的社会保障体系，近年来河南省社会保障工作取得明显成效。但随着社会主要矛盾发生变化，城镇化、人口老龄化、就业方式多样化加快发展，社会保障面临新挑战，社会保障事业还存在发展不平衡不充分的问题，必须进一步完善社会保障体系，满足不同人群社会保障多元化、个性化需求。一是完善社会保险体系。深入推进全民参保计划，聚焦农民工、灵活就业人员、新业态从业人员等重点群体，依托全民参保数据库，通过大数据比对，精确定位未参保单位和未参保人员以及中断缴费人员，实施精准推送式宣传服务，开展社保政策宣传，合理引导社会预期和舆论方向，提升全民参保意识。健全多层次养老保险体系，发挥基本养老保险保基本生活的作用，提高企业年金覆盖率，提升公众参与养老保险的积极性，规范发展第三支柱养老保险，增加退休人员收入。完善基本养老保险制度，逐步推动基本医疗保险、失业保险和工伤保险省级统筹，配合推进全国统筹，落实渐进式延迟法定退休年龄政策。加强退役军人安置保障，提升就业安置质量，完善和落实优抚政策。二是完善基本医疗保险制度。统一基本医疗保险统筹层次、医保目录，深化医保支付方式改革。健全重大疾病医疗保险和救助制度，完善应急医疗救助机制，做好应急资金储备，在突发紧急情况时，确保先救治、后收费，完善医保异地就医即时结算制度。落实国家医疗保障待遇清单制度，纠正过度保障和保障不足问题，统筹基本医疗保险基金和公共卫生服务资金使用，根据经济发展水平和基金承受能力，稳步提高医疗保障水平。三是健全分层分类的社会救助体系。以"应救尽救""应兜尽兜"为目标，以基本生活救助为基础，以教育救助、医疗救助、住房救助和司法救助等专项救助为支撑，完善急难救助，鼓励社会力量参与救助，建立分层、分类的综合救助体系。科学确定救助范围，推动信息跨部门共享，实现精准救助。推进社会救助制度城乡统筹，设计城乡一体的救助服务政策。深化社会救助"放管服"改革，建立健全"一门受理、协同办理"机制。创新社会救助方式，积极发展服务类社会救助。除资金、物质保障之外，要更加注重以提升贫困群众能力为目标的服务保障，以"物质+服务"的救助方式，提供心理、情感、文化等方面的社会救助，以满足困难群众的需求变化。健全救助和保障标准调整机制及与物价上涨挂钩联动机制，确保困难群众基本生活水平不因物价上涨而降低。发展公益性基本殡葬服务。四是健全残疾人社会福利和帮扶制度。重视发展残疾人事业，加强残疾人劳动权益保障，提高残疾人教育普及水平和教育质量，开展职业技能培训，促进残疾人就业，扶持残疾人自主创业，支持困难残疾人家庭无障碍设施改造。此外，大力发展慈善事业，广泛动员社会力量开展社会救济和社会互助、志愿服务活动。

四　促进人口均衡发展

人口是社会发展的主体，现代化的本质是人的现代化，人口长期均衡发展是实现现代化的重要支撑。作为经济大省，也是人口大省，河南要解决好"生好小、养好老"问题，积极应对人口老龄化，激活人口发展中的存量板块，积极优化生育、养育、教育政策体系，完善人口发展中的增量部分，促进人口长期均衡发展，为推动河南高质量发展提供支撑。

一方面，落实三孩生育政策，解决不愿生、不敢生、生不出、生不好问题。一是提高优生优育服务水平。优化妇女健康服务资源配置，加大经费保障力度，推广"一站式"服务模式，积极引导妇女参与产前筛查、孕前检查，加强孕产妇营养指导、自身保健意识，提高妇女健康服务水平，促进早筛早诊早治。健全儿童关爱服务体系，做好儿童医疗保健，深化健康家庭示范建设，加强家庭科学育儿指导。二是增强生育政策包容性。依法保障妇女合法权益和地位，持续改善妇女发展环境，全面消除性别歧视，加快推进妇女事业发展，深化妇女法治宣传，提高妇女依法维权能力。系统性解决就业中的育龄妇女权益保障问题，完善生育休假和生育津贴制度，倡导家庭责任共担，鼓励男性参与子女照料，减少女性生育影响，扩大母婴室覆盖区域。三是要构建支持"生"和"育"的经济社会环境。当前，托育、教育、医疗、高房价等因素导致了"生得起、养不起"现象，在一定程度上影响了人们的生育行为。因此，要出台有利于婚育的税收、住房、社会保障等支持政策。发展普惠托育服务体系，加快学前教育普及普惠、安全优质发展，大力发展普惠性幼儿园，满足生育家庭幼儿就近入园需求。加强优质教育资源供给，推进义务教育优质均衡发展。大力推进"双减"工作，促进学生全面发展、健康成长。此外，要强化年轻一代的生育责任意识。加强青年教育、就业、住房、婚恋等服务支持，完善婚姻家庭纠纷预防化解机制，加强家庭、家教、家风建设。

另一方面，积极应对人口老龄化。"十四五"期间，我国老年人口增长曲线将相对平缓，是我国应对人口老龄化的宝贵窗口期。有效应对老龄化，事关河南现代化建设全局，事关百姓福祉。一要树立和培育全社会积极老龄观。大力弘扬爱老敬老传统美德，打造老年宜居环境，构建老年友好型社会。随着生活条件和医疗水平的提高，老年人口不是纯粹的消费者，在很多行业和领域，仍属于经验型人力资本，在充分尊重老年人意愿和身体条件允许的情况下，鼓励老年人"老有所为"，倡导"在学习进步中养老""在服务奉献中养老""在经验传承中养老""在价值创造中养老"等积极养老观，发掘和开发老年人资源，培育老年就业市场，支持有专长的低龄老年人创业，提高劳动参与率。二要健全覆盖城乡的老年健康服务体系。首先，积极推进居家标准建设，大力发展"互联网+"居家养老。补充出台子女探病陪护请假优待制度，为居家养老创造条件，完善居家适老化改造制度和标准，探索"家庭养老床位"。加强"互联网+"居家养老模式建设，探索开发智慧化医养结合信息系统，为居家老人佩戴智能化设备，加快推进医养结合智慧化，不断提高医养服务水平，使老年人有所养、有所属、有尊严、有品质地安度晚年。其次，推动社区养老健康发展，打造家门口的养老院。推进医养结合向社区居家延伸，打造以社区为依托的"15分钟"居家养老服务圈，高度重视护理分级问题，提供送药送医上门服务，打通老年人居家配药"最后一公里"，提供精准科学的社区养老服务。此外，推进医养结合高质量发展。加强医养结合标准化建设，完善准入和退出标准，确保有章可循、规范经营；完善优惠政策，吸引社会资本投资医养结合机构，积极引入公益性组织、志愿者以及社会的参与；加快推进医养资源整合，鼓励有条件的养老机构集团化、连锁化，支持医疗机构和养老机构签约合作，实现两者之间的双向转诊机制，为老年人提供连续、全流程的医疗卫生服务。

五　加强和创新社会治理

进入新发展阶段，现有的社会治理理念、制度和机制建设已经无法满足人民群众的需要，新形势对河南社会治理工作提出了新要求，河南应着重于新的变化和新的需求，积极推进改革创新，探索更多基层社会治理的有效方式，促进社会治理精细化、规范化，不断提高社会治理水平，营造共建共治共享的社会治理格局，为人民群众带来更高幸福感、获得感。

首先，健全基层治理体系。基层强则国家强，基层安则天下安，要坚持和发展"枫桥经验"，将矛盾纠纷化解在基层，将和谐稳定创建在基层。一是加大向基层放权赋能力度，制定权责清单，解决基层干部"看不见"却"管不着"的问题，将更多人力、物力、财力向基层倾斜，加强基层社会治理的队伍建设，解决"小马拉大车"问题，切实提高基层治理水平，打造基层社会治理现代化的桥头堡。二是坚持法治、德治、自治相结合。以法治为保障，强化法治宣传教育，培育公众法治意识，推进依法执政，打造过硬政法队伍。以德治为引领，发挥媒体作用，积极传播中华民族传统美德，大力开展乡风、村风、家风建设，重视模范引领，强化宣传力度，发挥道德典范、道德榜样的辐射带动作用，塑造社会良好风气，营造德治氛围。以自治强基础，建立健全基层自治组织，加强村（居）民委员会规范化建设，充分激发居民的主人翁意识，创造公众参与社会治理的机会，优化畅通参与渠道，鼓励和引导群众有序参与社会治理，真正成为社会治理的主角，打造基层治理新格局。三是以智治为支撑，构建网格化管理、精细化服务、信息化支撑、开放共享的基层管理服务平台。充分运用物联网、云计算、大数据等现代新兴技术助力社会治理现代化，加强智能化基础设施建设，建设开放共享的基层管理服务平台，加强不同领域、不同部门之间信息资源共享，建设智慧城市，为基层治理提供由数据支撑的"智慧方案"。以智能化推动社会治理创新。在网格精细化服务上下功夫，在网格中整合资源、联动力量，推动矛盾在网格化解。

其次，坚持多元共治，引导社会力量积极参与基层治理。坚持党建引领，健全党委领导机制，聚焦高质量党建，创建学习型、服务型、创新型党组织，提高党在社会治理中的领导力和号召力，以党建引领优势转化为社会治理优势，以党建创新引领基层社会治理创新，在基层社会治理过程中，充分发挥社区和乡村党员带头示范效应。强化政府社会管理、公共服务等基本职能，充分发挥政府作为治理主体的积极作用，建设服务型政府、法治政府，始终围绕和坚持以人民为中心，提高公共服务水平和法治化水平。同时，既要做到有所为、有所不为，不能大包大揽，也要发挥社会力量和人民群众的作用，引导公众关注社会治理问题，激发公众共同参与治理的积极性，整合基层社区、行业协会、企业等多方力量，提升公众参与治理的能力，壮大社会治理的队伍，同时，不断加强政府与其他社会治理主体的良性互动，形成以政府为主导、公众和社会参与的多方协同的格局。

此外，加强和创新市域社会治理。树立"全周期管理"意识，加强全程治理，完善事前、事中、事后全程治理机制，关键环节建立风险防控整体链条。加强协同治理。构建权责清晰、系统有序、协同配合、运转高效的治理机制。横向上，推动各主体、各部门信息互通、资源共享、工作联动。纵向上，构建扁平化治理模式，提高快速响应、精准落地能力。加强源头治理。加强对各类风险隐患的源头治理、早期控制，做到防范在先、发现在早、处置在小，努力把小矛盾、小问题解决在基层，把大问题、大风险解决在市域。常态化做好应对重大风险准备，及时把重大风险控制在市域、化解在市域。以推进市域社会治理现代化试点为抓手，打造具有河南特色、时代特征、务实管用的社会治理新模式。

第十七章

筑牢支撑：河南高质量发展的坚实保障

党的十九大报告指出："我国经济已由高速增长阶段转向高质量发展阶段。"实现高质量发展，是保持经济社会持续健康发展的必然要求，是适应我国社会主要矛盾变化和全面建设社会主义现代化国家的必然要求。当前，我国已进入新发展阶段，面对新形势、新任务，推动高质量发展是河南准确把握新发展阶段，深入贯彻新发展理念，加快构建新发展格局的内在要求。高质量发展涉及经济、社会发展的方方面面，是一个长期的实现过程，必须加强载体平台建设、突出基础能力升级、突出科技人才强省、强化政策法规支撑、营造良好营商环境，以保障河南高质量发展的顺利实现。

第一节 加强载体平台建设

载体平台是推动河南高质量发展的关键举措，应围绕产业链部署创新链、价值链，打造产业集群创新平台、产学研合作平台、创新创业平台等载体，高质量发展的载体平台体系，培育经济发展新动能，促进科技创新、产业创新、模式创新，推动实现河南高质量发展。

一 健全平台支撑体系

加快形成体系健全、功能完备的创新平台引领发展格局，为河南高质量发展提供支撑。第一，推进国家大平台、大科学装置在河南布局的进程。遵循国家战略发展布局与河南本土实际创新需求，重点建设生物育种中心和国家超算中心。生物育种中心聚焦分子育种短板，在开放创新上先行探索，依托河南省农科院等传统育种优势单位，与分子育种领域技术领先的中国农科院、深圳华大基因等科技力量联合成立生物育种研究院，通过体制机制创新吸引人才、协同创新、取长补短、务实合作，提升河南现代分子生物学育种技术水平。支持国家超算中心建设，立足河南装备制造、人工智能、精准医疗、农作物基因测序等优势产业和领域对超算中心的需求，按照省政府要求，支持郑州市以郑州大学超算中心为基础，联合信息工程大学及主要应用企业合作建设中原超级计算中心，并积极争取国家超算中心在河南布局。第二，争创国家级创新平台。积极参与承担国家实验室建设任务，加快建设在食管癌防治、动物免疫学等领域省部共建国家重点实验室的步伐，在盾构装备、矿山机械、智能农机、超硬材料等领域择优创建国家技术创新中心，在眼耳鼻疾病、传染性疾病、骨科与运动康复等领域争创国家临床医学研究中心，在装备制造、疾病控制、现代农业等领域争创国家国际联合研究中心。协调有关部门积极争创国家级协同创新中心、制造业创新中心、质检中心、工程研究中心。第三，推进省级创新平台布局的优化。持续推进大中型高企研发机构全覆盖，加快布局重点实验室、工程研究中心、制造业创新中心、临床医学研究中心、企业技术中心等省级创新平台，高质量建设大学科技园、专业化众创空间、众创空间、科技企业孵化器、星创天地等各类创新创业孵化载体。

二 加强区域创新平台建设

培育更多的区域高质量发展支撑点，进一步打造并强化创新增长极，辐射带动周边地区创新发展进程，加速推进实现河南高质量发展。一是加大创新型市县的培育力度。进一步强化国家创新型试点城市如郑州、洛阳、南阳等城市的领头羊地位并积极发挥其带动作用，加大省级创新型城市培育力度并积极开展建设，结合省辖市实际情况，引导其积极探索符合实际情况的创新发展路径，促进组织体系的完善、在科研领域加大投入，以期实现高质量创新发展，在以原有的省创新型（试点）城市的基础之上，促进国家级创新型城市在河南的建设，加快本土创新型城市圈和城市带的建设，带动城市高质量发展；加快推进省创新型县（市）建设，争创国家创新型县（市），加大对县域科技工作的指导和服务力度，培育一批具有较强带动能力的区域特色支柱产业，以科技创新支撑县（市）高质量发展。二是推动各类园区高质量发展。突出"高"和"新"，推行差异化发展路子，优化布局、突出特色、聚焦主业、集成资源，发展壮大一批创新型产业集群，形成各有侧重、错位发展、特色鲜明的产业发展格局；积极争创国家农业高新技术产业示范区和国家农业科技园区，建设一批省级农业科技园区，强化农业科技园区动态管理，加快农业科技园区优化升级，以期实现本省可持续发展实验区高质量建设，推进国家级可持续发展议程创新示范区的创建。三是大力发展双创载体。突出特色，发挥各类双创载体优势，加快科技型中小企业孵化体系的构建，实现河南省全域覆盖，共同打造河南"双创"升级版，增强高质量发展活力。支持国家创新创业特色载体构建各具特色的孵化生态体系，加大对郑州、洛阳、新乡、平顶山高新区等的支持力度，鼓励积极探索。为加快科技成果转化、促进创新人才聚集、加快大中小企业的融合等，需尽快构建孵化服务平台以实现资源快速聚合，不断提升本土孵化能力，提高育成率；鼓励创新龙头企业建设专业化众创空间，加大对创新龙头企业在专业化众创空间建设方面的支持力度，加大对中小型科技企业的孵化力度，推动企业产业链条的完善，实现企业高质量发展。四是稳步推进大学科技园建设。按照"成熟一个、建设一个"的原则推进省级大学科技园建设，为河南高校科技成果转化提供孵化平台，为高质量发展畅通转化渠道。

三　加强产业创新平台建设

对当下支柱性企业、主导型产业的技术开发等创新前端环节应加大支持力度，重点建设一批研发平台，利用产业创新平台优势吸引资源的聚集，推进高质量发展。第一，支持高校科研院所学科平台建设。依托于高校在进行基础研究与技术开发方面的优势，应积极鼓励高校科研院所结合河南省本土产业发展现状与产业发展需求进行技术研究、开发。积极支持争取国家及省级重点实验室、工程实验室等落地河南高校。依托郑州大学、信息工程大学、河南农业大学、河南工业大学等高校建设一批优势学科、国家级和省级重点学科，支持高校发展新兴学科，提升现代农业、电子商务、跨境贸易、物流、金融、现代服务业等领域的基础研究与技术开发水平。第二，加强新兴产业创新平台建设。结合当下战略性新兴产业技术需求，应加大在装备制造、信息技术、新能源、新材料等领域的支持力度，加大对产业共性平台建设的支持力度，结合当下国家技术基地转移至郑州的实际情况，应加强企业技术中心、工程技术中心等技术创新平台建设。第三，应加快共享平台建设以实现科技资源共享。结合河南省实际依托河南省在大型科学仪器设备领域、科技文献领域等条件加快建设共享平台，探索并建立调动各方积极性的资源共享机制。为提高资源利用率，鼓励高校、科研院所等机构的公共科技资源向社会面开放共享，政府应通过财政补贴等方式加大对高校、科研院所的支持力度。建立相关管理制度，依法开放财政资金购置的大型科研仪器设备和科研基础设施。第四，启动大数据云计算平台建设。充分发挥大数据、云计算等信息技术对创新资源的整合作用，布局高新区建立大型云计算数据中心，启动中心基础设施建设，建成满足云计算发展需求的宽带网络基础设施；增强云计算服务能力，支持企业加快向云计算产品与服务提供商转型；加强云计算相关基础研究、应用研究、技术研究、市场培育与政策协调，不断提升云计算自主创新能力；加强大数据开发与利用，完善云计算产业链，促进云计算业态创新。第五，加强科技中介服务平台建设。引导社会服务机构针对科技孵化器或加速器提供优质服务，促进孵化服务系统化和多元化。重点扶持一批生产力促进、咨询评估、知识产权代理、投融资、技术经纪等科技中介服务机构；支持国有科技中介服务机构转制，引导中介服务机构转变运行机制，提高业务素质，提升服务水平。建立和完善技术交易、人力资源、技术产权交易等市场平台，发展现代科技服务业。

第二节　突出基础能力提升

　　基础设施能力是支撑河南省人流、物流、信息流自由高效流动的基本要素，也是实现河南高质量发展的重要支撑能力。基于自然、历史、经济等原因，河南的交通、能源、信息等基础设施建设相对落后，已经成为制约河南实现高质量发展的明显障碍。因此，在未来一个时期，要按照高质量发展要求，积极加强能源、信息等基础设施建设，进一步优化能源结构，完善交通网络，建设和谐水利、交通等网络着力提升保障水平，增强河南高质量发展支撑能力。

一　建设现代综合交通体系

　　现代化的交通运输体系，是对于实现高质量发展具有先导性和战略性的重大意义，应以深化供给侧结构性改革为主线，坚持网络化布局、智能化管理、一体化服务、绿色化发展，提升河南交通运输服务能力、品质和效率，建成高效的铁路网络、发达的航空网络、便捷的公路网络和功能完善的综合交通枢纽，率先基本实现交通现代化，提升大河南在全球交通网络中的枢纽地位和辐射地位。一是要进一步建设完善"米"字形高速铁路网，在积极推进城际铁路网的建设同时也应加快"四纵六横"货运干线的建设，实现河南省市市通高铁。加快实现新郑机场与国内外主要机场互联互通的目标，不断开辟新航线、增加航班班次，大力发展货机航班，实现空空中转、空陆联运，打造并强化"郑州中转"服务品牌。以跨省通道和中原城市群核心圈加密路段、紧密圈联通路段为重点，继续加快高速公路建设，对普通干线公路进行优化改造，在农村区域实现公路畅通安全。二依托现有的铁路、公路、航路、水路运输方式，实现各种运输方式的优势互补以弥补单一运输方式的缺陷，建设起连接东西、纵横南北的综合运输通道，依托现在就较为完善的高速铁路，形成以郑州为中心的"米"字形主通道格局，形成"井"字形侧通道格局。三要全面提升交通管理和服务水平。加快智能交通发展，推动交通运输资源在线集成，加强跨地域、跨类型交通信息互联互通，构建多方式可选、多层次融合、全过程连贯的一体化客运换乘体系，推进公众出行服务、货运与物流服务现代化，实现交通运输的高质量。

二　建设现代能源支撑体系

新常态是优化能源结构的机遇，能耗的增量可以由低碳能源如可再生能源的增长来满足。应坚持内节外引能源方针，推动能源革命，优化能源结构，完善储运网络，加强系统集成，建设清洁低碳、安全高效的现代能源体系，以高质量能源支撑河南高质量发展。一是扩大清洁能源利用规模。坚持增加供应与提高能效相结合，统筹利用各种燃气资源，积极拓展民用、交通、工业等用气领域，因地制宜适度建设燃气热电项目。加快提高可再生能源占能源消费比重，推进风电和光伏发电快速发展，合理开发利用地热能。实施终端用能清洁替代，加大散煤集中治理力度。二是合理开发利用化石能源。推进煤炭科学开采和质量提升，合理控制开发强度和消费总量，加强煤炭洗选和分级分质梯级综合利用。加快推进资源枯竭矿井的退出，淘汰煤炭落后产能，推进煤炭清洁生产和清洁高效利用，建设一批智能高效的大型现代化煤矿。坚持超低排放和先进能效标准，合理布局建设高效清洁燃煤机组，加快现役机组升级改造，全面提升能效、实现超低排放，以资本为纽带推进煤电一体化发展，打造绿色煤电基地。稳定原油产量，引进原油资源，打造中原炼化基地，全面提升油品质量，优化石油化工产品结构。加强煤层气、页岩气资源勘探开发，加快突破技术瓶颈。三是完善能源输运储备网络。优化完善省级和市域主干电网，加快城镇和农村配电网建设改造，支持可再生能源发电接入、消纳和储能设施建设。积极谋划建设途经河南的国家油气干线及配套储备库，同步完善地方管网和储配设施，扩大管道天然气覆盖范围，打造区域性油气输配中心。四是推动能源系统集成优化。统筹电、气、热、冷等终端供能设施一体化规划建设，积极发展分布式能源，推进能源综合梯级利用。加快智能电网建设，推进能源与信息等领域新技术深度融合，开展先进储能、智能微网等新技术应用试点，积极构建能源互联网和智慧能源系统，实现能源供应的高质量。

三　建设和谐的水利支持体系

深入贯彻落实节水优先、空间均衡、系统治理、两手发力的治水方针，加强水利基础设施建设和水资源管理，提高水资源利用效率，构建复合型、多功能的高质量水利网络体系。一是加强水利工程体系建设。完善防洪体系，加快推进一批大中型水库、重要支流治理、病险水库水闸除险加固和蓄滞洪区等工程建设，构建"一纵三横、南北调配、东西贯通、区域互补"的水资源配置格局，初步形成纵横连通的水网体系。完善灌排体系，推进重点灌区建设，继续实施大中型灌区续建配套节水改造项目，加强低洼易涝地治理。创新农田水利设施建设体制机制，积极推广先进适用的节水灌溉技术。完善水文水资源监测体系，建设涵盖地表水与地下水的各类水功能区监测评价信息系统，构建覆盖全省的水文信息共享与服务平台。二是加强水生态文明建设。以"水域通畅、水清宜人、水景辉映、水美城乡"为目标，以国家级和省级水生态文明试点城市为重点，整体规划城市河湖水系水景，推进重点城市水系生态修复和景观美化，建设一批融城市水系和生态绿化于一体的"水美城市"。稳步推进县乡水生态文明体系建设，在水资源条件好的地方打造一批"水美乡村"，实现水利工程的高质量发展。

四　构筑信息基础设施新格局

信息基础设施，是经济创新发展的基础条件，是实现河南高质量发展的有力支撑。推动信息基础设施高质量发展，助推河南发展全面高质量，首先要做的就是优化信息基础设施。一要加快宽带网络建设与优化升级，在河南省城乡高速间实现宽带网络的全覆盖，并加快5G网络的建设，进一步贯彻提速降费的理念，使高品质网络服务惠及普通民众，为人民提供用得上、用得起、用得好的网络服务。探索与世界各国合作，加大资金投入、技术支持和智力保障力度，共同推进跨境光缆等项目建设，推动全球网络基础设施加快普及，完善空间信息基础设施。二要强化对数据中心等新型应用基础设施的统筹规划，引导数据中心向规模化、集约化、智能化、绿色化方向布局发展，积极探索建立跨省跨区域之间数据共建共享机制，实现数据的互联互通。三要加快传感器技术、地理空间信息技术、卫星定位与导航技术、新一代信息技术应用，加快智能化物联网在河南省本土布局，实现物联网与云计算、大数据、互联网之间的融合，在融合的基础上实现协同发展，推动交通、电力、卫生、供水等城乡基础设施数字化、网络化、智能化改造，打造智慧交通、智慧电网、智慧医疗、智慧城市，助推河南高质量发展。

第三节　突出科教人才强省

习近平总书记指出，发展是第一要务，人才是第一资源。人才是第一资源，是地区发展的核心战略资源，也是河南高质量发展的关键资源和紧缺资源，科技人才供给直接决定着河南发展的水平和质量。推动河南高质量发展需要加快实施科技人才强省战略，在高素质人才的培养和引进上下功夫，不断完善科技人才激励保障机制，加快人才集聚，为高质量发展提供智力支撑。

一　加大产业创新领军人才引进

充分发挥柔性引才作用，面向海内外引进支持一批学术技术水平领先、对河南省本土产业发展具有重要带动作用的产业创新领军人才，重点引进培育"从事产业技术创新、符合河南高质量发展要求、具有较好的产业化开发潜力和市场前景"的产业领军人才和"掌握核心技术、专业贡献重大、团队效应突出、引领作用显著"的创业领军人才，形成与侧重基础研究的"中原学者"相互支持的高端人才体系。加大外国人才智力引进力度，为向外籍人才提供良好的服务，须理顺在外籍人才签证制度和工作许可制度环节。须加速重点引智项目的落地，支持外籍科学家在省内建立科研工作室，建立符合省情的高端引智平台，密切同国外的人才交流合作，进行海外引智工作联络网建设，进一步实行国际化高素质人才培育，提供优质的出入境培训和管理工作，保证培训的高质量。健全完善更加开放的引才办法，进一步加大院士工作站等柔性引才力度，鼓励企事业单位、新型研发机构等建设院士（专家）工作站，广泛吸引海内外人才到河南省创新创业，为高质量发展提供内生动力。

二 加快高层次创新人才和团队培育

一要结合国家"万人计划"等重点人才工程，结合河南高质量发展要求，有计划、有重点地遴选一批"中原学者"、中原科技创新领军人才、中原青年拔尖人才等高层次科技创新人才、团队，打造中原人才系列品牌。二要加快"中原学者科学家工作室"建设步伐，推动工作室体制机制创新，在人力、物力、财力等方面给予科学家足够的自主权，在项目立项、组建团队、管理团队、科研路线选择上给予其足够自主权。三要应凸显"中原院士基金"作用，加大对院士等高端人才的引进、支持力度。四要依托现有的项目资源，以院士和"中原学者"等高端人才为核心，创建一批高层次的创新团队，进一步稳定推进科研项目和重要任务，以稳定团队，加大对团队的支持力度。五是要利用 NSFC-河南联合基金作用，整合联合基金，创新提供多种支持方式，不断扩大基金规模，在资助领域应进一步拓宽资助范围，学习借鉴先进省市自然科学基金管理模式，完善河南省资助方式，以"人才+项目"的模式，对项目的选取进行优化，在青年人才培养上打造自主模式。对于发展潜力大、技术水平高的青年科技人才须提高关注度，加强对科技创新人才的遴选，以提供一批创新杰出青年服务河南发展，助推河南高质量发展。

三 优化人才发展环境

坚持"人尽其才、才尽其用"的基本原则，在人才考核评价、分配激励、双向流动等领域的人才利用方面应加快体制改革，为创新人才服务提供强有力保障，营造各类人才竞相发展的良好社会环境，让更多的人才以更大的热情投身河南高质量发展。改进特殊人才职称评价方式，对一些高质量发展薄弱环节、薄弱领域，突出用人主体在职称评审中的主导作用，进职称评价与特殊特需人才聘用有效衔接。合理界定和下放职称评审权限，推动国有企业、高校、科研院所自主评审职称，探索高层次人才、急需紧缺人才职称直聘办法。进一步完善人才分配激励机制，完善科研事业单位收入分配制度，推行工资与绩效挂钩，健全与岗位职责、工作业绩、实际贡献紧密相连的分配激励机制，重点向关键岗位、业务骨干和对高质量发展做出突出贡献的人员倾斜。完善知识、技术、管理等要素由市场决定的报酬机制，提升科技人员在科研成果进行转化的收益比例，鼓励通过股权、期权、分红等一系列多样化的激励方式，以调动科技人员积极性。健全人才双向流动机制，改进科研人员薪酬和岗位管理制度，破除人才流动的体制机制障碍，研究制定高校、科研院所等事业单位科研人员离岗创业的政策措施，允许高校、科研院所设定一定比例的流动岗位，吸引具有创新实践经验的企业家、科研人员兼职，促进科研人员在事业单位和企业间合理流动。进一步强化创新人才服务的保障措施，促进创新型科技人才综合服务平台的建立完善，积极培育专业化人才服务机构，拓展人才服务新模式，建立创新人才维权援助机制，探索人才长效服务机制。

第四节　强化政策法规支撑

政策法规是治国理政的基本方式，在推动经济社会发展具有重要的引领和指导性作用。推动河南高质量发展走在全国前列，政策法规必须走在前列，必须有新作为。当前，要坚持系统性思维，从政策体系、精准立法、法制政府、公正司法等维度着手，更好地发挥政策法规对河南高质量的引领保障作用。

一　强化政策导向

政府相关经济政策的取向及力度，会对市场产生激励性的导向作用，这种激励包括正向激励（鼓励性激励）和负向激励（约束性激励）。强化高质量发展系列的导向作用，首先要做到的就是保证现有政策及系列政策的科学性、一贯性、系统性，充分发挥其对高质量发展的正向激励作用。李克强总理说过，"出台的每一项政策，既要对解决当前问题有针对性，更要为长远发展'垫底子'"。这个"底子"指的就是高质量发展的平台。要全面实现河南高质量发展，就要防止调控政策时过境迁，成为高质量发展长期实现的障碍。因此，要想实现河南高质量发展，调控政策需要在短期突出问题和中长期问题的结合点上发力。其次，要完善政策的导向作用。一方面抓好已出台各项督促政策的协调落实；另一方面协调尚未落实的相关政策，对相应的政策长效机制进行完善，加强横纵向的协调对接，对于拟出台政策的预期效果和各方反应进行审慎研判，以期实现政策的稳定连续，发挥政策合力对高质量发展的引导作用。三是做好储备性政策研究工作。密切关注河南高质量发展会遇到的新情况、新问题，增强相关政策的前瞻性和时效性，做好政策绩效评估，同时及时提出调整建议。高质量发展需要多种政策手段配合，各个手段之间也并不是相互孤立的，要灵活运用，形成相互协调的政策体系。不同的政策手段应当在高质量发展政策链上作用于不同的环节，形成一个覆盖高质量发展各环节、彼此协调又重点突出的高质量发展政策体系。

二　构建创新政策体系

实现河南高质量发展，要克服经济社会发展过程中的不协调、不平衡和不可持续问题，形成经济增长新动力、社会发展新模式，其关键在于创新。创新是高质量发展的第一动力，创新的力度决定了未来的发展质量以及发展方向。实现高质量发展必须构建有利于加快供给侧结构性改革、增强创新活力和形成经济发展新动能的创新政策体系。在政策层面，需要在提高人的积极性、实现资源的优化配置等方面实施精准的对策。在涉及人才放权、松绑、服务等环节，需要指定切实可行的对策，深入挖掘创新科技人才的创造性和活性。将社会资源尽可能向科技创新领域倾斜，促进创新资源的合理配置，针对已经落地的政策，要进一步强化实施，在面临新问题时应加强研究，以便提供恰当政策。

三 加强精准立法进程

高质量促进法治建设，其前提是实现高质量立法，高质量立法是推动高质量发展的重要支撑，河南省地方在立法工作上取得了不俗成绩，河南省本土的经济发展在总体层面已实现了有法可依。但是在看到取得成就的同时也应该看到结合高质量发展的要求，存在地方性法规滞后的问题，立法项目和经济发展未能形成有效对接，还未实现给高质量发展提供足够助力。基于这一事实，需要在高质量发展理念的引导下，结合本省的战略规划，加快在重点领域的立法进度，同改革进度相衔接，适应经济社会的发展，进一步提升立法的精准性、可行性、有效性以便解决经济社会发展的难题。此外，应统筹考虑地方立法与区域发展问题，在高质量发展阶段中面临的挑战能高效地解决，不断积累经验从而将其上升为法规制度。

四 加快建设法治政府

推动高质量发展，离不开政府的加持，需要政府进行管理和服务。在推进高质量发展进程中，只有加快建立权责统一、权威高效的依法行政体制，依托于此体制有利于建设成廉洁高效、公开公正、权责一致的法治政府，在此基础上有利于发挥政府打造良好营商环境的积极作用，如加大简政放权的力度，保持市场主体的活力。统筹各个职能部门对职能、职责进行科学的核定，对机构进行改革创新以实现巩固改革成果的目的。在推进高质量发展过程中面临的新问题，需及时跟进法律服务手段，在对投资领域、创业领域、创新领域为保证公平竞争需要加大法律保护力度。对于在高质量发展进程中衍生出的一系列新业态、新模式，在执法的过程中把握好裁量尺度，深入把握法律和政策核心要义。

第五节　营造良好营商环境

区域竞争中营商环境就是生产力，优化营商环境就是解放生产力、提升竞争力。对于河南高质量发展来说，全面优化营商环境应作为全局性、先导性和基础性工作来抓，聚焦企业发展面临的现实挑战，在税费负担、金融改革等众多方面出台更有力度的改革举措，进一步提升企业获得感和投资发展信心，为高质量发展提供支撑。

一 深化行政审批制度改革

深入推进"放管服"改革，深化行政审批制度改革，不断提高审批效率和服务质量，切实降低民间投资的制度性交易成本，是激发营商活力的第一步。第一，持续推进简政放权。全面贯彻落实国家关于深化"放管服"改革的各项重点任务，进一步精简行政职权事项，将省级部分经济管理权限依法赋予国家级开发区，市级部分经济管理权限赋予产业集聚区。鼓励有条件的地方和各类开发区开展相对集中行政许可权改革试点，探索设立行政审批局，实现"一枚印章管审批"。建立健全清单管理制度，动态调整和规范权责清单、中介服务清单等。第二，深化商事制度改革。深入推进"多证合一"改革，大力推行"一表申请、一窗受理、一网归集"工作模式，深化部门间信息共享和业务协同。积极推进"证照分离"改革，进一步扩大改革试点范围，扎实推进"照后减证"，着力破解"办照容易办证难""准入不准营"等突出问题。对新技术、新产品、新业态、新商业模式等，在名称核准、经营范围登记、住所（经营场所）限制和行业管理等方面加强制度供给，实行包容审慎监管，为创业创新留出充足空间。第三，深化投资审批制度改革。全面推进省新版投资项目审批流程在线运行，完善丰富投资项目在线审批监管平台功能，加快与各地、各部门行政审批系统及省建筑市场监管公共服务平台等的对接融合，实行统一代码、统一身份认证、业务协同办理，实现"平台之外无审批"，让企业"最多跑一次"。

二 减轻企业税费综合负担

在税收国际竞争背景下，企业负担过重会抑制再投资积极性，甚至引起产业外迁，因此应大幅降低费率，力争达到国外主要经济体相近的水平。落实全面推开"营改增"试点政策，以及国家降低制造业增值税税负、小微企业和高新技术企业减免税、企业研发费用税前加计扣除等税收优惠政策，简化办理程序，优化纳税服务，确保企业应享尽享各项税收优惠政策；推进产业集聚区售电服务和省辖市增量配电业务改革试点全覆盖，鼓励有条件的地方扩大用气、用热大户直供规模，降低企业用能成本；全面推行工业用地弹性出让制度，优先保障产业集聚区、开发区多层标准厂房建设用地指标，在符合规划、不改变用途的前提下允许提高存量工业用地土地利用率和容积率，鼓励盘活闲置低效用地，降低企业用地成本；完善最低工资标准调整机制，阶段性适当降低企业社保、住房公积金缴费比例，合理控制用工成本；要合理设定超计划（定额）用水量标准，支持工业节水先进技术的推广和应用，降低企业用水成本；落实"绿色"通道等减免或优惠通行费政策，继续对在河南行驶的货运车辆实施高速公路分时段差异化收费政策，组织开展铁路运输货物运价和货运涉企收费、非路产专用线代运营代维修和代维护收费情况专项清理，降低企业物流成本；清理不必要的资金"通道""过桥"环节，规范担保、评估、登记等中介机构收费，降低企业融资成本。通过全面减轻企业费税负担，吸引优质企业落户河南，助力河南高质量发展。

三　构建多元化融资机制

探索发展信用融资、普惠金融和"双创"金融模式，创新金融产品和服务，健全融资协调服务机制，引导各类金融机构和金融市场加大对高质量发展的金融支持力度。第一，探索开展大数据信用融资。依托社会信用体系与大数据融合发展试点省建设，推动民营行业龙头企业与金融机构合作，充分运用供应链大数据为上下游中小企业提供系统化、智能化、精准化的信用融资服务。支持征信服务机构与行业协会、产业园区等合作，归集民营企业信用信息大数据，构建小微企业信用风险评价体系，引导金融市场和金融机构根据信用评价结果加大对民营企业的融资支持力度。第二，发挥省战略性新兴产业、现代服务业、中小企业发展等产业投资基金引导作用，加快推进郑州市郑东新区龙子湖基金岛建设，促进天使投资、创业投资、股权投资基金集聚发展，扩大对种子期、初创期民营企业的股权投资。第三，鼓励有条件的地方发起设立民营经济产业发展基金，促进主导产业、特色产业发展，支持民营企业自主创新和转型升级。第四，建立政银企合作长效机制，分领域、分行业组织开展民营企业与金融机构专项融资对接活动。完善政府性担保机构和商业性担保公司互为支撑的担保体系，加强再担保机构建设，健全政银担三方合作模式，持续提升融资服务能力。第五，完善续贷过桥资金池、小微企业信贷风险补偿资金制度，满足民营企业"短快急频"的贷款周转需求。充分发挥债委会作用，加强银企互动，通过收回再贷、展期续贷、债务重组等方式支持有市场、有前景、守信用的暂时困难民营企业脱困发展，让民营企业在高质量发展中发挥更大作用。

四　创新政府管理服务方式

提高政府服务意识和能力，加强政务诚信建设，构建新型政商关系，强化政策统筹协调，稳定民间投资市场预期。第一，健全投资服务体系。建立涉企政策信息集中公开和推送制度，利用实体政务大厅、网上政务服务平台、移动客户端、服务热线等载体平台，及时准确发布政策信息，科学引导民间资本投向。围绕经济运行态势和宏观政策取向，加大政策解读力度，主动解疑释惑，帮助民营企业准确把握政策意图。健全民营企业联系服务机制，及时帮助民营企业解决项目建设、生产经营等方面的困难。第二，加强政务诚信建设。健全守信践诺机制，制定政府承诺事项备案制度，把各级政府及责任人承诺履诺情况纳入年度考核评价。认真履行与民营企业签订的合法合规协议或合同，不得以政府换届、相关责任人更替等理由拒不执行，严禁"新官不理旧账"等行为。对因国家利益、公共利益或其他法定事由需要改变政府承诺或合同约定的，要严格依照法定权限和程序进行，并对相关企业和投资人的财产损失依法予以补偿。持续开展政务失信专项治理，加大对拒不履行政府所作合法合规承诺等行为的查处力度。第三，构建"亲""清"新型政商关系。研究建立政商交往"负面清单"和"正面清单"，坚持"亲"不逾矩、"清"不疏远，坦荡真诚同民营企业家接触交往，真心实意支持民营经济发展。建立政企常态化沟通机制，在研究制定涉企法规政策时，注重听取民营企业意见，充分吸纳民营企业的合理建议。第四，完善营商环境改革容错纠错机制。落实容错与纠错机制，按照中央颁布的《关于进一步激励广大干部新时代新担当新作为的意见》，真正落实"三个区分开来"，特别是对于突破旧制度带来的新问题要予以包容，让改革者大胆在高质量发展探索中完善改革方案。

参考文献

[1] 陈健、张旭：《论新发展阶段、新发展理念、新发展格局的整体性》，《中共杭州市委党校学报》2022 年第 2 期。

[2] 廖维晓、胡桂瑜：《以新发展理念构建高质量发展新格局》，《甘肃政协》2021 年第 6 期。

[3] 王海山、李建德、张裔：《新发展阶段、新发展理念、新发展格局的战略意蕴和逻辑理路》，《中国井冈山干部学院学报》2021 年第 2 期。

[4] 王灵桂：《防范和纠正新发展阶段、新发展理念、新发展格局认识误区》，《人民论坛》2021 年第 20 期。

[5] 董根洪：《新发展理念开启中华文明和人类文明新纪元》，《观察与思考》2018 年第 8 期。

[6] 黄奇帆：《如何以国内大循环为主体构建双循环新格局》，《瞭望》2020 年第 29 期。

[7] 黄刚：《疏通区域经济堵点融入"双循环"新格局》，《投资与合作》2020 年第 6 期。

[8] 王三兴、李真真：《大国经济内外循环变迁规律与双循环新格局的构建》，《安徽农业大学学报》（社会科学版）2021 年第 5 期。

[9] 陈文玲：《当前国内外经济形势与双循环新格局的构建》，《河海大学学报》（哲学社会科学版）2020 年第 4 期。

[10] 金辉：《多位专家解读构建双循环新格局关键点》，《理论导报》2020 年第 9 期。

［11］夏斌：《关于构建双循环新发展格局的十条建议与三大底线》，《新金融》2020年第10期。

［12］徐奇渊：《双循环新发展格局：如何理解和构建》，《金融论坛》2020年第9期。

［13］郭建军：《准确把握"两个确保"的目标，特征与重大关系》，《党的生活（河南）》2022年第2期。

［14］唐晓旺：《实现"两个确保"需要强化"五个站位"》，《党的生活（河南）》2022年第2期。

［15］徐政、郑霖豪：《高质量发展促进共同富裕的内在逻辑与路径选择》，《重庆大学学报》（社会科学版）2022年第4期。

［16］崔耕瑞：《中国产业高质量发展水平测度及评价》，《统计与决策》2022年第5期。

［17］李鹏：《要素替代弹性与中国经济高质量发展》，《统计与决策》2022年第8期。

［18］刘秉镰、秦文晋：《中国经济高质量发展水平的空间格局与动态演进》，《中国软科学》2022年第1期。

［19］李子联：《中国经济高质量发展的动力机制》，《当代经济研究》2021年第10期。

［20］李瑞记：《新时代经济高质量发展的科学内涵与实现路径》，《北方经贸》2021年第10期。

［21］吴雨星、吴宏洛：《马克思经济发展质量思想及其中国实践——暨经济高质量发展的理论渊源》，《当代经济管理》2021年第11期。

［22］郑凯、赵海月：《新时代经济高质量发展的实践路径探析》，《湖北社会科学》2021年第8期。

［23］李华、董艳玲：《中国经济高质量发展水平及差异探源——基于包容性绿色全要素生产率视角的考察》，《财经研究》2021年第8期。

［24］王维平、牛新星：《试论"双循环"新发展格局与经济高质量发展的良性互动》，《经济学家》2021年第6期。

［25］张超、唐杰：《中国经济高质量发展机制：制度动因、要素保障与实现路径——兼论深圳经济高质量发展的实现路径》，《湖南社会科学》2021年第3期。

［26］贾洪文、张伍涛、盘业哲：《科技创新、产业结构升级与经济高质量发展》，《上海经济研究》2021年第5期。

［27］张超、钟昌标：《金融创新、产业结构变迁与经济高质量发展》，《江汉论坛》2022年第4期。

［28］韦东明、顾乃华、魏嘉辉：《财政垂直失衡、公共支出偏向与经济高质量发展》，《经济评论》2021年第2期。

［29］张侠、徐启发：《新时代中国省域经济高质量发展测度分析》，《经济问题》2021年第3期。

［30］程翔、杨小娟、张峰：《区域经济高质量发展与科技金融政策的协调度研究》，《中国软科学》2020年第S1期。

［31］丁浩、王任重：《经济高质量发展与供给侧结构性改革耦合分析》，《华东经济管理》2020年第12期。

［32］任保显：《中国省域经济高质量发展水平测度及实现路径——基于使用价值的微观视角》，《中国软科学》2020年第10期。

［33］刘戈非、任保平：《地方经济高质量发展新动能培育的路径选择》，《财经科学》2020年第5期。

［34］许光建：《经济高质量发展的重要支撑与引擎动力》，《人民论坛》2020年第2期。

［35］曾刚：《坚持稳中求进总基调　筑稳宏观经济大盘》，《中国农村金融》2022年第4期。

［36］郭威：《稳中求进是经济工作总基调》，《中国金融》2020年第1期。

［37］陈清、马信聪：《"稳中求进"工作总基调研究述评与展望》，《福建论坛》（人文社会科学版）2019年第1期。

［38］穆兆勇：《"稳中求进工作总基调"的缘起与意义》，《人民论坛》2020年第12期。

［39］金观平：《把牢稳中求进总基调》，《现代企业》2022 年第 2 期。

［40］朱品儒：《稳中求进工作总基调的辩证唯物主义意蕴》，《学术前沿》2020 年第 10 期。

［41］张宇：《"稳中求进"对新时期社会主义市场经济发展新途径的要求初探》，《中国商论》2021 年第 20 期。

［42］群仲平：《切实把握好"稳中求进"的新内涵》，《群众》2021 年第 24 期。

［43］程实：《稳中求进加速经济"增质"》，《商界：评论》2020 年第 1 期。

［44］李育蒙、刘艳辉：《奋进新答卷 稳步向未来》，《求是》2022 年第 6 期。

［45］宁吉喆：《中国经济运行呈现十大亮点》，《求是》2020 年第 3 期。

［46］刘鹤：《必须实现高质量发展（学习贯彻党的十九届六中全会精神）》，《人民日报》2021 年 11 月 24 日。

［47］李金昌、史龙梅、徐蔼婷：《高质量发展评价指标体系探讨》，《统计研究》2019 年第 1 期。

［48］张丽伟、田应奎：《经济高质量发展的多维评价指标体系构建》，《中国统计》2019 年第 6 期。

［49］李强：《经济高质量发展评价指标体系构建与测度》，《统计与决策》2021 年第 15 期。

［50］张震、刘雪梦：《新时代我国 15 个副省级城市经济高质量发展评价体系构建与测度》，《经济问题探索》2019 年第 6 期。

［51］黄云平、孙敏、温亚昌、杨丹：《新时代云南高质量跨越式发展：现实评价与未来构想》，《经济问题探索》2020 年第 8 期。

［52］魏修建、杨镒泽、吴刚：《中国省际高质量发展的测度与评价》，《统计与决策》2020 年第 13 期。

［53］韩永辉、韦东明：《中国省域高质量发展评价研究》，《财贸研究》2021 年第 1 期。

［54］张侠、许启发：《新时代中国省域经济高质量发展测度分析》，《经济问题》2021 年第 3 期。

［55］杨耀武、张平：《中国经济高质量发展的逻辑、测度与治理》，《经济研究》2021 年第 1 期。

［56］任保平：《新时代中国经济从高速增长转向高质量发展：理论阐释与实践取向》，《学术月刊》2018 年第 3 期。

［57］YuruGuan，YuliShan，QiHuang，HuilinChen，DanWang，Klaus Hubacek. Assessment to China's Recentemissionpatternshifts. *Earth's Future*. Oct. 21，2021.

［58］宁吉喆：《贯彻"巩固、增强、提升、畅通"方针持续深化供给侧结构性改革》，《宏观经济管理》2019 年第 4 期。

［59］张继久：《在"巩固，增强，提升，畅通"上下功夫》，《学习月刊》2019 年第 3 期。

［60］吴秋余、林丽鹂、邱超奕、葛孟超：《巩固增强提升畅通深化供给侧改革八字方针指明航向》，《新华月报》2019 年第 3 期。

［61］王一鸣：《建设有国际竞争力的现代产业体系》，《政策瞭望》2019 年第 3 期。

［62］本刊首席时政观察员：《巩固·增强·提升·畅通》，《领导决策信息》2019 年第 1 期。

［63］邱海锋：《2019，"八字诀"推进中国经济供给侧改革》，《中国工程咨询》2019 年第 1 期。

［64］董少鹏：《"八字方针"对资本市场意味着什么》，《商业观察》2020 年第 1 期。

［65］周济：《提升制造业产业链水平　加快建设现代产业体系》，《中国工业和信息化》2022 年第 12 期。

［66］李英：《供给侧结构性改革背景下制造业中小企业转型模式与路径研究》，《理论探讨》2019 年第 6 期。

［67］姜长青：《新中国经济发展史上的三个"八字方针"》，《党史博览》

2020 年第 6 期。

［68］ 吴秋余、林丽鹂、邱超奕等：《深化供给侧改革　八字方针指明航向》，《长春市委党校学报》2019 年第 1 期。

［69］ 张银平：《从中央经济工作会议看国企供给侧结构性改革》，《求知》2019 年第 4 期。

［70］ 李清君：《把握深化供给侧结构性改革中"八字方针"的新涵义》，《奋斗》2019 年第 1 期。

［71］ 黄凯南：《演化增长视角下的供给侧结构性改革》，《政治经济学报》2019 年第 1 期。

［72］ 安静贇：《以深化供给侧结构性改革推动经济高质量发展》，《实践：思想理论版》2019 年第 9 期。

［73］ 习近平：《关于〈中共中央关于全面深化改革若干重大问题的决定〉的说明》，《人民日报》2013 年 11 月 16 日。

［74］ 张占斌：《坚决打好全面建成小康社会收官战》，《学习时报》2019 年 3 月 29 日。

［75］ 崔理想：《把握数字经济高质量发展的着力点》，《河南日报》2019 年 8 月 19 日。

［76］ 蒲晓晔、Jarko Fidrmuc：《中国经济高质量发展的动力结构优化机理研究》，《西北大学学报》（哲学社会科学版）2018 年第 1 期。

［77］ 邵彦敏：《新发展理念：高质量发展的战略引领》，《国家治理》2018 年第 5 期。

［78］ 尹冰清：《不断推动经济高质量发展取得形成果》，《经济日报》2019 年 12 月 23 日。

［79］ 周子勋：《坚定改革开放推进经济高质量发展》，《中国经济时报》2019 年 5 月 21 日。

［80］ 喻新安：《新时代推动河南发展的总纲领总遵循》，《河南日报》2019 年 12 月 4 日。

［81］ 李奇泽、张雅婷、李艳：《双循环新格局下的基本逻辑与政策建议》，

《商展经济》2022 年第 8 期。

[82] 胡美林、张利敏：《"十四五"河南推进创新发展的着力点》，《开放导报》2021 年第 5 期。

[83] 《中共河南省委关于制定河南省国民经济和社会发展第十四个五年规划和二○三五年远景目标的建议》，《河南日报》2021 年 1 月 8 日第 1 版。

[84] 刘亚辉：《躬身入局实干担当为锚定"两个确保"、实施"十大战略"作出新贡献》，《河南日报》2022 年 3 月 5 日第 2 版。

[85] 杨佩、孙友文、于晓瑛：《全国政协委员、省政协主席刘伟接受〈河南日报〉专访：躬身入局，实干担当为锚定"两个确保"实施"十大战略"作出新贡献》，《协商论坛》2022 年第 3 期。

[86] 唐晓旺：《高质量建设现代化河南的逻辑站位、时代特征及推进路径》，《中共郑州市委党校学报》2022 年第 1 期。

[87] 张小科、董黎明、杨玉雪：《新发展格局下河南推进乡村振兴战略研究》，《统计理论与实践》2022 年第 3 期。

[88] 牛瑞芳、常石明：《奋力谱写新时代河南社会主义现代化建设新篇章》，《人大建设》2018 年第 2 期。

[89] 夏先清：《激活高质量发展新动能》，《经济日报》2021 年 10 月 30 日。

[90] 龚锐、谢黎、王亚飞：《农业高质量发展与新型城镇化的互动机理及实证检验》，《改革》2020 年第 7 期。

[91] 王喜成：《试论推动高质量发展的路径和着力点》，《河南社会科学》2018 年第 9 期。

[92] 张占仓：《关于"十四五"规划的若干重大问题研究》，《区域经济评论》2020 年第 1 期。

[93] 刘湘溶：《推动我国生态文明建设迈上新台阶》，《光明日报》2018 年 6 月 4 日。

[94] 李淑梅：《人与自然和谐共生的价值意蕴》，《西江日报》2018 年 6 月

12 日。

[95] 韩正：《落实城市主体责任 稳地价 稳房价 稳预期 促进房地产市场平稳健康发展》，《人民日报》2019 年 3 月 19 日。

[96] 孙百灵、康媛璐：《突出问题导向，继续打好三大攻坚战》，《实践》（思想理论版）2019 年第 3 期。

[97] 潘文轩：《针对突出问题继续打好三大攻坚战》，《学习时报》2019 年 1 月 30 日。

[98] 李丽菲：《河南构建协同发展的现代产业体系研究》，《中共郑州市委党校学报》2018 年第 6 期。

[99] 国务院发展研究中心"经济转型期的风险防范与应对"课题组：《打好防范化解重大风险攻坚战：思路与对策》，《管理世界》2018 年第 1 期。

[100] 陈启清：《如何打好防范化解重大风险的攻坚战》，《中国党政干部论坛》2018 年第 1 期。

[101] 王景武：《打好防范化解重大金融风险攻坚战》，《中国金融》2019 年第 2 期。

[102] 孙金龙：《深入打好污染防治攻坚战 持续改善环境质量》，《环境保护》2021 年第 1 期。

[103] 李干杰：《深入学习贯彻习近平生态文明思想 坚决打好污染防治攻坚战》，《行政管理改革》2019 年第 11 期。

[104] 田春秀、夏光：《深入打好污染防治攻坚战 实现减污降碳协同增效》，《中国经济评论》2021 年第 5 期。

[105] 廖彩荣、郭如良、尹琴、胡春晓：《协同推进脱贫攻坚与乡村振兴：保障措施与实施路径》，《农林经济管理学报》2019 年第 2 期。

[106] 庄天慧、孙锦杨、杨浩：《精准脱贫与乡村振兴的内在逻辑及有机衔接路径研究》，《西南民族大学学报》（人文社科版）2018 年第 12 期。

[107] 李新平：《乡村振兴和精准扶贫的关系研究》，《劳动保障世界》2018

年第 32 期。

[108] 李晓园、钟伟：《乡村振兴中的精准扶贫：出场逻辑、耦合机理与共生路径》，《中国井冈山干部学院学报》2018 年第 5 期。

[109] 杨世伟：《脱贫攻坚与乡村振兴有机衔接：重要意义、内在逻辑与实现路径》，《未来与发展》2019 年第 12 期。

[110] 李干杰：《以习近平生态文明思想为指导坚决打好污染防治攻坚战》，《行政管理改革》2018 年第 11 期。

[111] 刘昆：《充分发挥财政职能作用坚决支持打好三大攻坚战》，《中国财政》2018 年第 19 期。

[112] 习近平：《决胜全面建成小康社会　夺取新时代中国特色社会主义伟大胜利——在中国共产党第十九次全国代表大会上的报告》，人民出版社，2017。

[113] 迟福林：《动力变革：推动高质量发展的历史跨越》，中国工人出版社，2018。

[114] 谷建全、完世伟主编《河南经济发展报告（2020）》，社会科学文献出版社，2019。

[115] 崔理想：《"十四五"时期河南创新驱动高质量发展研究》，《中共郑州市委党校学报》2021 年第 1 期。

[116] 河南省人民政府：《河南省人民政府关于实施创新驱动提速增效工程的意见》（豫政〔2019〕4 号），《河南省人民政府公报》2019 年 3 月 10 日。

[117] 中共河南省委、河南省人民政府：《中共河南省委　河南省人民政府关于加快推进郑洛新国家自主创新示范区建设的若干意见》（豫发〔2016〕27 号），2016 年 8 月 31 日。

[118] 中共河南省委、河南省人民政府：《郑洛新国家自主创新示范区建设实施方案》，2016 年 5 月 26 日。

[119] 中共河南省委、河南省人民政府：《中共河南省委　河南省人民政府关于以"一带一路"建设为统领加快构建内陆开放高地的意见》，

《河南日报》2019 年 6 月 18 日。

[120] 国务院：《国务院关于推动创新创业高质量发展打造"双创"升级版的意见》（国发〔2018〕32 号），2018 年 9 月 18 日。

[121] 河南省人民政府办公厅：《河南省人民政府办公厅关于印发河南省推进产业集聚区高质量发展行动方案的通知》（豫政办〔2019〕43 号），2019 年 8 月 20 日。

[122] 南平：《着力提高创新政策的"落地率"》，《南京日报》2019 年 3 月 21 日。

[123] 冯娟：《新发展格局构建下的高质量发展：社会再生产视角》，《经济理论与经济管理》2022 年第 1 期。

[124] 张俊涛、陈卓：《创新驱动河南省经济高质量发展的对策研究》，《创新科技》2019 年第 7 期。

[125] 崔理想：《强化人才支撑加快创新驱动》，《河南日报》2017 年 5 月 26 日。

[126] 赵铁军、王亚明、张光辉等：《创新引领发展建设出彩河南》，《河南日报》2016 年 9 月 14 日。

[127] 李斌：《中西部地区创新要素与产业要素融合模式与路径研究》，《创新科技》2019 年第 5 期。

[128] 任保平：《把创新驱动嵌入高质量发展各个环节》，《红旗文稿》2021 年第 7 期。

[129] 林致远、黄安杰：《如何实现创新驱动的经济高质量发展》，《国家治理》2020 年第 43 期。

[130] 蓝乐琴、黄让：《创新驱动经济高质量发展的机理与实现路径》，《科学管理研究》2019 年第 6 期。

[131] 黄毅敏、马草原、张乃心等：《高质量发展视阈下创新驱动制造业价值链攀升的机理研究——以河南省为例》，《生态经济》2021 年第 8 期。

[132] 习近平：《推动我国生态文明建设迈上新台阶》，《求是》2019 年第

3 期。

[133] 中共中央宣传部：《习近平新时代中国特色社会主义思想学习纲要》，学习出版社、人民出版社，2019。

[134] 中共中央宣传部：《习近平新时代中国特色社会主义思想三十讲》，学习出版社，2018。

[135] 中共中央宣传部：《习近平总书记系列重要讲话读本（2016 年版）》，学习出版社、人民出版社，2016。

[136] 吴舜泽：《深刻理解"绿水青山就是金山银山"发展理念的科学内涵》，《党建》2020 年第 5 期。

[137] 全国干部培训教材编审指导委员会组织编写《推进生态文明建设美丽中国》，人民出版社、党建读物出版社，2019。

[138] 夏联合：《进一步树牢绿水青山就是金山银山发展理念》，《经济》2019 年第 5 期。

[139] 侯子峰：《哲学视域下的"绿水青山就是金山银山"理念解析》，《齐齐哈尔大学学报》（哲学社会科学版）2019 年第 9 期。

[140] 林坚、李军洋：《"两山"理论的哲学思考和实践探索》，《前线》2019 年第 9 期。

[141] 李宏伟：《"绿水青山就是金山银山"的理论阐释》，《青海日报》2019 年 7 月 29 日。

[142] 迟福林：《动力变革：推动高质量发展的历史跨越》，中国工人出版社，2018。

[143] 国家发展改革委、国家能源局：《能源生产和消费革命战略（2016—2030）》，2016。

[144] 国家发展改革委：《能源技术革命创新行动计划（2016～2030年）》，2016。

[145] 梁红军：《河南生态文明建设的突破口》，《河南日报》2019 年 1 月 9 日。

[146] 高世楫：《为绿色发展提供可靠制度保障》，《经济日报》2019 年 1

月 24 日。

[147] 王建国:《河南践行"两山论"推动绿色发展研究》,中国经济出版社,2019。

[148] 曹永峰、张立钦等:《生态文明先行示范区建设"湖州模式"研究》,中国社会科学出版社,2021。

[149] 黄承梁:《习近平新时代生态文明建设思想的核心价值》,《行政管理改革》2018 年第 2 期。

[150] 王金南、苏洁琼、万军:《"绿水青山就是金山银山"的理论内涵及其实现机制创新》,《环境保护》2017 年第 11 期。

[151] 河南省人民政府:《河南省人民政府关于印发河南省污染防治攻坚战三年行动计划(2018—2020 年)的通知》(豫政〔2018〕30 号),河南省人民政府公报,2018 年 9 月 7 日。

[152] 国管局、中直管理局、国家发展改革委、财政部:《关于印发〈节约型机关创建行动方案〉的通知》(国管节能〔2020〕39 号),2020 年 3 月 11 日。

[153] 住房和城乡建设部、国家发展和改革委员会、民政部等:《住房和城乡建设部等部门关于印发绿色社区创建行动方案的通知》(建城〔2020〕68 号),2020 年 7 月 22 日。

[154]《习近平关于生态环境保护的十个论述》,《国家电网》2018 年第 2 期。

[155]《听习总书记谈绿水青山》,《公关世界》2018 年第 11 期。

[156] 彭见欢:《习近平生态文明思想及其价值研究》,硕士学位论文,南京财经大学,2019。

[157] 汪晓东、刘毅、林小溪:《让绿水青山造福人民泽被子孙》,《人民日报》2021 年 6 月 3 日。

[158] 王炳林、郑丽平:《深刻理解"绿水青山就是金山银山"理念的时代价值——纪念"绿水青山就是金山银山"理念提出 15 周年》,《观察与思考》2020 年第 10 期。

［159］林伯强：《碳中和进程中的中国经济高质量增长》，《经济研究》2022年第1期。

［160］匡远配、张容：《"双循环"新发展格局下农业农村高质量发展的现实困境与出路》，《世界农业》2022年第1期。

［161］王秀云、王力、叶其楚：《我国基础设施投融资体制机制创新研究——基于高质量发展视角》，《中央财经大学学报》2021年第12期。

［162］郭克莎、田潇潇：《加快构建新发展格局与制造业转型升级路径》，《中国工业经济》2021年第11期。

［163］王一鸣：《百年大变局、高质量发展与构建新发展格局》，《管理世界》2020年第12期。

［164］沈坤荣、赵倩：《以双循环新发展格局推动"十四五"时期经济高质量发展》，《经济纵横》2020年第10期。

［165］汤铎铎、刘学良、倪红福、杨耀武、黄群慧、张晓晶：《全球经济大变局、中国潜在增长率与后疫情时期高质量发展》，《经济研究》2020年第8期。

［166］刘志彪、凌永辉：《结构转换、全要素生产率与高质量发展》，《管理世界》2020年第7期。

［167］中国社会科学院宏观经济研究中心课题组、李雪松、陆旸、汪红驹、冯明、娄峰、张彬斌、李双双：《未来15年中国经济增长潜力与"十四五"时期经济社会发展主要目标及指标研究》，《中国工业经济》2020年第4期。

［168］夏显力、陈哲、张慧利、赵敏娟：《农业高质量发展：数字赋能与实现路径》，《中国农村经济》2019年第12期。

［169］胡祖才：《以改革创新推动新型城镇化高质量发展》，《宏观经济管理》2019年第8期。

［170］张军扩、侯永志、刘培林、何建武、卓贤：《高质量发展的目标要求和战略路径》，《管理世界》2019年第7期。

［171］方创琳：《中国新型城镇化高质量发展的规律性与重点方向》，《地理研究》2019 年第 1 期。

［172］魏敏、李书昊：《新时代中国经济高质量发展水平的测度研究》，《数量经济技术经济研究》2018 年第 11 期。

［173］黄速建、肖红军、王欣：《论国有企业高质量发展》，《中国工业经济》2018 年第 10 期。

［174］徐现祥、李书娟、王贤彬、毕青苗：《中国经济增长目标的选择：以高质量发展终结"崩溃论"》，《世界经济》2018 年第 10 期。

［175］刘志彪：《理解高质量发展：基本特征、支撑要素与当前重点问题》，《学术月刊》2018 年第 7 期。

［176］孙早、许薛璐：《产业创新与消费升级：基于供给侧结构性改革视角的经验研究》，《中国工业经济》2018 年第 7 期。

［177］师博、张冰瑶：《新时代、新动能、新经济——当前中国经济高质量发展解析》，《上海经济研究》2018 年第 5 期。

［178］任保平、文丰安：《新时代中国高质量发展的判断标准、决定因素与实现途径》，《改革》2018 年第 4 期。

［179］《习近平在吉林调研时强保持战略定力增强发展自信》，新华网，2015 年 7 月 18 日，http：//www. xinhuanet. com/politics/2015-07/18/c_ 1115967338. htm。

［180］《中共中央　国务院关于建立健全城乡融合发展体制机制和政策体系的意见》，http：//www. gov. cn/zhengce/2019-05/05/content_ 5388880. htm。

［181］闻言：《深入实施乡村振兴战略，书写好中华民族伟大复兴的"三农"新篇章》，《人民日报》2019 年 7 月 9 日。

［182］涂圣伟：《坚持"五位一体"推进乡村振兴》，《德州日报》2019 年 10 月 29 日。

［183］《中共河南省委　河南省人民政府关于坚持农业农村优先发展深入推进乡村振兴战略的意见》，《河南日报》2019 年 3 月 1 日。

［184］牛玉林：《加快实施乡村振兴扛稳粮食安全重任》，《河南日报》2019
年5月16日。

［185］韩长斌：《用习近平总书记"三农"思想指导乡村振兴》，《学习时
报》2018年3月28日。

［186］省社科院河南日报"乡村振兴战略"课题组：《推进乡村五个振兴引
领中原更加出彩》，《河南日报》2019年3月27日。

［187］完世伟：《创新驱动想乡村产业振兴的机理与路径研究》，《中州学
刊》2019年第9期。

［188］习近平：《在纪念马克思诞辰200周年大会上的讲话》，《人民日报》
2018年5月5日。

［190］唐任伍：《新时代乡村振兴战略的实施路径及策略》，《人民论坛·学
术前沿》2018年第3期。

［191］贺立龙、刘丸源：《巩固拓展脱贫攻坚成果同乡村振兴有效衔接的政
治经济学研究》，《政治经济学评论》2022年第2期。

［192］杨肃昌、范国华：《"十四五"时期巩固拓展脱贫攻坚成果同乡村振
兴有效衔接评价指标体系构建》，《宁夏社会科学》2022年第2期。

［193］曹志琴：《探讨双循环新发展格局与乡村振兴战略融合发展》，《农业
经济》2022年第3期。

［194］刘彦随：《中国新时代城乡融合与乡村振兴》，《地理学报》2018年
第4期。

［195］叶兴庆：《新时代中国乡村振兴战略论纲》，《改革》2018年第1期。

［196］张军：《乡村价值定位与乡村振兴》，《中国农村经济》2018年第
1期。

［197］刘合光：《乡村振兴战略的关键点、发展路径与风险规避》，《新疆师
范大学学报》（哲学社会科学版）2018年第3期。

［198］何仁伟：《城乡融合与乡村振兴：理论探讨、机理阐释与实现路径》，
《地理研究》2018年第11期。

［199］谭晶纯、尹朝平、李绍明：《云南：助推面向南亚东南亚辐射中心建

设》,《云南日报》2015 年 3 月 9 日。

[200] 杨开忠:《中国区域经济差异变动研究》,《经济研究》1994 年第 12 期。

[201] 覃成林、张华、张技辉:《中国区域发展不平衡的新趋势及成因——基于人口加权变异系数的测度及其空间和产业二重分解》,《中国工业经济》2011 年第 10 期。

[202] 胡鞍钢:《社会与发展:中国社会发展地区差距报告》,《开发研究》2003 年第 4 期。

[203] 王炜、罗守贵:《新世纪以来中国区域发展不平衡的变动研究——基于三个层次的区位基尼系数》,《上海管理科学》2014 年第 5 期。

[204] 中国地区经济发展课题组:《中国区域经济不平衡发展战略评估与分析》,《管理世界》1993 年第 4 期。

[205] 魏后凯:《中国地区经济增长及其收敛性》,《中国工业经济》1997 年第 3 期。

[206] 付金存、赵洪宝、李豫新:《新经济地理理论视域下地区差距的形成机制及政策启示》,《经济体制改革》2014 年第 5 期。

[207] 李小云、杨宇、刘毅等:《1990 年以来中国经济重心和人口重心时空轨迹及其耦合趋势研究》,《经济问题探索》2017 年第 11 期。

[208] 孙久文:《论新时代区域协调发展战略的发展与创新》,《国家行政学院学报》2018 年第 4 期。

[209] 孙久文:《雄安新区在京津冀协同发展中的定位》,《甘肃社会科学》2019 年第 2 期。

[210] 孙久文:《〈省际边界区域协调发展研究〉简评》,《地理学报》2012 年第 10 期。

[211] 曾冰:《边界效应与省际边界区经济发展——基于新经济地理视角》,《财经科学》2015 年第 9 期。

[212] 韩玉冰:《改革开放以来中国省际边缘区研究历程及展望》,《地域研究与开发》2011 年第 2 期。

[213] 王正雄：《基于 GIS 与地理探测器的岩溶槽谷石漠化空间分布及驱动因素分析》，《地理学报》2019 年第 5 期。

[214] 刘志彪：《建设现代化经济体系：基本框架、关键问题与理论创新南京大学学报》2018 年第 3 期。

[215] 河南省统计局：《2018 年河南省统计年鉴》。

[216] 《奋力开创高质量发展新境界》，《河南日报》2019 年 1 月 7 日。

[217] 裴长洪：《中国特色开放型经济理论研究纲要》，《经济研究》2016 年第 4 期。

[218] 周文：《建设现代化经济体系的几个重要理论问题》，《中国经济问题》2019 年第 5 期。

[219] 习近平：《携手推进"一带一路"建设》，2017 年 5 月 14 日在"一带一路"国际合作高峰论坛开幕式上的演讲。

[220] 习近平：《构建创新、活力、联动、包容的世界经济》，2016 年 9 月 4 日在二十国集团领导人杭州峰会上的开幕辞。

[221] 习近平：《迈向命运共同体 开创亚洲新未来》，2015 年 3 月 28 日在博鳌亚洲论坛年会上的主旨演讲。

[222] 习近平：《共同维护和发展开放型世界经济》，2013 年 9 月 5 日在二十国集团领导人峰会第一阶段会议上的发言。

[223] 习近平：《发挥亚太引领作用，维护和发展开放型世界经济》，2013 年 10 月 7 日在亚太经合组织领导人会议第一阶段会议上关于全球经济形势和多边贸易体制的发言。

[224] 中共中央文献研究室：《习近平关于社会主义经济建设论述摘编》，中央文献出版社，2017。

[225] 钟山：《共建一带一路发展开放型世界经济》，《人民日报》2017 年 6 月 6 日第 2 版。

[226] 阎学通、杨原：《国际关系学分析》，北京大学出版社，2014。

[227] 张向晨主编《全球价值链理论与实践》，中国商务出版社，2014。

[228] 黄群慧：《畅通国内大循环构建新发展格局》，《光明日报》2020 年 7

月 28 日。

[229] 黄群慧：《从当前经济形势看我国"双循环"新发展格局》，《学习时报》2020 年 7 月 8 日。

[230] 徐奇渊：《如何理解"双循环"》，https：// baijiahao. baidu. com/s？id = 1674056837752649497& wfr = spider&for = pc。

[231] 中国社会科学院经济研究所《中国经济报告（2020）》总报告组：《全球经济大变局、中国潜在增长率与后疫情时期高质量发展》，《经济研究》2020 年第 8 期。

[232] 蔡昉：《深刻剖析中国"双循环新格局"》，http：// www. thepapercn/newsDetail_ forward_ 9059。

[233] 刘江宁、袁瑞：《关于推动高质量发展的研究》，《经济研究参考》2021 年第 16 期。

[234] 国家发展改革委经济研究所课题组：《推动经济高质量发展研究》，《宏观经济研究》2019 年第 2 期。

[235] 刘耀彬、郑维伟：《新时代区域协调发展新格局的战略选择》，《华东经济管理》2022 年第 2 期。

[236] 张震、王泽宇、李瑛：《中国区域经济高质量发展研究综述》，《资源开发与市场》2021 年第 8 期。

[237] 刘楷：《"十四五"时期中国区域高质量发展的新思考》，《发展研究》2021 年第 8 期。

[238] 任碧云、郭猛：《我国新型城镇化高质量发展的策略研究》，《经济纵横》2021 年第 5 期。

[239] 韩美琳：《高质量发展背景下中国经济产业结构转型升级研究》，博士学位论文，吉林大学，2021。

[240] 张丽伟：《中国经济高质量发展方略与制度建设》，博士学位论文，中共中央党校，2019。

[241] 王晓慧：《中国经济高质量发展研究》，博士学位论文，吉林大学，2019。

[242] 袁文涵：《产业结构优化促进经济高质量发展的机制分析与实证研究》，硕士学位论文，武汉理工大学，2020。

[243] 边少颖：《产业转型升级对经济高质量发展的影响研究》，硕士学位论文，西北大学，2019。

[244] 王思琛：《新时代背景下我国高质量发展中的高质量需求研究》，硕士学位论文，西北大学，2019。

[245] 李静静：《新时代我国经济高质量发展的动力机制研究》，硕士学位论文，中共陕西省委党校，2019。

[246] 完世伟：《打好"四张牌"的河南实践》，社会科学文献出版社，2021。

[247] 完世伟：《河南决胜全面小康论》，社会科学文献出版社，2016。

[248] 任保平、刘笑：《新时代我国高质量发展中的三维质量变革及其协调》，《江苏行政学院学报》2018年第6期。

[249] 赵通、任保平：《高质量发展中我国经济协调发展路径分析》，《黑龙江社会科学》2019年第1期。

[250] 刘绮莉、赵晋平、金子祺：《产业结构转型与经济高质量发展的关联度测算》，《统计与决策》2021年第37期。

[251] 罗序斌：《传统制造业智能化转型升级的实践模式及其理论构建》，《现代经济探讨》2021年第11期。

[252] 董文良、邓珊、王心磊：《科技创新驱动区域经济高质量发展机制研究》，《中国商论》2020年第24期。

[253] 河南省人民政府网：《"十三五"成绩单来了！河南城市发展"加速度"》，https：//www. henan. gov. cn/2021/12-01/2358217。

[254] 河南省统计局：《"十三五"时期河南县域社会经济发展取得新成就》，http：//tjj. henan. cn/2021/11-25/2354956。

[255] 翁珺：《河南省"十四五"时期推进基本公共服务均等化探析》，《决策探索（下）》2020年第9期。

[256] 关信平：《我国民生建设的战略方向与行动路径》，《人民论坛》2022

年第 6 期。

[257] 杨宜勇、赵玉峰:《积极促进我国人口长期均衡发展研究》,《江淮论坛》2021 年第 3 期。

[258] 王维国、佘倩:《人民利益实现方式的百年发展及其逻辑》,《新视野》2021 年第 6 期。

[259] 李淑芳、刘欣:《坚持五大思维提高保障和改善民生水平——读〈习近平谈治国理政〉第三卷》,《学习月刊》2021 年第 9 期。

[260] 戴浩羽、鲍文涵:《新中国成立以来我国保障和改善民生的成就、问题和展望》,《中国国情国力》2021 年第 11 期。

[261] 李丹:《以人民为中心的民生建设:生成逻辑、价值内涵、实践路径》,《湖南行政学院学报》2021 年第 5 期。

[262] 何得桂、武雪雁:《积极政府视角下加强和创新基层社会治理的有效路径》,《西北农林科技大学学报》(社会科学版)2021 年第 4 期。

[263] 张远新:《习近平关于保障和改善民生的理论创新要论》,《思想理论教育导刊》2020 年第 2 期。

[264] 贺方彬、任倩雯:《中国特色社会主义制度在保障和改善民生中的比较优势》,《西南大学学报》(社会科学版)2022 年第 1 期。

[265] 杨宜勇、王阳、侯胜东:《"十四五"时期强化就业优先政策体系研究》,《宏观经济管理》2021 年第 2 期。

[266] 邢伟:《健全民生保障体系促进共同富裕》,《中国金融》2021 年第 17 期。

[267] 程涛涛、杨宁芳:《新发展理念的民生意蕴》,《学理论》2020 年第 9 期。

[268] 于慧颖:《习近平关于民生论述的本质特征及其现实意义》,《马克思主义研究》2018 年第 11 期。

[269] 吴绮雯:《"十四五"时期高质量就业面临的挑战及解决思路》,《经济纵横》2021 年第 7 期。

[270] 陈运:《基层社会治理创新与社区经济发展路径》,《山西财经大学学

报》2022 年第 S1 期。

[271] 胡晓芳、杨玉裳：《中国社区养老研究主题及演变趋势分析》，《中共福建省委党校（福建行政学院）学报》2022 年第 2 期。

[272] 丁元竹：《实现基本公共服务均等化的实践和理论创新》，《人民论坛·学术前沿》2022 年第 5 期。

[273] 林义、刘斌：《国家治理现代化视域下我国多层次社会保障制度的创新探索》，《经济体制改革》2021 年第 6 期。

后　记

　　中国特色社会主义进入了新时代，我国经济发展也进入了新时代。新时代经济发展的特征，就是经济已由高速增长阶段转向高质量发展阶段。当前，世纪疫情冲击、百年变局加速演变、国际环境更趋复杂严峻，国内经济发展面临需求收缩、供给冲击、预期转弱三重压力，河南稳住经济基本盘，加快推动高质量发展就显得尤为紧迫必要。2021年10月，中共河南省第十一次党代会确立了确保高质量建设现代化河南、确保高水平实现现代化河南"两个确保"的奋斗目标，体现了河南以前瞻30年的眼光想问题、作决策、抓发展，跨周期战略谋划，体现了河南胸怀"两个大局"，谋求在服务全国现代化建设大局中肩负新使命、勇于新担当，体现了把握新发展阶段、贯彻新发展理念、构建新发展格局的河南担当，是遵循规律的必然要求，是应对主要矛盾变化的必然选择，是贯彻党的十九大关于"第二个百年"奋斗目标两个阶段战略安排的河南实践，是贯彻习近平总书记视察河南重要讲话重要指示的具体行动。对贯彻好中央决策部署，持续落实好习近平总书记对河南发展的要求，顺应人民群众期盼，加快推动高质量发展，奋力谱写新时代中原更加出彩的绚丽篇章，河南社科界承载重任、凝聚厚望。

　　本书的相关研究始于我们承担的河南省宣传文化系统"四个一批"人才资助项目——"河南推动高质量发展的思路与对策研究"。从接受这一课题项目开始，我们成立了课题组，拟定了课题工作大纲，开展了课题研究。先后经历资料搜集、实地调研、框架设计、数据处理、会议研讨、书稿撰写、征求意见及修改完善等阶段，顺利完成了课题研究的目的。书稿写作期间，正值中共河南省第十一次代表大会召开。这次党代会鲜明提出了"两个确保"的奋斗目标，实施"十大战略"，明确了今后五年工作的主要任务和重大举措。河南省第十一次党代会的新要求、新目标、新部署引发了我们新的思考，也拓展了研究新空间，为最终完成书稿奠定了基础。

本书由河南省社会科学院经济研究所所长完世伟担任主编设计本书的总体框架并承担全书的统稿及修改工作。袁金星同志撰写了第一章；高璇撰写了第二章；李丽菲同志撰写了第三章、第七章、第九章、第十二章、第十三章；代金雷同志撰写了第四章；崔理想同志撰写了第五章、第十章、第十一章、第十五章、第十七章；李斌同志撰写了第六章；王芳同志撰写了第八章；汪萌萌同志撰写了第十四章；王摇橹同志撰写了第十六章；本书除注明外，还参阅引用了河南社会科学院武文超、林园春、石涛等同志的成果，以及其他无法查明出处的成果，在此深表感谢！

在本书付梓之际，谨向所有鼓励、支持和帮助本书写作出版的领导和同志表示衷心的感谢，书中难免有不妥之处，敬请大家批评指正。

完世伟

二〇二二年五月二十五日

于河南省社会科学院经济研究所

图书在版编目（CIP）数据

河南高质量发展论／完世伟编著 . --北京：社会
科学文献出版社，2022.12
　　（中原智库丛书 . 学者系列）
　　ISBN 978-7-5228-1008-9

　　Ⅰ.①河… Ⅱ.①完… Ⅲ.①区域经济发展-研究-
河南 Ⅳ.①F127.61

　　中国版本图书馆 CIP 数据核字（2022）第 205601 号

中原智库丛书·学者系列

河南高质量发展论

编　　著／完世伟

出　版　人／王利民
组稿编辑／任文武
责任编辑／李　淼
责任印制／王京美

出　　　版／社会科学文献出版社·城市和绿色发展分社（010）59367143
　　　　　　地址：北京市北三环中路甲 29 号院华龙大厦　邮编：100029
　　　　　　网址：www. ssap. com. cn
发　　　行／社会科学文献出版社（010）59367028
印　　　装／三河市龙林印务有限公司

规　　　格／开　本：787mm×1092mm　1/16
　　　　　　印　张：25.5　字　数：389 千字
版　　　次／2022 年 12 月第 1 版　2022 年 12 月第 1 次印刷
书　　　号／ISBN 978-7-5228-1008-9
定　　　价／98.00 元

读者服务电话：4008918866